게이머의 뇌

게이머의 뇌

그 메커니즘과 실상

셀리아 호든트 지음 송지연 옮김

i!i
에이콘

끊임없이 제게 영감을 주는 모든 과학자, 예술가, 디자이너,
게임 개발을 하는 마술사들에게 이 책을 바칩니다.

셀리아 호든트^{Celia Hodent}

비디오 게임 기획 및 제작사에서 UX 전략과 프로세스 개발에서 사용자 경험 및 심리학 응용 분야의 선두 주자로 인정받고 있다. 파리 데카르트대학교^{University of Paris Descartes-Sorbonne}에서 인지 개발을 전공하고 심리학 박사 학위를 받았다. 2005년에는 교육용 장난감 제조 업체인 브이테크^{VTech}에서 일하기 위해 학술 연구를 중단하고 비디오 게임 산업에 뛰어들었다. 이후 유비소프트 파리^{Ubisoft Paris}, 유비소프트 몬트리올^{Ubisoft Montreal}, 루카스아츠^{LucasArts}, 에픽게임즈^{Epic Games} 같은 게임 제작사에서 근무하면서 사용자 경험 실행을 증진하는 데 기여했다. 셀리아의 접근법은 인지적 과학 지식과 과학적 방법을 사용해 디자인 문제를 명확하게 해결하고, 플레이어 경험이 사업 목표를 달성하는 동시에 언제나 즐겁고 매력적인지 확인한다. 2016년 5월 에픽게임즈가 주최한 미국 노스캐롤라이나 주 더럼^{Durham}에서 출범한 게임 UX 서밋^{Game UX Summit}의 설립자이자 큐레이터이기도 하다. 다양한 플랫폼(PC, 콘솔, 모바일, VR)에서 많은 프로젝트를 진행했으며, 주요 작품으로는 톰 클랜시^{Tom Clancy}의 〈레인보우 식스^{Rainbow Six}〉 시리즈, 〈스타워즈: 1313^{Star Wars: 1313}〉, 〈파라곤^{Paragon}〉, 〈포트나이트^{Fortnite}〉, 〈스파이징크스^{Spyjinx}〉 등이 있다.

옮긴이 소개

송지연(jiyounie@gmail.com)

수학과를 졸업한 후 일본에서 컴퓨터 그래픽 프로그래밍을 전공했다. 15년 넘게 한국과 일본의 3D 게임, 콘텐츠 및 앱 제작 업체에서 프로그래머이자 엔지니어로 활동했다. 이 경험을 바탕으로 현재 IT 전문 도서 번역 및 편집자로 활동하고 있다. 에이콘 출판사에서 출간한『재미나는 생각, AI와 게임』(2019),『홀로그램 미래를 그리다』(2018),『유니티 2D 디펜스 게임은 이렇게 만든다』(2018) 등을 번역했으며,『모바일 우선주의』(웹액츄얼리코리아, 2017),『모바일을 위한 웹디자인』(웹액츄얼리코리아, 2016),『다카무라 제슈 스타일 슈퍼 패션 데생』(에이케이커뮤니케이션즈, 2015)을 번역 및 편집했다.

다른 사람의 머릿속을 들여다보고 싶어하는 마음은 아주 오래 전부터 우리 안에 존재해 왔다. 철학자부터 심리학자까지 내로라하는 똑똑한 사람들이 사람의 마음과 두뇌에 대한 수많은 가설을 세우고 실험과 논의를 해왔으며, 그 와중에 소설, 영화, 드라마, 만화 등 다양한 콘텐츠의 모티브로 활용돼 우리에게 즐거움을 안겨주고 있다. 최근 국내에는 일반 심리학뿐만 아니라 자신을 성찰하기 위한 심리학 서적은 말할 것도 없고, 뇌와 인지과학과 관련된 도서도 정말 많이 볼 수 있다. 하지만 게임과 인간이라는 큰 두 가지 주제를 다루는 책은 거의 없다 해도 과언은 아닐 것이다. 그런 이유로 심리학 관련 전문가는 아니지만 깊은 관심을 가지고 게임 및 IT 업계를 바라보는 사람으로서 이 책을 번역하고자 욕심을 내게 됐다.

가끔 버그로 고생은 하지만 모든 것이 명쾌하게 떨어지는, 0과 1로 만들어진 세계에서 생활하던 내게 있어 이 책은 매우 어려웠다. 솔직히 어려운 심리학 용어가 하나씩 나올 때마다 아직도 한참 올라야 하는 높은 산처럼 느껴졌으며, 본문에 언급된 책도 빠짐없이 전부 읽어봤지만, 반 정도밖에 이해할 수가 없었다. 그럼에도 무사히 번역을 끝낼 수 있었던 이유는 저자가 게임을 하는 사람의 생각과 마음, 행동에 대한 궁금증에 초점을 잘 맞춰 설명했기 때문이라 생각한다. 여러분 중에는 필자와 마찬가지로 인문학이 어렵다 생각하는 분도 있을 것이며, 거꾸로 인문학은 둘도 없는 친구지만 게임 디자인이나 프로그래밍과 관련된 내용에는 당황해 동공이 흔들리는 분도 있을 것이다. 어느 쪽이든 간에 이 책은 사람과 게임을 알고 싶어하는 독자에게 큰 도움이 될 것이다.

원래 번역할 때 가능한 독자가 인터넷이나 참고자료를 찾아보지 않고도 책을 끝까지 읽을 수 있기를 바라는 마음에서 주석을 꼼꼼히 넣는 편이다. 이 주제에 관심을 갖는 대부분의 독자가 필자와 비슷한 처지일 거라는 생각에 주석이 더 많이 들어갔다. 읽는 데 방해가 된다면 송구할 뿐이지만, 작은 정성이라 생각해 주시면 더없이 감사하겠다. 또한 일반적인 심리학 전문 서적과는 달리 번역한 경우도 있다. 예를 들어 'mind'라는 단어는 '마음'이라고 하기에는 논리적 사고가 들어가야 하고, '생각'이라고 하기에는 심리적인 부분 역시 포함해야 하는 단어라 생각하기에 고집스럽게 '마인드'라 번역했다. 역자의 패기라고 좋게 생각해 주시기를 바랄 뿐이다. 심리학 용어는 대부분 양돈규 님의 저서 『심리학사전』(박학사, 2013)을 참고했으며, 저자가 본문에 인용한 책들 중 번역서가 있는 경우에는 해당 내용을 인용 또는 참조했다.

이 열정 가득하지만, 어찌 보면 무모한 도전을 기꺼이 허락해주신 에이콘출판사 관계자 여러분께 더없이 감사드린다. 그리고 이 책이 나오기까지 많은 시간과 애정을 쏟으며 일해 주신 많은 분께도 감사의 마음을 전한다.

부족하나마 많은 분께 게임과 사람에 대한 저자의 깊은 통찰력이 잘 전달되길 바라며, 사람에 대한 배려와 깊이가 있으면서도 정말 재미있는 게임이 여러분의 손에서 탄생할 수 있기를 기원한다.

목차

지은이 소개   6

옮긴이 소개   7

옮긴이의 말   8

들어가며   16

1부 — 뇌의 이해

1장   게이머의 뇌에 관심을 가져야 하는 이유   21

1.1 경고문: '뉴로 광고'의 덫 23

1.2 이 책의 내용과 대상 26

2장   뇌에 관한 개요   31

2.1 뇌와 마인드 신화 31

    2.1.1 우리는 뇌의 10%만 사용한다 32

    2.1.2 우뇌가 발달한 사람은 좌뇌형보다 더 창의적이다 33

    2.1.3 남녀의 뇌는 서로 다르다 34

    2.1.4 학습 스타일과 교수 스타일 35

    2.1.5 비디오 게임은 뇌를 재구성하고 디지털 원주민은 다르게 설계된다 36

2.2 인지적 편향 37

2.3 멘탈 모델과 플레이어 중심의 접근법 42

2.4 간단명료하게 정리한 뇌의 작동 방식 43

3장   지각   47

3.1 지각의 작동 방식   47

3.2 인간 지각의 한계   50

3.3 게임에의 적용   55

    3.3.1 잠재 고객을 알아라   56

    3.3.2 정기적인 플레이테스트 및 아이코노그래피(Iconography) 테스트   59

    3.3.3 지각의 게슈탈트 원리 사용   60

    3.3.4 어포던스 사용   67

    3.3.5 시각적 심상과 심적 회전   68

    3.3.6 베버-페히너 편향   70

4장   기억   73

4.1 기억의 작동 방식   73

    4.1.1 감각 기억   75

    4.1.2 단기 기억   77

    4.1.3 작업 기억   79

    4.1.4 장기 기억   83

4.2 인간 기억의 한계   86

4.3 게임에의 적용   90

    4.3.1 간격 효과(spacing effect) 및 레벨 디자인   92

    4.3.2 리마인더   95

5장   주의   99

5.1 주의의 작동 방식   99

5.2 주의의 한계   101

5.3 게임에의 적용   106

6장   동기   111

6.1 암묵적 동기와 생물학적 추동   113

6.2 환경적으로 형성된 동기와 학습된 추동   115

6.2.1 외재적 동기: 당근과 채찍 115

6.2.2 연속 보상과 간헐 보상 118

6.3 내재적 동기와 인지적 욕구 121

6.3.1 외재적 인센티브의 영향을 줄이는 방법 122

6.3.2 자기결정 이론 124

6.3.3 몰입 이론 125

6.4 성격과 개인적 욕구 127

6.5 게임에의 적용 130

6.6 의미의 중요성에 대한 개요 132

7장 정서   135

7.1 정서가 인지를 인도할 때 138

7.1.1 대뇌변연계(Limbic System)의 영향 139

7.1.2 소매틱 마커 이론(The Somatic Markers Theory) 140

7.2 정서가 우리를 속일 때 142

7.3 게임에의 적용 146

8장 학습 원리   151

8.1 행동심리학 원리 152

8.1.1 고전적 조건 형성 152

8.1.2 조작적 조건 형성 153

8.2 인지심리학 원리 155

8.3 구성주의 원리 156

8.4 게임에의 적용: 의미를 갖고 하는 학습 158

9장 뇌에 대한 이해: 총정리   163

9.1 지각 165

9.2 기억 166

9.3 주의 167

9.4 동기 167

9.5 정서 168

9.6 학습 원리 169

2부 — 비디오 게임을 위한 UX 프레임워크

10장 게임 사용자 경험: 개요   173

10.1 UX의 짧은 역사 175

10.2 UX에 대한 오해 풀기 177

　　10.2.1 오해 1: UX는 디자인 의도를 왜곡하고 게임을 더 쉽게 만든다 ... 178

　　10.2.2 오해 2: UX가 팀의 창의성을 제한할 것이다 180

　　10.2.3 오해 3: UX는 아직 또 다른 의견이다 182

　　10.2.4 오해 4: UX는 그냥 상식이다 184

　　10.2.5 오해 5: UX를 고려하기에는 충분한 시간이나 돈이 없다 185

10.3 게임 UX의 정의 186

11장 사용성   191

11.1 소프트웨어와 비디오 게임에서의 사용성 휴리스틱 193

11.2 게임 UX를 떠받치는 7가지 사용성 200

　　11.2.1 사인 및 피드백 201

　　11.2.2 명료성 205

　　11.2.3 기능에 따르는 형태 214

　　11.2.4 일관성 218

　　11.2.5 최소한의 작업 부하 221

　　11.2.6 오류 방지 및 복구 225

　　11.2.7 유연성 228

12장 인게이지 어빌리티   233

12.1 게임 UX를 위한 세 가지 인게이지 어빌리티 234

12.2 동기 236

12.2.1 내재적 동기: 유능성, 자율성, 관계 238

12.2.2 외재적 동기, 학습된 욕구 그리고 보상 258

12.2.3 개인적 욕구와 암묵적 동기 262

12.3 정서 265

12.3.1 게임 필 265

12.3.2 발견, 참신함 그리고 놀라움 276

12.4 게임플로 279

12.4.1 난이도 곡선: 도전과 페이스 281

12.4.2 학습 곡선과 온보딩 288

13장 디자인 사고   297

13.1 반복 사이클 301

13.2 어포던스 307

13.3 온보딩 계획 310

14장 게임 사용자 리서치   317

14.1 과학적 방법 318

14.2 사용자 리서치 방법론과 도구 321

14.2.1 UX 테스트 325

14.2.2 설문조사 334

14.2.3 휴리스틱 평가 336

14.2.4 신속한 내부 테스트 336

14.2.5 페르소나 337

14.2.6 분석 338

14.3 마지막 사용자 리서치 팁 339

15장 게임 분석   341

15.1 텔레메트리의 불가사의와 위험 342

15.1.1 통계 오류 및 기타 데이터 한계 ⋯⋯⋯⋯⋯⋯⋯⋯⋯ 343

15.1.2 인지적 편향 및 나머지 인간의 한계 ⋯⋯⋯⋯⋯⋯ 346

15.2 UX와 분석 ⋯⋯⋯⋯⋯⋯⋯⋯⋯⋯⋯⋯⋯⋯⋯⋯⋯⋯⋯⋯⋯⋯ 350

15.2.1 가설 및 탐구 질문 정의 ⋯⋯⋯⋯⋯⋯⋯⋯⋯⋯⋯⋯ 351

15.2.2 메트릭스 정의 ⋯⋯⋯⋯⋯⋯⋯⋯⋯⋯⋯⋯⋯⋯⋯⋯⋯ 355

16장 UX 전략   359

16.1 프로젝트 팀 레벨에서의 UX ⋯⋯⋯⋯⋯⋯⋯⋯⋯⋯⋯⋯⋯ 360

16.2 제작 파이프라인에서의 UX ⋯⋯⋯⋯⋯⋯⋯⋯⋯⋯⋯⋯⋯ 361

16.2.1 구상 ⋯⋯⋯⋯⋯⋯⋯⋯⋯⋯⋯⋯⋯⋯⋯⋯⋯⋯⋯⋯⋯ 362

16.2.2 사전제작 ⋯⋯⋯⋯⋯⋯⋯⋯⋯⋯⋯⋯⋯⋯⋯⋯⋯⋯⋯ 363

16.2.3 제작 ⋯⋯⋯⋯⋯⋯⋯⋯⋯⋯⋯⋯⋯⋯⋯⋯⋯⋯⋯⋯⋯ 365

16.2.4 알파 ⋯⋯⋯⋯⋯⋯⋯⋯⋯⋯⋯⋯⋯⋯⋯⋯⋯⋯⋯⋯⋯ 366

16.2.5 베타 및 라이브 ⋯⋯⋯⋯⋯⋯⋯⋯⋯⋯⋯⋯⋯⋯⋯⋯ 366

16.3 제작사 레벨에서의 UX ⋯⋯⋯⋯⋯⋯⋯⋯⋯⋯⋯⋯⋯⋯⋯ 367

17장 끝맺는 말   377

17.1 요점 ⋯⋯⋯⋯⋯⋯⋯⋯⋯⋯⋯⋯⋯⋯⋯⋯⋯⋯⋯⋯⋯⋯⋯⋯ 379

17.2 놀이 학습 또는 게임 기반 학습 ⋯⋯⋯⋯⋯⋯⋯⋯⋯⋯⋯ 383

17.2.1 매력적인 교육용 게임 만들기 ⋯⋯⋯⋯⋯⋯⋯⋯⋯ 384

17.2.2 참으로 교육적인 게임 기반 학습 만들기 ⋯⋯⋯⋯ 385

17.3 기능성 게임 및 게이미피케이션 ⋯⋯⋯⋯⋯⋯⋯⋯⋯⋯⋯ 387

17.4 게임 UX에 관심 있는 학생을 위한 팁 ⋯⋯⋯⋯⋯⋯⋯⋯ 389

17.5 작별 인사 ⋯⋯⋯⋯⋯⋯⋯⋯⋯⋯⋯⋯⋯⋯⋯⋯⋯⋯⋯⋯⋯ 392

마치면서   393

참고 문헌   399

찾아보기   419

"헉, 이런! 어떡하면 좋아…"

올려다보니 〈위저드리 8Wizardry 8〉 알파 버전의 총괄 테스터인 펠릭스Felix가 완전히 질려 자신의 컴퓨터를 뚫어져라 쳐다보고 있었다. 그가 이런 반응을 보인 이유는 컴퓨터 고장이나 끔찍한 버그 때문이 아니라, 트'랑T'Rang으로 알려진 가혹한 곤충 같은 집단의 우두머리인 잔트Zant라는 캐릭터 때문이었다. 펠릭스는 잔트가 방금 자신의 팀원 6명 모두를 없애라고 명령한 것도 있지만, 그보다 자신의 배반을 알아차렸다는 사실에 더 당황했고 겁에 질려 있었다. 게다가 더 나빴던 것은 잔트가 이 모든 일 때문에 정말 마음의 상처를 받은 것처럼 보였다는 것이다.

불과 며칠 전 펠릭스가 게임을 하는 것을 봤는데, 그는 내가 꿈에도 생각 못한 방식으로 서로 철천지원수인 양쪽 집단 모두를 위해 플레이하고 있었다. 펠릭스는 트'랑 뿐만 아니라, 그들의 원수인 움파니Umpani와도 일해왔다. 어찌된 일인지 그는 게임을 꽤 많이 진행시켰는데, 이는 내가 의도하지 않았던 (또는 전혀 고려하지 않았던) 일이 분명했다. 하지만 그의 경험이, 그리고 더 중요한 움파니와 트'랑 사이의 불화를 해결하려는 그의 열의가 나를 새로운 길로 이끌었다. 며칠 전에 펠릭스가 말했듯이 움파니와 트'랑에게는 그들보다 훨씬 더 강한 공통의 적이 있었다. 펠릭스는 이 둘이 힘을 합치면 공통의 적을 무찌를 수 있다고 확신했으며, 존재하지도 않는 결과에 감정적인 투자를 엄청나게 했다. 그리고 그는 존재하지 않는 해결책을 보기 위해 열심이었다. 나는 그에게 불가능하다고 말하지 않고, 대신 해결책을 볼 수 있도록 만들었다.

펠릭스가 잔트에게 자신의 배신을 들켰을 때 느꼈던 놀라움, 잔트가 그에게 했던 "우리 제국의 비밀인 당신을 믿었다. 그 신뢰는 결코 쉽게 얻을 수 없다."는 말을 읽었을 때의 후회, 그리고 트'랑에 절대 개입할 수 없게 됐을 때의 슬픔은 심각했다. 하지만 다른 길도 있었다. 게임을 다시 하면서 그는 정말로 그 동맹을 구축했다.

펠릭스는 "정말 이렇게 되다니 믿을 수가 없네."라고 말했다.

이 일은 게임 기획자로서 나에게 아주 생생하게 남은 기억 중 하나이며, 분명 펠릭스에게도 가장 임펙트 있는 게임플레이 중 하나였을 것이다. 이는 플레이어 중심의 접근법으로 게임 디자인[A]을 했기 때문이었다. 당시 내 게임 기획 경력은 20년 가까이 됐는데 이 일을 계기로 플레이어에 대해 그리고 그들이 내가 만든 게임을 하는 방법에 대해, 플레이어가 내게 배워야 하는 것보다 내가 그들에게 더 많이 배워야 한다는 사실을 알게 됐다. 당시에는 이 책과 비슷한 책도 없었고, UX, 사용성 및 인게이지 어빌리티 engage ability[B]에 관한 셀리아의 훌륭한 강의를 들은 적도 없다. 내게는 펠릭스 밖에 없었지만 그에게 많은 점을 배웠다.

A 국내에서는 게임 디자인을 게임 설계 또는 게임 기획이라고 많이 번역하지만, 게임 구조가 복잡해지면서 담당 업무에 따라 세분화되고, 분야도 확장되기 때문에 기획이나 설계라는 단어로 함부로 규정짓기 어렵다고 생각해 '디자인'을 담당하는 게임 개발자를 게임 '디자이너'로 정리한다. 흔히 디자인하면 떠올리는 캐릭터 디자인 등과 같은 예술적 분야는 아트 (art)로 번역한다. – 옮긴이

B 인게이지 어빌리티: 게이머가 게임을 자주 하게 만들고 해당 게임에 몰입하게 만드는 것으로, 게임 디자인의 큰 목표 중 하나다. 저자가 언급한 대로 이 용어는 단순히 게임플로를 이끄는 데 그치지 않고, 구조적으로 게임 전체에 구축되는 개념이다. – 옮긴이

그 무렵부터 몇 년 동안, 나는 플레이어가 너무 많은 정보 때문에 또는 게임에서 실제로 할 수 있을 거라고 확신한 내용을, 방법을 알아내지 못해 불만이나 좌절감을 느껴 게임을 내던지는 경우도 봤다. 플레이어가 게임플레이 전 섹션을 파악하지 못하는 경우도 봤는데, 이는 단서가 제대로 전달되지 않았거나 플레이어가 학습 곡선과 씨름하기 때문이었다. 이런 경우의 학습 곡선은 플레이 방법을 이미 아는 디자이너를 위한 것이지, 이를 통해 처음 배우는 플레이어를 위해 설계됐다고 할 수 없다. 특히 이런 종류의 게임을 처음 해 보는 플레이어는 말할 것도 없다. 이러한 예는 아주 많았는데, 그중 특별히 한 가지 사례가 기억에 남는다. '올해의 게임상' 위원회의 일원으로서 역할을 맡았을 때의 일이었다. 그때 내가 지지했던 게임은 아트, 디자인, 음악, 스토리, 코드 면에서 많은 플레이어에게 정말 사랑받는, 훌륭한 게임이었다. 위원회의 반대로 상을 받지 못했는데, 제작 팀이 신중을 기울여 만든 게임 자체 때문이 아니라 게임 컨트롤의 별난 점 때문이었다. 마치 페라리에 형편없는 운전대를 갖다 놓은 것 같았다. 그 끔찍한 것을 제어할 수만 있다면 보고 경험하는 것은 믿을 수 없을 정도로 좋았다. 나는 그 게임을 아직도 좋아하지만, 그 해의 게임상은 다른 누군가의 차지가 됐다.

그리고 게임은 저마다의 인터페이스와 인터셉트intercept가 있다. 바로 그곳이 게임이 플레이어의 마음에 들고 게임의 실제 경험이 정말로 일어나는 곳이다. 나는 강연할 때나 다른 디자이너와 대화할 때 이를 종종 훌륭한 식사에 비유한다. 때때로 훌륭한 식사는 나를 미치게 하고, 실제로 맛있는 냄새가 나며 먹기 좋은 모습이나 사람들이 기꺼이 좋아할 만한 이미지를 갖고 있다. 음식을 보면서 요리사, 식기, 재료의 질, 심지어 레스토랑의 분위기도 칭찬하기는 쉽다. 하지만 결국은? 이 작고 울퉁불퉁한 혀의 미뢰taste bud로 귀결된다. 인터페이스를 거치지 않고는 만족감은 있을 수 없으며 좌절감만이 있을 뿐이다.

우리는 하나의 산업으로 40년 넘게 사용자 경험^{UX}의 가치에 대해 많은 것을 배웠다. "YOU DIED"라는 문구를 보며 수도 없이 게임상에서 죽으면서 배워야 했던 초창기부터, 끝없이 다양한 컨트롤 계획을 실험하기까지 게임의 UX는 명백하게 진화했다. 우리의 진화 중 많은 부분은 우리 자신의 시행 착오를 통해 '그들이 한 일을 하는' 관례와 퍼스트 파티$^{first-party}$C 규정이 됐다. 하지만 셀리아의 『게이머의 뇌$^{The\ Gamer's\ Brain}$』가 나오기 전까지는 게이머의 뇌가 어떻게 작동하는지에 대해 이토록 깊이 있고 분명하면서도 실질적인 도움을 주는 방식으로 설명된 것을 본 적이 없다. 이 글을 쓰는 지금 상용 게임을 만들고 있는데, 이 책 덕분에 두뇌와 플레이어 그리고 그들의 동기에 대한 통찰력을 얻어 생각이 바뀌고, 더 나은 게임을 설계할 수 있게 됐다. 이 책은 당신을 더 나은 게임 디자이너이자 게임 개발자로 거듭날 수 있게 하는 엄청난 잠재력을 지녔다. 이 책이 당신의 게임, 연구 그리고 플레이를 더 의미 있게 만들어 주기를 바란다.

브렌다 로메로$^{Brenda\ Romero}$
로메로 게임즈$^{Romero\ Games}$의 게임 기획자
아일랜드 골웨이에서

C   게임이 출시된 플랫폼을 담당하는 회사(또는 내부 개발자)가 제작하거나 게시한 제품을 말한다. 이와 반대되는 개념은 서드파티(third-party)다. – 옮긴이

1

게이머의 뇌에
관심을 가져야 하는 이유

1.1 경고문: '뉴로 광고'의 덫   **1.2** 이 책의 내용과 대상

마술사의 트릭이 궁금한 적이 있는가? 물리적 법칙을 거스르거나 당신의 마음을 어떻게 읽는 것처럼 보이는가? 지금부터 하려는 얘기는 마술사의 비밀이 아니다. 현실에서 마술사와 멘탈리스트는 지각perception, 주의attention 그리고 기억memory 같은 인간의 인지cognition에 대해 잘 알고 있다. 그들은 뇌의 허점을 이용하는 방법을 배우고, 관객의 주의를 다른 곳으로 돌려 감각을 현혹하는 '미스디렉션misdirection' 같은 특정한 스킬을 익혀 우리를 속이는 데 성공했다.[1] 내게 비디오 게임은 일종의 마술과도 같다. 잘 만들면 플레이어는 불신감을 버리고 몰입 단계로 들어간다. 게이머의 뇌를 이해하면 당신이 의도한 마법 같은 경험을 만들 수 있는 도구와 가이드라인을 얻게 될 것이다. 오늘날 비디오 게임 업계는 점점 더 치열해지는 경쟁적인 시장으로 성장했기 때문에 마스

터해야 하는 더 중요한 도구이기도 하다.

미국의 게임 업계 단체인 엔터테인먼트 소프트웨어 협회^{ESA}의 「Essential Facts 2016」 보고서에 따르면 2015년 비디오 게임 산업의 매출은 전 세계적으로는 1,900억 달러였으며, 미국에서만 235억 달러에 달했다. 비록 이러한 숫자가 고무적이긴 하지만 가혹한 진실이 숨어 있다. 성공적인 비디오 게임을 만드는 것은 실로 어려운 일이다. 이제는 한 번의 클릭 또는 터치스크린의 탭으로 쉽게 접근할 수 있고, 무료 게임도 수천 개에 이르러 그 경쟁은 치열하다. 비디오 게임 산업은 불안정하다. 이미 설립된 곳을 포함해 비디오 게임 제작사는 정기적으로 폐쇄와 해고로 타격을 받는다. 소규모 인디 프로젝트뿐만 아니라 대규모 개발 예산을 지닌 AAA 프로젝트 역시 실패한다. 상당한 마케팅 및 퍼블리싱 지원을 받는 업계 베테랑이 만든 프로젝트일지라도 말이다. 게임 산업은 종종 재미를 제조한다는 목표를 달성하기 위해 고군분투한다. 출시에 성공한 게임조차도 시간이 지남에 따라 사람들의 관심이 사그라들 수도 있다.

이 책에서는 비디오 게임의 마법을 지속하는 데 기여하는 요소와 재미와 관심을 가로막는 가장 흔한 장벽을 식별하는 방법에 대해 대략 소개하고자 한다. 성공을 위한 방안은 현재 존재하지 않지만(아마도 결코 존재하지 않을 것이다), 과학적인 지식과 게임 개발의 모범 사례에서 얻는 중요한 구성 요소와 장벽을 식별한다면 게임을 더 성공적으로 재미있게 만들 가능성이 커진다. 이러한 목표에 이르기 위해서는 약간의 지식과 방법론이 필요하다. 여기서 말하는 지식은 뇌가 정보를 지각하고 처리하는 방식과 정보를 기억하는 방법을 이해하는 것에 관련된 신경과학에서 비롯된다. 방법론은 가이드라인과 절차를 제공하는 사용자 경험^{UX} 원칙에서 나온다. UX와 신경과학을 결합하면 게임을 위한 최선의 결정을 더 빨리 내리고, 목표를 달성하기 위해 필요한 균형을 유지하는 데 도움이 된다. 이는 디자인 및 예술적 목표에 충실하고 의도한 게임 경험 제공에 도움이 된다. 사업 목표를 이루는 데도 도움이 될 수 있으며, 열정을 지속시키고 계속해서 마법을 만들 수 있는 충분한 자금을 얻게 될 것이다.

플레이어가 게임을 이해하고 상호작용하는 방식을 예측하는 것은 매우 중요하다. 쉬운 일은 아니지만 또 다른 매우 중요한 요소인, 인간이자 개발자인 당신이 가진 편견을 인정하기보다는 어쨌든 쉽다. 우리 인간은 대부분 논리와 이성적인 분석을 근거로 결정을 내린다고 믿고 싶어 한다. 하지만 심리학뿐만 아니라 행동 경제학의 수많은 연구를 보면 실제로는 뇌가 상당히 비이성적일 수 있으며, 우리의 결정은 다양한 선입견에 큰 영향을 받는다.[2] 게임을 만들고 출시하는 일은 전부 수많은 결정을 내리는 일이다. 게임 개발자로서 개발 과정을 통틀어 올바른 결정을 내려 끝내 목표를 달성하고 싶다면 고난의 길이 아닐 수 없다. 그렇기 때문에 게이머의 뇌와 당신 자신의 뇌를 이해해야만 만들려는 게임을 출시할 수 있을 뿐만 아니라 성공 가능성을 최대로 높일 수 있다.

1.1 경고문: '뉴로 광고'의 덫

비디오 게임 업계에서 과학적 지식과 방법론, 특히 신경과학에 대한 관심이 상대적으로 새롭게 증가하고 있다. 이는 '뇌'라는 단어 또는 '뉴로neuro'라는 접두사(예를 들어 '신경마케팅neuromarketing' 또는 '신경경제학neuroeconomics')를 사용하는 모든 상황에 대한 대중과 기업의 폭넓은 관심을 보면 알 수 있다. '도파민dopamine에 관한 뇌', '성공을 위해 뇌를 재구성rewire하는 방법' 또는 '설득에 있어서 옥시토신oxytocin의 역할' 등을 설명하는 기사는 뉴스와 소셜미디어에 넘쳐난다. 솔직히 말하면 요즘 떠도는 신경 관련 기사 대부분은 미끼용 기사다. 최악의 경우에는 완전히 거짓이고, 그나마 나은 경우라도 정말 복잡하고 대단히 흥미로운 기관인 뇌의 작동 방식이 너무나 단순화돼 있다. 너무 심해서 사실 신경과학자들은 이러한 기사를 '신경 쓰레기', '신경 헛소리' 또는 '신경 개소리' 등 광고 영역이나 '뇌 지식'으로 포장 또는 강화된 제품을 팔려고 자신들의 복잡 미묘한 분야를 지나치게 단순화한 데에 화가 난 정도에 따라 달리 부른다. 이러한 미끼용 기사와 회사가 최근 우리의 삶을 침해하는 이유는 그들의 이야기가 통하기 때문이다. 삶을 향상시키고, 노력이 성취되고, 사업을 더 잘 운영할 수 있는 간단한 마법을 알고 싶지 않은 사람이 어디 있겠는가? 하지만 이러한 현상은 신경과학의 과장된 광고에서 비롯된 것이 아니다. 예를 들어 '2주 만에 9킬로그램을 뺄 수 있는 먹어야 할 (또는 먹지 말아야 할) 5가지 비밀 식품'이라는 제목을 보면서 거부할 수 있는 사람이 있을까? 하지만 슬프게도 사실 살을 뺄 수 있는 마법의 약은 없다. 과학은 살을 빼려면 매일 먹는 음식에 주의를 기울이고 규칙적인 운동을 해야만 한다고, 힘든 운동과 땀 그리고 희생이 뒤따른다 말한다. 타고난 DNA와 환경적인 요건에 따라 달라지겠지만, 선천적으로 뛰어날지라도 체중 감량은 쉽지 않다. 이러한 이야기가 진실을 은폐하는 미끼보다 훨씬 덜 매력적이라는 점을 인정해야 한다! 종종 우리는 더 많은 노력을 기울여야 한다는 이유로 더 복잡한 설명을 좋아하지 않거나 믿지 않기로 한다. 비효율적이지만 더 유혹적인 해결책으로 스스로를 속이기도 한다. 신경과학에도 이와 같은 규칙이 적용된다. 바보 취급 당하거나 스스로를 속이고 싶지 않다면 우리의 뇌가 편향되고 감정적이고 비이성적이며, 게다가 극도로 복잡하다는 사실을 기억해야 한다. 심리학 교수인 스티븐 핑커Steven Pinker의 저서 『마음은 어떻게 작동하는가』(동녘사이언스, 2007)에 따르면, 인간을 달에 보내거나 인간의 게놈genome을 분석하는 일보다 그날그날 살아가기 위해 우리의 뇌가 해결하는 문제가 훨씬 더 어렵다. 그러니 혹할 만하지만 과장 광고를 믿지 말라. 특히 거의 또는 전혀 노력하지 않고도 많은 것이 가능하다는 약속은 믿지 말아야 한다. 편리한 거짓말을 믿는 것으로 자신을 위로하고 싶은 게 아니라면 말이다. 그런 사람이라면 아마도 애초에 이 책을 읽지 않고 있겠지만…

게임을 만들 때도 마찬가지다. 꿀꺽 삼킬 수 있는 마법 알약이 있는 것도 아니고, 성공을 오래 지속하는 잘 알려진 방안도 없다. 특히 혁신을 이루려면 말이다. 지나고 나서 어떤 게임이나 회사가 성공한 원인을 분석하는 것은 어떤 게임이 성공하거나 실패할지 그리고 어떤 제품이 새로운 〈마인크래프트Minecraft〉(오리지널 게임은 모장Mojang에서 출시했다)나 나이앤틱Niantic의 〈포켓몬 고Pokémon Go〉 현상을 일으킬지 예측하기보다 언제나 쉽다. 이 책은 게임 개발에서 일어나는 모든 문제를 해결해 줄 마법 지팡이가 있다고 납득시키려 하지 않겠다. 하지만 앞으로 노력과 고통까지도(자신이 사랑하는 게임을 분석하는 일은 고통스러울 것이다) 쏟아부을 준비가 돼 있다면 당신만의 성공 방안을 만드는 데 도움이 되는, 어느 정도의 퀄리티와 유효성이 증명된 구성 요소를 이 책을 통해 얻을 수 있을 것이다. 여전히 도전할 생각이 있는가?

아직 이 책을 읽고 있으니 이 책의 제목에 '신경과학' 및 '뇌'라는 용어를 사용해 최근 흐름에 편승했다는 점을 인정해야겠다(이 책의 원서명은 The Gamer's Brain: How Neuroscience and Ux Can Impact Video Game Design이다). 나는 그저 여러분의 주목을 끌어 게임을 더 효율적으로 개발하는 데 도움이 되는 과학적 지식을 전달하고, 당신을 유혹하려는 신경이란 단어를 사용한 허튼 소리를 간파하고 무시하는 데 도움이 되고자 했을 뿐이다. 우리는 약 1,000억 개의 뉴런(신경 세포)을 갖고 있으며, 각각은 10,000개의 다른 뉴런과 연결할 수 있다. 이는 수많은 시냅스 연결을 만들어 내는데, 우리는 아직 호르몬과 신경 전달 물질(뉴런 사이에 신호를 전송하는 화학적 전달자)의 영향은 말할 것도 없고, 뉴런 회로가 행동과 감정에 어떻게 영향을 미치는지 명확하게 밝혀내지 못했다. 신경계를 연구하는 신경과학은 매우 복잡한 학문이다. 이 책에서 말할 대부분의 내용은 지각, 기억, 주의력, 학습, 추론, 문제 해결 같은 정신 과정

mental process^A을 연구한 학문 분야인 '인지과학'과 더 관련돼 있다. 이러한 모든 정신 과정이 플레이어가 게임을 하는 동안 필연적으로 수반되기 때문에 인지과학 지식은 게임을 디자인하는 데 직접 적용할 수 있다. 사용자 경험, 즉 사용자가 제품 또는 게임과 상호작용하면서 경험하는 전반적인 내용과 관련된 이 분야는 인지과학 지식에 크게 의존한다.

1.2 이 책의 내용과 대상

비디오 게임을 찾아내고, 배우고, 마스터하고, 즐기는 모든 일은 뇌에서 일어난다. UX 학문의 뿌리이기도 한 뇌의 기본적인 메커니즘에 대해 이해하면, 게임 개발자로서 목표한 디자인뿐만 아니라 사업 목표도 더 효과적으로 달성할 수 있다. 이 책은 게임을 디자인하는 방법 또는 창의성을 방해하거나 게임을 너무 쉽게 단순화(10장에 있는 'UX에 관한 오해 풀기' 내용 참조)하기 위한 것이 아니라, 누군가 게임과 상호작용을 할 때 작동하는 메커니즘을 이해함으로써 당신의 목표를 더 빨리 달성하는 데 도움을 주고자한다. 이 책은 크게 2부로 구성되는데 1부는 인지심리학에 대해 내가 갖고 있는 배경지식을, 2부는 유비소프트, 루카스아츠, 에픽게임즈의 개발 팀에서 일했던 개인적인 경험을 토대로 썼다.

A 감각과 지각 과정을 통해 물체나 현상을 이해하고, 기억 및 추론 등의 사고 과정을 통해 결론을 내리거나 문제를 해결하는 것 같이 정보를 처리하는 심리적 과정(출처: 『실험심리학용어사전』, 시그마프레스, 2008)

전반적으로 게임 사용자 경험과 비디오 게임에 적용된 인지과학을 소개하지만, UX 전문가용으로 만들어진 전문 안내서는 아니어서 이 주제에 관심이 있다면 누구나 쉽게 접근할 수 있다. 이 책은 전문가에서 학생까지 게임 개발자를 위해 쓴 책이다. 1부는 비디오 게임플레이와 관련해 뇌의 작동 방식에 관해 관심 있는 사람이라면 개발자가 아니더라도 유용한 정보를 찾을 수 있겠지만, 크리에이티브 디렉터, 게임 디렉터, 디자이너(게임 기획자 사용자 인터페이스UI 디자이너 등), 프로그래머(게임플레이나 UI 프로그래머 위주), 아티스트가 가장 관심을 갖고 읽어 주길 바란다. 왜냐하면 이 책의 내용은 개발자가 매일같이 직면하는 문제에 더 직접적으로 적용할 수 있기 때문이다. 전문적인 게임 UX 실무자(인터랙션 디자이너, 사용자 연구원, UX 매니저 등)는 이미 이 책에서 다루는 개념을 많이 알겠지만, 다시 한번 되새겨 제작사에서 더 원숙한 UX를 개발하기 위한 팁이 되기를 바란다. 게임 업계가 낯선 UX 실무자일지라도 이 책에서 가치 있는 배울 점을 찾을 수 있을 것이다. 고위 경영진, 프로듀서, 지원 팀(품질 보증QA, 분석, 마케팅, 비즈니스 인텔리전스 등)은 전반적으로 더 매력적인 게임을 더 빨리 출시하는 데 사용자 경험을 고려하는 중요성에 관해 어느 정도의 시각을 갖춰야 한다. 마지막으로 이 책의 주된 목적은 다루는 각 주제에 대해 깊이 다루기보다는, 주로 제작사 전체에 걸친 협업과 커뮤니케이션을 편하게 할 수 있도록 게임 사용자 경험에 대해 빈틈없이 살펴보는 데 있다. 이 과정에서 플레이어의 좋은 지지자가 되기를 바란다.

이 책은 크게 두 부분으로 나뉜다. 1부(2장~9장)는 뇌와 인지과학 연구에 대해 현재 알려진 내용에 초점을 맞추며, 2부(10장~17장)는 사용자 경험 사고방식, 연습 위주로 비디오 게임용 UX 프레임워크를 구성하는 게임 개발에 이를 구현하는 방법을 중점적으로 다룬다. 뇌가 어떻게 작동하는지, 인간의 능력과 한계는 무엇인지 그리고 이것이 게임을 디자인할 때 무엇을 의미하는지를 이해하기 위해 알아야 하는 지각(3장), 기억(4장), 주의(5장), 동기(6장), 감정(7장), 학습 원리(8장)에 관해 다룬다. 9장에서는 게이머의 뇌에 대한 연구를 제공한다. 2부에서는 게임 사용자 경험에 대한 개요(10장)를 시작으로 그 역사에 대해 논의하고, 주요 오해를 해소하며 정의를 요약한다. 마음을 끄는 사용자 경험을 제공하기 위해서는 두 가지 요소, 즉 '사용성usability' 또는 제품의 사용 용이성(11장)과 '인게이지 어빌리티' 또는 게임의 참여 정도(12장)가 중요하다. 각 구성 요소에 대해, 게임을 사용 가능하고 매력적으로 만들 수 있는 주요 구조에 대해 살펴본다. 13장에서는 디자인 사고의 렌즈를 통해 사용자 경험에 대해 알아본다. 14장에서는 사용자 경험을 측정하고 개선하기 위해 사용하는 주요 도구인 사용자 리서치에 대해 설명한다. 15장에서는 사용자 경험을 위한 또 다른 도구인 분석학을 다룬다. 16장에서는 제작사에서 UX 전략을 수립하기 위한 몇 가지 방법을 소개하고, 17장에서는 주요 연구, 전반적인 팁, 교육적인 비디오 게임과 '게이미피케이션gamification'에 대한 몇 가지 생각으로 마무리한다.

이 책 전반에 걸쳐 베스트 프랙티스 또는 UX 이슈를 설명하기 위해 다양한 상용 게임을 예로 든다. 언급된 모든 게임은 내가 작업했던 제품이거나 내가 정말로 좋아했기 때문에 두루두루 플레이했던 게임이다. 그러니 이러한 게임 중 하나를 들어 UX 이슈를 강조할 때는 게임에 대한 가치 판단을 하지 않는다는 점을 밝혀둔다. 게임을 만드는 일은 어려우며, UX 베스트 프랙티스를 고려할 때 완벽한 사용자 경험을 제공하는 게임은 없다는 사실을 잘 알고 있다.

PART

1

뇌의 이해

2

뇌에 관한 개요

2.1 뇌와 마인드 신화

2.2 인지적 편향

2.3 멘탈 모델과 플레이어 중심의 접근법

2.4 간결하게 정리한 뇌의 작동 방식

2.1 뇌와 마인드 신화

인간의 뇌는 인류가 지구를 걸어 다니기 훨씬 이전부터 진화하기 시작했으며, 척박한 아프리카 사바나savanna 지역에서의 고된 삶에서 살아남은 우리 조상으로부터 수천 세대에 걸쳐 점진적으로 더 발달해왔다. 하지만 현대의 삶은 선사 시대와 매우 다르며, 비교적 느린 진화 척도로 볼 때 우리의 뇌는 새로운 문제에 직면해 있다. 따라서 뇌의 경이로움과 한계를 이해하면 현대의 복잡성을 탐색할 때 일상에서의 의사 결정을 개선하는 데 유용하다. 이 내용을 이 책의 1부에서 다룰 것이다. 특히 게임 개발을 하는 맥락에서 가장 유용한 내용을 집중적으로 설명할 것이다. 더 다양한 상황에 어떻게 적용되는지 궁금하다면 인지과학자 탐 스태포드Tom Stafford와 엔지니어 매트 웹Matt Webb이 지은 『마인드 해킹』(황금부엉이, 2006)을 보면 유용한 팁을 몇 가지 찾을 수 있다.

비록 뇌의 미스터리를 수박 겉핥기식으로 다룰 뿐이지만, 뇌의 작동 방식에 관한 흥미로운 발견은 지난 세기에 이뤄졌다. 하지만 발견된 사실은 슬프게도 미디어를 오염시키는 셀 수 없이 많은 미신에 뒤섞여 있다. 이에 관해서는 다른 저자들이[1] 상세히 다뤘기 때문에 살펴보지 않겠다. 하지만 비디오 게임 개발과 많이 연관된 내용과 진도를 더 나가기 위해 알아야 할 미신을 간단하게 설명하겠다.

2.1.1 우리는 뇌의 10%만 사용한다

열쇠를 가진 사람이면 누구나 열 수 있는 아직 개발되지 않은 뇌 능력이 있다는 믿음은 매우 유혹적이다. 돈을 내면 그 대가로 이 열쇠를 주겠다는 회사가 있다는 얘기를 들은 적이 있다. 실제로는 주먹을 꽉 쥐는 행동 같은 간단한 일을 하는 데에도 뇌의 10% 이상이 실행된다. 그리고 현대 뇌 영상은 우리가 뭔가를 할 때마다, 심지어는 아무것도 하지 않을 때조차 전체 뇌 전체에서 일어나는 활동을 보여준다. 하지만 뇌는 악기 연주를 배우거나 뇌 손상을 입은 후 자신을 재구성할 수 있는 능력이 있다. 뇌가 그러한 유연성을 보인다는 사실은 그 자체로 경이로우며, 이는 새로운 지식과 스킬을 배울 수 있는 엄청난 잠재력이 있음을 시사한다. 그러니 당신이 뇌의 10% 이상을 이미 사용한다고 너무 실망하지 마라. 그렇지 않다면 너무 슬프지 않겠는가?

2.1.2 우뇌가 발달한 사람은 좌뇌형보다 더 창의적이다

"창의성을 발휘할 수 있도록 우뇌를 개발하라!"는 이야기가 있다. 우리 뇌의 반구는 서로 다르며, 특정한 일을 해낼 때 반드시 똑같이 사용되지 않는다는 것은 사실이지만, '좌뇌와 우뇌' 구별은 대부분 거짓이다. 예를 들어 언어는 대부분 좌뇌 활동에 의해 지배된다는 이야기를 들은 적이 있을 것이다. 일반적으로 말해 좌뇌는 사실 단어를 생성하고 문법적 규칙을 적용하는 데 상대적으로 더 뛰어나고, 우뇌는 운율 체계(스피치 억양)를 분석하는 데 상대적으로 더 낫다. 하지만 모든 주어진 활동에 대해 양쪽 뇌는 조화롭게 함께 일한다. 좌뇌가 논리적이고 우뇌는 창의적이라는 주장은 매우 부정확한 단순화다. 양쪽 뇌는 서로 정보를 공유할 수 있는 신경의 거대한 통로인 뇌량corpus callosum을 통해 연결돼 있다. 따라서 우뇌만 자극해서 창의력을 향상시키려 해도 그렇게 차별적인 일은 거의 불가능에 가깝다. 당신이 뇌량의 연결 기능이 떨어지거나 손상을 입은 분할뇌split-brain 환자이거나 신체(시력의 경우 고시점fixation pointA)의 왼쪽을 통해서만 인위적으로 입력을 받는 경우가 아니라면 말이다. 이런 특별한 경우라면 정보가 우뇌를 통해서만 처리될 것이다. 분활뇌 환자를 이런 식으로 테스트하는 신경심리학 실험이 있지만, 이는 당신이 혹하길 바라며 하는 우뇌 이야기와는 거리가 멀다는 점을 인정해야 한다. 하지만 걱정하지 마라. 뇌반구에 '창조적' 또는 '논리적' 분화가 있다는 과학적 증거는 어디에도 없기 때문에 이 말은 어찌 됐든 쓸모없는 이야기다. 그러니 더 창의적이거나 논리적인 사람이 되고 싶더라도, 우뇌나 좌뇌를 강조하는 일은 그만두고 뇌를 하나로 생각하는 것이 낫다.

A 시축(視軸)의 방향을 일정하게 확보하기 위한 표지점이나 눈이 보고 있는 대상점(출처: 『광용어사전』, 일진사, 2011)

2.1.3 남녀의 뇌는 서로 다르다

우리는 차이점을 설명할 수 있는 간단한 이유 찾기를 좋아한다. 그렇지 않은가? 남자에게도 여자에게도 이성 관계의 우여곡절을 견디기는 분명 어려운 일이다. 그러니까 여기서 오는 인지부조화^{cognitive dissonance}B를 완화시키기 위해 자신의 실수와 공감 부족을 탓하는 대신 신경학적 차이에 책임을 떠넘기자! 그런데 동성애자 연인도 이성애자 연인과 같은 어려움을 십중팔구 겪고 있다('십중팔구'라고 표현한 이유는 이 말을 뒷받침할 통계가 없기 때문이지만, 내기를 걸 만큼 확신한다). 많은 사람의 뇌 이미지를 하나로 종합하면 평균적인 여성의 뇌가 평균적인 남성의 뇌와 완전히 같지 않은 것은 사실이지만, 다른 점보다 비슷한 점이 훨씬 많다. 사실 일반적으로 성별이 다른 사람의 뇌와의 차이보다 같은 성별의 뇌와 보이는 차이가 더 크다. 남성과 여성은 다른 행성에서 온 것이 아니다. 수사학적으로 봐도 말이다. 예를 들어 여성이 남성보다 동시에 여러 가지 일을 더 잘 처리한다든가, 여성이 언어를 마스터하는 데 '선행'돼 있는 반면, 남성은 수학이나 주차에 '선행'돼 있다는 과학적 증거는 없다. 여성과 남성 사이에는 뇌의 배선이나 행동적 차이는 있을지라도 인지 능력을 고려할 때 신경학적 차이를 행동과 연관시킬 수는 없다. 과학이나 언어에서의 성과 같은 인지적 차이는 특정한 기술의 연습 수준, 우리가 그 안에서 영향을 받는 문화적 환경(고정 관념)과 사회적 압력 때문일 것이다.

B 우리의 신념 간에 또는 신념과 실제로 보는 것 간에 불일치나 비일관성이 있을 때 생긴다. 인지부조화 이론에 따르면 개인이 믿는 것과 실제로 보는 것 간의 차이가 불편하듯이 인지 간의 불일치가 불편하므로 사람들은 이 불일치를 제거하려 한다(출처: 『실험심리학용어사전』, 시그마프레스, 2008).

2.1.4 학습 스타일과 교수 스타일

어쩌면 당신은 자신에게 잘 맞는 학습 스타일이 있고, 그에 맞게 가르친다면 더 잘 배울 수 있다고 믿을지도 모르겠다. 예를 들어 당신은 시각적인 학습자여서 언어적인 정보보다는 시각적인 정보로 가르칠 때 더 잘 배운다고 생각할 수 있다. 학습 스타일에 관한 개념에서 언급되는 이슈 중 하나는 누군가의 선호하는 학습 스타일이 무엇인지를 측정하기가 결코 쉽지 않다는 점이다. 또 다른 이슈는 우리가 얘기하는 학습 스타일의 종류를 결정하는 기준이 종종 여기저기에 존재한다는 점이다. 당신은 우뇌형인가? 분석적인 사람인가? 시각적인 사람인가? 물론 훈련 프로그램용 아이디어는 당신에게 반향을 불러일으킬 만한 유형을 찾는 것이다. 당신이 좌뇌형인지 확실치 않은가? 마이어브릭스 성격 검사Myers-Briggs Personality Test 점수에 따라 교수 스타일을 매칭해보는 방법은 어떤가? 그런데 마이어브릭스 검사는 과학적으로 검증된 것이 아니기 때문에 재미삼아 해볼 수는 있지만 채용 같은 중요한 목적으로는 사용하지 말라. 학습 스타일 개념에 관한 마지막 이슈는, 가르치는 스타일이 당신의 학습 스타일 선호도와 일치한다면 더 잘 배울 수 있다는 탄탄한 과학적 증거가 없다는 사실이다(당신이 선호하는 학습 스타일이 무엇인지 알고 있다는 가정하에). 연구에 따르면 사람들은 다양한 사고방식과 여러 가지 유형의 정보 처리에 대한 성향이 다르지만 학습 스타일의 적용이 실제로 학습을 향상시킨다는 징후는 없다. 게다가 일부 연구에서는 교수 스타일이 선호하는 학습 스타일과 일치할 때 가르침이 더 효과적이라는 발상을 부정하기까지 했으며,[2] 학습 스타일의 개념이 경우에 따라서는 피해를 줄 수도 있다. 하지만 학습을 매우 쉽게 할 수 있는 교수 환경을 설계하는 방법이 있다. 이에 관해서는 이 책 전체에 걸쳐 설명하겠다. 핵심 중 하나는 학습 대상을 의미 있는 것으로 만들어 다양한 맥락과 활동 속에서 반복해 가르친다. 하지만 폭넓은 호소력과 채택에도 불구하고 '학습 스타일' 자체는 학습 개선에 적합한 개념으로 판명되지는 않았다.

2.1.5 비디오 게임은 뇌를 재구성하고 디지털 원주민은 다르게 설계된다

신경 네트워크는 끊임없이 스스로를 환경과 상호작용에 따라 재배치한다. 그렇기 때문에 당신이 보는 모든 기사는 "이러이러한 것이(예를 들면 인터넷) 당신의 뇌를 재구성하고 있습니다."라고 말한다. 하지만 지각하거나 생각하는, 즉 영화를 보거나 가장 최근에 읽었던 기사를 되새기고 또는 피아노 연습을 하는 등 당신이 행하는 거의 모든 일은 당신의 뇌를 '재구성'하기 때문에 기사에 적힌 내용은 말할 필요도 없는 상황을 그냥 드라마틱하게 쓴 것뿐이다. 심지어 재구성이라는 용어를 사용하는 것도 올바르지 않다. 애초에 뇌는 하드웨어로 엮인 것이 아니기 때문이다. 설사 컴퓨터 같은 능력이 있다 할지라도 뇌는 컴퓨터가 아니다. 우리의 뇌는 삶을 통해 끊임없이 변하는 창조성이 있으며(나이가 들면 능력이 떨어지긴 하지만), 다른 시냅스가 없어지는 동안 새로운 시냅스 연결이 생성된다. 또한 마크 프렌스키^{Marc Prensky}[3]가 인터넷이나 비디오 게임 같은 디지털 기술에 둘러싸여 성장한 밀레니얼^{millennial} 세대를 묘사하기 위해 만든 용어인 '디지털 원주민^{digital native}' 세대는 디지털 이주민^{digital immigrant}으로도 불리는 기성 세대와는 다르게 구성된다고 여기는 경향이 있다. 우리 모두는 환경과 그것과의 상호작용에 따라 서로 다르게 구성되지만, 이것이 밀레니얼 세대와 기성 세대 사이에 인지적 또는 행동적인 차이가 있음을 의미하지는 않는다. 예를 들어 밀레니얼 세대가 독서 같은 다른 활동을 하면서 문자를 주고받는 데 익숙하다고 해서 그들이 다른 세대보다 멀티태스킹을 더 잘하기 때문이 아니다. 그렇다. 그들은 멀티태스킹에 능한 것이 아니라[4] 그들의 뇌는 현재 또는 선사 시대에 지구상의 다른 호모 사피엔스처럼 종합적으로 기능하기 때문이다. 따라서 그들 역시 같은 한계에 직면한다(인간의 주의 집중이 가진 한계에 대해 설명하는 5장 참조). 하지만 사실은 다음과 같다. 밀레니얼 세대와 그들보다 젊든, 나이가 많든 모든 다른 세대는 그들이 상호작용하는 제품(예: 비디오 게임)에 대해 서로 다른 멘탈 모델^{metal model} 및 기대를 갖고 있다. 하지만 밀레니얼 세대든 아니든 간에 슈팅 게임에 셀 수도 없이 많은 시간을 보낸 사람이면 누구나 〈마인크래프트〉를 하며 시간 보내기를 더 좋아하는 사람들과는 다른 기대나 멘탈 모델을 가진다. 따라서 다시 말하지만, 현실은 우리가 생각하고 싶은 미끼용 제목보다는 훨씬 더 미묘하다.

2.2 인지적 편향

뇌에 대한 미신을 다루는 것만으로는 절대 부족하며, 뇌가 합리적인 의사 결정을 내리기 위한 객관성과 능력을 저해할 수도 있음을 인식해야 한다. 이러한 인지적 편향 Cognitive bias이 무엇인지 설명하기 위해 조금 더 익숙한 착시 현상을 예로 들겠다.

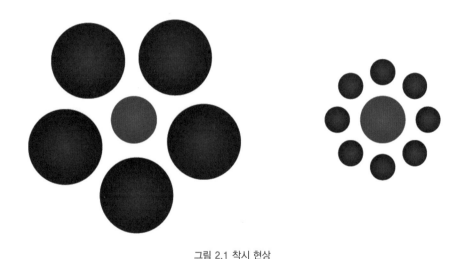

그림 2.1 착시 현상

그림 2.1의 오른쪽과 왼쪽 그림 한 가운데 있는 보라색 동그라미는 같은 크기인데도 왼쪽이 오른쪽보다 작게 보이는 착시 현상을 일으킨다. 그 이유는 가운데 원을 둘러

싼 원과 비교한 상대적인 크기 때문에 그렇게 보인다. 이와 같은 원리가 인지적 편향에도 적용된다. 인지적 편향 또는 인지적 착각은 우리의 판단과 의사 결정에 편향을 갖게 하는 사고 패턴이다. 착시 현상처럼 우리가 알더라도 피하기는 매우 힘들다. 신기원을 이룬 심리학자인 아모스 트버스키Amos Tversky와 다니엘 카너먼Daniel Kahneman은 최초로 인지적 편향에 관해 연구한 학자다.[5] 특히 이들은 인간의 마인드가 추론에서 예측 가능한 실수를 낳는 직관적 사고를 위한 지름길을 사용한다는 점을 입증했다(판단에 있어서의 휴리스틱스heuristics 또는 경험에 바탕을 둔 방법). 심리학 및 행동경제학 교수인 댄 애리얼리Dan Ariely는 자신의 저서 『상식 밖의 경제학』(청림출판, 2008)에서 인지적 편향이 일상 생활에 어떻게 영향을 미치는지, 추론 및 재정적인 의사 결정에 체계적 오류를 유발하는지에 대해 더 자세히 설명했다. 예를 들어 '앵커링anchoring'C은 그림 2.1에서 제시된 착시 현상과 다소 유사한 인지적 편향이다. 즉 우리는 새로운 정보에 대한 판단을 내리기 위해 하나를 다른 하나와 비교해 이전 정보(앵커: 예를 들어 착시 현상 사례에서 가운데 있는 보라색 원을 둘러싼 원의 크기와 같은 것)에 의존하는 경향이 있다. 마케팅 담당자는 소비자의 결정에 영향을 미치고자 앵커를 사용한다. 예를 들어 59달러라고 적힌 블록버스터 비디오 게임에 세일가 29달러를 붙여 파는 경우를 볼 수 있다. 이때 59달러 가격표는 현재 가격표와 비교하는 앵커(종종 그 위에 취소선을 그어 강조한다)에 해당한다. 이로써 소비자는 그 정도 가격이면 특가라는 생각을 하고, 해당 게임과 같은 가격 29달러지만 세일하지 않는 다른 게임까지도 살까 마음이 흔들리기도 한다. 들어가는 돈은 같지만 세일하지 않는 게임은 세일하는 게임에 비해 비용

C   특정 동물, 특히 오리 같은 조류가 생후 초기 결정적 시기에 접한 대상에게 강력한 애착을 형성하는 현상을 각인(imprinting)이라고 한다. 각인은 인간에게도 어느 정도 통용되며 이를 행동경제학에서는 앵커링(anchoring) 또는 정박효과라고 한다. 최초 습득한 정보에 몰입해 새로운 정보를 수용하지 않거나, 이를 부분적으로만 수정하는 행동 특성을 말하며, 이때 최초 습득한 정보를 앵커(anchor)라 한다. 구입 결정에 있어 앵커는 가격(표) 자체를 의미하는 것이 아니라, 그 가격에 물건을 살까 고민할 때 비로소 앵커가 된다(출처: 『심리학 사전』, 박학사, 2013 / 『상식 밖의 경제학』, 장석훈 옮김, 청림출판, 2008 / 위키백과).

(30달러)이 절감되는 것 같지 않기 때문에 살 의향이 적을 수 있다. 마찬가지로 같은 29달러가 덜 좋아 보일 수도 있다. 19달러에 세일 중인 다른 블록버스터가 있다면, 즉 훨씬 더 좋은 거래가 나타나면 흥미가 떨어진다. 어쩌면 결국 당신은 비용이 절감된다는 이유로 별로 끌리지 않는 게임을 사게 되거나, 이런 좋은 기회를 놓칠 수 없다는 생각 때문에 애초에 관심 있던 게임 대신 더 많은 게임을 사버리게 될 수도 있다. 다 따지고 보면 비디오 게임을 사는 데 쓰기로 했던 예산보다 훨씬 더 많은 돈을 써버리게 될지도 모른다. 이것이 아마도 스팀^{Steam}이 세일 행사를 할 때마다 소셜미디어에 불평하는 친구들이 많아지는 이유일 것이다. 내 친구들은 그렇게 싼 가격에 파는 게임을 안 사고는 못 배긴다. 그렇게 산 게임 대부분을 할 시간이 거의 없을 것을 알면서도 말이다. 우리는 어떤 결정을 내릴 때 대상을 다른 것과 비교하는 경향이 있으며, 이는 우리의 판단에 영향을 미친다. 대부분 이러한 편견의 영향을 받는다는 사실을 인식하지 못한다는 것이 가장 나쁘다. 이와 관련된 예는 너무나 많아서 여기에 줄줄이 늘어놓지 않겠다. 하지만 제품 매니저인 버스터 벤슨^{Buster Benson}과 엔지니어인 존 마누지안^{John Manoogian}이 만든 차트를 소개하겠다. 그림 2.2에 보는 이 차트는 인지적 편향을 종류별로 분류하고 리스트로 정리해 위키피디아 페이지에 실렸다.[6]

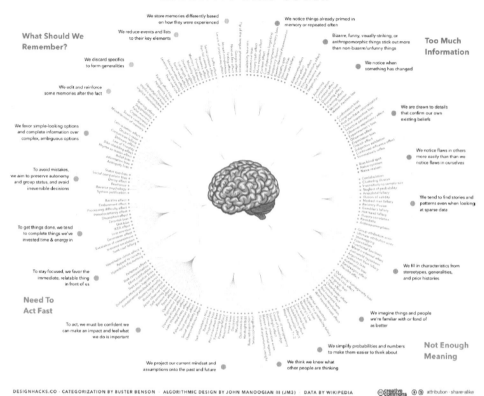

그림 2.2 인지적 편향 코덱스, 존 마누지안 3세(jm3)가 디자인하고 버스터 벤슨이 체계화했다(출처: John Manoogian III와 Buster Benson, Cognitive Bias Codex, Designhacks.co, Chatsworth, California)

관련성이 있을 때마다 나는 이 책에서 특정한 인지적 편향을 언급하겠다. 그림 2.2의 차트는 무섭고 의욕을 꺾는 것처럼 보일 수 있지만, 여기에 정리된 편향을 염두에 두면 너무 많은, 나쁜 결정을 피하는 데 꽤 도움이 된다. 또한 이러한 편향을 아무리 잘 알고 있어도 때때로 먹잇감이 될 수 있음을 유념하는 데도 유용하다. 뒤늦게 깨닫는 격이 될 지라도, 자신과 다른 사람들에게 있는 이러한 특성을 인식하려 애써 보길 바란다. 이러한 노력을 통해 자기 자신, 다른 사람들 그리고 사람들의 실수를 더 잘 이해할 수 있게 될 것이다. '타조 효과^{ostrich effect}'에 심하게 빠져 모래 속에 머리를 계속 묻어두는 경우가 아니라면 말이다. 우리 모두는 인간의 한계를 가진 인간이다.

2002년 노벨 경제학상을 수상한 대니얼 카너먼은 자신의 저서 『생각에 관한 생각』(김영사, 2018)에서 사고의 두 가지 모드인 시스템 1과 시스템 2가 우리의 정신 생활에 영향을 미친다고 설명한다. 시스템 1은 저절로 빠르게 작동하고 본능적이며 정서적 사고다. 시스템 2는 훨씬 느리고 신중하고 논리적이며, 복잡한 계산처럼 노력이 필요한 정신적 활동에 관여한다. 양쪽 시스템 모두는 우리가 깨어 있을 동안 늘 작동하고 서로에게 영향을 미친다. 인지적 편향이 발생하는 대부분의 이유는 시스템 1이 무의식적으로 작동하며 직관적 사고의 오류를 범하기 때문이고, 시스템 2는 이러한 오류가 만들어지고 있음을 눈치채지 못할 수도 있기 때문이다. 내 생각에는 게임을 개발할 때 고려할 가장 중요한 인지적 편향 중 하나는 '지식의 저주^{Curse of Knowledge}'다. 지식의 저주를 개발 중인 비디오 게임에 적용해 보자면 게임에 대해 모르는 척하기도 어렵지만, 이 게임에 관해 모르는 사람들이 어떻게 지각하고 이해할지를 정확하게 예측하기도 어렵다. 그렇기 때문에 당신이 만드는 게임에 대해 전혀 모르는 잠재 고객을 대변하는 참가자를 대상으로 한 게임의 사용자 경험, 즉 UX 테스트를 정기적으로 하지 않으면 안 된다 (예: 플레이테스트, 사용성 테스트 등. 14장 참조). 이는 게임 개발자가 편면 거울^{one-way mirror}을 통해 이러한 테스트를 지켜보면서 참가자들의 '기이한' 또는 '비이성적인' 행동을 보고 매우 낙담하는 이유이기도 하다. "아이고, 최강 능력을 발휘하려면 저기 커다란 반짝이는 능력을 클릭하면 되는데 그게 안 보이나? 어떻게 안 보일 수 있지? 저렇게 잘 보이는데?" 아니다, 사실 분명하게 보이지 않는다. 이것은 어디를 봐야 하는지, 현재 상황에 관련된 정보가 무엇인지 그리고 주의 리소스^{attentional resource}를 어디로 보내야 효과적인지를 이미 아는 게임 개발자에게나 명백할 뿐이다. 당신이 만든 게임을 처음 해 보는 새로운 플레이어는 해당 장르에 통달한 게이머일지라도 이런 상황까지 알고 있는 것은 아니다. 당신은 플레이어를 가르쳐야 하고, 이에 관해서는 이 책의 2부에서 다룬다. 지금은 뇌의 미신과 인지적 편향에 대해 알아가는 중이니, 이번에는 제품과 상호작용하는 사람의 마인드에서 일어나는 인지 과정에 대해 살펴보자.

2.3 멘탈 모델과 플레이어 중심의 접근법

비디오 게임을 경험하고 즐기는 것은 플레이어의 마인드에서 일어나는 일이지만, 이때 경험은 다수의(때때로 상당히 많은) 개발자의 마인드에 의해 형성되며 특정 제약이 있는 시스템에 구현된다. 개발자가 원래 염두에 두던 것, 주어진 시스템 및 제작의 제약이 적용된 것 그리고 마지막에 플레이어가 경험하는 것 사이의 차이는 상당히 다를 수 있다. 그렇기 때문에 게이머의 마인드를 고려해야 하며 플레이어 중심의 접근법을 채택해야 한다. 이는 매력적인 사용자 경험을 제공하고 개발자가 의도했던 바를 플레이어가 궁극적으로 경험할 수 있는 열쇠가 된다. 도널드 노먼Donald Norman은 주요 저서 『디자인과 인간 심리』(학지사, 2016)에서 그림 2.3처럼 디자이너와 최종 사용자가 다양한 멘탈 모델을 호출하는 방법을 설명한다. PC 비디오 게임 같은 하나의 시스템은 그것이 어떻게 기능하고 무엇을 수반해야 하는지에 관한 개발자의 멘탈 모델을 기반으로 디자인되고 적용된다. 개발자는 시스템의 한계(예: 사용하는 엔진에서 지원하는 렌더링 기능)뿐만 아니라 시스템 요구 사항(가상 현실 게임은 사람들이 시뮬레이션 울렁증을 겪지 않게 하려면 최소 초당 90프레임으로 실행시켜야 한다)에 따라 게임의 비전을 조정해야만 한다. 플레이어는 사전 지식과 기대를 갖고 장면scene에 들어가며, 자신이 생각하는 시스템 이미지(시스템의 일부로 플레이어가 상호작용하고 지각하는)와 상호작용을 통해 게임의 작동 방식에 대한 자신만의 멘탈 모델을 만든다. 사용자 경험과 플레이어 중심 접근법의 주된 목적은 사용자의 멘탈 모델을 개발자가 의도했던 것과 일치시키는 데 있다. 그렇게 하려면 개발자가 시스템 한계와 요구 사항을 따라야 하듯이, 플레이어도 인간 뇌의 능력과 한계를 따라야만 한다. 그리고 이것이 바로 뇌가 작동하는 방식을 알아야 만 하는 이유이기도 하다.

그림 2.3 멘탈 모델, 도널드 노먼의 저서 『디자인과 인간 심리』(학지사, 2016)에서 영감을 받음

2.4 간단명료하게 정리한 뇌의 작동 방식

영화를 보고, 주변을 살피고, 새로운 사람을 만나고, 논쟁을 듣고, 광고를 보고, 새로운 도구와 기기와 상호작용하는 등 살아가면서 당신이 하는 활동의 대부분은 뇌를 위한 학습 경험이다. 비디오 게임을 하는 것도 전혀 다르지 않다. 이러한 이유로 뇌의 학습

방법을 알면 개발자가 고객을 위해 더 나은 경험을 만들어 내는 데 도움이 된다. 게임을 플레이하고 마스터하는 방법을 배우는 것은 게임 경험을 통해 일어나지만, 가장 새로운 요소는 튜토리얼 또는 게임의 온보딩onboarding 파트에서 학습하기 때문에 플레이어에게 있어서는 극복해야 할 가장 큰 장애물 중 하나다.

첫째로 뇌가 견딜 수 있는 작업량이 한정돼 있음을 명심해야 한다. 뇌는 사람 몸무게의 2%에 지나지 않지만, 몸 에너지의 20% 가량을 소비한다. 따라서 게임이 사용자의 뇌에 부과하는 작업량을, 인지적 부하에 대한 정확한 측정 방법이 없다는 점을 감안해서 신중하게 따져봐야 한다. 그리고 예를 들어 메뉴, 컨트롤 또는 아이콘 등을 파악하는 것이 아니라(의도적으로 설계된 경우가 아니라면), 그들에게 제공하고 싶은 핵심 경험이나 과제에 전념할 수 있도록 해야 한다. 따라서 플레이어가 배우고 마스터하는 데 중요한 핵심 요소를 정의하고, 이에 집중하는 것이 플레이어가 도전했으면 하는 핵심을 정의하는 데 매우 중요하다. 그런 다음 이러한 핵심 요소를 효과적으로 가르치기 위해 학습 원칙의 기본을 이해해야 한다. 뇌는 매우 복잡한 기관이며 대부분이 아직 베일에 싸여 있다. 그렇지만 여기서 설명하는 학습 과정을 이해하면 왜 플레이어가 게임에 있는 일부 요소를 완전히 파악하거나 기억하는 데 어려움을 겪는지 밝혀낼 수 있을 것이다. 그렇게 되면 문제를 효과적으로 해결하고 더 나아가 예상할 수도 있다. 마인드는 뇌와 몸의 산물임에 주목하자. 따라서 이 둘은 서로 얽혀 있다. 인지과학자들은 현재 마인드와 뇌 사이의 미묘한 관계를 논쟁하지만, 이에 관해서는 따로 언급하지 않겠다. 개인적으로는 뇌가 마인드, 즉 정신 과정을 가능하게 하는 기관이라고 생각하기 때문에 용어를 종종 번갈아 가며 쓰겠다.

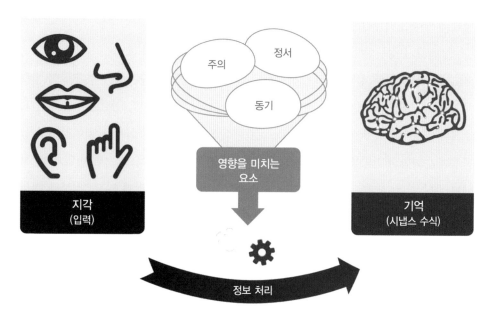

그림 2.4 뇌의 학습과 정보 처리 방식을 매우 단순화한 차트

그림 2.4는 뇌가 학습하고 정보를 처리하는 방식을 아주 단순하게 만든 차트다. 뇌는 컴퓨터가 아닐뿐더러 특정 기능에 전념하는 구획이 실제로 존재하는 것이 아닌 만큼, 게임 개발자로서 알아야 하는 핵심적인 개념을 요약한 차트라고 보면 된다. 일반적으로 정보 처리는 입력에 대한 지각에서 시작해 최종적으로는 뇌에 있는 시냅스 수식synaptic modification을 통해 기억의 수정modification으로 끝난다. 즉, 정보 처리는 감각으로부터 시작한다. 우리에게는 시각, 청각, 촉각, 후각, 미각의 5가지 감각만 있는 것이 아니다. 더 정확히 말하면 온도, 통증 또는 균형의 변화를 지각할 수 있는 다른 감각이 많이 있다. 예를 들어 자기 수용 감각proprioception은 눈을 감고 코를 만질 수 있는 (술에 취하지 않았다면), 공간에서 신체를 감지 및 조절하는 감각이다. 감각 지각sensory perception에서부터 기억의 수정까지, 무수히 많은 요소의 영향을 받는 복잡한 과정이 일어난다. 이 중 일부는 생리적인 요소다. 예를 들어 피곤하거나 고통을 느끼거나 배고플

때는 효과적인 학습이 이뤄지지 않는다. 정보를 처리하는 동안 끌어내는 주의 수준^{level} of attention과 감정은 학습의 질에도 영향을 미치며, 이는 환경적 요소(환경의 소음 수준, 정보가 체계화된 방식 등)에도 크게 좌우된다. 비디오 게임을 디자인하는 데 필요한 필수적인 지식을 요약해 보기 위해 3장에서는 지각, 주의, 기억, 동기, 정서를 독립적인 요소처럼 집중적으로 파헤쳐 보겠다. 하지만 어디까지나 뇌에서 실제로 벌어지는 일을 아주 단순화한 버전임을 명심하라. 현실에서 이러한 인지 과정은 서로 얽혀 있으며, 하나가 끝난 다음 차례로 일어나지 않는다. 그리고 정확히 말하려면 뇌가 "정보를 처리한다."는 표현을 사용해서도 안 된다. 뇌는 컴퓨터처럼 작동하지 않기 때문이다. 그러나 이런 세부 사항까지 파고드는 것은 이 책의 목적에서 벗어난다.

3

지각

3.1 지각의 작동 방식   **3.3** 게임에의 적용

3.2 인간 지각의 한계

3.1 지각의 작동 방식

지각perception은 환경에 수동적으로 대응하는 창이 아니라 마인드의 주관적인 구성 개념constructA이다. 이 모든 것은 생리적 차원에서 감각으로부터 시작된다. 물체에 의해 방출되거나 반사되는 에너지가 감각 수용 세포sensory receptor cell를 자극한다. 기본적인

A 성격, 신념, 지능 등을 포함하는 심리적 특성과 행동적 특성 그리고 사회적 현상 등을 표상하거나 설명할 목적으로 사용하는 이론적 개념. 흔히 구성 개념은 관찰 및 측정될 수 있는 행동에 의해 정의된다. '구인' 또는 '구념'이라고도 한다(출처: 『심리학 사전』, 박학사, 2013).

과정은 다른 감각과 비슷하지만, 시각을 예로 들어보자. 밤하늘의 별을 만끽하려고 밤에 맑은 하늘을 올려다볼 때 수용 세포가 받은 자극은 방향, 공간 주파수, 밝기 등 모두 물리학에 관한 것이다. 그런 다음 뇌가 이를 이해하기 위해 감각 정보로 처리하는데, 그 과정이 지각perception이다(그림 3.1 참조). 예를 들어 가장 밝은 별들은 하나의 형태로 그룹화돼 보는 이에 따라 의미를 갖는다(예를 들면 국자). 뇌는 강력한 패턴 인식자로, 세계의 정신적 표상mental representation B을 즉각적으로 만들어 내고, 때로는 실수로 우리의 환경에서 의미 있는 형태를 보게 한다. 정보 처리의 마지막 단계는 의미론과 인지로의 접근이다. 만약 국자 모양으로 나타나는 별자리가 어떤 것인지 알고 있으면 보고 있는 별이 큰곰자리임을 인식하게 된다. 이 시점에서 정보는 당신의 인식에 도달했다. 이런 과정은 자세한 정보에서 출발하는 상향식(처음에는 감각, 그 다음은 지각, 마지막으로 인식)으로, 직관적으로 보일 수도 있지만 사실 많은 경우 일반적인 것에서 시작해 세부 사항으로 진행하는 하향식이다. 즉, 당신의 인식cognition(세계에 대한 지식과 기대)은 당신의 지각에 영향을 미칠 수 있다. 따라서 지각은 당신의 과거와 현재의 경험에 영향을 받기 때문에 매우 주관적일 수밖에 없다.

B 외부의 대상을 지각하고 인식하는 과정에서, '외부의 대상을 어떤 형태로 추상화하고 심상화해 내적 또는 정신적으로 나타내는 것'. '정신적 표상'은 '심적 표상'이라고도 하며, 동시에 '내재적 표상(internal representation)' 또는 '내적 표상'과도 같은 의미로 사용된다(출처: 『심리학 사전』, 박학사, 2013).

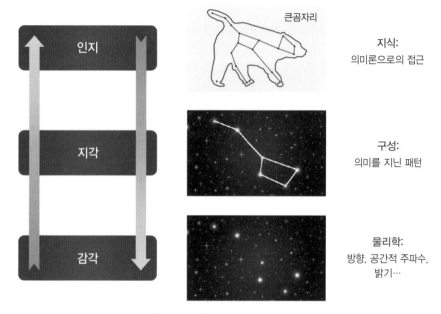

그림 3.1 지각은 세 단계 과정 중 하나다.

우리는 세상을 현실에서 지각하지 않는다. 대신 이에 대한 표현을 지각한다. '현실'을 지각하는 것이 객관적으로 '진짜'가 아니라는 이 개념은 차선으로 보일 수 있지만, 우리가 살아남는 데 도움이 된다. 우리는 환경에 매우 빠르게 반응해야 한다. 특히 포식자가 주변에 있는 경우에는 더욱 그렇다. 따라서 사자의 형태를 인식하는 데 너무 시간이 오래 걸리면(특히 3차원 세계로부터의 입력은 눈의 망막에 비친 2차원적인 이미지를 기반으로 하기 때문에 그 차이를 명확하게 알아내기는 본질적으로 어렵다), 싸울지 아니면 달아날지 결정하기도 전에 죽게 된다. 뇌는 감각의 자극과 의미 있는 패턴을 가능한 한 빨리 연관시킨다. 비록 그것이 긍정 오류false positive를 만들어 낼지라도(당신이 지각한 것은 자신을 향해 슬며시 헤엄쳐 오는 악어이지만, 실제로는 그냥 떠다니는 통나무다) 후회하거나 죽기보다 안전한 편이 낫다. 이러한 지각적 착각perceptual illusion 때문에 우리의 지각에는 결함(관점에 따라서는 축복)이 있다.

3.2 인간 지각의 한계

우리 대부분은 지각을 당연하게 여기지만, 그 과정은 복잡하며 상당한 리소스가 들어간다. 예를 들어 대뇌 피질^{cerebral cortex}의 약 1/3은 직접 또는 간접적으로 시각 처리에 전력을 다한다. 그런데 우리의 지각에는 고려해야 할 커다란 한계가 있다. 앞서 설명했듯이 지각은 인지에 영향을 받기 때문에 주관적이다. 사람은 다른 사람이 지각^{perceive}하는 방식 그대로 지각하지 않는다. 그림 3.2를 예로 들어보겠다. 당신이 지각한 것은 무엇인가? 무작위로 놓인 알록달록한 줄무늬가 있는 블록인가? 아니면 〈스트리트 파이터^{Street Fighter}〉의 캐릭터인가? 〈스트리트 파이터〉 게임을 전혀 해본 적 없거나 해당 게임에 거의 노출된 적이 없는 경우와 비교해볼 때, 당신이 게임에 대한 과거 경험과 감정적인 연결이 있는 경우에는 그림 3.2를 다른 이미지로 인식할 수 있다. 비디오 게임 콘퍼런스에서 이 이미지를 보여주면, 대략 절반에 가까운 관객이 캡콤^{Capcom}의 〈스트리트 파이터〉 캐릭터를 지각한다. 이는 게임 전문의 관객 특성을 감안하면 적은 비율일 수 있다. 그러면 동질성이 더 낮은 모집단에서는 주어진 입력을 어떻게 지각할지 상상해 보라. 어떤 연구에서는 언어가 지각과 인지에 얼마간의 영향을 미칠 수 있다고도 주장했다.[1] 또한 당신이 남성 인구의 8%(또는 여성 인구의 0.5%)인 색맹에 속한다면 그림 3.2를 대부분의 사람들과는 매우 다르게 인식할 것이며, 이 예제에서 배제된 듯한 느낌을 받을 수 있다(미안하다). 우리는 게임 개발자로서 우리와 정확히 같은 방식으로 환경을 지각하는 일부 고객뿐만 아니라 모든 고객의 지각에 대해서도 책임을 져야한다.

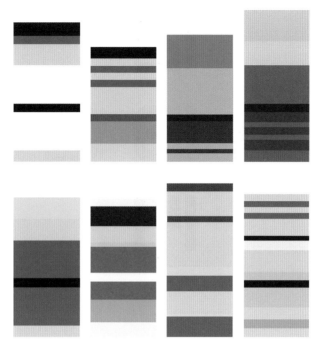

그림 3.2 스트리트 파이터 추상화 판(2010), 애슐리 브라우닝(Ashley Browning) 제작(애슐리 브라우닝 제공)

지각은 사전 지식에 영향을 받는다. 예를 들면 〈스트리트 파이터〉를 많이 플레이했는지 여부에 따라 그림 3.2를 다르게 지각한다. 하지만 이것이 정보 처리에 영향을 미치는 유일한 요소는 아니다. 예를 들어 맥락(상황) 역시 영향을 준다. 그림 3.3에서 가운데 요소를 가로줄로 보면 'B'로, 세로줄로 보면 '13'으로 지각할 가능성이 높다. 따라서 동일한 자극이라도 그것이 속한 맥락에 따라 다르게 지각될 수 있다.

그림 3.3 지각에서 맥락의 역할

이러한 사례는 우리가 세상을 있는 그대로 지각하지 않음을 보여준다. 대신 우리의 뇌는 그에 대한 멘탈 이미지를 구성한다. 지각은 주관적이며 개인적인 경험, 기대 그리고 경우에 따라서는 문화의 영향까지 받기도 한다. 따라서 디자이너, 프로그래머 또는 아티스트로서 당신이 지각하는 것을 잠재 고객이 반드시 지각하지는 않으므로, 게임의 시각 및 청각 입력을 디자인할 때 지각의 특성을 항상 염두에 두는 것이 중요하다. 예를 들어 일반적으로 플로피 디스크로 표시되는 저장 아이콘은 플로피 디스크를 한 번도 써 본 적이 없는 젊은 세대에게는 아무 의미가 없는 하나의 기호다. 20세기 마지막 몇십 년 동안 컴퓨터를 사용했던 기성 세대는 이 아이콘에 대한 강한 심적 표상mental representation을 갖고 있는 반면, 젊은 세대에게 이 아이콘으로 표현된 기능은 배워야 하는 것이다.

마케팅 역시 지각을 편향되게 한다. 실제로는 좋아하지 않는 음료를 고르도록 속이기도 하는데, 우리는 자유 의지로 결정한다고 믿는다. 놀랐을 것이다. 콜라를 좋아한다면 코카콜라와 펩시콜라 중 어느 쪽을 더 좋아하는가? 연구 결과를 보면[2] 흥미롭게도 선호도에 영향이 미친 것 같다. 연구원들은 실제로 좋아하는 음료를 확인하기 위해서 먼저 실험 참여자들에게 코카콜라와 펩시콜라 중 어느 쪽을 좋아하는지 물은 후 다양한 조건 하에 시음 테스트를 했다. 어떤 조건에서 참가자는 표시가 없는 컵에 마셨기 때문에 컵에 들은 것이 코카콜라인지 펩시콜라인지 몰랐다. 이 블라인드 테스트 조건에서 참가자가 사전에 자신이 좋아하는 브랜드를 분명히 말했더라도 어느 쪽이 좋은지 선호도가 명확하지 않았다. 또 다른 조건에서는 한 쪽에는 표시가 없고, 다른 쪽에는 코카콜라라고 적혀 있었다. 참가자에게 표시가 없는 컵에는 코카콜라나 펩시콜라 둘 중 하나가 들어 있다고 얘기했다. 하지만 사실 양쪽 모두에는 코카콜라가 들어 있었다(실험자는 과학이라는 이름으로 속임수를 쓸 수 있다). 이 경우 선호도에 대해 질문을 하자, 참가자는 코카콜라라고 적힌 컵을 선호하는 강한 편향을 보였다. 코카콜라의 경우 브랜드 지식이 선호도 결정preference decision을 편향되게 한다. 게다가 뇌 스캔(기능적 자기 공명 영상fMRI)ᶜ을 보면, 브랜드가 코카콜라라는 단서를 준 경우, 감정과 정서affect에 기초한 행동을 수정하는 것으로 밝혀진 뇌의 영역(배외측 전전두피질dorsolateral prefrontal cortex 과 해마hippocampus)이 비교적 더 활성화된다. 반대로 참가자들이 어떤 음료를 마셨는지 모르는 블라인드 테스트 조건에서의 선호도 판단은 오로지 감각 정보에만 근거했다(상대적으로 복내측 전전두피질ventromedial prefrontal cortex에서 활동). 이러한 결과는 사람들의 마인드에 문화 정보, 달리 말하자면 마케팅 파워가 미치는 영향력을 시사한다.

지각은 개인적인 차이 외에도, 우리 모두에게 같은 방식으로 영향을 미치는 더 일반적인 한계를 갖고 있다. 여러 가지 착시 현상과 실제로는 옥타브로 분리된 음열이 겹쳐

ᶜ 기능적 MRI라고도 하며, 혈류와 관련된 변화를 감지해 뇌 활동을 측정하는 기술이다. 이 기술은 뇌 혈류와 신경 세포의 활성화가 연관된다는 사실, 즉 뇌 영역이 사용되면 그 영역으로 가는 혈류의 양도 증가한다는 사실에 기초한다(출처: 위키백과, https://ko.wikipedia.org/wiki/FMRI)

져 구성될 때 끝없이 올라가거나 내려가는 음으로 지각하게 되는 셰퍼드 음$^{Shepard\ tone}$ 같은 몇몇 청각적인 착각도 알고 있으리라 확신한다. 닌텐도^{Nintendo} 사의 〈슈퍼 마리오 64$^{Super\ Mario\ 64}$〉를 플레이해 본 적이 있다면 끝없는 계단을 올라갈 때 사용된 셰퍼드 음을 기억할 것이다. 시각적 지각에는 또 다른 독특한 요소가 있다. 시각적 예리함은 우리의 시선이나 망막의 중심와^{fovea}에서는 매우 날카롭지만, 중심와에서 멀어짐에 따라 급격하게 떨어진다. 다른 말로 하자면 중심 시야$^{central\ vision}$는 매우 날카로운 반면 주변 시야$^{peripheral\ vision}$는 꽤 약하며, 이는 게임에서 헤드업 디스플레이$^{HUD,\ heads\text{-}up\ display}$와 직접적인 관계가 있다. 보통 화면 중앙을 응시하는 플레이어가 주변 시야에서 튀어나오는 모든 상황을 정확하게 포착할 수 있으리라 기대하면 안 된다. 플레이어는 튀어 들어오는 것은 볼 수는 있을지 모르겠지만(주의 한계를 설명할 때 보게 되겠지만 꼭 그렇지는 않다), 움직이는 요소가 무엇인지 정확하게 지각하기 위해서는 시각적 단속성 운동^{saccade} **D**이 필요하다. 그림 3.4는 어떤 요소에서 망막 위치에 따른 예리함의 변화를 보여준다. 중앙에 있는 십자 모양을 응시하면 중심와에서 멀어짐에 따라 글자가 커져야 똑같은 크기로 읽을 수 있게 된다.[3] 그렇다고 HUD에서 요소의 크기를 반드시 늘려야 한다는 것은 아니다. 플레이어는 주변 시야에 표시되는 정보를 정확하게 볼 수 없을지도(어쩌면 전혀 지각하지 못할 수도) 모르기 때문에 이를 분명히 알아보고 이해하려면 아주 단순해야 한다는 것이다.

D 시각 대상을 중심으로 보기 위한 공역(안구)운동의 일종. 대상을 중심와에서 포착하기 위해 이뤄지는 급속한 안구 운동이다. 시각 대상의 위치가 갑자기 변하거나 시각 대상이 새롭게 나타날 때 그 점으로 향하는 운동으로, 이 운동은 스텝 형태로 일어난다. 또한 시야를 수의적으로 자유롭게 탐색할 때에도 볼 수 있다(출처: 『생명과학대사전(개정판)』, 도서출판 여초, 2014).

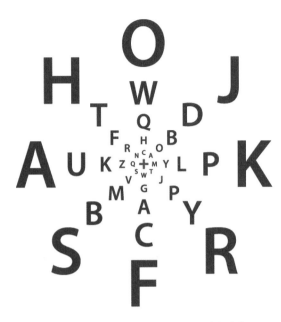

그림 3.4 시력(S. M. Anstis의 연구 논문에서 발췌)

정리하자면 지각은 경이로운 시스템이지만, 게임을 디자인할 때 숙지해야 할 많은 결점과 한계가 있다. 이는 게임 개발에 있어 중심이 되는 아주 중요한 내용으로, 게임 경험은 고객이 게임을 어떻게 지각하느냐에 따라 시작되기 때문이다. 따라서 당신이 지각하게 만들려고 했던 것을 고객들이 반드시 지각하도록 하라.

3.3 게임에의 적용

기억해야 할 인간 지각의 주된 특성과 한계는 다음과 같다.

- 지각은 마인드의 구성 개념construct이다.
- 우리는 현실을 있는 그대로 지각하지 않는다. 그에 대한 정신적 표상을 만들어 낸다.
- 이 정신적 표상은 인지cognition의 영향을 받는다.
- 지각은 주관적이다. 그러므로 주어진 입력을 같은 방식으로 지각하지 않을 수도 있다.
- 지각은 사전 지식과 경험, 기대와 목표 그리고 현재의 환경적 맥락의 영향을 받는다.
- 지각은 같은 원칙에 따라 우리 모두에게 영향을 미치는 지각적 착각perceptual illusions 때문에 편향된다.

지금부터는 더 효과적으로 게임을 디자인하기 위해 이러한 특징을 적용해 보자.

3.3.1 잠재 고객을 알아라

앞서 언급한 리스트를 게임에 처음 적용할 때는 타깃 고객에 대한 충분한 이해가 반드시 필요하다. 지각은 주관적이며 사전 지식과 기대가 이에 영향을 미친다. 따라서 잠재 고객은 전반적인 시각 및 오디오 단서, HUD, 사용자 인터페이스UI를 개발자가 디자인하는 것과 완전히 똑같은 방식으로 지각하지 못할 수도 있다. 또한 타깃 고객이 누구인가에 따라 만드는 게임 타입에 대한 다양한 사전 지식과 기대를 가질지도 모른다. 이는 게임에 대한 그들의 지각에 영향을 미친다. 헬로 게임즈Hello Games의 〈노 맨즈 스카이 No Man's Sky〉는 이 점을 직접 설명해줄 흥미로운 사례다. 2016년 이 게임이 출시됐을 때 '초기화…'라는 단어가 보이는 완전히 흰 화면으로 시작했다. 그 아래 PC에서 플레이할 때는 동그라미가 그려진 E가 보였다. 게임 개발자는 이것을 플레이어가 E 키를 눌러 게임을 시작하는 시각적 단서(사인)로 지각하기를 기대했다. 플레이어가 E 키를 누르자마자 화면에 진행 상황을 표시하는 원이 동그라미가 그려진 E를 둘러싸고, 완전한 원이 될 때까지 시계 방향으로 돌았다. 그런 다음 게임이 시작됐다. 그런데 베테랑 게임 개발자 및 하드코어 게이머를 포함한 많은 플레이어는 자신이 뭔가를 해야만 한다는 사실을 이해하지 못해서 맨 처음 보이는 하얀 화면에서 더는 게임플레이를 진행하지 못했다. 소셜미디어에서 내가 읽었던 포스트에 따르면, 이 문제에 부딪혔던 대부분의 플레이어는 게임이 로딩되기만을 기다려야 한다고 생각했으며, 게임이 그대로 거기서 멈췄다 생각했다고 한다. 여기서 일어난 일을 살펴보면, 우선 열성적인 게이머는 게임 맵이 로딩돼야 한다는 기대를 갖고 있었기 때문에 시각적 단서인 '초기화…'를 그들이 행위^{action}E를 완수해야 한다는 하나의 신호가 아닌 맵(또는 다른 것)이 로딩(최기화)되고 있으니 기다려야 한다는, 시스템이 알리는 정보를 제공하는 신호로 지각했을 수 있다. 이는 생략 부호(…)가 플레이어에게 일부 콘텐츠가 로딩되고 있음을 알리는 일반적인 시각적 신호로 사용된다는 사실로 강화된다. 또한(헬로 게임즈의 분석 데이터에 접근할 수는 없지만) PC 게이머는 콘솔 게이머에 비해 그 화면에서 더 많이 막혀 있었는데, 콘솔에서 버튼을 계속 누른 채 유지하는 '홀드 버튼^{hold button}' 행위가 일반적이지만, PC에서는 그렇지 않기 때문이다. 따라서 이러한 행위는 PC에서 논리적으로 타당하지 않다. 해당 게임의 소니 플레이스테이션 4^{Sony PlayStation 4}(또는 PS4) 버전에서는 '초기화…'라는 단어 밑의 동그라미가 그려진 E 대신 네모 버튼이 들어갔는데, 이는 플레이어가 네모 버튼을 눌러야 한다는 것을 뜻하는 기호로 더 자주 사용된다. PS4 컨트롤러에 있는 이 버튼은 실제로는 원형이지만 PC 키보드에 있는 E 키는 사각형이어서 PC 플레이어가 더 헷갈릴 수도 있다. 이 예는 플레이어의 사전 지식과 기대뿐만 아니라 플랫폼 환경이 게

E   일반적으로 행동(behavior)은 '유기체가 나타내는 모든 반응들'을 의미하며, 이 가운데 '행위(action)'는 '목적을 가진 행동' 또는 '의도된 행동'을 지칭하는 의미로 사용되는 경우가 많다(출처: 『심리학사전』, 2013, 박학사)

이머의 지각에 어떻게 영향을 미쳐, 비교적 간단한 정보를 잘못 이해하게 만들 수 있는지를 보여주는 완벽한 사례다. 사람들이 돈을 내고 당신이 만든 게임을 플레이하는 경우라면 정말 최소한 오프닝 화면은 넘어가야 하는 계약 때문에 이와 같은 마찰은 피할 수도 있다. 하지만 무료 게임인 경우 불필요한 마찰(즉 혼동을 일으키는 지점)이 플레이어의 게임플레이 능력을 저해하지 않도록 확실히 해 두는 편이 좋다. 무료 버전의 경우 게임이 사전 계약(구매)에서 오는 혜택이 없기 때문에 문제에 부딪힌 플레이어가 게임을 계속할 가능성은 낮아진다.

그렇다면 잠재 고객을 알 수 있는 방법은 무엇일까? 인디 개발자라면 만들고 있는 게임을 누가 플레이했으면 좋을지 스스로에게 물어보자. 그들에게 익숙한 시각 및 음성 단서 그리고 심벌은 무엇인가(게임 장르에 따라 다른 경우도 있다)? 그들이 주로 플레이하는 플랫폼은 무엇인가? 등 질문을 해보자. 원하는 잠재 고객에 관해 생각해 보면 지각적 편향에서 오는 몇몇 사용성 문제를 예측하는 데 도움이 된다. 마케팅 부서를 갖춘 비디오 게임 제작사에서 일한다면 고객/마케팅 인사이트 담당자와 얘기하면서 시장 세분화에 대한 귀중한 정보를 얻는 것도 좋은 방법이다. 어떤 제작사에서는 타깃 고객의 목표, 선호도, 기대 그리고 행동을 의인화한 가상 인물을 통해 밝히는 페르소나^{persona} F 방법을 사용한다. 이러한 사용자 중심의 방법론을 사용하면 게임 개발 팀은 물론 마케팅 및 퍼블리싱 팀도 가설에 근거해 핵심 플레이어가 누가 될지에 관해 생각을 서로 맞출 수 있다. 또한 냉정하고 추상적인 시장 세분화를 기억하려고 애쓰는 것이 아니라 누구를 위해 디자인하는지 더 구체화된 사용자를 마음에 품을 수 있다. 이 방법론에 대해

F 어떤 제품 혹은 서비스를 사용할 만한 목표 인구 집단 안에 있는 다양한 사용자 유형을 대표하는 가상의 인물이다. 페르소나는 어떤 제품이나 혹은 서비스를 개발하기 위해 시장과 환경 그리고 사용자들을 이해하기 위해 사용되는데, 어떤 특정한 상황과 환경 속에서 어떤 전형적인 인물이 어떻게 행동할지에 대한 예측을 위해 실제 사용자 자료를 바탕으로 개인의 개성을 부여해 만들어진다. 페르소나는 가상의 인물을 묘사하고 그 인물의 배경과 환경 등을 설명하는 문서로 꾸며지는데 가상의 이름, 목표, 평소에 느끼는 불편함, 그 인물이 갖는 니즈 등으로 구성된다(출처: 위키백과).

서는 14장에서 더 자세히 설명하겠다. 전반적으로 잠재 고객을 더 잘 이해할수록 당신이 디자인하는 게임을 그들이 어떻게 지각할지 더 잘 예측할 수 있다.

3.3.2 정기적인 플레이테스트 및 아이코노그래피(Iconography)^G 테스트

잠재 고객을 알면 몇몇 문제를 예측하는 데는 확실히 도움이 되지만, 전부를 예측할 수는 없다. 우리와는 다른 멘탈 모델을 가진 새로운 사용자 입장이 되기 위해 자신의 멘탈 모델과 관점에서 한 걸음 물러나는 일은 매우 어렵다. 스스로 감정 이입을 잘 한다고 생각할지라도, 지식의 저주라는 편향 아래에서 작업하기 때문에 새로운 플레이어가 당신이 만든 게임을 지각할 모든 다양한 방식을 예측할 수 없다. 당신은 게임에 너무 가까이 있고, 너무 많은 내용을 알고 있으며, 스스로 이러한 편향에서 벗어날 수는 없다. 하지만 다른 방법이 있다. 타깃 고객 중 친분이 없고 이상적으로는 당신이 만드는 게임에 대해 전혀 모르는 플레이어를 초대해서 초기 버전을 플레이해 보는 방법이다. 플레이테스트^{playtest}(사용자 리서치 연구원이 최소한의 지침을 주고 참가자들이 게임을 처음부터 플레이해 보는 특정한 UX 테스트의 일종)를 하는 방식에 대해서는 14장에서 더 자세하게 다루겠다. 지금은 당신이 만드는 게임을 플레이하는 사람들을 지켜보는 것만으로 플레이어가 맞닥뜨리는 생각지도 못했던 많은 문제를 발견할 수 있다는 점만 명심하라. HUD 및 UI와 관련된 지각 문제를 초기에 해결하기 위해 할 수 있는 또 다른 일은 사용하는 가장 중요한 아이콘과 심벌을 테스트하는 것이다. 설문조사를 통해 사람들에게 게임에서 아이콘이 나타내는 것은 무엇이고 그 기능은 무엇인지 그들의 생

G   도상학이라고 하며 상징성, 우의성, 속성 등 어떤 의미를 갖는 도상을 비교하고 분류하는 미술사 연구방법. 현대미술에서의 도상학은 어떤 특수한 정식적 또는 사회적 의미와 연관이 있는 특정한 이미지를 표현하는 술어로 쓰이기도 한다. 예를 들면 팝 아트의 도상학은 공업제품의 소비 또는 메커니즘적인 결정론과 광고심리학이라는 확고한 사회적 연계에 기반을 두고 있다(출처: 두산백과).

각을 물어본다. 이 테스트는 개발의 아주 초기 단계에서 최소한의 노력으로 할 수 있으며, 이 방법론에 대해서는 기능에 따르는 형태를 설명하는 11장에서 설명하겠다.

3.3.3 지각의 게슈탈트 원리 사용

다양한 지각 편향은 누구에게나 있다. 이를 해결하기 위해 지각의 게슈탈트[Gestalt] 법칙을 사용해 UI 디자인을 이끌 수 있다. 지각의 게슈탈트 이론은 1920년대 독일 심리학자들이 개발했다. 게슈탈트는 독일어로 형태를 뜻하며, 게슈탈티즘[gestalitism]은 인간 마인드가 환경을 어떻게 체계화하는지를 설명하는 유용한 원칙[4]을 제공한다. 더 구체적으로 말하면 사용자 인터페이스[UI]와 HUD의 구성을 향상하는 데 사용된다. 제프 존슨[Jeff Johnson]의 저서 『마음을 생각하는 디자인』(지앤선, 2013)에는 게슈탈트 원리를 소프트웨어 디자인에 사용하는 방법에 대한 예가 나와 있다. 여기에서는 디자인 게임 UI 및 HUD 디자인에 가장 유용한 원리인 전경/배경[figure/ground], 다안정성[multistability], 폐쇄성[closure], 근접[proximity], 유사성[similarity], 대칭[symmetry]에 대해서만 설명하겠다.

- **전경/배경**

  전경/배경 원리는 다음 그림에서 볼 수 있다. 우리의 마인드는 보통 주의를 기울이는 것의 중심에 있는 전경[foreground]과 배경[background]을 식별한다. 다음 그림에서는 전경/배경 모호성이 사용돼 꽃병 또는 두 개의 얼굴을 지각할 수 있다. 전경/배경 모호성은 특정한 목적이 있어 일부러 쓰지 않는 한 아이코노그래피에 쓰지 않도록 피해야 한다.

전경/배경 원리

● **다안정성**

피해야 하는 모호성의 또 다른 예는 다안정성이다. 다음 그림을 보라. 오리와 토끼 중 무엇을 지각하는가? 다시 말해 어떤 아이콘은 모호하게 보인다. 하지만 해당 아이콘을 만든 디자이너는 이러한 사실을 깨닫지 못할 수도 있다. 루카스아츠에서 진행 중인 게임(1인칭 슈팅)용 아이콘을 테스트했던 일이 기억난다. 그때 디자이너는 레이더 형태의 아이콘을 도트dot로 만들어서 레이더로 확인된 물체를 나타냈다. 하지만 아이콘에 대해 설명해 달라는 요청을 받았을 때, 몇몇 참가자는 레이더가 아닌 페퍼로니 피자 조각으로 봤다. 일단 피자 조각으로 보면 해당 아이콘을 다르게 지각하기란 매우 어려워지기 때문에, 디자이너는 그런 모호성을 피하기 위해 이 아이콘을 여러 번 반복해서 수정해야 했다.

다안정성: 이것은 오리일까 아니면 토끼일까?

- **폐쇄성**

폐쇄성은 인간이 분리된 조각이 아닌 전체 사물을 보는 경향이 있다는 게슈탈트 원리다. 게슈탈트 모토에 따르면 전체는 그 부분의 합보다 크다. 예를 들어 다음 그림에서 전면에 있는 흰색 삼각형을 보는 경향이 있지만 이는 완전하지 않다. 사실 거기에는 어떤 삼각형도 없다. 우리는 열린 형태를 닫으려는 경향이 있으며, 이는 여백이 예술에서 어떻게 효과를 발하는지 잘 설명해 준다. 이 성질은 물론 비디오 게임에도 적용할 수 있다.

폐쇄성의 법칙

- 대칭

대칭의 원리는 우리가 그 대칭을 기반으로 입력을 체계화한다고 설명한다. 예를 들어 다음 그림에서 우리는 비슷한 대괄호 '['와 ']' 그리고 중괄호 '{'와 '}'를 한데 묶어 따로 보는데, 여기에는 대칭이 있기 때문이다. 하지만 서로가 얼마나 가까운지에 따라 전부 네 개의 그룹으로 지정할 수도 있다. 즉 양쪽 끝의 한 개의 괄호로 이뤄진 두 개의 그룹과 괄호 하나와 중괄호 하나로 구성된 두 개의 그룹을 만들 수 있다. 이는 여기에서 당신이 지각하는 것과 다를 수 있다. 이 원리는 정육면체의 그림처럼 2차원으로 표현된 3차원 요소를 지각할 수 있게 해준다.

대칭의 법칙

- 유사성

유사성의 원리는 색상이나 모양처럼 같은 특성을 가진 요소를 한데 묶는 것을 가리킨다. 예를 들어 다음 그림에서 왼쪽에 있는 점을 하나의 그룹으로 지각할 가능성이 있다. 하지만 오른쪽 위에 있는 그림에서는 원과 사각형의 세로줄을 지각하는 반면, 오른쪽 아래에 있는 그림에서는 아마도 원과 사각형의 가로줄을 지각한다. 이러한 차이는 마인드가 원과 사각형이 비슷해 보여 함께 체계화하기 때문에 일어난다. 맵map에 있는 아이콘을 이해하는 데 도움을 주는 것이 바로 이 원리다. 예를 들어 파란색 물결은 물을 나타내기 위해 그룹핑되고, 갈색 삼각형은 산맥을 나타내기 위해 그룹핑된다.

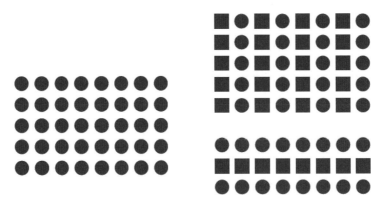
유사성의 법칙

- **근접**

  근접의 원리는 서로 가까운 요소를 같은 그룹으로 지각한다는 원리다. 예를 들어 다음 그림에서 왼쪽에 있는 점은 한 그룹으로 지각하지만, 오른쪽에 있는 것은 빈 공간이 있기 때문에 세 개의 분리된 점의 그룹으로 지각한다.

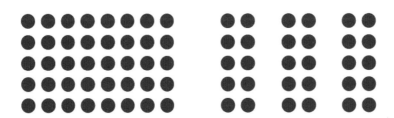
근접의 법칙

근접의 법칙은 선이나 화살표를 추가하지 않고 공간을 분리해 방향을 제안하는 메뉴를 구성할 때 특히 유용하다. 하지만 이 단순한 근접의 법칙은 플레이어가 게임 메뉴나 HUD를 처음 접할 때 인터페이스를 이해하는 데 약간의 마찰을 줄 수 있어서 게임 메뉴나 HUD에서 고려하지 않는 경우가 종종 있다. 유비소프트에서 개발한 1인칭 슈팅 게임인 〈파 크라이 4^Far Cry 4〉를 예로 들어 보자. 그림 3.5에서 볼 수 있듯이 플레이어는 프론트엔드 메뉴의 '스킬^SKILLS' 탭에서 스킬 포인트를 사용할 수 있다. 이 게임에서는 더 강력해지기 위해 구매할 수 있는 두 종류의 스킬이 있다. 하나는 왼쪽에 있는 공격 기술 호랑이(THE TIGER)이고, 다른 하나는 오른쪽의 방어 기술 코끼리(THE ELEPHANT)다. 플레이어가 이 인터페이스를 처음 접할 때는 세로줄을 따라 차례로 스킬을 구매할 수 있다고 생각할 수도 있다.

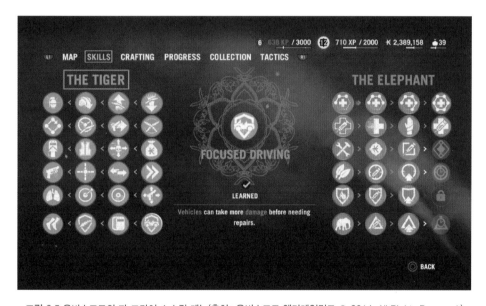

그림 3.5 유비소프트의 파 크라이 4 스킬 메뉴(출처: 유비소프트 엔터테인먼트 © 2014. All Rights Reserved.)

일반적으로 롤플레잉 요소가 있는 게임에서 스킬 트리^skill tree가 그와 같은 방식으로 동작하는 것은 사실이다. 아래에서 위로, 또는 위에서 아래로 스킬을 잠금 해제한다. 게다가 원으로 표시된 스킬은 위아래로 더 가까이에 있어서 플레이어가 수직으로 그룹화할 가능성이 더 높아진다. 하지만 〈파 크라이〉에서의 스킬은 이런 식으로 동작하지 않는다. 호랑이 스킬은 오른쪽에서 왼쪽으로, 코끼리 스킬은 왼쪽에서 오른쪽으로 살 수 있다. 조금 더 자세히 들여다보면 작은 화살표가 보이는데, 이것은 스킬을 잠금 해제하기 위한 경로를 나타낸다. 이는 어쩌면 사소한 사항일 수도 있으나 게슈탈트 근접의 원리를 사용해 이 일반적이지 않은 스킬 트리를 플레이어가 훨씬 더 직관적으로 이해할 수 있게 만들 수도 있다. 오른쪽에 있는 코끼리 스킬에 초점을 맞춰 보자. 그림 3.6의 (a)는 모양만 고려했을 때의 패턴이다. 앞서 언급했듯이 알아채기 힘든 화살표는 둘째 치고, 원이 위아래로 더 가깝다는 것은 가로가 아닌 세로로 지각하기 쉽다는 사실을 의미한다. 그림 3.6의 (b) 같이 근접의 원리를 적용해 점을 가로축으로 서로 더 가깝게 배치하고, 방향을 암시하기 위해 그 모양을 약간 변경하는 정도로도 플레이어가 스킬을 잠금 해제하는 방법(왼쪽에서 오른쪽으로)을 빠르게 파악할 수 있다. 이렇게 변경하더라도 인터페이스에서는 정확히 똑같은 공간을 차지하고, 더 이상 필요 없는 감지하기 어려운 화살표를 없앨 수 있다. 이것은 게슈탈트 법칙을 적용하는 것만으로 플레이어가 인터페이스를 더 직관적으로 이해하도록 도울 수 있음을 보여준다.

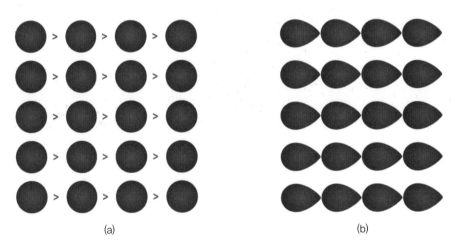

(a)   (b)

그림 3.6 (a) 파 크라이 4의 스킬 트리 패턴
(b) 스킬 트리 패턴을 더 쉽게 읽을 수 있도록 (a)에 게슈탈트 원리를 적용

3.3.4 어포던스 사용

연구자들에 따르면 시각적 지각 시스템은 서로 다른 목적을 수행하는 기능에 따라 크게 두 가지로 나뉜다.[5] 하나의 시스템은 물체(무엇)를 인식하는 데 사용되고, 다른 시스템은 시각적으로 인도되는 액션(어떻게)을 위해 사용된다. '무엇' 시스템은 정보를 매우 빠르게 부호화하는 물체 중심 또는 타인 중심allocentric으로, 우리가 무엇을 보는지를 식별하고 공간적 관계를 지각할 수 있게 한다. '어떻게' 시스템은 사람의 관점에 따라 정보를 부호화하는 더 느린 시스템으로, 카운터 위에 있는 열쇠를 집는다든가 볼을 잡는 것처럼 우리 주변의 물체에 사용된다(그림 3.7 참조).

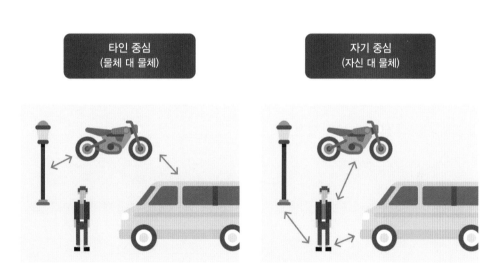

그림 3.7 타인 중심 대 자기 중심

자기중심적인 '어떻게' 시스템의 한 가지 특징은 잠재적인 물체의 사용을 식별할 수 있게 한다. 다른 말로 하면 물체의 어포던스^{affordance}H를 지각한다. 예를 들어 문에 손잡이가 있는 쪽은 잡고 당기고, 판만 있는 쪽은 밀게 돼 있다. 이러 이유로 게임에 들어가는 모든 요소(인터페이스뿐만 아니라 캐릭터 디자인부터 환경 디자인에 이르는 모든 아트 요소)의 형태는 플레이어가 이러한 요소의 기능과 그 작동 방식을 이해하는 데 도움이 되기 때문에(11장과 기능에 따르는 형태 절 참조) 아주 중요하다. 예를 들어 그림자 효과나 그레디언트로 디자인된 아이콘은 클릭을 유도하는데, 이는 실생활에서 보이는 버튼의 깊이감을 모방한 것이기 때문이다. 이를 '물리적 스큐어모피즘^{physical skeuomorphism}I'이라 한다. 13장에서 다른 형태의 어포던스에 대해 아주 상세한다. 게임 요소의 보여지는 방식은 스타일의 문제가 아니므로 신중하게 고려해야 한다는 점만 명심하길 바란다. 이것은 아트 디렉션에만 영향을 미치는 것이 아니라, 게임이 얼마나 직관적(또는 사용성)이 될지에 상당히 큰 영향을 미친다.

3.3.5 시각적 심상과 심적 회전

시각적 심상^{visual imagery}은 물체의 심적 표상^{mental representation}을 구성한다. 예를 들어 두 눈을 감고 당신이 살고 있는 나라의 지도를 떠올리면, 구글 지도^{Google Map}에서 봤을

H   J. J. Gibson, 『The Ecological Approach to Visual Perception』, Houghton Mifflin, 1979 / "어떤 행동을 유도한다."는 뜻으로 '행동유도성'이라고도 한다. 사전적 의미의 어포드(afford)는 말 그대로 '~할 여유가 있다, ~해도 된다, ~을 공급하다, 산출하다'라는 뜻이 있다. 인지심리학자 제임스 깁슨(James J. Gibson)이 용어를 차용한 이후 인간과 컴퓨터 상호작용에서는 어포던스가 '서로 다른 개념을 연결하는 것'이라는 의미로 받아들이고 있고, 이 정의가 인지심리학, 산업 디자인, 인터랙션 디자인, 환경 심리학 그리고 인공지능학 분야에서도 받아들이고 있다. 이 정의대로라면 물건(object)과 생물(organism, 주로 사람) 사이 특정한 관계에 따라서 제시되는 것이 가능한 사용(uses), 동작(actions), 기능(functions)의 연계 가능성을 의미한다(출처: 『인간과 컴퓨터의 어울림』, 커뮤니케이션북스, 2014).

I   스큐어모피즘(skeuomorphism) 또는 스큐어모프(skeuomorph)란 대상을 원래 그대로의 모습으로 사실적으로 표현하는 디자인 기법으로 3차원적이고 사실주의적이다(출처: 위키백과).

때 실제로 지각하는 것과는 다른 이 나라의 심적 표상이 구성된다. 시각적 심상 역시 물체의 변형 또는 움직임을 예측할 수 있게 한다. 예를 들어 〈테트리스Tetris〉(오리지널은 디자이너 알렉세이 파지노프Alexey Pajitnov가 제작) 게임을 할 때, 다음 모양('테트로미노 tetrominoJ'라 부른다)을 심적 회전mental rotationK시켜 어떻게 놓아야 할지 예상할 수 있다. 여기서 재미있는 사실은 물체를 심적 회전시킬 때 그에 비례해 시간이 더 걸린다는 점이다.[6] 예를 들면 게임에서 빈 공간에 테트로미노 하나를 맞춰 넣으려고 180도로 심적 회전을 해야 한다면 제대로 잘 맞는 지점을 찾기 위해 90도만 회전할 때보다 시간이 더 걸린다. 거의 2배 정도의 시간이 들지만 아마도 본인은 이를 알아채지 못할 것이다. 비디오 게임에 이 현상을 가장 직접 적용한 것이 지도와 미니맵minimap과 관련이 있다. 핸드폰의 지도처럼 게임에 있는 지도는 언제나 같은 방향으로 맞춰져 있으며, 대개 북쪽을 위로한 기본 방위를 사용하는 타인 중심이거나 사용자가 서 있는 곳에 따라 방향이 달라지는(남쪽을 향해 있으면 남쪽이 맵에서 위를 가리킬 것이다) 자기 중심이다. 1인칭 또는 3인칭 카메라 게임에서 하향식 카메라와는 다른 타인 중심형 맵을 만들면, 방향이 플레이어와 상대적이지 않기 때문에 길을 찾으려면 맵을 심적 회전시켜야 하므로 시간이 더 걸린다. 별거 아닌 것처럼 보일지 모르겠지만, 개발하는 게임 타입에 따라 자기 중심형 맵 또는 미니맵을 준비하면 상당한 마찰을 제거할 수 있다. 이 경우 마찰은 심적 회전의 필요성 때문에 발생하는 추가적인 인지 부하cognitive load다.

J   4개의 정사형으로 이뤄진 폴리오미노로, 4-오미노(4-omino)라고도 한다. 5가지의 자유 테트로미노, 7가지의 단면 테트로미노, 19가지의 고정 테트로미노가 있다. 단면 테트로미노 7가지는 테트리스에서 이용된다(출처: 위키백과).

K   실제의 대상이나 물체를 회전시키는 것처럼, 심적으로(또는 내적으로) 떠오르는 심상화된 대상이나 물체를 회전시키는 정신 활동(출처: 『심리학 사전』, 2013, 박학사).

3.3.6 베버–페히너 편향

지각 편향에 대한 마지막 예는 베버–페히너 편향Weber–Fechner bias이다. 베버–페히너 법칙은 물리적 자극이 세기(강도)로 증가할 때, 양적인 변화를 정확하게 인식하지 못한다는 법칙이다.[7] 실제로 물리적 강도가 클수록 차이를 감지하는 데 필요한 두 크기의 차이가 더 커진다. 예를 들어 눈을 가리고 손바닥에 어떤 무게를 올려둔다고 상상해 보자. 무게를 점차 증가시키면서 무게의 강도에 차이가 감지될 때 말하라고 하면, 더 무거운 물체를 올릴수록 그 차이를 지각하기 위해서는 더 큰 증가가 필요하다. 무게가 100g일 때는 200g과 비교해 차이를 지각할 수 있지만, 무게가 1.1kg일 때는 1.2kg과의 차이를 지각하지 못할 수도 있다. 사실 실제 물리적 자극 강도와 지각된 강도 사이의 관계는 그림 3.8에서 보듯이 선형이 아니라 로그 값에 비례한다. 이 편향 또는 법칙은 컨트롤러 아날로그 스틱을 사용하거나 자이로스코프 센서를 사용한 틸트 컨트롤 같은 아날로그 컨트롤이 있는 게임에 직접 영향을 미친다. 플레이어가 실행하려는, 의도된 이동 강도의 변화(예상 결과)는 그들이 적용해야 할 지각하는 실제 힘에 선형으로 비례하지 않기 때문에 게임플레이 프로그래머는 베버–페히너 법칙을 염두에 두고 아날로그 반응을 미세하게 조정해야 한다. 당신이 만드는 게임에 트위치 스킬twitch skill이 필요한 경우, 플레이어가 특정 목표(콘솔 게임용)에 도달하기 위해 컨트롤러에 가하는 힘의 평균을 측정하기 위해 특별히 고안된 '테스팅 룸'(때로는 '짐 레벨gym level'이라고도 함)에서 UX 테스트를 실시할 때도 이 법칙은 중요하다. 예를 들면 두 개의 타깃 사이의 거리를 조정하기 위해 플레이어에게 팝업 타깃을 가능한 한 빠르게 조준해 달라고 요청할 수 있다. 그러면 플레이어가 아날로그 스틱을 흔들어 이전 타깃과의 거리에 따라 다음 타깃에 이르는 진폭을 검증할 수 있게 된다. 플레이어가 평균적으로 타깃을 지나 궤적을 바로잡는 경향이 있다면, 이는 컨트롤러가 이 특정한 작업에 너무 민감하다는 것을 의미한다. 플레이어가 타깃에 이르기 전에 너무 일찍 스틱을 누르는 동작을 멈추는 경향이 있다면, 이는 컨트롤러가 이 특정 작업에 너무 경직돼 있음을 의미한다. 컨트롤러(입력 파라미터)의 미세 조정은 게임이 주는 느낌에 매우 중요한 영향을 미치며,[8] 이에 대해서는 12장에서 다룬다.

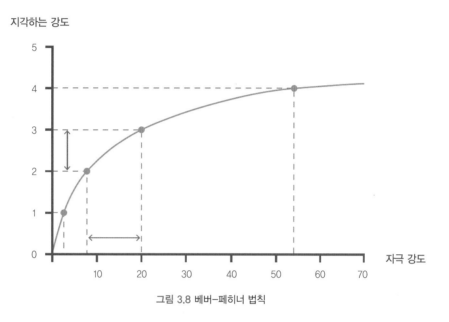

그림 3.8 베버-페히너 법칙

베버-페히너 편향의 또 다른 영향은 식역^{threshold}[L]에 따라 얻는 보상(예를 들면 롤플레잉 게임에서 레벨업하기 위한 경험치)이 다음 단계가 멀어질수록 더 적게 느껴진다는 것이다. 예를 들어 일반적으로 레벨 1에서는 레벨업을 하기 위해 채워야 하는 아바타의 경험 포인트^{XP}가 레벨 30일 때보다 더 작거나 더 빨리 채워지기 때문에 레벨 30에서는 더 많은 경험 포인트가 필요하다. 그러므로 플레이어가 게임 전체를 동일한 속도감으

L   식역(threshold): 감각 기관에 주어지는 물리적 자극을 감지할 수 있는 최소한의 양. 관점에 따라 감각 수용기의 역, 감각 신경의 역(중략) 지각의 역 등으로 구별하기도 한다(출처: 『실험심리학용어사전』, 시그마프레스, 2008).

로 진행하려면 XP의 로그 증가가 필요하다. XP가 선형으로 증가하면 플레이어는 레벨업이 더 느리게 진행된다고 지각할 수 있다. 플레이어가 지각했으면 하는 당신의 의도가 무엇이냐에 따라 진행을 미세 조정하는 방법(선형 또는 로그 값)이 달라질 수 있다.

기억

4.1 기억의 작동 방식

4.2 인간 기억의 한계

4.3 게임에의 적용

4.1 기억의 작동 방식

이메일 비밀번호처럼 무언가 기억한다는 것은 이전에 인코딩되고 저장된 정보를 찾아오는 것을 의미한다. 기억은 정보를 저장하는 과정뿐 아니라 부호화^{encoding}[A],

---

A 정보처리 및 기억 단계에서 이뤄지는 중요한 과정의 일부로, 환경으로부터 감각기관을 통해 들어온 물리적(또는 감각적) 자극(또는 정보)이 기억 체계 속에 저장될 수 있는 표상으로 전환되는 과정. 즉 외부로부터 감각기관을 통해 들어온 자극이 심적(또는 정신적) 표상으로 전환되는 과정을 말한다(출처: 『심리학사전』, 박학사, 2013).

저장storage B 및 인출retrieval C의 세 단계가 포함된다. 심리학에서 가장 잘 알려진 기억의 구조 모형은 다중기억 모델multistore model 1로, 인간의 기억은 감각 기억sensory store, 단기 기억short-term store, 장기 기억long-term store이라는 세 가지 요소로 구성된다(그림 4.1 참조). 각각의 기억 또는 기억 타입에 대해 설명하기 전에 이들은 기능적 구성 요소(신체적인 두뇌 영역과 반대되는)이며, 뇌와 마찬가지로 기억은 이 간단한 분류보다 훨씬 더 복잡하다는 사실을 명심하라. 이 구성 요소는 반드시 서로 독립적일 필요는 없으며, 명확한 방식으로 분리되지도 않는다. 정보 처리가 감각에서 단기 기억을 거쳐 장기 기억으로, 일련의 순서를 반드시 지키며 되는 것은 아니다. 이 모형이 처음 알려진 이후 많은 연구자가 도전하고 개선해 왔지만, 이 책의 목적을 생각하면 이 정도로 충분하다. 이 모델에서 한 가지 언급해야 하는 미묘한 차이는 단기 기억이 나중에 작업 기억WM, working memory의 개념으로 바뀌었다는 점이다. 비디오 게임을 고려할 때 작업 기억이 더 적절한 개념이다.

그림 4.1 다중기억 모델(R. C. Atkinson, R. M. Shiffrin 연구 논문에서 발췌)

B 인지, 정보처리 및 기억과정에서 일련의 기억 과정(또는 단계) 중 입력된 정보를 유지(또는 파지)하는 과정(출처: 『심리학사전』, 2013, 박학사).

C 저장된 기억 내용 또는 정보를 불러내는(이끌어내는) 인지 과정 또는 정보처리 과정(출처: 『심리학사전』, 박학사, 2013).

4.1.1 감각 기억

다중기억 모델에 따르면 정보는 시각적 정보를 위한 잔상 기억iconic memory이나 청각 정보의 잔향 기억echoic memory 같은 양상에 따라 감각 기억 중 하나에서 매우 짧게(기껏해야 1초에서 수초 이내) 처음 기억된다고 한다. 이외에도 다른 감각 기억이 있지만 지금까지 그다지 주목받지 못했다. 따라서 감각 기억은 보통 기억이 아닌 지각의 일부로 여기지만, 앞서 말했듯이 정신 과정은 독립적인 모듈로 확연하게 구분돼 있지 않다. 시각 잔상 효과persistence of vision는 시각 기억을 표현하는 한 예로, 초당 24개의 정지된 이미지만 표시되더라도 계속 이어지는 애니메이션을 보게 된다. 하지만 해당 정보가 필요 없는 경우에는 1초 안에 아주 빠르게 사라진다. 변화맹The change blindness D 현상은 이 감각 기억의 한계를 분명히 보여준다. 바깥 장면의 사진을 찍고, 나무 하나를 약간만 움직이거나 눈에 잘 띄는 그림자를 없애는 등 핵심 요소 하나를 수정해 복사본을 만든다. 양쪽 사진을 번갈아 가며 중간에 깜박임을 넣어 무한정 반복하는 루프를 만들면 변화맹을 테스트할 재료가 준비된다. 예를 들어 이미지 A(원본)를 1초 내로 보여준 다음, 80밀리초의 공백 시간(플리커flicker라 한다)을 추가한다. 그런 다음 수정한 이미지 A′를 같은 시간만큼 보여주고 다시 80밀리초의 공백 시간, 다시 이미지 A… 이렇게 이어간다. 플리커는 두 이미지를 비교하기 위해 억지로 감각 기억에 의존하게 만든다. 사람들에게 이 두 이미지 사이의 차이점을 찾아보라 하면 실제로 상당한 시간이 걸린다. 우리는 매우 자주 시각적 장면에서 일어나는 중요한 변화에 눈이 멀곤 한다.[2] 한 이미지에서 다른 이미지로 변화하는 특정 요소에 주의를 기울이기 전까지 그 변화에 눈이 먼 채로 있다. 이는 감각 기억에 남아 있는 정보가 일시적이기 때문이다. 두 이미지 사이

D 시지각(visual perception) 영역에서 나타나는 현상 중 하나로, 어떤 장면(물체의 모습이나 현상)을 바라보던 사람이 그 장면에서 일어나는 변화 일정 시간 동안 탐지하지 못하는 현상 - 옮긴이

의 플리커를 없애면 한 가지 차이만 있는 두 개의 이미지를 무한정 번갈아 사용할 경우 그 변화는 유일한 '움직이는' 요소로 두드러지기 때문에 훨씬 더 쉽게 알아챌 수 있다. 혼자서 이 실험을 해 보고 싶다면 브리티시콜럼비아대학교University of British Columbia의 심리학자 론 렌싱크Ron Rensink의 웹사이트(http://www.cs.ubc.ca/~rensink/flicker/) 를 찾아보기 바란다. 변화맹 현상은 변화를 감지하는 데 주의attention가 얼마나 중요한 역할을 하는지 분명히 보여준다. 이 현상에 대한 재미있는 사실은 변화맹 맹시change blindness blindness 즉, 우리는 두드러진 변화에 종종 눈이 먼다는 사실을 깨닫지 못할뿐더러 변화를 감지하는 능력을 과대평가까지 한다는 점이다. 게임에서 변화맹이 의미하는 바를 예로 생각해 보자. 새로운 콘텐츠를 알리기 위해 프론트엔드 메뉴에 아주 명확하고 주목할만한 변화를 만들었더라도, 플레이어가 해당 변화를 반드시 알아채는 것은 아니다. 또 다른 예로는 플레이어가 헤드업 디스플레이HUD의 새로운 요소를 활성화하는 능력을 잠금 해제한 경우로, 플레이어가 HUD가 변경됐음을 깨닫기까지 시간이 걸릴 수도 있다. 따라서 게임에서 새로운 콘텐츠나 변화가 정말 중요하다면 해당 요소를 가끔 깜박거리거나, 관련이 있을 때 사운드 효과를 추가하는 등 아주 노골적으로 주의를 끄는 게 좋다.

요소의 변화를 지각하기 위해 해당 요소에 주의를 기울이는 것이 중요하지만, 주의를 기울이는 물체에 대한 변화맹은 여전히 일어날 수 있다. 사이먼스Simons와 레빈Levin[3]이 주도했던 연구에서 실험자는 길을 묻기 위해 지나가는 사람들을 무작위로 방해한다. 보행자는 실험자에게 방향을 알려주기 시작하지만 곧 문짝을 들고 가는 두 사람이 실험자와 보행자 사이를 잠시 가로막는다. 문짝을 옮기던 사람 중 한 명은 아무도 모르게 실험자와 역할을 교체한 다음 아무 일도 없었다는 듯 보행자와 대화를 이어간다. 보행자 중 약 절반이 문을 옮기던 두 사람이 시야를 가리고 지나간 후 다른 사람과 이야기하고 있었음을 알아채는 데 실패했다. 이 '문짝' 연구에 관한 비디오는 해당 유튜브 사이트(https://www.youtube.com/watch?v=FWSxSQsspiQ)에서 볼 수 있다. 이 놀라운 효과는 다양한 상황에서 복제됐고, 주의는 의심할 여지없이 중요하지만 환경에서 일어나고 있는 일을 정확하게 처리하기에는 아직 충분하지 않다는 점을 강조한다. 하지만 이 효과는 논란의 여지가 있다. 이 실험에서 실은 다른 작업(길 알려주기)의 방해가 있었기 때문에 보행자가 대화 상대자에게 주의를 충분히 기울이지 못했다. 그래도 최소한 이러한 연구는 깊이 주의하지 않으면 종종 변화를 알아채지 못한다는 사실을 역설한다.

4.1.2 단기 기억

감각 기억에 아주 잠시 동안 저장된 기억이 어느 정도 주의를 끌면, 단기 기억으로 처리될 수 있다. 단기 기억은 시간(1분 이하)과 공간(동시에 단기 기억에 저장될 수 있는 항목의 개수 참조)이 매우 한정돼 있다. 단기 기억 범위로 간주되는 마법의 숫자 7 ± 2의 개념[4]을 들어본 적이 있을지도 모르겠다. 이는 사람들이 부호화된 직후 오류 없이 회상recall[E]해낼 수 있는 항목의 개수를 나타낸다. 예를 들어 기억하기 위한 20개의 단어 리스트를 주고 1분 동안 외우라고 하면, 대개는 5개에서 9개 단어(7보다 2만큼 많거나 적음)를 회상할 수 있다. 기억한 단어는 일반적으로 리스트의 제일 처음과 마지막에 있는 단어로, 부호화 활동 중 처음과 마지막에 처리된 요소에 해당한다. 이를 초두 효과primacy effect와 최신 효과recency effect라 하며, 이들은 마케팅 트레일러marketing trailer

---

E 기억 과정 가운데 인출의 한 형태로, 과거의 학습과정이나 정보 입력과정을 통해 기억체계 속에 저장된 정보를 단서 없이 혹은 단서가 있더라도 제한적이고 일반적인 단서만이 제공된 상태에서 인출해내는 인지 과정 또는 정보처리 과정을 가리켜 '회상'이라고 한다. 회상 이외에도 인출의 또 다른 한 형태로 '재인(recognition)'이 있다(출처: 『심리학사전』, 박학사, 2013).

를 고려하는 데 중요하다. 예를 들면 중요한 정보는 기억될 가능성이 더 커지도록 비디오의 맨 처음 그리고(또는) 제일 마지막에 제시해야 한다.

그래서 단기 기억은 7가지 정도의 아이템을 유지할 수 있다. '아이템'을 구성하는 것은 문자, 단어, 숫자, 번호 등 가장 큰 의미에서의 단위다. 다음의 숫자를 살펴보자.

$$1-7-8-9-3-1-4-1-6-1-4-9-2$$

모두 13개인 이 숫자는 더 큰 의미를 지닌 덩어리로 묶지 않는 한 기억하기 매우 어려울 수 있다.

$$1789 - 3.1416 - 1492$$

이렇게 하면 이제 세 개로 나뉜 의미 있는 아이템으로 구성된다. 각각은 프랑스 혁명의 해, 또는 미국 최초의 대통령 조지 워싱턴George Washington이 당선된 해, 파이pi의 근삿값 그리고 크리스토퍼 콜럼버스Christopher Columbus가 미국 대륙을 발견한 해를 의미한다. 단기 기억을 이해하기 위한 마법 숫자 7의 개념이 널리 알려져 있기는 하지만, 이 개념은 일상 생활에서는 거의 없는, 다른 정보를 전혀 처리하지 않고 암기 학습으로 아이템을 기억하려고 할 때만 유효하다는 반전이 있다. 단기 기억을 사용할 수 있는 한 가지 예를 들겠다. 부모님 댁(또는 조부모님 댁)을 방문했는데 핸드폰을 와이파이에 연결해야 한다고 가정해 보자. 부모님께서는 특별히 기술에 정통한 분들이 아니라서 와이파이 비밀번호는 기본으로 설정된 모뎀에 표시된 숫자와 문자의 긴 리스트다. 핸드폰은 모뎀에서 멀리 떨어진 곳에서 충전 중이고 비밀번호를 옮겨 적을 종이와 펜을 찾기도 너무 귀찮다고 상상해 보자. 자, 비밀번호를 암호화해 이 정보를 핸드폰에 입력할 수 있을 만큼 유지해야 한다. 이 아주 구체적인 사례에서 당신은 단기 기억을 사용해 핸드폰이 있는 곳까지 달려가는 동안, 유지할 수 있을 때까지 아마도 머릿속으로(또는 소리내서까지) 문자열을 반복할 것이다(비밀번호가 7±2개 이내의 문자로 이뤄져 있다고 가정했을 때). 이와 비슷한 상황을 경험한 적이 있다면 이 과정 중에 누군가 당신에게 말을 걸거나 당신의 주의를 산만하게 하는 상황이 끼어들면 비밀번호의 첫 번째 그리고 (또는) 마지막 문자를 제외한 나머지를 잊어버릴 가능성이 커지리라 예상할 수 있다. 이는 앞서 말한 초두 효과와 최신 효과 때문이다. 단기 기억은 다른 것을 많이 사용하지 않고 일시적으로 저장하는 정보만 설명하는데, 자주 일어나는 일은 아니다. 그렇기 때문에 단기 기억의 개념은 더욱 복잡한 일상 생활에 대한 설명으로, 우리의 경우 비디오 게임을 할 때 정보 처리를 설명하는 작업 기억으로 대체돼야 했다.

4.1.3 작업 기억

작업 기억은 정보를 임시로 저장하고 처리하기 위한 단기 기억이다.[5] 예를 들어 876+758를 암산하라고 하면 두 숫자를 단기 저장소short-term storage에 보관할 뿐 아니라 처리해야할 것이다. 또 다른 예는 단기 기억에 관한 부분을 소리 내 다시 읽고 모든 문장의 마지막 단어를 기억하라고 하는 것도 될 수 있다. 이는 데인먼Daneman과 카펜터 Carpenter가 작업 기억 용량을 측정하기 위해 처음 디자인한 것과 비슷한 작업이다.[6] 일상 생활에서 작업 기억은 대개 과제를 완수하는 데 도움이 되는 기억 시스템이다. 성인은 작업 기억에 동시에 3~4개의 아이템을 보유할 수 있고, 이 숫자는 경우에 따라 더 낮아질 수도 있을 정도로 용량이 매우 한정돼 있는 것으로 밝혀졌다. 예를 들면 스트레스와 불안은 작업 기억 용량에 부정적인 영향을 미치는 것으로 확인됐다.[7] 어린이들 역시 작업 기억폭이 낮다.

작업 기억은 실행 기능executive function과 복잡한 인지적 과제를 수행한다. 작업 기억은 통제된 주의와 추론에 중요한 역할을 하기 때문에 그 한계를 설명할 필요가 있다. 작업 기억은 정보의 단기적인 유지 보수를 담당하는 두 개의 '종속 시스템slave systems'인 시공간 메모장visuospatial sketchpad과 음운 고리phonological loop 그리고 이들을 감독하는 중앙 관리자central executive로 구성된다. 음운 고리는 언어에 관련된 모든 정보를 저장하는 반면, 시공간 메모장은 시각 및 공간 정보를 저장한다. 가사가 있는 노래를 부르면서 처음 읽는 글에 있는 동사에 전부 줄을 그어야 한다고 가정해 보자. 이 과제는 작업 기억에게는 상당히 부담이 되는데, 그 이유는 음운 고리가 주의 리소스를 두고 서로 경쟁하는 두 개의 음운적 과제(동사에 줄긋기 및 가사 생성)를 처리해야 하기 때문이다. 이 과제를 사용자 경험 훈련 시간에 개발자들에게 해보라고 했더니 대개는 노래를 띄엄띄엄 멈추거나 몇몇은 횡설수설 부르거나 동사 몇 개를 놓치기도 하고, 단어를 동사로 잘못 알아봤다. 더 중요한 것은 이 과제가 끝난 다음 글의 내용을 묻자 대부분은 전혀 알지 못했다는 점이다. 작업 기억이 처리하기에는 너무 많은 정보였던 것이다. 이번에는 그림을 그리면서 가사가 있는 노래를 불러 달라고 했더니 이 과제는 대부분이 더 쉽게 해 냈다. 음운 고리가 언어 과제(노래하기)를 처리하는 데 반해 시각적 메모장visual sketchpad은 시각 운동성visuomotor 작업(그림 그리기)을 처리하기 때문이다. 두 개의 종속 시스템을 요청하는 두 개의 과제를 완료하는 편이 더 쉬울 수도 있지만, 그래도 한 번에 하나의 과제를 완료하는 것보다는 덜 효율적이다. 물론 각 과제에 들어가는 주의 리소스가 얼마나 많은지에 따라 달라지지만 말이다. 아무런 과제를 요구하지 않아도(예를 들면 껌을 씹으며 걷기) 보통은 괜찮다. 과제 중 적어도 하나가 더 힘들어지면 멀티태스킹은 대개 효율성이 떨어지거나 두 과제 모두에서 실수가 더 나오고 만다. 음악을 들으면서 운전하는 예를 들어보자. 직장에서 집으로 차를 운전해 간다고 상상해보자. 베테랑 운전자이고 가는 길은 외우고 있다. 이런 상태라면 부담없이 음악을 들을 수 있으며 운전하는 동안 노래를 부르기까지 할 수 있다. 별거 아니니까. 이번에는 공사 때문에 전혀 모르는 길로 돌아가야 한다고 상상해 보자. 이렇게 되면 부르던 노래를 멈추고 익숙하지 않은 길 찾기 과제에 주의를 돌릴 것이다. 집중하려고 라디오 볼륨을 낮출지도 모른다. 우리는 멀티태스킹에 전혀 강하지 않으며, 다시 말하지만 이 사실을 종종 알지 못한다. 우리의 뇌는 작업 기억에서 정보를 처리하는 데 중요한 주의 리소스가 한정돼 있으므로, 정보를 장기 기억에 얼마나 잘 보관할지에 직접적인 영향을 미친다. 주의의 한계는 5장에서 더 자세히 다루겠다.

정보의 파지retention F 측면에서 작업 기억의 흥미로운 점은 작업 기억에서 정보를 더 깊이 처리할수록 장기 파지가 더 잘 된다는 것이다.[8] 예를 들어 크레이크Craik와 툴빙 Tulving[9]은 처리 수준level of processing G이 우연 학습incidental learning H에 미치는 영향을 테스트했다. 참가자들은 단어 리스트를 보면서 세 가지 질문 중 하나를 받았는데, 실험자가 제시한 대상 단어가 질문에 맞는지를 '예' 또는 '아니오'로 대답해야 했다. 질문 1은 대상 단어가 대문자인지(얕은 수준의 구조 처리, 빠르게 완료됨), 질문 2는 대상 단어가 운율에 맞는지(중간 수준의 음운 처리), 질문 3은 문장의 빈칸에 넣었을 때 알맞은지(깊은 수준의 의미 처리, 완료에 시간이 더 걸림)였다. 참가자들은 기억과 관련된 실험이라는 사실을 몰랐으며(우연 학습), 그 대신 지각과 반응 속도에 관한 실험이라고 들었다.

F 흥분. 경험. 반응의 결과가 장차의 반응이나 경험의 수정의 기초로서 지속적인 영향을 미치는 것. 유기체는 의식된 인지적 내용이든 그렇지 않은 내용이든 그가 경험에 의해 얻은 내용을 저장하는데 이를 기억이라 한다. 그러나 기억하는 것이 전부 재생되지는 않는다. 기억하는 것 중에 재생되는 것을 파지라 하며, 비록 재생되지 않는 것일지라도 동일한 내용을 다시 학습할 경우 기억해 둔 잠재적 효과가 나타나 학습을 용이하게 하는 현상을 파지라고 한다. 파지량은 재인법, 재생법, 재구성법, 재학습법 등으로 측정된다. 파지에 대비되는 용어는 망각이다(출처: 『교육학용어사전』, 하우동설, 1995).

G 학습 시 어떤 것을 지각하고 처리하는 방법이 그것에 대한 정보가 얼마나 많이 장기 기억에 저장될지를 결정한다는 이론. 한 자극에 대해 더 많은 의미를 갖고 부호화할수록 그 자극에 대한 처리가 깊어져서 기억될 가능성이 커진다(출처: 『실험심리학용어사전』, 시그마프레스, 2008)

H 피험자들이 실험의 의도를 모르게 한 채 실험을 실시하는 것. 참가자가 의도적으로 자극을 학습하지 않도록 하기 위해서이다(출처: 『실험심리학용어사전』, 시그마프레스, 2008

그들은 과제가 끝난 다음에는 재인recognition| 검사를 받았는데, 과제에 사용된 60개의 단어에 더해 선택지로 사용된 120개의 비슷한 단어가 적힌 종이 한 장을 받았다. 그중에서 과제에서 본 기억이 있는 단어를 전부 체크했다. 결과에 따르면 정확하게 알아본, 즉 기억한 단어의 수는 깊은 수준으로 처리(단어가 문장에 맞는지 여부를 결정해야 했던 질문)된 경우가 얕은 수준(단어가 대문자인지 여부를 결정해야 했던)에 비해 약 4배 더 높았다. 더 구체적으로 보면, 첫 번째 과제에서 질문에 대한 답이 '예'일 때 재인율은 사례 결정의 경우인 15%에서 문장 결정의 경우인 81%로 증가했다. 흥미롭게도 '아니오'의 재인율 역시 19%에서 49%로 증가했지만, 답이 '예'일 때보다 증가율이 덜했다. 따라서 처리 수준은 우연 학습과 파지에 극적인 영향을 미친다. 이는 플레이어가 반드시 기억해야 하는 모든 중요한 기능은 정보를 깊이 있게 처리하는, 즉 정보를 피상적으로 처리할 때보다 대개 인지 자원과 시간이 더 요구되는 상황에서 가르쳐야 한다는 것을 의미한다. 이것 바로 실제로 해보면서 배우는 것이 일반적으로 튜토리얼에 적힌 글을 읽는 것보다 더 효율적인 이유다. 행동을 할 때, 과제를 완수할 때, 작업 기억에서 더 깊은 수준의 처리가 요구되기 때문이다. 물론 이는 과제가 얼마나 복잡한지에 따라 달라지겠지만, 튜토리얼에 적힌 글을 읽었음을 알리기 위해 그저 버튼을 누르는 것은 깊은 수준의 처리가 필요 없다.

| 기억 활동의 한 형태로, 개인이 현재 대하는 인물이나 사물 또는 현상이나 정보 등을 과거에 봤거나 접촉했던 경험이 있음을 기억해내는 인지 활동. 이러한 재인(또는 재인 능력)을 알아보는 검사를 재인 검사라 한다(출처: 『심리학사전』, 박학사, 2013).

4.1.4 장기 기억

장기 기억은 차를 몰기 위해 필요한 움직임에서부터 핸드폰 번호 같은 사실factJ에 이르는 모든 종류의 정보를 저장할 수 있는 시스템이다. 우리가 알고 있는 감각 기억과 작업 기억에는 강력한 제한이 있지만, 장기 기억은 시간과 공간에 알려진 한계가 없다. 이는 무제한적인 시간, 때로는 평생 동안 무한한 수의 정보를 잠재적으로 저장할 수 있다는 의미다. 잠재적이지만 말이다. 현실에서 우리는 항상 정보를 잊어버리지만, 머지않아 기억이 차츰 약해질 것이다. 장기 기억에는 두 가지 요소가 있는데 다양한 타입의 정보를 저장한다. 바로 외현 기억(또는 명시적 기억)explicit memory과 암묵 기억implicit memory이다.

외현 기억은 당신이 설명할 수 있고, 안다는 것을 분명하게 알고 있는 모든 정보와 관련 있다. 유럽의 수도, 부모님의 성함, 처음 했던 비디오 게임, 가장 최근에 본 영화, 가장 좋아하는 책, 휴가 때 갔던 장소, 사랑하는 사람의 생일, 어제 동료와 논의했던 내용, 당신이 말하는 언어 등과 같은 정보가 여기에 속한다. 사실(의미semantic)과 사건(일화episodic)에 대한 기억이다. 이에 반해 암묵 기억(절차 기억procedural memory이라고도 한다)은 행위와 연관된 모든 비서술적 정보와 관련 있다. 쉽게 설명할 수 없고 의식적으로 기억할 수 없는 정보다. 예를 들어 기타를 치는 법, 자전거를 타는 방법, 차를 운전하는 방법, 〈스트리트 파이터〉에서 제일 좋아하는 콤보 동작을 실행하려면 버튼을 어떤 순서로 눌러야 하는지 등이다. 간단하게 말해서 외현 기억이 지식을 저장하는 반면 암묵 기억은 일을 하는 방법을 저장하며, 이 둘은 서로 다른 뇌 영역과 연관돼 있다. 따

J 가설이란 일시적·잠정적인 작업의 원리로, 그 가치를 결정하기 위해서는 경험적 검증이 요구된다. 만약 경험적 증거가 해당 가설을 지지한다면 그 가설은 사실의 지위를 확보하게 된다(출처: 『실험심리학용어사전』, 시그마프레스, 2008).

라서 부분적으로 외현 기억을 담당하는 뇌 부위인 해마가 손상된 기억상실증 환자도 새로운 드로잉 테크닉 같은 새로운 운동 기술을 배울 수 있다(암묵 기억 내 절차적 학습 procedural learning). 하지만 그 수업에서 일어났던 일은 하나도 기억하지 못할 것이다(명시적 서술 기억).

암묵 기억은 점화priming와 조건부 반응에 관여하며, 이 둘을 비디오 게임에 사용하면 아주 흥미로워진다. 점화는 시간적으로 먼저 제시된 자극이 나중에 제시된 자극에 영향을 주는 효과다. 예를 들어 자극이 기존에 있던 단어(예를 들어 BUTTER)인지 존재하지 않는 단어(예를 들어 SMUKE)인지 답하라는 어휘 판단 과제lexical decision task K로 실험했을 때의 결과를 보면, BUTTER가 진짜 단어인지 결정하는 반응 시간이 바로 직전에 의미 점화를 나타내는 단어 BREAD를 읽었을 때 더 빨라진다.L 점화 효과는 이전 단어가 마스킹된, 즉 너무 빨리 제시돼 참가자가 의식적으로 지각하지 못하는 경우에서도 나타난다. 자극이 너무 빨라서 완전히 집중할 수 없을 때 일시적으로 감각 기억에 남는다는 점을 기억하라. 점화 효과는 무의식적 영향subliminal influence 중 가장 인상적이고 과학적으로 입증된 효과일 것이다. 그렇다. 무의식적 입력이 우리가 정말 하기 싫은 일을 하게 만들 수 있다는 상상보다 훨씬 재미없다! 무의식적 점화는 실제로는 매우 제한적이기 때문에 앞서 예로 들었던 내용처럼 마케팅 담당자들이 몰래 무의식적인 메시지로 영향을 미칠 수 있다고는 말하기 어렵다. 공정하게 말하면 마케터는 그럴 필요

K   언어와 점화 실험에서 널리 사용되는 과제로, 일련의 철자열을 제시하고 그 철자열이 단어인지, 단어가 아닌지를 아주 빨리 판단하게 하는 과제(출처: 『실험심리학용어사전』, 시그마프레스, 2008.

L   R. W. Schvaneveldt, D. E. Meyer, "Retrieval and comparison processes in semantic memory", Attention and Performance IV, pp. 395–409. Academic Press, 1973 / 빵과 버터 사이에는 강한 연상 관계가 있기 때문에 버터에 대한 반응이 다른 단어, 예를 들어 '의사' 같은 연상 관계가 거의 없는 단어를 사전에 들었을 때보다 답이 더 빨라진다. ─옮긴이

가 없다. 그냥 우리의 인지적 편향을 최대한 잘 활용할 수 있기 때문이므로, 이런 일이 벌어지는 때를 가려낼 수 있는 방법을 배울지 말지는 당신에게 달렸다. 게임 개발로 돌아가서 게임에 이 점화 효과를 사용할 방법을 생각해 보자. 예를 들어 플레이어가 적을 쏠 때 반응하는 시간을 더 빠르게 또는 느려지게 할 수 있다. 적이 곧 나타날 영역 근처에 무언가 잠깐 번쩍이게 만들면 지각적 점화^{perceptual priming}가 이뤄져 플레이어의 주의는 특정한 영역에 끌리게 되므로 적에 대한 반응을 보일 준비가 된다. 반대로 씬에 적이 나타나기 직전에 화면의 반대편 구석으로 주의를 끌게 되면 플레이어가 반응하는 시간이 늘어나게 될 것이다. 암묵 기억의 또 다른 흥미로운 특징은 암묵 기억이 조건 반응^{conditional responses}에 미치는 영향이다. 조건 형성^{conditioning} **M**은 두 가지 자극이 연관되는 암묵적 학습^{implicit learning} **N**의 한 형태다. 파블로프의 개^{Pavlov's dog}는 벨 소리가 울리면 보통 음식이 주어졌기 때문에 벨 소리를 들으면 침을 흘리도록 조건화됐다. 이런 방식처럼 특정한 자극에 반응하도록 조건화할 수 있다. 코나미^{Konami}의 〈메탈 기어 솔리드^{Metal Gear Solid}〉를 해본 적이 있다면 당신도 경고음 효과를 들으면 감정적이고 행동적인 반응을 보이도록 조건화됐을지도 모른다. 이 소리는 급박한 위험을 알린다는 것을 지속적으로 학습했기 때문이다. 〈메탈 기어 솔리드〉를 플레이해 본적이 없는 분을 위해 말하자면, 적에게 들킬 때마다 경고음이 울린다. 조건 형성에 관해서는 8장에서 더 자세히 다루겠다. 일부 연구자들은 대부분 암묵적 학습이 명시적 학습^{explicit learning}보다 더 강력하다고 제안했다.[10] 명시적 지식보다 암묵 기억이 더 오래가기 때문이다. 흔히 말하듯이 자전거 타는 법은 절대 잊지 않는다! 아마도 지금쯤은 다들 짐작

M 특정 반응(또는 행동)을 일으키지 않던 특정한 자극이 어떤 특정한 조건(경험)을 거친 후에 그 전에 일으키지 않던 특정 반응(또는 행동)을 일으키게 되는 학습과정을 말하며, '조건화'라고도 한다(출처: 『심리학사전』, 박학사, 2013).

N 의식적인 인식이나 자각은 하지 못하지만 은연 중에 현재의 사고와 행동에 영향을 미치는 암묵적 과정을 통해 이뤄지는 학습. '암묵 학습'이라고도 한다(출처: 『심리학사전』, 박학사, 2013).

했겠지만 이는 정확히 사실이 아니다. 우리는 암묵적 학습을 통해 배운 내용을 잊어버린다. 근육을 움직이는 행위가 많이 들어간 게임을 플레이하다가 한동안 그만둬 봐라. 그런 다음 다시 해당 게임을 하려면 '근육 기억muscle memory'(절차적 기억)을 되돌리려고 다시 연습을 해야 한다. 암묵적 학습은 잘 활용하면 아주 효과적일 수 있는데, 학습은 대부분 부수적으로 일어나고, 경우에 따라서는 정말 명시적 학습보다 더 강력해질 수 있기 때문이다. 특히 '근육 기억'과 관련이 있을 때 그리고 〈메탈 기어 솔리드〉 사례처럼 감정적 콘텐츠를 지닌 학습일 경우 더욱 그렇다.

4.2 인간 기억의 한계

인간의 기억은 개별적으로 발견하고 배울 수 있을 뿐만 아니라 하나의 사회로써 문화를 개발하고 함께 나아갈 수 있게 하는 매혹적인 시스템이다. 하지만 우리 기억에는 게임 개발자가 일반적인 위험을 피하기 위해 주의해야 하는 한계가 많이 있다. 기억의 가장 분명한 한계는 기억력 감퇴다. 우리는 모두 계속해서 정보를 잊어버린다는 사실을 잘 알지만, 플레이테스트를 하는 동안 플레이어가 몇 분 전에 배운 기능을 잊어버리는 모습을 보고 놀라는 개발자가 종종 있다. 18세기 후반에 독일 심리학자인 허먼 에빙하우스Herman Ebbinghaus는 처음으로 우리 기억의 경계를 실험적으로 연구해 지금의 유명한 망각 곡선forgetting curve(그림 4.2 참조)을 확립했다.[11] 이 곡선을 내놓기 위해 에빙하우스는 실제로 자신을 시험했다. 의미를 알 수 없는 음절(WID, LEV, ZOF 등)이 적힌 긴 목록을 암기했고, 시간이 지남에 따라 얼마나 많이 회상해내는지 측정했다. 결과는 무척 극적이었다. 겨우 20분 만에 외운 내용의 약 40%를 이미 잊었고, 하루가 지난 후에는 거의 70%의 내용을 잊었다. 그 후 더 표준화된 접근법을 시도한 몇몇 학자도 이와 똑같은 결과를 얻었으며, 망각 곡선은 오늘날에도 일반적으로 유효한 것으로 남았다. 이런 경우를 플레이어의 기억에 대한 가장 나쁜 시나리오라고 생각하라. 이 망각 곡선은 사람들이 의미 없는 내용을 실제로 쓸 목적이나 모든 종류의 기억술^{mnemonic} 없이 암기해야 할 때 생겨난다. 다행스럽게도 그 소재가 의미 있고, 게임에 의해 강화돼야 하는 게임을 어떻게 플레이하고 마스터하는지를 배우는 맥락에서 그렇게 나쁘지는 않을 것이다.

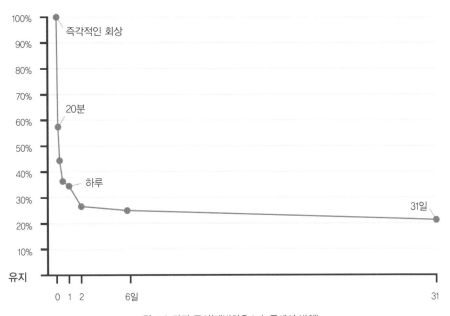

그림 4.2 망각 곡선(에빙하우스 논문에서 발췌)

배울 내용이 의미 있고, 다른 맥락에서 내용을 반복하고 처리의 깊이를 높이는 등 이를 기억하는 데 환경이 도움이 된다면, 이는 플레이어가 잊어버리는 속도에 긍정적인 영향을 미친다. 어떤 정보는 다른 내용보다 기억하기 더 쉽다는 점도 알고 있다. 예를 들어 이미 아는 정보와 연계되면 최근 정보는 보존이 더 잘 된다. 간단한 정보는 복잡한 정보보다, 체계화된 정보는 엉망인 정보보다 더 잘 보존되며, 이미지는 그에 상응하는 단어보다 더 잘 기억된다. 의미 있는 정보는 의미 없는 정보보다 더 잘 보존된다. 따라서 새로운 정보를 이미 익숙한 개념과 연계하고, 반드시 메뉴와 HUD에 있는 정보를 명확하게 구성하고, 가능한 한 잘 디자인된 아이코노그래피를 사용하고(하지만 아이콘이 나타내는 기능이 모호할 경우, 단어를 추가하는 것이 더 유익할 때가 있으니 주의를 기울여라), 플레이어에게 가르치는 것이 언제나 그들에게 의미를 갖는지 확인하라. 하지만 플레이어는 의심할 여지없이 컨트롤러 매핑에서 다음 목표에 이르기까지 게임에 관한 많은 사항을 잊어버린다는 사실을 명심해야 한다.

정보를 잊어버리기도 잘하지만 기억이 왜곡되는 경우도 많다. 특히 서술 기억declarative memory(지식, 사실, 사건)은 더 그렇다. 우리는 실제로 일어나지 않았던 기억, 즉 오기억false memory 편향을 회상할 수 있다. 또는 지각이 그런 것처럼 기억은 인지에 의해 편향되고 왜곡될 수 있다. 로프터스Loftus와 팔머Palmer[12]는 목격자 증언의 신뢰성을 조사한 연구에서 기억은 질문의 구성 방식 같은 단순한 것에 영향을 받을 수 있다는 점을 발견했다. 이 연구에서 참가자들은 다양한 유형의 교통 사고 비디오를 본 다음, 첫 번째 조건으로 제시한 질문은 "차가 서로 **부딪쳤을 때** 얼마나 빨리 가고 있었습니까?"였다. 또 다른 조건을 위한 질문은 "차가 서로 **충돌했을 때** 얼마나 빨리 가고 있었습니까?"로, 해당 충돌을 묘사하는 동사만을 변경했다. 여기에서는 두 문장이 어떻게 다른지 그 차이를 알 수 있도록 동사 '부딪쳤다'와 '충돌했다'를 강조 표시했지만 연구에서는 특별한 어감 없이 사용됐다. 그 결과 참가자들은 동사 '충돌했다'가 사용된 조건에서(10.46mph)는 동사 '부딪쳤다'가 사용된 조건에서(8mph)보다 차의 속도가 더 빠르다고 추정했다.

이는 통계학적으로 의미 깊은 결과였다. 게다가 일주일 후 같은 참가자들에게 비디오를 다시 보지 않고 장면에서 깨진 유리를 본 것을 기억하는지 물었다(깨진 유리는 없었다). '부딪쳤다' 조건에 비해 '충돌했다' 조건에서 깨진 유리를 봤다고 잘못 기억하는 참가자들이 두 배 가량 많았다. 그저 질문에 쓰인 동사를 '충돌했다'로 바꿨을 뿐인데, 이 동사가 갖는 강렬함이 옮겨가 참가자들이 봤던 사고에 대한 기억이 영향을 받았다. 이를 '유도 질문leading question'이라 한다. 하나의 단어가 기억에 미칠 수 있는 미묘한 영향은 매우 흥미롭기도 하고 우려되기도 한다. 이는 명백히 법정에서 목격자 증언의 타당성에 대한 수많은 의문을 제기한다. 특히 목격자는 잘못된 판결의 가장 큰 원인 제공자가 되기 때문이다.[13] 또 다른 관점에서 보면(여기에 비약이 있더라도 이해해 주길) 이것이 왜 스티브 잡스Steve Jobs의 기조 연설이 그렇게 높이 평가됐는지를 설명해 줄 수도 있다. 잡스가 기억 편향에 대해 알고 있었든 아니든, 그는 새로운 애플 제품이나 기능을 공개할 때 '놀랍다', '믿기 힘들다' 그리고 '멋지다' 같은 단어를 종종 사용했는데, 이는 청중이 기조 연설의 내용을 어떻게 기억하는지에 영향을 미쳤을 수도 있다. 또 다른 예로 스웨덴의 린드홀름Lindholm과 크리스찬슨Christianson[14]의 연구에 참가한 사람들은 가해자가 출납원에게 정말 심각한 부상을 입히는 강도 사건(연출된 상황이었음)이 발생하는 비디오를 쭉 지켜봐야 했다. 이 비디오를 본 다음 참가자들은 8명의 남자 사진을 보고, 그 안에서 이 범죄의 가해자가 누구인지 밝혀내야 했다. 스웨덴 사람과 이민자 학생들로 구성된 참가자들은 범죄 가해자로 스웨덴 사람보다 이민자를 거의 두 배 더 높은 비율로 잘못 지목하는 결과를 보였다. 기억 편향은 경우에 따라 암울한 결과를 가져올 수도 있으며, 이러한 편향을 마음에 새겨 우리 사회에 부당함이 생기지 않도록 해야 할 것이다. 게임 디자인에 미치는 영향은 훨씬 덜 극적이지만, 문제는 게임에 관한 설문조사에 있다. 플레이어의 응답은 사실 게임에 대한 정확한 경험이 아닌 경험에 대한 (종종 편향된) 기억을 기반으로 한다. 그러니 설문조사 결과를 너무 믿지 말고, 가능한 한 편향된 답을 피할 수 있는 방식으로 설문을 설계하도록 하라(설문에 대해서는 14장에서 자세히 다룬다).

4.3 게임에의 적용

앞에서 지각은 마인드의 주관적인 구성 개념^{construct}이라는 점을 살펴봤다. 우리는 현실을 있는 그대로 지각하지 않을 뿐만 아니라 그에 관한 기억 역시 왜곡될 수 있다. 기억은 재구성의 과정이기 때문이다. 기억해야 할 인간 기억의 주요 특징과 한계는 다음과 같다.

- 기억은 정보를 부호화, 저장, 나중에 인출하는 하나의 시스템이다.
- 기억은 그림 4.3에서 볼 수 있듯이 감각 기억(지각의 일부), 작업 기억(정보를 부호화하고 인출하려면 주의에 많이 의존함), 장기 기억(저장)으로 분류된다.
- 부호화 단계 동안 작업 기억에서 벌어지는 처리 수준은 파지 품질에 영향을 미친다. 깊게 처리될수록 파지량이 커진다.
- 장기 기억은 외현 기억(명시적 정보)과 암묵 기억(절차적 정보)으로 구성된다.
- 망각 곡선은 시간에 따른 기억 파지의 감소를 보여준다.
- 학습된 콘텐츠가 의미가 없고 정보 처리가 얕을 경우, 장기 기억 감퇴가 더 심하다.
- 정보를 기억할 때 기억은 왜곡되고 편향될 수 있다.

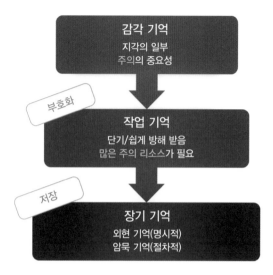

그림 4.3 기억의 개요

비디오 게임에 관한 한 플레이어가 게임을 즐기는 데 필요한 중요한 정보(게임 컨트롤, 메커니즘, 목표 등)를 기억하도록 하는 것에 주로 관심을 둬야 한다. 기억이 정보의 부호화, 저장, 인출을 담당한다는 점을 고려할 때, 기억 감퇴는 부호화 결손, 저장 결손 또는 회상 결손(또는 이들의 혼합, 부호화의 질은 저장에 영향을 미치기 때문)의 결과일 수 있다. 부호화 결손은 주의 부족이나 정보를 처리하는 동안 깊이 부족 때문에 정보가 피상적으로 부호화될 때 일어난다. 이를 피하려면 플레이어의 주의를 중요한 정보에 집중시키고, 이를 깊이 있게 처리하도록 하는 것이 매우 중요하다. 저장 결손은 정보는 제대로 부호화됐지만 시간이 지남에 따라 약해질 때(망각 곡선) 일어난다. 이 결손을 피하기 위해서는 주로 다른 맥락에서 플레이어가 기억해야 하는 내용을 반복함으로써 기억을 다시 공고히(강화) 하는 것이 중요하다. 회상 결손은 정보가 기억에는 있지만 일시적으로 기억나지 않는 경우, 예를 들면 설단 현상tip of the tongue phenomenon 때 발생한다. 회상 결손을 막기 위해서는 플레이어가 기억에 저장된 특정 정보를 인출할 필요가 없도록 자주 이를 상기시켜줘야 한다. 주의(작업 기억에 작용하는)에 관한 5장에서 부호화 결손에 대해 다룰 것이므로 여기에서는 장기 기억에 영향을 미치는 저장 결손 및 회상 결손에만 집중하겠다.

4.3.1 간격 효과(spacing effect) 및 레벨 디자인

예를 들어 게임에서 새로운 능력을 사용하는 방법을 배울 때, 이벤트에 대한 장기 기억과 이와 관련된 절차 정보(행위를 실행하기 위한 손가락의 움직임)는 보통 이미 익숙한 정보(이전에 플레이했던 게임과 같은 종류의 능력)가 아니면 뇌에 순간적으로 봉인되지 않는다. 대신 해당 사건에 대한 기억은 발생할 때마다 통합되거나 강화된다. 이것이 반복이 학습에 있어 중요한 이유다. 하지만 반복은 파지에 더 큰 영향을 미칠 수 있도록 시간 간격을 둬야 한다.[15] 정보가 반복될 때마다 이에 관한 망각 곡선은 둔화된다. 이는 한 번의 가르침을 통합하기 위해 정기적인 간격을 두고 다시 상기시키기 위한 리마인더reminder가 필요 없음을 의미한다. 대신 가르침을 더 반복할수록 그림 4.4에서 볼 수 있듯이 리마인더 사이에 넓은 간격을 둘 수 있다. 또한 주어진 시점에서 너무 많은 내용을 가르치는 것, 즉 집중 학습massed learning보다 시간이 지남에 따라 학습을 분산시키는 것이 더 효율적임을 의미한다. 플레이어에게 가르쳐야 할 사항이 많다면 플레이어가 빠르게 적응하고 익힐 수 있는 온보딩 계획을 세우는 편이 더 낫다. 13장에서 온보딩 계획을 세우는 방법을 예를 들어 설명하겠다. 지금은 시간을 두고 게임에서 가장 복잡한 기능을 분산해 학습시켜야 함을 기억해두기 바란다. 예를 들어 복잡한 메커니즘을 가르치기 위해 맨 처음 이를 선보인 후 얼른 다시 리마인더를 주고 싶을지도 모르겠다. 그런 다음 우선적으로 다양한 맥락에서 첫 번째 내용을 강화하면서 두 번째 메커니즘이나 기능을 소개할 수 있다(그림 4.5 참조). 닌텐도 게임은 이전에 배운 메커니즘을 통합하면서 새로운 메커니즘을 도입하는 데 매우 효율적이어서 두 가지 모두 결합할 수 있고, 또 다른 메커니즘이나 기능이 도입되기 전까지도 종종 매우 효율적이다. 〈슈퍼 마리오 브라더스〉를 예로 들겠다. 맨 처음 배우는 기능 중 하나는 점핑 메커니즘(이를 A라고 하자)이다. 먼저 적을 점프해 넘어야 하고(A), 그 다음에 질문 블록을 치기 위해 점프하고(A2), 그런 다음 장애물을 점프해서 넘는(A3) 식으로 이어진다. 점핑 메커니즘은 다양한 상황에서 반복되며 정확도가 높아져야 하므로 점점 더 어려워진다. 그 와중에 슈팅 메커니즘(B라고 하자)이 소개된다. 몇몇 적을 쏘면서 연습에 들어가고(B2), 그 다음에 점프해 블록을 쳐서 코인을 모은다(A4). 다른 적인 쿠파 트루파(거북이)가 다가온다. 플레이어에게 거북의 등껍질로 상징되는 방어막을 지닌 이 적은 점프로는 쉽게 물리칠 수 없다(11장의 '기능에 따르는 형태' 참조). 따라서 슈팅하는 편이 낫다(B3). 이런 식으로 이어지다가 어느 시점에서 두 가지 메커니즘의 결합인 점핑하면서 적을 슈팅하는 경우가 생기기도 한다. 개발 중인 게임 타입과 타깃으로 삼는 잠재 고객(고수 또는 초심자)에 따라 온보딩 계획을 결정하는 것이 더 어려워지거나 덜 어려워질 수 있다. 어떤 경우든 튜토리얼을 레벨 디자인의 일부로써 생각해야 한다. 게임을 플레이하고 마스터하는 법을 학습하는 것은 경험의 실질적인 부분이다. 게임의 메커니즘과 기능을 예정보다 빨리 소개하는 방법에 대해 생각하지 않고 디자인하면 게임 초반에 모든 튜토리얼을 억지로 끼워맞춰야 하는 지경에 놓일 것이며, 이는 효과적이지 않을 뿐더러 대개는 게이머에게 제대로 인식되지 않는다.

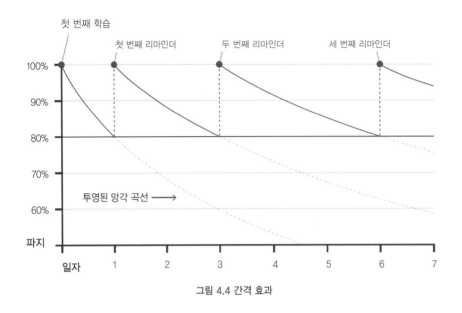

그림 4.4 간격 효과

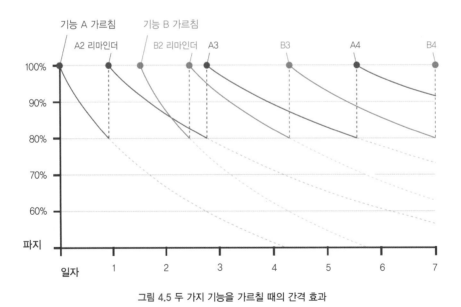

그림 4.5 두 가지 기능을 가르칠 때의 간격 효과

4.3.2 리마인더

비디오 게임플레이는 종종 며칠 또는 그 이상 걸려 일어나는 활동이다. 콘텐츠가 충분한 게임이라면 한 번에 다 끝나지는 않을 것이다. 플레이어는 게임을 시작할 것이고, 어쩌면 몇 시간 정도 플레이할지도 모른다. 플레이어가 첫 번째 게임을 플레이하는 동안 눈에 띄는 진전을 보인다면 시스템 역시 너무 쉽지도 너무 어렵지도 않는 적절한 도전 레벨(12장과 게임플로 내용 참조)을 유지하기 위해 난이도를 올릴 것이다. 어느 시점에서 플레이어는 예상대로 게임을 내려놓고 일상으로 돌아간다. 그들이 다시 게임을 한다면 첫 번째 게임을 했던 이후 경과된 시간은 알 수 없으며, 적게는 몇 시간, 많게는 며칠이나 더 긴 시간이 될 수 있다. 드디어 플레이어가 게임을 다시 시작할 때 대개 시스템은 얼마나 시간이 지났는지는 고려하지 않는다. 그 기간 동안 플레이어의 뇌에서는 첫 번째 게임 시간 동안 학습했던 정보의 양이 망각 곡선을 그리며 가차없이 사라진다. 기억 손실은 시간의 흐름과 함께 증가한다. 그러면 마지막 게임 세션이 끝났을 때 도달한 도전 레벨과 플레이어의 스킬 레벨 사이에 어느 정도 차이가 생길 수 있다. 플레이어는 게임 메커니즘, 컨트롤 또는 목표의 일부를 잊어버렸을 수도 있지만, 이제 시스템을 따라잡아야 하기 때문에 다운그레이드됐다고 느낄 수도 있다(그림 4.6 참조). 따라서 플레이어가 게임을 다시 시작할 때 리마인더를 제공하는 것이 하나의 방법이다. 흥미롭게도 레메디 엔터테인먼트^{Remedy Entertainment}의 액션 어드벤처 게임 〈앨런 웨이크^{Alan Wake}〉는 TV 프로에서 이전 회차를 요약해서 보여주는 것과 같은 방식으로 게임이 재개됐을 때 리마인더를 준다. 하지만 게임은 상호작용하는 경험이고, 게임을 펼치려면 플레이어의 입력이 필요하기 때문에 게임 메커니즘과 컨트롤에 대한 리마인더가 가장 중요한 것이 된다. 당신의 게임 시스템에 적용이 가능하다면 일정 시간 동안 플레이어가 필요한 작업을 하지 않는 경우 나타나는 동적인 튜토리얼 팁을 추가할 수도 있다. 이러한 튜토리얼 팁은 정보의 부호화 과정에서 가장 좋은 방법은 아니지만, 이전에 학습한 정보를 통합하는 데 있어 리마인더 역할을 할 수 있다. 또한 중요한 정보를 화면에 항상 표시해 플레이어가 해당 정보를 인출하지 않게도 할 수 있다. 예를 들어 방대한 세계관을 가진 유비소프트의 액션 어드벤처 게임 〈어쌔신 크리드: 신디케이트Assassin's Creed: Syndicate〉에서는 HUD가 항상 상황별 컨트롤 매핑을 제공한다(그림 4.7 참고). 이를 통해 플레이어는 언제나 실행할 수 있는 액션('슈팅', '카운터', '스턴' 등) 뿐만 아니라 해당 정보가 콘솔 컨트롤러에 있는 4개 버튼과 거의 흡사한 방식으로 표시되기 때문에 실행하는 방법도 정확하게 알 수 있어 이 정보를 기억할 필요가 없다. 이 HUD 설계만으로 레이어(층)layer[0]의 기억 부하를 줄이고 (최소한 이러한 액션 매핑 컨트롤에 대한) 저장 결손 또는 회상 손실을 막을 수 있다. 빌딩 액션 게임인 에픽게임즈의 〈포트나이트Fortnite〉에서도 마찬가지로, 플레이어가 검색 가능한 오브젝트에 접근할 때마다 사용자 인터페이스에 검색하기 위해 눌러야 하는 키가 표시된다(그림 4.8 참고).

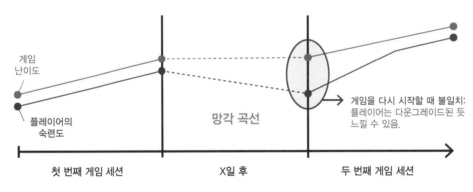

그림 4.6 게임에 적용된 망각 곡선의 예

---

0 뉴런은 층으로 이뤄져 있고, 같은 층에 있는 뉴런은 같은 방법으로 작동된다고 생각하는 것이 보편적이다. 뉴런의 행동을 결정하는 주요 요소는 활성화 함수와 뉴런이 신호를 보내고 받는 무게 연결 패턴이다. 같은 층의 각 뉴런은 같은 활성화 함수와 다른 뉴런과 같은 패턴의 연결을 갖는다. 층에서의 뉴런의 나열과 층과 층 사이의 연결 패턴을 신경망의 아키텍처(architecture)라고 부른다(출처: 『실험심리학용어사전』, 시그마프레스, 2008).

그림 4.7 어쌔신 크리드: 신디케이트(출처: 유비소프트 엔터테인먼트, © 2015, All Rights Reserved.)

그림 4.8 포트나이트 베타(Fortnite Beta)(출처: 에픽게임즈, © 2017, Epic Games, Inc.)

따라서 플레이어가 튜토리얼을 성공적으로 전부 끝냈다고 해서 배운 기능을 영원히 기억할 것이라고 생각해서는 안 된다. 플레이어는 바쁜 일상을 보내며, 새로운 블록버스터가 출시됐거나, 기말 시험에 집중하기 위해 몇 주씩이나 게임 시간을 줄여야 하는 등 여러 가지 이유로 한동안 당신의 게임을 접을 수도 있다. 이렇듯 잠시 떠났던 플레이어가 다시 속도를 낼 수 있도록 게임에 리마인더를 제공하지 않는다면, 플레이어가 게임을 따라잡기 위해 너무 많은 노력을 들이고, 속 끓이는 사태가 더 많아질 가능성이 높아진다. 이것이 바로 무료 게임이 날마다 플레이어가 돌아오도록 접속 보상 기능을 두는 이유 중 하나다. 매일 게임에 돌아와야 할 이유가 있기 때문에 플레이어가 계속 게임에 참여할 뿐만 아니라, 이미 로그인했기 때문에 그 동안 게임을 할 가능성도 높아진다. 따라서 게임과 연관된 기억과 학습이 강화된다.

정리하자면 여기서 기억해야 할 점은 당신이 아무리 노력을 기울여도 플레이어는 일정 부분 정보를 잊는다. 따라서 플레이어가 게임에서 배워야 하고 기억해야 할 모든 사항을 리스트로 정리해야 하고(게임 온보딩 계획이라 하겠다), 그래야 우선순위를 정할 수 있다. 리스트의 상위 요소는 심도 깊게 가르치고 이를 위한 리마인더를 제공할 요소다. 리스트의 하위 요소는 플레이어가 이에 관해 잊어버려도 큰 문제가 되지 않거나, 가능하다면 기억을 도울 도구를 제공하는 등의 방법으로 구현하는 것이 좋다. 예를 들어 당신이 만드는 게임이 특정 액션을 성공시키기 위해 눌러야 하는 버튼을 기억하는 게임이 아니라면 〈어쌔신 크리드〉의 예처럼 정보를 항상 표시하는 방법을 고려해 보기 바란다. 게임을 위한 완벽한 학습 경험이란 만들기 거의 어려우니, 게임 경험에 있어 무엇이 중요한지를 분명히 밝히고 이에 집중하기 바란다.

CHAPTER

5

주의

5.1 주의의 작동 방식   5.3 게임에의 적용
5.2 주의의 한계

5.1 주의의 작동 방식

감각은 환경으로부터 오는 여러 가지 입력에 끊임없이 괴롭힘을 당한다. 주의는 선택된 입력에 처리 리소스를 집중할 수 있게 한다. 우리는 주변에서 지각하는 것을 처리하고, 바쁜 일상의 모든 일을 완수하기 위해 주의를 기울인다. 실제로 하는 일에 충분히 주의를 기울이지 않을 때 종종 실수가 일어난다. 오늘 아침에 커피 머그컵을 어디에 뒀는지(테이블에 온전히 놓지 않았다는 게 드러남) 별로 주의를 기울이지 않았기 때문에 바닥에 떨어뜨렸는지도 모른다. 주의는 능동적일 수도 있고 수동적일 수도 있다. 능동적 주의는 핸드폰에서 이메일을 확인하는 것 같이 특정한 목표에 주의를 기울이는 통제된

하향식 프로세스다. 수동적 주의는 환경이 사용자의 주의 반응^{attentional response}을 유발하는 상향식 프로세스다. 예를 들어 회사 복도를 걷는데 뒤에서 누군가 당신 이름을 불렀다고 상상해 보자. 이때 당신의 주의가 그쪽으로 쏠리며 당신을 부르는 사람에게 초점을 맞추기 위해 몸을 돌리게 된다. 주의는 집중되기도 나뉘기도 한다. 주의가 집중될 때(이를 '선택적 주의^{selected attention}'라고 한다), 주의는 선택한 특정 요소를 처리하기 위해 스포트라이트처럼 선택 요소를 제외한 주변에 있는 모든 것을 어둠 속에 놓는다. 집중된 주의의 한 예로, 시끄러운 파티에서 누군가와 얘기할 때 다른 대화는 전부 필터링되고 유독 상대방이 하는 말에는 집중할 수 있다는, '칵테일 파티 효과^{Cocktail party effect}'[1]를 들 수 있다. 반대로, 동시에 두 가지 이상의 요소에 집중(흔히 '멀티태스킹'이라고 부르는)하려 하면 주의는 분산된다. 예를 들어 능동적이고 하향식인 선택적 주의는 상사가 직장 파티에서 말하는 내용에 완전히 집중할 수 있게 한다. 어느 순간, 주변에서 오가는 대화 중 당신의 이름이 언급되는 것을 듣는다. 이때 수동적이고 상향식 주의가 유발돼, 그들이 당신에 관해 무슨 말을 하는지 알고 싶은 호기심 때문에 그 사람들의 대화도 이제는 들을 수 있게 된다. 상사에게 무례를 범하고 싶지도 않지만, 동시에 자신에 대해 하는 말도 들으려 한다면 이것이 주의가 분산된 경우(멀티태스킹)다. 동시에 두 가지 정보를 처리하는 것은 매우 어려울 수 있다. 실제로 이 경우 당신에게 일어나는 일은 놓치는 공백을 채우기를 바라면서, 한 대화에서 다른 대화로 옮겨가며 초점을 맞추는 것이다. 3장에서 다룬 작업 기억의 한계를 기억하지 못한다면 이 기회를 통해 떠올려 보자(이로써 작업 기억에 관한 망각 곡선이 조금은 완만해질 수 있다). 이 예는 두 가지 언어 처리 과제를 스스로 완료하는 것이기 때문에 음운 루프 체계^{phonological loop system}에 주의 리소스를 직접 할당하는 작업 기억의 사례다. 이런 상황은 '처리 병목 현상^{processing bottleneck}'을 유발해 두 가지 작업을 처리하는 능력을 심각하게 제한한다.

지각 및 기억과 마찬가지로, 주의도 사전 지식과 전문 지식에 영향을 받을 수 있다. 예를 들면 임의의 방해 자극distractor[A]이 곡에 추가됐을 때 음악가는 비음악가들보다 멜로디를 더 잘 따라가는 성과를 보였다.[2] 이 결과를 게임에 적용하면 게임에서 전달되는 관련 정보에 중점을 두고 관련 없는 정보를 걸러내는 데 있어, 전문 게이머가 가끔 게임을 하는 플레이어보다 덜 어려워하리라 유추할 수 있다. 예를 들면 씬을 계속 박진감 넘치게 하기 위해 폭발이 일어나면서 다양한 시각 효과와 음향 효과가 게이머를 방해하는 데도 적을 추적하는 경우다. 주의가 학습에 중대한 영향을 미치는 점을 고려할 때, 이는 사용자 경험에서 큰 부분을 차지하는 핵심 요소다. 인간의 뇌는 매우 제한된 주의 리소스를 갖고 있다. 비록 대부분이 이를 모르지만 말이다. 그래서 고려해야 할 제한이 너무도 많다.

5.2 주의의 한계

기억해야 할 가장 중요한 한계 중 하나는 주의 리소스가 극히 부족하다는 점이다. 한 가지 일에만 주의를 완전히 집중할 때 가장 효율적이다. 주의를 분산시켜 멀티태스킹을 하려고 할 때마다 처리 시간이 늘어나고 실수할 가능성이 높아진다. 인지 부하 이론cognitive load theory에 따르면 복잡하거나 새로운 일처럼 작업 기억에 더 큰 부담을 주는 작업일수록 주의 리소스가 더 많이 필요하다. 또 집중을 방해하는 요소가 많을수록

A 표적의 탐지를 방해하는 자극. 실험 상황에서는 실험자가 특정한 효과(방해 효과)를 알아보기 위해 고의로 방해 자극을 제시하고 그 속성을 조작하는 경우가 많다(출처: 『실험심리학용어사전』, 시그마프레스, 2008).

산만해지는 효과가 나타나며 짜증난다고 지각한다.[3] 또한 작업 기억의 한계를 넘는 주의 리소스가 필요한 학습은 제대로 이뤄지지 않기 때문에,[4] 게임의 튜토리얼과 온보딩 부분을 진행하는 동안 인지 부하, 즉 작업을 성취하는 데 필요한 주의 리소스를 염두에 두는 것이 특히 중요하다. 실제로 새로운 작업 처리는 익숙한 작업을 처리할 때보다 상대적으로 더 많은 리소스가 필요하기 때문에 인지 부하가 특히 더 커질 수 있다. 게다가 인지 부하가 일어나면 학습 과정에 방해가 된다. 따라서 플레이어가 압박감을 느낄 수 있을뿐만 아니라 그들에게 가르치려는 중요한 메커니즘과 시스템을 배우지 못할 수도 있다.

지나친 인지 부하는 복잡한 암산 같은 하나의 부담이 큰 작업을 처리할 때 일어나기도 하지만, 멀티태스킹을 위해 주의가 분산될 때 더 자주 발생한다. 그 이유는 멀티태스킹은 각 작업을 완수하는 데 주의 리소스가 필요할 뿐만 아니라, 작업을 조정하고 관리하는 데 필요한 관리 제어를 위한 리소스도 필요하기 때문이다. 이 현상을 '하위 부가성 underadditivity'이라 하며 몇몇 신경 영상 연구를 통해 입증됐다. 예를 들어 문장을 듣는 것으로 구성된 작업(작업 기억의 특징을 기억한다면 음운 고리가 처리)과 물체를 심적 회전시키는 것으로 구성된 또 다른 작업(시각적 메모장에서 처리)이 있다고 해 보자. 이 두 가지 작업과 관련된 영역에서의 뇌 활성화 총합이 개별로 수행될 때보다 동시에 수행될 때 훨씬 떨어진다는 사실이 fMRI를 통한 연구 결과 발견됐다.[5] 게다가 언어 처리 작업의 경우 뇌 활동이 50% 이상 감소된 것으로 밝혀졌다. 이러한 결과는 정보를 처리하고, 작업을 완수하는 데 '신속 처리dispatch'할 수 있는 주의 리소스의 총량이 정해져 있음을 대략적으로 의미한다. 멀티태스킹을 할 때 먼저 다른 작업을 조정(실행 제어)하는 데 필요한 주의 리소스의 일부를 빼야 한다. 그런 다음 남은 주의 리소스를 작업에 분산할 수 있다. 따라서 멀티태스킹을 할 때 주의 리소스는 방해를 받는데, 이것이 바로 작업을 하나씩 차례로 할 때보다 멀티태스킹 상태에서 각 작업을 수행하는 데 대개 더 많은 시간이 걸리는 이유다. 충분히 오래 연습하면 자동적으로 처리되는 과정^{automatic} processing도 있기 때문에 연습은 하나의 작업 수행만큼이나 멀티태스킹 수행에 긍정적인 효과를 극적으로 낼 수 있다. 예를 들어 운전하는 방법을 배우는 과정은 모든 주의 리소스가 필요하다. 따라서 초보 운전자는 운전을 하면서 친구와 대화를 나누는 일처럼 추가되는 작업을 처리하는 데 훨씬 더 어려움을 많이 겪는다. 운전을 충분히 오랫동안 연습하면 이는 자동적 처리가 돼 주의 리소스가 훨씬 덜 필요하고, 실행 제어가 거의 필요 없어진다.

인지 부하를 증가시킬 수 있는 또 다른 경우는 작업을 완수하기 위해 관련 정보에 집중할 수 있도록 방해 자극을 억제해야 할 때 보인다. 유명한 '스트룹 효과^{Stroop effect}'는 이 현상을 보여준다. 이 효과가 드러나도록 작업을 설계한 심리학자의 이름을 딴 스트룹 효과는 관련 정보에 주의를 끌 수 있도록 무관한 정보를 필터링해서 억제해야 할 때 발생되는 정보 처리에 간섭을 보여준다. 이 과제에서는 일련의 색채 단어에 쓰인 잉크 색의 이름을 말해야 한다. 예를 들어 참여자는 파란색 잉크로 쓰인 '초록'을 '파랑'이라고 말해야만 한다(그림 5.1 참조). 글자의 색상은 때때로 색채 단어와 일치하기도 하지만 때로는 다르다. 글자의 색상이 색채 단어와 일치하지 않을 때, 참여자는 잉크 색의 이름을 말하는 데 시간이 더 걸리며 실수를 더 많이 하기도 한다. 이때 참여자는 적어도 읽기 능력이 뛰어난 성인이어야 한다. 이러한 불일치 조건에서 일어날 수 있는 일은 실행 제어(주의 리소스의 조정)가 먼저 자동적 반응, 즉 단어 읽기를 억제해야 한다는 것이다. 주의 리소스가 잉크 색을 탐지하고 이름을 말하기 전에 말이다.[6] 주의 집중을 방해하는 자극은, 특히 주어진 작업과 직접적으로 충돌할 때 처리 속도 및(또는) 질을 떨어뜨릴 수 있는 작업 부하를 더 추가할 것이다.

빨강   파랑   초록

그림 5.1 스트룹 과제의 예

인지 부하와 주의 분산을 잘 다루지 못하는 것도 그렇지만, 사실과 다르게 믿는다는 점이 가장 놀랍다. 특히 멀티태스킹은 업무 현장에서 칭찬을 받는 경우가 많다. 예를 들어 회사는 작업에 깊이 집중하고 나중에 이메일을 확인하는 대신 자주 이메일을 확인하길 바란다. 메신저, 소셜 미디어, 열린 공간에서 오는 주변 소음 역시 주의를 분산시킬 수 있는데, 요즘은 대부분의 직장, 특히 게임 제작사에서 이런 환경을 당연하게 여긴다. 피로와 스트레스 역시 성과에 영향을 미친다는 사실을 아는 상황에서, 마감에 쫓겨 자주 야근을 하는 게임 개발자를 보면 엎친 데 덮친다는 말이 딱 맞는다. 이래서는 성공적이고 재미있는 게임을 만드는 데 불필요한 짐을 잔뜩 지고 가는 모습과 같다. 한편, 이를 플레이어에 적용하면 멀티태스킹이 특별한 도전 과제가 아닌 한, 플레이어를 허덕이게 할 이런 상황을 만들지 말아야 한다는 뜻이 된다. 특히 게임에 대해 학습할 때는 절대로 안 된다. 지속적인 주의 역시 영원히 갈 수 없다. 작업 기억은 제법 빨리 지친다. 지속적으로 주의를 기울일 수 있는 능력은 작업을 해내겠다는 동기, 작업의 복잡성, 개인차 등과 같은 다양한 변수에 따라 달라지지만, 일반적으로 플레이어의 뇌를 잠시 쉴 수 있게 해주는 것이 좋다. 게임에 컷씬cutscene이 들어간다면 게임 세션을 시작하는 타이밍(아직 작업 기억이 새롭고 게임과 상호작용하기 위해 주의 리소스를 활용할 수 있는 때)에 사용하지 않는 편이 더 낫다. 대신 플레이어가 일정 시간 동안 주의를 지속해야만 한 후 작업 기억이 쉴 수 있도록 컷씬을 내놓아라.

마지막은 '부주의맹inattentional blindness'이다. 작업에 집중하면 바로 눈 앞에서 벌어지는 예기치 않은 일을 전혀 보지 못할 수 있다. 주의는 스포트라이트처럼 작동한다는 사실을 기억하라. 그렇기 때문에 주의는 초점이 맞춰진 것 이외는 걸러낸다. 하지만 주의의 특성을 감안해도 부주의맹은 정말 놀랍다. 부주의맹을 입증한 연구 중 가장 주목할 만하고 잘 알려진 사례는 연구자 시몬Simons과 샤브리스Chabris[7]가 맡았던 연구다. 그들은 참가자들에게 세 명씩 두 팀으로 나눠 서로에게 농구공을 패스하는 비디오를 보게 했다. 한 팀은 하얀색 티셔츠를, 다른 팀은 검정색 티셔츠를 입었다. 참가자는 하얀색 팀이 패스한 횟수를 세어야 했다. 대부분의 참가자는 이 과제를 해내는 데 어려움을 겪지 않았다. 하지만 농구공 패스를 세는 데만 집중하다 보니 고릴라 옷을 입은 사람이 가슴을 치며 장면 안으로 들어왔다 나가는 모습을 알아채지 못했다. 이 연구에 사용된 비디오는 http://www.simonslab.com/videos.html에서 볼 수 있다. 하지만 이제는 다들 트릭을 알고 있어서 속지 않을 것이다. 이 놀라운 현상은 지각에 있어(그리고 그 결과인 기억에도) 주의의 중요한 역할을 보여준다. 이는 더 나아가 주의 리소스의 상당한 한계를 보여주고, 마음이 딴 데 가 있는 운전자의 주의 부족이나 새로운 메시지 확인 등으로 산만해진 주의로 인해 차량 사고가 종종 발생하는 이유와 구글 글래스Google Glass(안경을 쓴 사람에게 환경과 안경 인터페이스 사이에서 주의를 분산하게 만든다) 같은 증강 현실 기술이 특히 어려운 이유를 설명한다. 게임 디자인에 있어서는 플레이어에게 중요한 내용을 시각 또는 청각 신호로 보내는 것이 충분하지 않음을 의미하기도 한다. 실제로 플레이어가 좀비를 죽이는 등 작업에 몰두해 있을 때는 단서를 지각하지 못할 가능성이 매우 높다. 게다가 몇몇 연구를 통해 작업 기억 부하가 부주의맹을 증가시킨다는 사실이 입증됐기 때문에 처리해야 할 입력이 더 많고, 더 복잡한 정보일수록 동시에 일어나는 새롭거나 놀라운 사건에 주의를 기울일 수 있는 플레이어가 적어진다. 따라서 플레이어의 인지 부하를 마음속에 깊이 새겨 두고 그들의 주의를 끌 방법을 찾고, 또는 플레이어 입력을 통해 중요한 정보에 주목했고 처리했다는 사실을 반드시 확인해야만 한다. 이는 당신이 책임지고 해야 할 일이지, 플레이어가 사용자 인터페이스의 특정 지점에 그저 표시된 요소를 처리하지 않았다고 그들을 탓할 일이 아니다. 관중의 주의를 다른 곳으로 끌어 마술 트릭을 선보이는 마술사와 마찬가지로, 플레이어가 처리하길 원하는 것에 집중할 수 있도록 하기 위해서는 인간 주의에 대해 이해해야 한다.

5.3 게임에의 적용

주의는 학습과 정보 처리의 핵심이다. 주의는 주어진 시간 안에 환경을 인지하고, 지각된 입력(또는 정신적 표상)에 전념하는 처리 수준에 영향을 미치는 주요 요인이기 때문에 장기 기억에서의 파지의 질에 큰 영향을 미친다. 카스텔[Castel 8]이 지적했듯이 '기억은 종종 주의의 산물'이다. 사람의 주의 수준은 비디오 게임에 있어 중요한 개념인 활동 참여를 가리키기도 한다. 기억해야 할 인간 기억의 주요 특징과 한계는 다음과 같다.

- 주의는 집중(선택적 주의) 또는 분산(멀티태스킹)될 수 있다.
- 선택적 주의는 스포트라이트처럼 작용한다. 즉 주의 리소스가 특정 요소로 향하고, 나머지는 걸러낸다.
- 선택적 주의의 부작용은 '부주의맹' 현상으로, 주의 밖의 요소는 의식적으로 지각되지 않는다. 그것이 아무리 놀랍고 예상치 못한 것일지라도 말이다.
- 주의 리소스는 극히 부족하다.
- 인지 부하 이론에 따르면, 작업을 달성하기 위해 주의 리소스가 필요하면 할수록 집중을 방해하는 것은 더 많은 영향을 미치고, 학습을 못하게 될 가능성이 더 높아진다.

- 낯선 작업(학습이 필요한)은 익숙한 작업보다 더 많은 주의 리소스를 필요로 한다.
- 뇌는 멀티태스킹에 매우 취약하지만(분산된 주의는 성과에 부정적인 영향을 미친다), 우리 대부분은 이를 알지 못한다.

이론은 매우 간단하지만 이를 실제로 비디오 게임에 적용하기는 정말 어렵다. 플레이어의 작업 기억에 무리가 가지않도록 인지 부하를 염두에 두면서 관련 정보로 플레이어의 주의를 반드시 끌어야 한다. 이를 적용하는 것이 힘든 가장 큰 이유는 플레이어가 주어진 시간에서 갖는 인지 부하를 측정하는 방법이 현재 극히 제한적이기 때문이다. 현재 기술로는 플레이어가 플레이테스트를 진행하는 동안 뇌를 스캐너로 관찰하는 방법이 있는데, 이는 도움이 되는 것에 비해 너무 지나친 처사다. UX 사용성 테스트를 할 때 주로 눈동자 추적 데이터eye-tracking data(플레이어가 주의를 기울이는 위치를 반드시 나타낼 수는 없지만, 특정 요소에 시선을 맞추는지 여부를 측정), 행동 데이터(플레이어가 특정 작업을 얼마나 빠르고 잘 해내는지를 측정), 설문조사(플레이어가 기억하는 내용과 그들이 해야 했던 일을 설명할 수 있는지 확인)를 기반으로 경험을 통해 얻은 추측을 한다. 인지 부하 조정이 어려운 또 다른 이유는 주어진 작업의 부하를 정확하게 예측하기가 불가능하기 때문이다. 즉 이는 작업의 복잡성뿐만 아니라, 게임 메커니즘과 시스템에 대한 플레이어의 사전 지식 및 익숙함 그리고 그날 하루 얼마나 피곤한지 같은 다른 요인에도 달려 있기 때문이다. 예를 들어 자주 비디오 게임을 하는 플레이어는 그렇지 않은 게이머에 비해 시각적인 선택적 주의가 높은 경향이 있다.[9] 따라서 온보딩 계획(13장 참조)을 준비할 때 경험에 따른 추측을 해야만 한다. 즉 게임의 복잡성과 독특함, 타깃 고객이 갖고 있으리라 예상하는 사전 지식과 능숙한 수준(이것이 바로 누구를 위한 게임인지를 확실하게 알고 있는 것이 중요한 이유 중 하나다)에 따라 각 학습의 난이도를 짐작해야 한다. 예를 들어 〈포트나이트〉 온보딩 계획을 세울 때, 주요 타깃 고객을 잡기에 슈팅 메커니즘은 비교적 쉽고, 〈포트나이트〉만의 빌딩 메커니즘은 플레이어에게 그다지 익숙하지 않아서(〈마인크래프트〉의 빌딩 메커니즘과는 다른 방식으로 작동하기 때문) 학습에 더 많은 노력이 들어가리라고 예상했다. 따라서 빌딩 메커니즘의 모든 세부 사항을 학습하려면 상당량의 주의 리소스가 필요하기 때문에 특정한 튜토리얼 미션이 필요할 것으로 예상했다.

정리하면 플레이어가 당신이 만든 게임에 있어 중요한 요소를 처리하고 학습하는 동안 그들의 주의가 분산되거나 산만해지지 않도록 해야 한다. 다음은 이를 위해 피해야 할 몇 가지 사례다.

- 플레이어가 다른 작업에 집중할 때 중요한 메커니즘에 대한 튜토리얼 팁을 표시하지 않는다. 예를 들면 플레이어가 적들에게 공격당하는 동안 치료법에 대한 정보를 표시해 플레이어가 적에게 대처하는 데 주의를 기울일 수 있다.
- NPC^{Non-Player Character}가 독백하는 동안 중요한 튜토리얼 텍스트를 표시하지 않는다. 단 화면에 표시되는 것이 NPC가 말하는 내용과 같지 않은 경우는 예외다.
- 중요한 정보를 전달하기 위해 단 하나의 감각 양상^{sensory modality}에 의존하지 않는다. 적어도 시각적 단서 및 청각적 단서가 항상 있는지 확인하라.
- 얼마간의 시간이 흐른 후 자동으로 사라지는 팝업 텍스트를 중요한 정보를 전달하는 데 사용하지 않는다. 사용자가 정보를 보거나 처리하는지 보장할 수 없기 때문에, 또는 엔진 한계 때문에 플레이어가 해당 행위를 할 때까지 정보를 그대로 둘 수 없기 때문에 적어도 플레이어가 텍스트를 읽는지 확인하기 위해 버튼을 누르게 해야 한다.

- 온보딩 디자인을 할 때, 플레이어가 핵심 게임플레이 루프나 복잡한 매커니즘을 피상적으로 처리할 수 있는 방식으로는 하지 않는다. 〈포트나이트〉에서의 빌딩 메커니즘을 예로 들면, 튜토리얼 텍스트만으로 설명하면 본질적인 내용을 학습하기 어려우니, 플레이어가 특정 작업을 수행해 빌딩 메커니즘의 세부 사항을 배워야 하는 상황에 놓이도록 레벨을 공들여 디자인한다.
- 플레이어가 너무 많은 정보에 휩쓸리지 않게 한다. 로딩 화면에 너무 많은 팁을 추가하면 플레이어가 정보를 처리하는 데 기가 죽을 수도 있다.

마술사처럼 당신이 원하는 경험으로 플레이어의 주의를 이끌 수 있는 방법을 배워야 한다. 현저성 효과salience effect를 사용한 지각을 통해 주의를 끌 수 있다. 현저성 효과는 주변 환경에 대비를 잘 이루는 요소일수록 더 잘 감지된다. 예를 들어 흑백 환경에 있는 빨간색 요소, 정적인(움직이지 않는) 환경에서 움직이거나 깜박거리는 요소(하지만 플레이어의 카메라 이동은 움직이는 요소의 감지를 더 어렵게 할 수 있다), 더 큰 소리 등이 있다. 물론 플레이어의 주의가 다른 것에 깊이 집중된 경우, 이것으로는 충분하지 않을 수도 있다. 사람들의 주의를 끄는 또 다른 중요한 요인은 그들이 관심을 갖도록 동기를 부여하는 것이다. 이것이 다음에 이야기할 주제다.

6

동기

6.1 암묵적 동기 및 생물학적 추동

6.2 환경적 형성된 동기와 학습된 추동

6.3 내재적 동기 및 인지적 요구

6.4 성격과 개인적 요구

6.5 게임에의 적용

6.6 의미의 중요성에 대한 짧은 글

동기[A]는 추동[drive][B]과 욕구를 만족하도록 행동을 이끌기 때문에 생존에 있어 가장 중요하다. 동기가 없으면 행동[behavior]도 행위도 없다. 생리적 욕구만을 언급하자면, 하루를

A   유기체가 행동하도록 활성화시키고 동시에 그 행동이 특정한 방향(또는 목표)을 향해 진행되도록 방향 지어주는 유기체의 내적 및 외적 요소의 집합(출처: 『심리학사전』, 박학사, 2013)

B   유기체의 생리적(또는 내적) 균형 상태를 이루기 위해 요구되는 물, 산소, 음식, 성 등과 같은 생리적 측면에서의 결핍(생리적 결핍)이나 고통스런 상황에서 벗어나고자 하는 것(고통 회피) 같은 생리적 요구에 따라 발생하는 심리적 긴장에 따라 유기체는, 결핍을 충족하거나 고통 상태에서 벗어나기 위한 행동을 하도록 동기화된다. 이처럼 유기체는 생리적(또는 내적) 균형을 유지하려는 생리적 요구(need)에 따라 추동이 발생하고, 발생한 추동을 감소시키기 위한 행동을 하도록 동기화되며, 이러한 동기화에 의해 실제로 추동을 감소시키기 위한 행동을 하게 된다고 보는 이론이 추동감소이론(drive-reduction theory)이다(출처: 『심리학사전』, 박학사, 2013)

살기 위해 음식과 물을 찾도록 동기를 부여받아야 하며, 유전자를 전달하기 위해 성적으로 동기를 부여받아야 한다. 사실 무언가를 원하는 능력에 관여하는 뇌 화학 물질인 도파민dopamine을 생산할 수 없는 쥐는 하루 종일 그냥 앉아 있기만 하고, 먹을 것을 찾지 않기 때문에 결국에는 굶어 죽는다.[1] 따라서 인지, 정서emotion, 사회적 상호작용이 모두 동기를 유지하기 위해 출현했다는 이론이 세워졌다.[2] 동기에 대한 연구는 비교적 역사가 짧고, 학술적 논쟁이 여전히 활발하다. 셀 수 없이 많은 이론이 인간의 동기를 설명하기 위해 제시됐지만, 이 모든 것을 설명할 수 있는 확고한 메타 분석은 아직 빠져 있다. 현재 인간의 모든 추동과 행동을 분명하게 설명할 수 있는 인간의 동기에 대한 그 어떤 합의나 통일된 이론은 없다. 솔직히 말해 6장을 구성할 때 어떻게 하면 인간의 동기에 대해 너무 간략하지 않으면서도 적합한 개요를 줄 수 있을지 알아내는 데 꽤 많은 시간이 들었다. 그래서 다양하고 복잡한 메커니즘의 동기를 다음과 같은 네 가지 유형으로 나눠봤다. 각 유형은 모두 서로 상호작용을 한다.[3]

- 암묵적 동기와 생물학적 추동
- 환경적으로 형성된 동기와 학습된 추동
- 내재적 동기 및 인지적 요구
- 성격 및 개인적 요구

이 분류는 동기에 대한 표준 매핑은 아니지만, 다시 말하자면 이 글을 쓰는 시점을 기준으로 널리 합의된 분류는 없다. 이는 그저 이 복잡한 메커니즘을 가능한 한 분명하게 전달하는 동시에 이해하려는 내 개인적인 시도일 뿐이다. 이해해야 할 중요한 사항은 이러한 동기 유형이 독립적인 것이 아니라는 점이다. 이들은 모두 우리의 지각, 느낌, 인지 그리고 행동에 영향을 주기 위해 긴밀하게 상호작용한다. 또한 여기에 분류된 동기는 심리학자 아브라함 매슬로우Abraham Maslow의 유명한 동기부여론Motivation Theory[4]

에서 제시된 것과는 달리, 특정한 계층 구조가 없다. 매슬로우는 인간에게 특정 우선순위에 따라 충족시키려는 욕구가 있다는 이론을 세웠으며, 가장 기본적인 욕구를 바닥에 둔 오늘날 유명한 피라미드를 체계적으로 정리했다. 매슬로우에 따르면 피라미드의 제일 아래에는 생리적 욕구(예: 음식, 물, 섹스)가, 그 다음에는 안전 욕구(예: 보안, 가족)가, 그 다음에는 소속의 욕구(예: 우정, 가족), 존중의 욕구(예: 성취, 자신감), 마지막으로 자아 실현의 욕구(예: 문제 해결, 창의성)가 있다고 한다. 하지만 매슬로우의 욕구에 대한 이론은 계층적 구조에 있어 '낮은 수준'의 욕구(예: 섹스)가 항상 '더 높은 수준'(예: 도덕적 이상)보다 우선하지 않는다는 점에서 크게 비판을 받았다.[5] 어찌 보면 다행스럽게도 말이다.

6.1 암묵적 동기와 생물학적 추동

내가 지금 레드 와인(양해해 준다면 보르도 와인) 한 잔을 마시고 싶다고 말한다면, 내 목적이 명백하게 갈증을 해소하기 위한 것(이를 충족시키려면 물을 마실 것이다)이 아니기 때문에 내가 통제할 수 있는 자기 귀인적[C] 동기[SA, self-attributed motive]를 표현하는 것이다. 이와는 대조적으로 암묵적 동기는 호르몬 방출 같은 생물학적 사건과 저절로 일어나는 과정, 즉 주된 목표가 내적 균형을 유지하는 것(과학자들은 이를 항상성[homeostasis D]

C 행동이나 사건을 인과적인 용어를 사용해 추론하는 인지과정. 즉 귀인이란 자신의 행동이나 타인의 행동에 대해 그 행동을 하게 된 원인을 어떤 것으로 돌리는 것 또는 그러한 추론 과정을 말한다(출처: 『심리학사전』, 박학사, 2013).

D 자동정상화장치(自動正常化裝置)라고도 하며 homeo(same)와 stasis(to stand or to stay)의 합성어로서 외부환경과 생물체내의 변화에 대응하여 순간순간 생물체 내의 환경을 일정하게 유지하려는 현상을 말하며 자율신경계와 내분비계(호르몬)의 상호협조로 이루어진다(출처: 두산백과).

이라 한다)으로 구성된다. 이는 당신이 뇌에서 어떤 생체 화학 물질을 방출되는지 통제할 수 없다는 점에서 제어할 수 없다. 생물학적 추동은 다른 포유동물에게서 볼 수 있는 매우 기본적인 욕구다. 예를 들어 배고픔, 갈증, 수면 욕구, 고통 회피, 섹스는 생물학적 추동을 충족시키기 위한 강력하고 타고난 생물학적 동기다. 생물학적 추동은 대부분 대뇌의 변연계limbic system의 일부인 시상하부hypothalamus에서 조절한다. 시상하부는 호르몬을 생성하는 내분비샘endocrine gland의 대표 격인 뇌하수체pituitary gland, hypophysis를 제어하고, 다른 모든 내분비 계통을 조절하는 역할을 한다. 예를 들어 포식자가 있을 경우 감각 정보가 수집, 전달되고, 다른 시스템이 이를 해석해서 최종적으로는 시상하부에 도달하는데, 이때 시상하부는 심장 박동수를 조절하고, 인식을 높이는 (이 위급한 상황에 우리의 부족한 주의 리소스를 집중하기 위해) 에피네프린epinephrine, 노르에피네프린norepinephrine 또는 코르티솔cortisol 같은 호르몬 방출을 조절해 투쟁-도피 반응fight or flight response을 활성화한다. 너무 복잡한 세부 내용으로는 들어가지 않을 테니 중요한 한 가지, 즉 우리의 행위 중 많은 것이 뇌의 생화학 물질의 방출에 의해 조정된다는 점을 기억하라. 우리는 이를 충동impulse이라 부른다.

다른 암묵적 동기 역시 사회적 행동에 영향을 미칠 수 있다. 이러한 사회적 동기(암묵적 추동) 중 권력 동기power motive, 달성 동기achievement motive, 친화 동기affiliation motive에 대해서는 더 자세한 연구가 이뤄졌다. 이러한 추동이 얼마나 강력한지에 따라 특정 상황에서 느끼는 즐거움이 달라지며, 그 결과 행동에 영향을 미치게 된다. 권력 추동은 타인을 지배하려는 동기에 영향을 미친다. 친화 추동은 친밀하고 조화로운 사회적 관계를 위한 동기에 영향을 미치며, 달성 동기는 과제를 개선하려는 동기에 영향을 미친다.[6] 예를 들어 성취도가 낮은 사람에 비해 성취도가 높은 사람은 도전적인 과제의 해결을 선호하는 경향이 있다. 인간 플레이어가 다른 인간 플레이어를 쓰러뜨린 후 그의 죽은 아바타 위 또는 주변에서 앉았다 일어났다를 반복하는 이상한 행동인 티배깅

tea-bagging이 권력 동기가 높은 이들에게 더 만족감을 줄 수도 있다는 가설을 누군가 세울지도 모르겠다. 누가 알겠는가?

그렇다고 해서 우리가 생화학적이고 무의식적인 뇌 작용에 지배를 받는 노예라는 뜻은 아니다. 그럴 경우 우리는 충동을 조절할 수 없을 것이며, 이는 따라야 할 행동 규범에 지배를 받는 사회 구조 덕분에 살아남는 종species으로서 고려할 때, 전혀 효과적이지 않다. 예를 들어 강간범과 살인자는 보통 동료 인간을 해친 죄로 감옥에 간다. 하지만 암묵적 동기와 생물학적 추동은 내재적 동기intrinsic motivation 같은 다른 수준의 동기에서도 중요한 역할을 한다. 이것은 다음에 다룰 학습된 욕구에 훨씬 더 직접적인 영향을 미친다.

6.2 환경적으로 형성된 동기와 학습된 추동

6.2.1 외재적 동기: 당근과 채찍

행동주의 접근법behaviorist approach은 환경이 동기를 형성하는 방식을 연구한다. 우리는 암묵적으로 자극을 보상reward E 또는 혐오aversive 중 하나인 강화reinforcement F와 관련

E   특정 행동에 대하여 그 행위자(인간이나 다른 동물)에게 주어지는 긍정적인(또는 '바람직한'이나 '매력적인' 등으로도 표현됨) 대가를 지칭한다(출처: 심리학사전, 2013, 박학사).

F   학습의 한 유형인 조작적 조건 형성(operant conditioning)에서 중심이 되는 개념. 반응 또는 행동이 일어난 뒤에 보상(또는 정적 강화인(positive reinforcer))이 주어지거나 혐오적 자극(또는 부적 강화인(negative reinforcer))이 제거되는 절차를 지칭해 강화라고 한다(출처: 심리학사전, 2013, 박학사).

시켜 생각하도록 학습된다. 이를 일반적으로 '조건 형성' 또는 '도구적 학습instrumental learning'이라 부른다. 8장에서 조건 형성에 기초한 행동주의 학습behavioral learning 원리를 더 자세히 다루겠다. 헐Hull의 법칙에 따르면 동기는 '욕구' 및 '강화'의 합이다.[7] 다르게 말하자면 욕구를 충족시키는 주어진 행동의 보상 가치, 그 보상을 얻을 수 있는 성공 가능성에 영향을 받는다. 예를 들면 배가 고프다는 욕구가 생기면 음식을 찾는다. 즉 이는 동기가 된다. 음식을 먹을 때 만족감이 충족됨을 느끼는데 이는 일종의 보상으로 정적 강화positive reinforcement다. 정적 강화물positive reinforcer로 작용하는 환경으로부터의 보상은 보상 이득으로 이어지는 행동을 더 자주 하도록 우리의 행동에 변화를 일으킨다. 이와는 반대로 환경으로부터의 처벌punishment은 처벌로 이어지는 행동의 빈도를 감소시키는 방향으로 유도하도록 우리의 동기를 형성한다. 즉 화상을 입거나 고통을 느끼는 것을 피하기 위해 뜨거운 프라이팬은 손대지 않는다. 기대하는 보상이 없는 것도 처벌로 작용할 수 있다. 인센티브incentive[G]를 얻고자 열심히 일했는데 결국 얻지 못할 경우 이를 처벌로 느낄 것이며, 장래에 이와 같은 행동을 반복할 가능성은 더 낮아질 것이다.

학습된 추동은 모든 행동과 마찬가지로 호르몬과 신경 전달 물질, 다시 말해 하나의 뉴런에서 다른 뉴런으로 신호를 전송하는 방법으로 시냅시스synapsis에서 방출되는 화학 물질의 영향을 많이 받는다. 하지만 당신이 믿을 법한 클릭을 유도하는 대중 과학 기사에서 말하는 방식대로는 아니다. 도파민, 코르티솔, 옥시토신, 테스토스테론, 아드레날린, 노르에피네프린(노르아드레날린), 엔도르핀 등이 정신 상태, 느끼는 것, 행동하는

G   어떤 행동을 하도록 사람을 부추기는 것을 목적으로 하는 자극을 말하는데, 유인으로 번역하기도 한다. 보상과 본질적으로 같은 말이지만 인센티브는 항상 행동에 선행해서 미리 제시되는 것이고, 보상은 행동이 발생한 이후에 주어진다는 시간적인 차이가 있다(출처: 『인간의 모든 동기』, 최현석 지음, 서해문집, 2014)

것, 보상에 대한 지각에 영향을 미친다. 예를 들어 테스토스테론은 사회적 지위에 대한 우려를 증가시키는 것으로 밝혀졌고,[8] 엔도르핀은 즐거움(좋아함)에 영향을 준다고 한다. 그래서 동기는 '원하는 것'이지만 '좋아함'으로 유지될 수 있다고 말할 수 있다. 뇌 보상 회로brain-reward circuitry라는 용어를 들어 본 적이 있을지도 모르겠는데, 이는 환경 으로부터 받는 자연 보상에 대한 사람의 반응을 너무 단순화해 설명한 것이다. 욕구에 영향을 미치는 '원하는 것'과 즐거움에 영향을 미치는 '좋아하는 것'뿐만 아니라 강화(조건 형성)를 통한 행동주의 학습에도 영향을 미친다. 대부분의 경우 심지어 좋아하는 경우에도 무의식적으로 일어나는데, 이는 은연중에 '좋아하는' 반응이 의식적인 쾌감 없이 일어날 수 있음을 의미한다. 물론 이것은 뇌 속에 '보상 센터'가 있는 것처럼 간단하지만은 않다. 오히려 편도체amygdala, 해마, 전전두피질prefrontal cortex, 엔도르핀(오피오이드opioid), 도파민 같은 수많은 뇌 시스템과 그에 상응하는 신경 전달 물질이 뇌 보상 회로에 관여한다. 예를 들어 해마에 연결된 편도체는 특정 자극과 그에 대한 경험이 보상 또는 혐오였는지 그 연관성을 기억하는 데 도움을 준다. 따라서 그런 자극을 다시 만났을 때 이에 관여할지 말지를 결정할 수 있다. 요컨대 환경적으로 형성된 동기는 참여 행동에 대한 보상, 회피 행동에 대한 처벌, 경험에 대한 기억에 의해 움직인다. 이것이 학습된 추동이라 불리는 이유다.

인생에는 하고 싶지 않은 일이 많지만(즉 본질적으로) 어쨌거나 한다. 왜냐면 이러한 과제를 수행했을 때 음식, 주택, 엔터테인먼트 등 직접적 또는 간접적 보상이 따른다는 것을 학습했기 때문이다.[9] 돈은 스테이크나 한 달 치 월세 또는 영화표(단 이런 것이 당신에게 의미가 있을 때) 같은 것으로 바꿀 수 있기 때문에 이런 것을 얻는 데 사용되는 간접 보상이다. 인센티브가 노력과 성과를 촉진한다는 연구는 수없이 많다.[10] 특정 상황에서는 보상금의 양이 과제 수행에 들이는 노력 수준에 직접적으로 영향을 미칠 수도 있다. 예를 들어 학생들에게 컴퓨터 화면의 영역에 가능한 한 동그라미를 많이 끌어다 놓으라 했는데, 낮은 인센티브(현금 0.10달러)를 줄 때보다 중간치 인센티브(4달러)를 줄 때 더 나은 결과를 얻었다.[11] 내재적 동기에 대한 절에서 더 자세히 살펴보겠지만 어떤 종류의 인센티브는 다른 것보다 더 효율적이며, 전반적으로 보상은 덜 효율적인 통제(경우에 따라 돈과 같은)로 지각된다. 하지만 뇌 보상 회로가 보상 예상과 보상 전달 동안 활성화되고, 활성화는 말로 된 보상보다 금전적 보상일 때 더 강해진다는 몇몇 증거가 있다.[12]

6.2.2 연속 보상과 간헐 보상

보상의 가치를 지각하는 데 영향을 미치는 주요 요인은, 보상을 받을 수 있는 인지된 기회에 관한 불확실성이다. 불확실성 그 자체는 성격에 영향을 받을 수 있다. 위험을 기피하는 사람들은 위험추구형 투자자에 비해 불확실한 보상, 즉 받을 수 있을지 확실치 않은 것을 덜 가치 있다고 지각한다.[13] 하지만 간헐적인 방식으로 주어지는 보상(예: 어떤 행위는 가끔 보상받는다)은 지속적으로 주어질 때(예: 어떤 행위는 언제나 보상받는다)보다 더 큰 영향을 미친다는 강력한 증거가 있다. 심리학자 B. F. 스키너Skinner가 쥐를 이용한 실험에서 레버를 누를 때마다 보상, 즉 음식 조각을 받은 쥐들은 해당 보상이 예정대로 나오지 않으면 결국 과제를 포기한다는 점을 발견했다. 레버를 누를 때마다 보상이 주어지지 않고, 대신 1~20번 누를 때마다 불규칙적으로 주어질 때 해당 과제에 더 푹 빠져들었다. 이 현상은 사람들이 슬롯머신에 중독되는 경우와 같다. 이러한 메커니즘은 실제로 '스키너 박스Skinner boxes'로 디자인됐고, 예측할 수 없는 간헐 보상을 가진 조작적 조건 형성operant conditioning의 원칙에 의존한다.[14] 도박을 해 볼 생각이라면 카지노 경험에 얼마나 많은 돈을 쓸지 꼭 미리 정해 놓는 것이 좋다. 그렇지 않으면 거기에 푹 빠져 생각했던 것보다 훨씬 더 많은 돈을 잃게 될 수 있다.

비디오 게임에서 간헐 보상은 특히 흥미로운 주제이며 실제로 사용되는 경우가 많다. 간헐 보상 방법은 보상 스케줄에 따라 크게 네 가지로 나눌 수 있다. 시간, 즉 간격 interval을 기준으로 고정 간격fixed interval 또는 변동 간격variable interval으로 나누고, 행동, 즉 비율ratio을 기준으로 고정 비율fixed ratio 또는 변동 비율variable ratio로 나눈다. 게임에서의 예를 보자. 고정 간격으로 주어지는 보상의 예는 매일 로그인할 때 받을 수 있는 일일보상이다. 또 다른 예는 슈퍼셀Supercell의 〈클래시 오브 클랜Clash of Clans〉에서는 건물을 지으려면 일정 시간 동안 기다려야 한다. 변동 간격으로 주어지는 보상의 예로는 블리자드Blizzard의 〈월드 오브 워크래프트World of Warcraft〉 같은 대규모 다중 사용자 온라인 게임MMORPG에 나오는 몹mob이 있다. 몹은 특정 지역에 스폰spawn되지만 플레이어는 정확히 언제 발생되는지 알 수 없다. 즉 예측할 수 없다. 스킬 트리에서 특정 능력이 해제될 때 주어지는 보상은 고정 비율 보상의 사례다. 플레이어는 이 보상을 받기 위해 얼마나 많이 해당 행위(행동)을 해야 하는지 정확하게 알고 있다. 프로그레스바progression bar 역시 플레이어가 레벨업을 하려면 얼마나 많은 경험치를 얻어야 하는지 정확히 알려주기 때문에 고정 비율 보상으로 간주될 수 있다. 하지만 경험치에 따라 보상되는 행위는 예측할 수 없으며, 플레이어는 대개 적을 죽이는 등의 행위를 할 때마다 얻게 되는 경험치가 얼마나 많은지는 정확하게 예상할 수 없다. 마지막으로 앞서 말했듯이 변동 비율의 사례는 슬롯머신처럼 보이는 것이다. 카드 팩, 금고, 전리품 상자 등은 전부 플레이어가 전리품을 열기 전에는 원하는 보상을 받을 수 있는지 알지 못하는 예다. 이는 도박이다. 각각의 간헐 보상 유형은 반응 속도에 서로 다른 영향을 미치는데, 그림 6.1에서 대략적이고 정형화된 방식으로 설명한다. 고정 보상이 주어진 후에는 대개 해당 행동이 잠시 중단된다. 일단 원하는 것을 갖게 되고 다음 기회의 창이 언제 열릴지(시간 또는 행위에 기초한) 알게 되면, 보상을 주는 행위를 잠시 동안 멈춘다(즉 응답 속도에 일시 정지가 생긴다). 고정 보상이 예정대로 오지 않으면 종종 빠른 반응의 소멸로 이어질 수 있으며, 이는 기대한 보상이 오지 않을 때 이를 얻기 위한 일을 대개 멈춘다는 것을 뜻한다. 이와는 대조적으로 변동 보상은 전반적으로 더 안정된 반응 속도로 대개 이어지는데, 이는 언제 보상이 이뤄질지 정확히 알지 못하기 때문에 쉽게 이해할 수 있다. 개인의 행위(비율)에 기초한 보상은 일반적으로 시간(간격)에 기초한 데에 비해 더 높은 반응 비율을 보인다. 마지막으로 변동 비율로 주어지도록 예정된 보상은 보통 가장 높고 가장 안정적인 반응 비율로 이어진다.

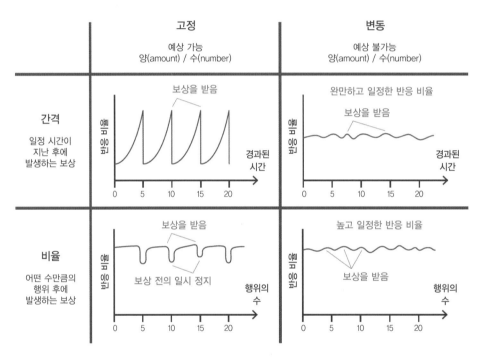

그림 6.1 여러 타입의 간헐 보상과 행동에 미치는 영향의 근사치

이메일 또는 소셜미디어 알림 확인에 중독되는 것은 변동 비율 또는 간격에서 오는 강화 때문일 수도 있다.[15] 핸드폰에서 애플리케이션을 새로 고침을 할 때마다 최근 포스

트에 "좋아요"가 뜬 것을 보게 되거나(사회적 인식은 인간에게 중요하다) 보상으로 느껴지는 메시지, 예를 들어 상사가 보낸 축하 이메일, 당신에게 특별한 의미가 있는 사람이 보낸 애정 어린 메시지 등을 보게 될 것이다. 슬롯머신을 할 때처럼 우리는 핸드폰 확인에 대부분의 시간을 쓸데없이 써버린다. 하지만 때때로 우리가 정말 아끼는 무언가로 예측할 수 없는 보상을 받고, 그것이 너무나 흥미로워서 주목하지 않을 수 없게 만든다.

보상은 동기와 행동을 형성하는 데 매우 효과적이다. 우리는 조건 형성을 통해 어떤 자극을 특정한 보상과 연관시키는 것을 학습하기 때문에 어떤 과제를 하기 위한, 또는 하지 않기 위한 동기에 영향을 미치는 기대를 형성한다. 학습된 욕구는 암묵적 시스템에 크게 의존하며, 우리 행동을 형성하는 데 매우 강력하게 작용한다. 말 나온 김에 덧붙이자면, 중요한 연구 기관에서 내재적 동기^{intrinsic motivation}와 연관된 특정한 타입의 보상은 어떤 상황에서 외재적 보상^{extrinsic rewards}보다 심지어 더 강력해질 수 있다고 시사한 바 있다.

6.3 내재적 동기와 인지적 욕구

20세기 후반에 동기에 대한 행동주의 접근법이 흔들리기 시작했는데, 이 접근법이 모든 인간 행동을 설명할 수 없다는 점이 점점 분명해지고 있었다. 실제로 인간과 몇몇 동물은 외재적 보상의 제공과는 관계없이 다양한 활동에 참여한다. 이를 '내재적 동기'라 부른다. 과제 그 자체를 위해 참여할 때, 해당 과제가 끝을 내는 수단이 아닐 때 본질적으로 동기부여된다. 당신이 스포츠카 마니아라면 완전 새로 나온 차를 그저 타는 즐거움 때문에 드라이브하고 싶을 것이다. 이와는 대조적으로 과제 자체의 외부에 있는 이익을 얻기 위해 어떤 과제를 수행할 때 외재적으로 동기부여된다. 예를 들어 극장에서 스타워즈 최신 영화를 보기 위해 차를 운전해야 한다. 이 경우에 운전하게 되는 동기는 외재적이다. 드라이브와 전혀 관계없는(영화를 보기 위해) 외재적 보상을 얻는 것이 중요하기 때문이다. 최근 연구는 성과와 웰빙에 대한 각 동기의 영향을 측정하려 했지만, 그들 간의 상호작용 효과를 지금까지 연구한 이들은 거의 없다.[16] 이는 현재 내재적 동기와 외재적 보상이 상호작용하는 방식과 주어진 과제에 대한 성과에 어떻게 영향을 미치는지가 명확하지 않다는 것을 뜻한다. 어떤 연구에서는 외재적 인센티브가 경우에 따라 내재적 동기를 떨어뜨릴 수 있다는 점을 보여줬다. 예를 들어 어린 학생을 대상으로 한 실험에서 그림을 그리면(아이들은 보통 내재적 가치로 그림을 그린다) 보상을 받는 아이들은 외재적으로 보상이 주어지지 않았던 아이들에 비해 나중에 자발적으로 그림을 그릴 가능성이 적었다.[17] 이 실험에서의 묘미는 그림에 대한 깜짝 보상을 받았던 아이들은 나중에 그림을 그리는 모습이 덜 보였다는 것이다. 따라서 애초에 내재적으로 동기가 부여된 활동에 대한 보상을 기대할 때, 외재적 보상은 실제로는 내재적 동기를 약하게 만들 수 있다.

6.3.1 외재적 인센티브의 영향을 줄이는 방법

우리는 종종 활동 그 자체의 즐거움만을 위해 외재적 인센티브를 전혀 받지 않고 해당 활동을 한다. 놀이는 본질적으로 그 자체에 목적이 포함돼 있기 때문에 내재적으로 동기가 부여된 활동의 가장 적절한 사례일 것이다. 어떤 연구는 어떤 활동이나 과제를 하는 데 내재적으로 동기를 부여할 때 더 잘해낸다는 점을 밝혔다.[18] 어떤 사람들은 〈마인크래프트〉에서 광물을 채집하고 건축물을 짓는 데 수많은 시간을 보내기도 한다. 그저 그렇게 하는 것이 좋기 때문이다. 하지만 더 놀라운 발견은 내재적으로 동기부여된 과제에 외재적 인센티브가 보상으로 주어지면, 그 결과로 해당 활동에 대한 내재적 동기를 약화시킬 수 있다. 당신이 〈마인크래프트〉를 그 자체로 좋아하는데, 내가 지금부터 당신이 플레이할 때마다 1달러를 준다고 가정해 보자. 이 외재적 인센티브가 나중에 없어지면 그 후 게임을 플레이할 동기가 줄어들지도 모른다. 즉 외재적 보상이 있었다가 없어지면 전보다 플레이를 덜 할 수도 있다.

외재적 보상이 일어난 후에 해당 활동을 하며 보내는 시간이 감소하는 이 현상을 '과잉 정당화 효과overjustification effect'라고 부르기도 한다. 애초에 내재적으로 동기부여된 활동에 대한 외재적 보상을 얻기 시작하면 그 결과 해당 활동에 참여하는 이유에 대해 잘못된 귀인misattribute H을 하게 될지도 모른다. 처음에는 활동 자체에 참여하는 즐거움 외에 다른 이유가 없음을 알 수 있었다. 하지만 이제 외재적 보상이 도입돼서 이 활동에 참여하는 이유가 보상을 받기 위한 것이라고 잘못된 귀인을 하게 될 수도 있다. 따라서 외재적 보상이 더 이상 없게 되면 해당 활동에 참여하기 위한 내재적 이유를 다시 생각해 보지 못할 수 있다. 이는 특히 교육에 해가 된다. 학습은 내재적으로 동기가 부여될 수 있다. 실제로 '뇌 보상 회로'는 학습을 할 때 활성화되는데, 환경에서 좋은 것과 위험한 것을 얼마나 잘 기억하느냐에 생존이 달려 있기 때문이다. 따라서 학습에 외재적 보상을 추가(등급)하면 극적인 효과를 볼 수 있다. 하지만 이 현상은 연구의 맥락에 따라 잘못된 귀인이 항상 발견되지는 않기 때문에 그다지 명확하지 않을 수도 있다. 예를 들어 외재적 보상의 영향은 일반적으로 개인이 애초에 활동에서 흥미를 찾을 때와 보상이 활동의 외적인 것(특히 금전적 보상의 경우)으로 지각될 때에만 약화된다고 확인된다. 또 다른 예는 창의성과 관련된다. 과제가 창의적이고 이를 완료하려는 동기가

H   관찰된 행동의 결과에 대한 원인을 잘못 상정하는 것(출처: 『실험심리학용어사전』, 시그마프레스, 2008)

주로 외재적일 때 창의성은 약화된다.[19] 하지만 헤네시[Hennessey]와 아마빌레[Amabile 20]는 나중에 보상이 유용한 정보를 지원하는 방식으로 제공될 때, 능력을 확인할 때 또는 이미 내재적으로 동기부여된 무언가를 사람들이 할 수 있게 할 때, 내재적 동기와 창의성을 높일 수 있다고 제시했다. 이러한 사례는 현재 내재적 동기가 성과를 예측할 수 있는 정확한 시기, 외재적 보상이 어떤 역할을 하는지 그리고 내재적 동기와 외재적 보상 사이에 어느 쪽이 더 중요한지에 관해 아직 확실한 답을 찾지 못했다는 사실을 명확하게 보여준다.

6.3.2 자기결정 이론

자기결정 이론[SDT, Self-Determination Theory]은 현재 내재적 동기의 연구의 지배적인 틀이다.[21] 이 이론은 선천적인 심리학적 욕구가 내재적 동기, 즉 유능성[competence I], 자율성[autonomy J], 관계[relatedness]에 기초한다고 가정한다. 유능성 욕구는 환경을 통제하고 지배하려는 욕구에 관한 것이다. 사람들은 너무 쉽지도 또 너무 어렵지도 않은 적정 도전 과제를 받을 때 성장한다. 즉 새로운 기술과 능력을 추구하고 이에 통달함으로써 발전하고 있다는 느낌을 강화하는, 긍정적인 피드백을 받을 기회를 찾는다. 자율성 욕구는 의미 있는 선택, 자기 표현 그리고 자유 의지에 관한 것이다. 과제를 해낼 때 자신의 행동과 계획을 결정할 수 있는 자유로운 감정과 의욕[volition]에 관한 것이다. 관계성 욕구는 주로 다른 사람들과 의미 있는 관계를 맺으려는 것과 관련 있다. 외재적 보상을 약화시키는 효과는 이 세 가지 욕구를 좌절시킬 때 일어난다고 한다.

I   다양한 능력을 가진 경우들에 대하여 포괄적으로 사용되는 개념으로, 일반적으로 자신에게 주어진 일정한 과제 또는 일을 효율적으로 수행하는 능력 또는 그러한 특성을 지칭한다(출처: 「심리학사전」, 박학사, 2013)

J   자신의 과제나 행동과 관련해 타인에게 의존하지 않고 스스로 결정하고 통제해 가는 능력이나 특성(출처: 「심리학사전」, 박학사, 2013)

일부 자기결정 이론가는 외재적 또는 내재적 동기로 이분화하는 방법에서 벗어나 동기를 자율성(자기결정적)과 통제(비자기결정적)로 구분하는 데 초점을 맞춘다.[22] 따라서 보상의 인센티브 유형은 그것이 참여(과제에 단순히 참여하는 것에 주어지는 인센티브), 완료(과제 완료에 따른 보상) 또는 성과(일정 수준의 성과 달성에 대한 보상)를 보상하는지에 따라 내재적 동기에 서로 다른 영향을 미친다. 이러한 과제 기반의 보상에는 어떤 특정한 행동과는 전혀 관계가 없는 비수반적 인센티브를 추가해야만 한다. 해당 가설은 인센티브가 개인을 통제하려고 하면 할수록 자율성 욕구에 대한 만족이 꺾이기 때문에 내재적 동기를 약화시키는 효과가 더 커진다는 것이다. 따라서 일부 심사 표준에 부합될 때 특별히 주어지는 성과 기반의 보상은 가장 통제력 있는 것으로 경험될 가능성이 높다. 하지만 이들 역시 유능성에 대한 피드백 역할을 할 수 있기 때문에, 통제의 부정적 효과는 발전 감각의 표현(그러한 발전이 있을 때)으로 중화될 수 있다. 과제 기반의 보상이지만 단순히 과제를 완료한 것에 주어지는 보상은 통제력이 떨어지는 것으로 느껴질 수 있지만, 유능성의 증가가 전혀 지각되지 않기 때문에 궁극적으로는 내재적 동기에 관한 한 최악의 보상이 될 수도 있다. 해당 분류에 따라 성과 기반의 보수(금전적 인센티브)는 금전적 인센티브가 다른 목표만큼이나 중요한 것으로 평가되면 내재적 동기를 약화시키지 않는다. 대체로 어떤 조건에서 어떤 보상이 내재적 동기를 저해할지 예측하기가 특히 쉽지 않다. 그렇더라도 게임에 들어가는 보상을 디자인할 때 염두해야 할 흥미로는 개념이다. 할 수 있는 최선은 플레이어의 발전에 적어도 피드백을 주는 것이다.

6.3.3 몰입 이론

몰입flow은 한 사람이 내재적으로 동기를 부여하는 활동에 완전히 빠져들어 몰두하는 즐거움의 상태를 말한다. '사람의 몸이나 마인드가 어렵고 가치 있는 무언가를 달성하기 위해 자발적인 노력으로 그 한계에까지 이르게 하는' 적정 경험을 말한다.[23] 심리학자 미하이 칙센트미하이 Mihaly Csikszentmihalyi의 경우 몰입은 행복의 비결이다. 그는 사람들이 이 적정 경험의 감각을 경험할 때 가장 행복하다는 점을 발견했다. 몰입은 우연히 일어나지 않는다. 몰입이 일어나게 하려면 의미 있는 일을 해야만 하고, 그러한 경험이 일어날 때 반드시 즐거운 것은 아니다. 예를 들어 기타를 배운다면 그리고 내재적으로 배우려는 동기가 있는 경우, 손가락이 아프고 피까지 나거나 연주하고 싶은 특정한 곡조를 해내기 어려운 경우처럼 고통스러운 순간을 거쳐야 할 것이다. 하지만 일단 한 번 장애물을 극복하면 자신의 발전을 깨닫게 되고 정말 기분이 좋아진다. 너무 쉽지도 너무 어렵지도 않은 도전을 해내는 데 깊이 빠져드는 이 순간이 바로 몰입이다. 시간이 가는 줄도 모르고 음식, 물, 잠에 대한 욕구를 무시할 수 있을 정도로 몰두할 수 있다. 이는 매슬로우가 이론화한 대로 욕구가 계층적 구조가 아니라는 추가 증거다. 몰입 상태는 내재적 보상을 받기도 하지만, 이 상태에 있을 때 모든 주의는 해당 과제에 집중돼 무아지경이기 때문에 학습 과정 역시 향상된다. 배우자가 말을 걸더라도 당신의 구역 밖에서 무슨 일이 일어나는지조차 지각할 수 없을 것이다. 이는 기억하는지 모르겠지만 주의에 대해 다룬 5장에서 얘기한 부주의맹 때문이다.

몰입 상태에 도달하기 위해서는 기술이 필요하고 도전적이지만 완수할 가능성이 있는 작업을 시도해야 한다. 과제는 명확한 목표가 있어야 하고, 그 목표를 향해 성과가 어떻게 진행되는지 모호하지 않은 피드백이 있어야만 한다. 과제에 완전히 집중할 수 있어야 하는데 이는 몰입 구역에 도달하기 전에 방해 자극을 피해야 한다는 뜻이다. 하지만 일단 이 구역에 들어가면 외부에서 오는 어떤 사건이 이 구역 밖으로 벗어나게 하지 않는 한 집중하기가 더 쉽다. 또한 자신의 행위를 통제할 수 있는 느낌, 즉 자신의 운명을 지배할 수 있다는 감각이 있어야 한다. 마지막으로 과제는 적정 경험의 상태에 도달할 수 있도록 의미가 있어야 한다. 이 몰입의 개념은 비디오 게임 개발, 특히 게임에 있어야만 하는 난이도 곡선에 적용하기에 흥미로운 것이다. 이것은 개발자가 더 몰입할 수 있는 경험을 만들 수 있도록 돕기 위해 활용하는 사용자 경험 프레임워크의 주요 구조(게임플로) 중 하나다(12장 참조).

6.4 성격과 개인적 욕구

많은 행동이 비슷한 방식으로 모두에게 영향을 미치는 정신 과정으로 설명될 수 있지만, 개인차가 있으며 인지적 수준cognitive level에서 내재적으로 동기를 부여하는 것에 영향을 미친다. 앞서 봤듯이 내재적 추동은 개인에게 얼마나 강력한 추동인지, 즉 권력 동기, 달성 동기, 친화 동기(6.1의 암묵적 동기 참조)에 따라 행동에 서로 다른 영향을 미칠 수 있다. 또 다른 흥미로운 차이가 이번에는 인지적 수준에서 보인다. 당신이 지능은 고정(애초에 정해져 있다)돼 있다고 믿든, 변할 수 있다(노력으로 향상된다)고 믿든 간에 동기에 영향을 미칠 수 있다. 지능이 고정돼 있다고 믿는 사람들은 학습 목표, 즉 증가된 유능성보다는 자신의 성과에 대한 긍정적인 판단을 얻기 위해 성과 목표를 선택하는 경향이 있다. 아마도 학습 목표에 도전하는 것에는 실패의 위험이 수반되고, 이는 무능함을 드러내는 위협이 된다고 생각하기 때문일 것이다. 이와는 대조적으로 지능이 단련될 수 있다고 믿는 사람들은 성과 목표보다는 학습 목표를 선호하는 것 같다.[24] 이 결과는 논쟁의 여지는 있겠지만, 똑똑하다는 것이 상태가 아닌 과정이라는 점을 아이들이 이해하면 학습 활동에 더 적극적으로 참여할 수도 있음을 의미하기에 특히 더 흥미롭다. 알아둬야 하는 점은 뇌는 끊임없이 진화하고 있다는 사실이다. 그래서 우리는 거의 모든 일을 잘 할 수 있게 된다. 실제로 IQ 점수 역시 고정돼 있지 않다. 이것이 바로 심리학자들이 보통 아이가 해낸 일을 똑똑하다는 말로 "해냈네, 넌 정말 똑똑하구나!"라고 축하하는 대신, 도전을 이겨낸 노력을 "그렇게 열심히 하더니 그 노력에 성과가 있네, 정말 잘했다!"라고 인정하길 권하는 이유다.

개인차에 대해 이야기할 때 더 일반적으로는 성격에 대해 생각한다. 성격에 대한 많은 모델이 지난 수십 년 동안 개발돼 왔다. 하지만 간결하고 게임 개발에 적용할 수 있는 부분에 초점을 맞추기 위해 가장 널리 그리고 철저하게 검토된 모델인 '빅 파이브Big Five' 성격 특성(다섯 가지 성격 요인으로도 알려져 있다)에 대해서만 이야기하겠다. 이러한 성격 특성은 다량의 데이터에서 상관 관계가 있는 변수의 패턴과 무리를 찾는 요인분석factor analysis이라는 통계학적 기법으로 확인됐다. 빅 파이브에 대한 연구는 수십 년이 넘는 다양한 인구의 생애를 아우르는 연구가 포함돼 있어 데이터가 매우 탄탄할 수밖에 없다. 다섯 가지 요인은 경험에 대한 개방성O: openness, 성실성C: conscientiousness, 외향성E: extraversion, 친화성A: agreeableness, 신경증N: neuroticism으로 정의하며, 종종 머리글자만 따서 OCEAN으로 나타낸다. 대부분의 성격차는 이 광범위한 특성으로 압축된다. 개인은 각자의 개성을 정의하기 위해 각 요인을 측정하도록 돼 있다. 예를 들어 외향성에 높은 점수를 보인 사람은 외향적이고 열성적인 반면, 점수가 낮은 사람은 냉담하고 조용하다. 다음은 각 특성에 대한 간략한 설명이다.

- **경험에 대한 개방성**
  이 특성은 얼마나 창의적이고 호기심이 많은지를 보여준다. 점수가 낮은 사람은 실용적이고 관습적인 반면, 점수가 높은 사람은 창의적이고 상상력이 풍부하다.
- **성실성**
  이 특성은 얼마나 효율적이고 조직적인지를 보여준다. 점수가 낮은 사람은 충동적이고 부주의한 반면, 점수가 높은 사람은 조직적이고 자기주도적이다.

- **외향성**

  이 특성은 얼마나 외향적이고 활동적인지를 보여준다. 점수가 낮은 사람은 내성적이고 조용하지만, 점수가 높은 사람은 외향적이고 열정적이다.

- **친화성**

  이 특성은 얼마나 우호적이고 동정심이 많은지를 보여준다. 점수가 낮은 사람은 의심 많고 냉담한 데 비해 점수가 높은 사람은 사람을 믿는 경향이 있으며 공감한다.

- **신경증**

  이 특성은 얼마나 예민하고 불안해 하는지를 보여준다. 점수가 낮은 사람은 정서적으로 안정된 반면, 점수가 높은 사람은 분노와 불안감을 느끼기 쉽다.

OCEAN 모델은 특히 행동을 예측하는 데 정확하지 않다는 일부 한계가 있고 모든 인간의 성격을 설명하지는 않지만, 현재 있는 모델 중에서는 가장 탄탄하다. 인간 동기의 이유가 되는 것을 염두에 두면 확실히 흥미롭다. 예를 들어 개방성 점수가 높은 사람은 낮은 점수의 사람보다 창의적인 과제를 성취하려는 동기가 더 높을 수 있다. 다섯 가지 요소 모델이 게이밍 동기와 일치할 수 있다는 주장도 최근 제기됐다.[25] 외향성에 높은 점수와 게임 규모에서 예를 들어 소셜 플레이에 높은 점수가 서로 연관돼 있다. 이는 신뢰할 만하다고 하기에는 너무 최근의 발견이지만, 탐구할 만한 흥미로운 길을 보여준다.

6.5 게임에의 적용

동기가 없다면 행동도 없으며, 동기가 커지면 주의가 향상되는 듯 보이며, 우리가 알고 있는 주의는 학습과 기억에 결정적인 역할을 한다. 동기에 대한 연구는 외재적 보상이 성과를 높이고 내재적 동기는 성과를 높이지만, 외재적 보상은 있다가 없어지면 내재적 동기를 낮출 수 있다는 점을 보여준다. 이 모든 것은 과제의 미묘한 맥락 차이와 보상을 통제하는 자율성에 달려 있다. 정말 최소한으로 내재적 동기와 외재적 동기의 영향은 분명하지 않고, 이 둘이 어떻게 상호작용하는지도 분명하지 않다. 내재적 동기 이론의 실질적 가치에 대한 논쟁은 아직도 격렬하지만(각주 16번 참조), 동기에 대한 현재 갖고 있는 지식을 고려할 때 기억해야 할 사항은 다음과 같다.

- 어떤 보상이든 전혀 보상이 없는 것보다는 낫다.
- 직접적이고 매우 반복적인 과제에 대한 성과는 외재적 보상으로 향상될 수 있다. 이런 맥락에서 볼 때 보상은 눈에 띄어야 하며, 그 가치가 과제에 필요한 노력의 양에 따라 높아져야 한다.
- 복잡하고 집중력, 시간이나 노력의 투자 또는 창의력이 필요한 과제에 대한 성과는 내재적 동기로 향상될 수 있다.
- 창의성, 팀워크, 윤리적 행동에 연관되거나 품질을 평가하는 과제는 외재적 보상이 핵심이 돼서는 안 된다.
- 연구 결과를 보면 사람들이 자신의 과제에서 내재적 보상을 받도록 지속적으로 돕는 것이 유익한 듯 보이지만, 외재적 보상 역시 긍정적인 역할을 할 수 있다.
- 사람들이 자신의 과제에서 내재적 보상을 받도록 돕기 위해서는 유능성, 자율성, 관계에 대한 욕구[SDT]가 충족되는 것을 목표로 하라. 과제의 의미와 목적에

집중하는 것 역시 중요하다.

- 몰입은 내재적 동기의 최적 경험이며, 너무 쉽지도 어렵지도 않은 명확한 목표를 갖고 의미 있는 도전적인 과제를 해낼 때 도달할 수 있다.
- 암묵적 동기와 성격은 개인의 욕구에 영향을 미친다. 성격에 대한 빅 파이브 모델(OCEAN)은 개인의 욕구를 파악하는 데 현재 나온 결과 중에서는 가장 흥미롭고 탄탄한 연구 결과다.

인간 동기에 대한 자세한 부분을 확실하게 파악하기는 어렵지만, 플레이어를 게임에 참여시키려면 동기를 이해하는 것이 아주 중요하다. 하지만 이미 몸의 자원을 많이 소비하는 뇌는 최소한의 업무량을 추구하는 경향이 있다. 이것이 바로 동기가 사용자 경험 프레임워크에서 중요한 요소가 되는 이유다. 이에 대해서는 2부에서 자세히 설명하겠다(12장 '인게이지 어빌리티' 참조). 하지만 지금까지 동기를 수박 겉핥기식으로 살펴본 것에 지나지 않으며 많은 변수가 그 발생하는 맥락에 따라 서로 다르게 영향을 미칠 수 있다는 점을 기억하기 바란다. 강조할 또 다른 흥미로운 점은 인지부조화cognitive dissonance라는 현상이 동기에 놀라운 방식으로 영향을 미칠 수 있다는 점이다. 레온 페스팅거Leon Festinger[26]는 두 가지 이상의 일관되지 않은 지식 요소, 즉 인지 사이의 불협화음이 있으면 불편함을 느끼고, 이 같은 불일치를 느끼는 상태를 해소하고 불일치를 줄이고자 동기부여된다는 이론을 세웠다. 예를 들어 흡연이 건강에 나쁘다는 사실을 이해하면서도 담배를 피울 수 있다. 이는 인지부조화를 만들어 낸다. 이러한 인지부조화는 개인이 일관되지 않은 요소를 일치시키기 위해 행동을 사전에 합리화하도록 동기를 부여할 수 있는데, 예를 들면 흡연이 너무 즐거워서 위험을 감수할만한 가치가 있다는 식이다. 인지부조화를 설명하는 데 사용된 고전적인 예는 고대 그리스 이야기꾼인 이솝의 『여우와 포도The fox and the grapes』 우화다. 이야기 속에서 여우는 높은 곳에 달린 맛있어 보이는 포도를 발견한다. 여우는 그 포도를 먹으려 애썼지만 계속 실패하자 결국엔 포도가 시어서 어차피 먹을 가치가 없다고 결론을 내린다. 우리는 매우 자주 인지부조화를 느끼지 않기 위해 자신의 결정이나 실패를 사전에 합리화한다. 게임에서 장애물과 실패에 직면한 플레이어는 플레이를 그만두고, 게임이 별로 흥미롭지 않아 플레이할 가치가 없다고 결정했다 주장할지도 모른다. 플레이어에게 이 행동을 탓할 수 없기 때문에(플레이어는 당신에게 빚진 것도 없고, 사용자는 항상 옳다), 책망의 대상은 당신의 디자인이 될 테고 그에 따라 수정을 반복해야 한다. 이는 힘든 일일 수 있다. 아마도 당신은 그 게임을 개발하는 데 온 마음을 기울였을 텐데, 플레이어가 그 위대함을 이해하지 못한다는 사실을 깨달을 때 느끼는 고통은 이해할 수 있다. 하지만 자신의 내적 갈등을 완화하기 위해 고객을 묵살하게 만들 수 있는 자신의 인지부조화를 주의하라.

6.6 의미의 중요성에 대한 개요

케이티 샐런Katie Salen과 에릭 짐머만Eric Zimmerma은 "게임을 하는 데는 외재적 이유가 항상 있지만, 내재적 동기 역시 언제나 있다. 게임을 할 때 인센티브 일부는 단순히 플레이하는 것이며 종종 이것이 주된 동기 요인이다."[27]라고 한다. 동기를 이해하는 것은 간단하지 않고, 이를 게임에 적용하는 것도 분명하지 않다. 비디오 게임플레이는 대개 내재적으로 동기부여가 되는, 정말이지 그 자체에 목적이 있는 활동이다. 게임 내 보상 역시 실제 돈과 연계된 게임 내 통화를 제공하는 무료 게임이나 플레이어가 주도하는 경제를 지닌 대규모 온라인 게임(예: CCP 게임즈에서 개발한 이브 온라인Even Online)을 제외하고 대체로 게임에 내재돼 있다. 이런 맥락에서 볼 때 플레이어에게 당신이 만든 게임을 하도록 동기를 부여하고, 계속 참여하도록 하는 방법에 대한 가이드라인을 명확하게 세우는 일은 어렵다. 하지만 게임 온보딩, 미션, 보상을 디자인할 때 기억해야 할 가장 중요한 점은 '의미'라고 생각한다.

의미는 목적, 가치 그리고 때로는 자아보다 더 큰 영향에 대한 감각을 가지는 것이다.[28] 의미는 예를 들어 장기적인 관계를 맺거나 업무 효율성을 높이는 데 도움이 된다. 중요한 기능을 플레이어에게 가르치기 위한 튜토리얼을 디자인할 때, 플레이어가 왜 신경 써야 하는지, 해당 기능이 그들에게는 어떤 의미인지를 스스로에게 물어보라. 이렇게 하면 플레이어를 해당 기능이나 메커니즘을 학습하는 상황에 놓기 위한 방법을 찾을 수 있다. 이 상황에서 플레이어는 학습 진행을 의미 있는 것으로 받아들이고(유능성), 자유의지를 느끼며(자율성), 게임에서 다른 사람들과 연결(관계)될 수 있다. 플레이어를 위해 설정한 모든 보상과 목표도 마찬가지다. 좀비 30명을 죽이는 것에 대한 보상이 왜 그들에게 의미가 있는가? 이것이 그들을 멋지게 느끼게 하는가? 12장에 있는 동기에 관련된 절에서 이 의미('왜')를 느끼게 하는 방법에 대해 더 자세히 설명하겠다. 활동에 대한 의미를 높이는 또 다른 방법은 그 자체보다 해당 목적을 더 크게 하기 위해 플레이어를 특정 그룹으로 묶는 것이다. 이것이 바로 길드나 클랜의 일원이 되는 것이 게임에서 특히 동기부여가 되는 이유다. 일원이 되면 혼자일 때보다 더 멋진 일을 해낼 수 있을 뿐만 아니라 팀에도 기여할 수 있기 때문이다. 유비소프트의 〈포 아너For Honor〉 또는 〈포켓몬고〉 같이 파벌이 있는 게임에도 똑같은 원칙이 적용된다. 플레이어는 자신이 원하는 파벌을 선택하고, 플레이어의 행위는 자신의 파벌에 의미 있는 영향을 미친다. 마지막 예로는 반다이 남코Bandai Namco의 〈노비 보이Noby Boy〉가 있다. 이 게임에서 플레이어는 캐릭터 '보이'를 제어하는데, 이 '보이'는 자신의 몸을 늘릴 수 있고 게임을 하는 동안 '보이'를 얼마나 늘렸는지에 따라 포인트가 누적된다. 이러한 포인트는 온라인에 올릴 수 있고, 모든 플레이어의 누적된 포인트가 캐릭터 '걸'에게 길이로 전달돼 '걸'은 태양계의 모든 행성을 하나로 잇게 된다. 예를 들어 노비 보이 플레이어들이 '걸'

을 지구에서 명왕성까지 보내는 데 7년이 걸렸다. 자아보다 더 큰 목적에 기여하는 일은 대부분 설득력이 강하기 때문에 해당 과제를 성취하려는 사람들의 동기에 긍정적인 영향을 미친다.

CHAPTER

7

정서

7.1 정서가 인지를 인도할 때   **7.3** 게임에의 적용
7.2 정서가 우리를 '속일' 때

정서는 우리의 지각, 인지, 행동에 영향을 미치지만 정서가 정확히 어떤 것인지 정의하기는 쉽지 않다. 간단히 말하면 정서는 생리적 각성physiological arousal 상태이며, 흔히 '느낌'이라 부르는 이 각성 상태와 관련된 인지도 얽혀 있다.[1] 예를 들어 근육의 긴장과 손에 땀이 나는 증상을 동반한 빠른 심박수는 생리적 상태(정서)이며 이는 우리가 포식자 앞에 섰을 때 느끼는 두려움과 연결될 수 있다. 정서를 논할 때 주로 의식적인 경험에 초점을 맞춰 이야기할 때가 많다. "긴 여행 후 소중한 사람들과 함께 재회하는 생각을 하면 행복하다." 또는 "얼마 전에 출시한 우리 게임에 버그가 엄청나게 많다고 고객들이 불만을 터트리고 있어서 화가 난다." 또는 "전쟁이 휩쓸고 있는 세계 곳곳에 사는

모든 사람을 생각하면 슬프다."라고 말이다. 하지만 정서는 다른 목적으로 진화한 다른 시스템이 관장하는 생리학적 수준에서 생성된다.[2]

본질적으로 정서는 우리에게 동기를 부여하고 우리를 인도하기 위해 진화가 찾은 것이라고 할 수 있다. 정서는 종종 적대적인 환경에서 생존하거나 번식하기 위해 적응된 행동을 선택하도록 돕는다. 그런 의미에서 정서는 근본적으로 동기에 관한 것이다. 즉 특정한 방식으로 행동하도록 우리에게 동기를 부여한다. 예를 들어 불안anxiety은 주의의 폭에 부정적인 영향을 미치며,[3] 스트레스가 많은 상황에서는 결국 주의를 집중하게 만드는 '터널 시야tunnel vision'로 이어질 수 있다. 예를 들어 불이 난 건물에 갇혔다면 주변 환경을 조심스레 살피기보다는 출구 표시를 찾는 데 집중하도록 터널 시야가 발생할 것이다. 우리는 주의 리소스가 얼마나 제한되는지 알기 때문에 급박한 위험에 처했을 때 살아남기 위해 필요한 내용에 집중하도록 돕는 비상 시스템을 갖추는 것은 상당히 적절하다. 개별 정서는 변화, 조정, 대처를 가능하게 하는 적응 기능을 갖고 있다. 예를 들어 '관심' 또는 호기심은 선택적 주의를 지원하는 메커니즘이다. 기쁨은 사회적 맥락에서 경험에 대한 개방성을 높이고 우호적인 상호작용을 위한 준비 상태를 알린다. 슬픔은 인지와 운동 시스템을 느리게 하고 문제의 원인을 주의 깊게 살펴보는 데 유용할 수 있다. 분노는 공격적인 행동으로 이어질 수 있는 높은 수준의 에너지를 동원하고 유지한다. 두려움은 말할 것도 없이 위험한 상황에서 탈출하도록 동기를 부여한다. 이렇게 개별 정서의 리스트는 계속 이어진다.[4]

정서는 분명히 우리의 마인드에 영향을 미치고 우리의 행동을 인도한다. 반면에 우리의 지각과 인지 역시 정서를 유도하고 영향을 미칠 수 있다. 예를 들어 평가 이론 appraisal theory에 따르면 사건에 대한 우리의 평가는 해당 평가에 기초한 정서적 반응을 끌어 낸다. 따라서 이 반응은 개인마다 다를 수 있다.[5] 편면 거울 뒤에서 당신이 개발하는 게임을 하는 몇몇 플레이어를 지켜보며 그들이 플레이할 때 짓는 표정을 카메라로 찍는 상황을 상상해보자. 참가자들의 표정에 특히 더 주의를 기울여 집중하자니 모두가 몹시 지루해하는 것처럼 보여 불안감이 커진다. 당신은 이를 게임이 형편없다는 신호로 지각한다! 반면 당신 옆에 있는, 이 테스트를 책임지는 사용자 리서치 연구원은 플레이어가 중요한 사용자 경험 문제를 겪고 있지 않을 뿐더러 감정이 드러나지 않는 그들의 표정이 게임에 집중하는 듯 보여 꽤 만족스러워 한다. 똑같은 사건(플레이어의 표정)이 사람에 따라, 상황에 대한 각자의 평가에 따라 다른 정서를 유발한다. 이런 이유로 나는 플레이테스트 때 플레이어의 표정을 대개 강조하지 않는다. 표정은 게임에 대한 플레이어의 감상을 거의 제대로 신뢰할 수 없게 하는 반면, 게임 개발자들 사이에 불안감을 키울 수 있다. 그렇기는 하지만 표정에 대한 연구에 따르면 모든 인간은 세계 어디에서나 특정한 감정을 표현하는 것으로 인정될 수 있는, 적어도 다섯 가지(또는 여섯 가지, 이론가에 따라 다르다)의 표정을 가진다는 점에서 흥미롭다. 심리학 박사 폴 에크먼Paun Ekman6은 6가지 기본 정서, 즉 공포, 분노, 혐오, 슬픔, 행복, 놀라움을 나타내는 보편화된 얼굴 표정을 밝혀 냈다. 이러한 표현이 전 세계적인 듯 보이지만, 어떤 사람들은 다른 사람들에 비해 덜 표현하는데 이는 문화적 환경이 표정에 일정 부분 영향을 미치는 것으로 보인다. 예를 들어 연구에 참여한 미국인과 일본인 참가자에게 개별적으로 혼자서만 스트레스를 유발하는 영화를 보도록 요청했을 때(남모르게 녹화되는 동안), 양쪽 모두 비슷하게 그리고 같은 시점에서 부정적인 정서를 표현하는 얼굴 표정을 지었다는 분석이 나왔다. 하지만 하얀 가운을 입은 실험자가 방에 들어오자마자, 일본인 참가자들은 미국인들이 표현했던 것보다 더 자주 부정적인 표현을 긍정적인 표현으로 가렸다. 이는 해당 영화를 보면서 느끼는 기본적인 정서는 같아도 일본인 참가자들은 다른 사람이 함께 있을 때 얼굴 표정을 더 잘 조절했다는 사실을 보여준다(6번 각주 참조). 따라서 플레이어가 게임에 대해 어떤 느낌을 갖는지 해석하려고 얼굴 표정에 의존하는 것은, 표현을 마이크로 단위로 측정할 수 있고 적절한 실험 절차를 신중하게 설계할 수 있지 않는 한 위험하다. 하지만 일반적으로 게임 개발은 이 경우에 해당하지 않는다.

정서는 인지 없이 존재할 수 있으며, 인지 전에 일어날 수도 있고 인지에 의해 영향을 받을 수도 있다. 인지와 정서 사이의 관계는 마인드의 나머지 부분처럼 엄청나게 복잡하지만, 정서가 인지에 미치는 영향에 대해 (거의) 알고 있는 것을 여기서 살펴볼까 한다. 좋든 나쁘든 말이다. 다시 말하지만 이 아이디어는 정서에서 유래한 것과 인지에서 유래한 것을 정확하게 식별하거나 정서적 시스템이 어떻게 작용하고, 인지와 상호작용하는지에 대해 현재 얼마나 정확히 이해하는지를 평가하기 위한 것이 아니라 디자인 목표를 달성하는 데 도움이 될 수 있는 매우 광범위한 그림을 묘사하는 것이다.

7.1 정서가 인지를 인도할 때

정서는 우리가 환경과 상호작용하는 것을 인도하기 때문에 학습과 생존에 결정적인 영향을 미칠 수 있어 대단히 중요하다. 정서가 먼저 발생하고 동기를 일으키는지(예: 두려움은 우리가 도망가게 한다), 아니면 동기가 먼저 오고 정서가 동기부여에 관련된 사건에 대한 피드백을 제공하는지(예: 욕구를 충족한 다음 행복을 느낀다) 논쟁이 다소 있다. 그런 동기가 생존에 필요한 것이라는 점을 감안할 때(우리는 음식을 찾거나 포식자를 피하기 위해 어떻게 특정한 방식으로 행동하는가), 동기의 우위에 대한 흥미로운 주장이 있다. 이 관점에서 볼 때 인지, 사회적 상호작용, 정서는 모두 동기를 부여한다.[7] 하지만 이 논쟁은 이 책의 목적에 그다지 맞지 않는다. 첫 번째이건 두 번째이건 기억해야 할 중요한 것은 정서가 우리를 인도하고, 그렇기 때문에 생존할 수 있도록 행동과 추론에 효율적 영향을 미친다는 점이다. 그런 의미에서 정서에는 적응 기능이 있다.

7.1.1 대뇌변연계(Limbic System)의 영향

책상에 앉아 일하는데 갑자기 뒤에서 쾅 하는 큰 소리가 들린다고 상상해 보라. 소음의 출처를 파악해 위험한지 확인하기 위해 주변을 빠르게 둘러볼 것이다. 두려움을 느끼고 두근거리는 심장을 느낄 수 있게 되고 인식은 높아질 것이다. 4장에서 살펴봤듯이 정보 처리에 있어 선택적 주의가 매우 중요하기 때문에 이러한 인식의 증가로 지각이 예민해지고, 작업 기억의 요구를 지원하며, 결과적으로는 해당 사건이 더 나은 장기 기억으로 이어질 것이다. 근육은 급등하는 에너지를 받을 것이고, 살기 위해 뛰어야 할 경우에 대비해 움직일 준비를 한다. 이 모든 과정은 주로 뇌의 대뇌변연계에서 주관한다. 어떤 구조가 대뇌변연계에 연관돼 있는지에 대한 명확한 학계의 합의가 현재로서는 없다. 어떤 이들은 대뇌변연계가 정서를 위한 시스템으로 존재하지 않는다고 주장한다(2번 각주 참조). 하지만 대부분의 학자는 정서가 대뇌변연계의 일부로 여기는 뇌 영역인 시상하부, 해마, 편도체와 관련이 있다는(하지만 이에 국한되지 않는다) 점에 동의한다. 투쟁–도피 상황에서 뇌에서 일어나는 일은 아주 대략적으로 설명하자면, 감각이 외부 세계에서 오는 정보를 피질 영역^{cortical areas} 뿐만 아니라 시상^{thalamus} 같은 피질 하부의 영역으로 전달한다고 말할 수 있다. 시상은 '허브^{hub}' 같은 역할을 하며 시상하부와 편도체를 포함한 다른 영역으로 정보를 중계한다. 시상하부는 아드레날린(에피네프린), 노르아드레날린(노르에피네프린) 또는 심장 박동수, 동공 확장, 혈당치 및 혈압을 변화시켜 인식과 근육 긴강감을 높이는 코르티솔 같은 호르몬을 생산하는 내분비샘을 조절한다. 해머와 함께 편도체는 기억에 저장된 오래된 사건과 비교하며 입력과 상황을 식별하고, 이 새로운 사건을 저장하는 데 도움을 준다. 정보에 대한 회상^{recollection}은 그것이 정서적 무게를 지니며, 더 큰 편도체 활동과 관련돼 있을 때 더 크다는 것이 일반적인 의견이다. 하지만 섬광 기억flashbulb memory(굉장히 강한 정서적인 사건이 일어날 때 뇌가 찍는 일종의 선명한 '스냅샷')에 대한 개념이 과장됐다는 주장이 제기됐다. 굉장히 강한 정서적인 사건과 연관된 한두 개의 중심 요소는 더 정확하게 기억할 수 있을지 모르겠지만, 사건 전체에 대한 기억의 정확성은 한낱 자신감일 뿐 언제나처럼 그저 왜곡돼 있을 수도 있다(기억에 관한 4장 내용 참조). 어떤 경우든, 대뇌변연계는 인지에 영향을 미치는(주의의 폭을 변경하고 주의를 끄는 것 같은) 피질 영역 전체에 대한 통제권을 가지며, 그 결과 행동을 통제한다.

7.1.2 소매틱 마커 이론(The Somatic Markers Theory)

당신의 행동에 영향을 준, 일종의 본능적인 느낌을 경험해 본 적이 있는가? 예를 들어 마감일이 가차없이 다가오는데도 할 일을 끝내지 않고 계속 미뤘던 때를 기억해 보라(내가 뭘 얘기하는지 알고 있을 것이다). 소파에 앉아 있으면서 게이머의 뇌에 관한 책에 공들이는 대신 〈오버워치Overwatch〉 게임을 하려고 생각했다면(딱 한 판만, 꼭 지킬게!), 뱃속에 뭔가 무거운 느낌이나 응어리 같은 것이 느껴지지 않았는가? 어쩌면 이런 느낌이 마침내 할 일을 끝내도록 동기를 부여해 이 불편한 느낌을 없앨 수도 있을까? 해야 할 일을 일단 끝냈을 때 느꼈던 훨씬 더 긍정적인 느낌은 어떤가? 신경과학자 안토니오 다마지오Antonio Damasio는 이러한 정서가 특정 행동에 뒤따라 일어날 수도 있는 부정적이거나 긍정적 결과에 주의를 기울이게 만드는 소매틱 마커somatic marker라고 설명한다.[8] 따라서 소매틱 마커는 더 장기적으로 이득이 되는 올바른 결정을 내릴 수 있도록, 부정적 결과를 가져오는 이러한 선택지를 거부하도록 유도한다. 단언하건대 소매틱 마커가 언제나 효과를 보지는 못한다. 사람은 소매틱 마커가 쿵쾅거리고 있음을 분명히 느낄 때조차 나쁜 선택을 거부하지 않기 때문이다. 이런! 이러한 감정을 더 쉽게 무시할 수 있도록 그 느낌을 감추기 위해 럼주 한 잔을 마실 수도 있다. 그리고 결국에는 오버워치 게임 매치에서 '게임플레이'를 결정하고 흥겨워한다. 다마지오는 '직감'과 '직관'은 이러한 소매틱 마커에서 비롯된다고 생각했다. 따라서 당신의 직관의 질은 당신이 얼마나 이성적인지, 그리고 과거에 어떤 사건들이 벌어지기 이전과 이후의 정서와 관련해 당신이 어떤 결정을 내렸는지에 달려있다. 이는 경험이 매우 많고 성공한 전문가의 직관이 특정 상황에서 비전문가의 직관과 질적으로 다른 이유를 설명한다.

소매틱 마커 가설에 따르면 정서는 의사 결정에 중요한 역할을 한다. 실제로 전두엽 피질의 결함으로 정서와 감정에 이상이 있는 환자는 미래의 결과에 둔감하며(위험을 더 감수한다) 가치를 기반으로 한 의사 결정이 손상됐다. 비록 전체적으로 좋은 추론 기술을 갖고 있지만 말이다. 예를 들어 이러한 개인은 사회적 규범이나 장기적 효과를 신경 쓰지 않고 즉각적인 보상의 제공과 관련된 결정을 할 것이다. 그들은 고객을 얻는 것이 즉각적인 보상이기 때문에 친한 친구의 가장 큰 적과 사업을 할 수도 있다. 그런 상황에서 친구를 잃는 것이 그만한 가치가 없다는 사실을 인정하지 않는다. 복내측 전전두피질 양쪽에 병변을 가진 환자는 그런 식으로 나쁜 선택을 할 수 있다. 그들은 도덕적 판단과 아이러니를 이해하는 데 어려움을 겪는다. 일반적인 믿음과는 달리, 정서는 합리적 결정을 내리는 것을 막기만 하지는 않는다. 오히려 정반대다. 많은 경우에 정서는 도덕적 결과가 따르는 결정을 내리거나 비용 및 이익 측면에서 비슷한 두 개(또는 그 이상)의 선택지 중 하나를 선택하도록 돕는다. 예를 들어 점심에 이탈리아 음식을 먹을지 일본 음식을 먹을지, 비용과 이점이 같을 때 어느 쪽이 가장 좋은 선택일지를 끝없이 분석하지 않는다. 대신 "오늘은 일식이 먹고 싶은 걸?"이라며 본능에 따른다. 인간은 컴퓨터가 아니다. 까다로운 결정을 내려야만 할 때마다 복잡한 계산을 하지 않는다. 제한된 주의와 작업 기억 용량을 고려해 종종 그냥 느낌에 따른다. 다마지오는 이런 직감이 전두엽 피질 내 주의와 작업 기억에 영향을 미치는 소매틱 마커, 즉 신체적 변화에서 비롯된 정서로부터 온다고 했다. 이 말은 나쁜 결정을 내릴 때 정서가 영향을 미칠 수 없다는 뜻이 아니라, 뇌의 경우와 마찬가지로 흑백 논리로 설명되지 않는다는 의미다.

7.2 정서가 우리를 속일 때

정서는 우리를 자극에 자동적으로 반응하게 만든다. 이는 대개 생존하는 데 도움이 되고, 두려움은 특히 그렇다. 누군가 당신에게 플라스틱 거미를 던지면 정서적 시스템이 자동으로 반응하게 만들기 때문에, 당신은 가짜 거미를 떼어 내려고 재빠르게 팔을 휘두르는 반응을 보일지도 모른다. 미안함보다는 안전이 우선이다. 나중에 인지를 통해 위협 요소가 아니라는 사실을 알게 될지라도 위협으로 보이는 것은 피하는 게 상책이다. 하지만 이와 같은 자동 반응을 억제해야 하는 경우가 있다. 혼잡한 도심에서 운전한다고 상상해 보자. 당신 뒤에 있는 운전자가 서두르는 듯 바짝 따라 붙기 때문에 파란 불에서 속도를 높인다. 그런데 갑자기 한 아이가 커브길에서 도로를 건너려고 했는지 바로 코앞에서 뛰어들어 오는 상황을 발견했다. 하지만 그 아이는 교차로에 멈춰서서 건널 타이밍을 보며 기다리고 있다. 운전자는 아이가 다치지 않도록 브레이크를 밟거나 서둘러 방향을 꺾을 준비가 돼 있었을 것이며, 이는 위험에 대한 자동 반응일 것이다. 하지만 이 경우 그렇게 하면 주변에 있는 차와 충돌할 가능성이 높아진다. 그런 결과는 아이가 다치지 않게 하기 위해서라면 정당화될 수 있지만, 위협이 거짓 경보였다면 정당화될 수 없다. 이는 종종 정서를 '통제'하는 것을 경계하고, 필요하다면(이는 전전두엽 피질이 관리한다) 어떤 상황에서의 위험 요소를 정확하게 평가하고, 자동 반응을 조절하기 위해 냉정을 유지해야만 한다고 말하는 이유 중 하나다. 하지만 르두(2번 각주 참조)가 지적한 대로, 편도체는 피질이 편도체에 미치는 영향보다 피질에 미치는 영향이 더 큰 것으로 보이며, 이는 공포영화를 본 후 생리적 각성을 유발한 것이 허구라고 아무리 납득시키려 애써도 잠들기 어려운 이유를 설명할 수 있다.

우리는 지각과 주의가 수반된 상향식 프로세스와 상황에 대한 사전 지식, 기대, 판단(평가)이 수반된 하향식 프로세스 둘 다로부터 정서를 경험한다.[9] 예를 들어 지하실에서 구리 살무사를 발견한다면 공포를 경험할 수도 있고(상향식 프로세스), 배우자의 생일을 잊어버린다면 죄책감을 느낄 수도 있다(하향식 프로세스). 흥미로운 점은 상향식 또는 하향식 프로세스에서 비롯된 특정한 정서적 상태에 있을 때, 이 정서는 애초에 정서적 상태를 만들어 냈던 것과 관계가 없을지라도 상황에 대한 인식에 영향을 미친다는 것이다. 일단 정서적으로 각성되면 정서적 각성을 생성시켰던 요소뿐만 아니라 경험 전체로 이를 확장한다. 게다가 우리는 종종 각성을 잘못 적용하기 쉽다. 듀턴[Dutton]과 애런[Aron][10]이 진행했던 실험에서 연구원들은 높이에 대한 공포가 만들어 낸 생리적 각성이 성적 각성으로 잘못 귀인될 수도 있음을 증명했다. 이 연구에서 남성은 개별적으로 두려움이 느껴지지 않는 다리(튼튼한 다리) 또는 두려움을 느끼게 하는 다리(협곡을 가로지르는 출렁다리) 중 한 곳에 서서 아주 매력적인 여성과 인터뷰를 했다. 그들은 모호한 그림을 바탕으로 이야기를 만들도록 구성된 투사 검사[projective test][A]에 답해야 했다. 인터뷰가 끝난 다음, 여성 실험자는 궁금한 점이 더 있을 경우 연락하라며 자신의 전화번호를 남성에게 건넸다. 두려움을 느끼게 하는 다리 조건에 있던 대상자들이 성적인 내용이 담긴 이야기를 만들어 낼 확률이 훨씬 높았고, 두려움이 느껴지지 않는 다리 조건에 있던 대상자들보다 나중에 여성 실험자에게 연락을 시도하기도 했다. 연구자들은

A 심리 검사의 주요 기법 중 하나로 성향 검사에 해당한다. 투사 검사에서는 모호한 검사 자극에 대한 개인의 반응을 분석해 수검자 자신이 인식하지 못하는 내면의 사고 과정, 사고 내용, 정서 상태, 욕구 및 충동, 갈등과 방어, 성격 특성 등을 평가한다(출처: 『심리학용어사전』, 한국심리학회, 2014).

이 결과를 높은 흔들 다리(두려움과 연관됨)에 있는 생리적 각성이 누군가에게 끌리는 성적 각성으로 잘못된 귀인을 하게 된 것으로 해석했다. 플레이어 역시 당신이 만든 게임과 상관없는 무언가로 정서적인 각성을 했지만, 그 감정을 게임에서 잘된 귀인을 하게 될 수도 있다. 예를 들어 플레이어가 짜증나는 원인은 형편없는 프레임률frame rate, 긴 로딩 시간 또는 계속 열리는 광고용 팝업 때문인데도 게임플레이 자체를 탓할 수도 있다. 마찬가지로 플레이어 대 플레이어 매치에서 이겨 행복함을 느낀 후에는 졌을 때보다 게임을 더 높이 평가할 것이다. 일단 누군가가 특정한 정서적 상태에 있으면 그것은 그들의 지각에 영향을 줄 수 있다. 더 놀라운 점은 이 효과가 플라시보placebo 각성의 경우에도 유효하다는 것이다. 예를 들어 반나체 여성의 사진을 보는 동안의 심박수에 대한 거짓 정보를 들은 피실험자는 나중에 거짓된 높은 심박수 피드백과 연관된 사진이 더 매력적이라고 판단했다. 처음 해당 사진을 봤을 때 실제 심박수가 들은 수치만큼 빠르지 않았음에도 말이다. 이는 그들이 실제로는 해당 사진에 각성되지 않았음을 나타낸다.[11]

요리사는 음식 그 자체가 식사의 진정한 가치를 가늠하는 유일한 중요 요소가 아님을 알고 있다. 보여주는 방식 역시 중요하다. 실제로 사람들은 똑같은 커피를 스티로폼 컵에 담았을 때보다 멋있는 용기에 담았을 때 더 좋아한다.[12] 높은 기대는 마지막에 한 눈에 그 기대를 저버리지 않는 한 평가에 긍정적인 영향을 미친다. 정보가 프레임되는 방식도 이와 다소 비슷한데, 특히 손실이라는 개념이 있을 때 지각된 가치에 영향을 미친다. 집에서 사용하지 않는 전자 제품의 플러그를 뽑지 않고 끄기만 하면 연간 100달러의 손실이 생긴다고 말하면, 이 정보는 전원이 꺼진 전자 제품의 플러그를 뽑으면 연간 100달러의 이득이 생긴다고 말하는 것보다 당신에게 더 큰 영향을 미칠 수도 있다. 우리는 같은 가치의 이득보다 손실에 더 무게를 두고 지각한다. 이 현상을 손실회피성 loss aversion이라 부른다.[13] 인간은 손실에 강한 혐오감을 갖는다. 예를 들어 다음과 같은 제안을 고려해 보기 바란다.

1. 95달러를 받을 확률이 10%, 5달러를 잃을 확률이 90%인 도박을 하겠는가?
2. 100달러를 받을 확률이 10%, 아무것도 받지 못할 확률이 90%인 기회를 주는 복권에 참여하기 위해 5달러를 지불하겠는가?

두 경우 모두 이익과 손실에 대한 똑같은 확률과 가치를 제공하지만, 사람들이 첫 번째보다는 두 번째 제안을 받아들일 가능성이 더 높다. 그저 5달러를 잃는 것으로 생각하기보다는 지불로 생각하는 편이 덜 고통스럽기 때문이다.[14] 또한 인간은 부당함에 강한 정서적 반응을 보인다. 이는 대가를 치르게 할 의사 결정에 영향을 미칠 수 있다. 최후 통첩 게임ultimatum game은 이 현상을 정말 설득력 있게 보여주는 사례다. 이 게임은 두 사람이 함께 하는 경제 실험이다. 플레이어 1은 일정한 돈을 받고 다른 플레이어에게 얼마만큼의 돈을 나눠줄지를 결정할 수 있다. 플레이어 2가 플레이어 1의 결정을 받아들이면 제안대로 돈을 서로 나눠 갖는다. 플레이어 2가 1의 결정을 거절하면 둘 다 돈을 받지 못한다. 결과는 문화적 환경에 따라 다르지만, 전반적으로 플레이어 2는 거래가 부당하다고 생각될 때 거절하는 경향이 있다. 공정한 분배는 50 대 50일 것이다. 플레이어 1이 자신에게 훨씬 더 많은 돈을 주기로 결정하면(한계치는 다양하지만 예를 들어 70 대 30으로 분배), 플레이어 2는 대개 불공정하게 나누느니 차라리 아무것도 받지 않는 쪽을 선택한다.[15] 이 반응이 반드시 논리적인 것은 아니다. 한 푼도 받지 못하기보다는 돈의 30%라도 얻는 편이 이득이기 때문이다. 그럼에도 불공평하다는 감정이 너무나 강해서 손해를 볼지라도 상대방을 처벌받지 않게 할 수는 없다. 또 다른 사례는 당신과 같은 경험치와 직급의 동료, 더 심한 경우 당신보다 못한 후배가 더 많은 급여를 받는다는 사실을 알기 전까지는 자신의 급여에 만족할지도 모른다. 불공평은 강력한 정서적 트리거emotional trigger다. 인류 문명의 역사에 관심이 있다면 역사적으로 가장 끔찍한 인간 폭력을 야기시킨 것은 빈곤이 아닌 불평등임을 알 수 있다. 로마 제국이 붕괴된 이유 중 일부는 부자와 가난한 사람들 사이의 유지될 수 없는 불평등 때문이다. 바로 이런 이유 때문에 전 세계의 평화와 균형이 잘 유지되려면 가장 부유한 사람들과 가장 가난한 사람들 사이에 불평등이 너무 커지지 않도록 하는 것이 중요하다. 불행하게도 이 역사적 교훈에 대해서도 망각 곡선이 가차없이 적용되는 듯하다.

우리의 모든 비이성적인 행동을 정서 탓으로 돌리는 것은 불공평하다. 인간은 추론에 있어 무수한 체계적인 오류를 범한다. 다니엘 카너먼(14번 각주 참조)은 아모스 트버스키Amos Tversky와 함께 광범위한 연구를 요약할 때 "우리는 이러한 오류의 원인을 정서에 의한 사고의 변질보다는 인지의 시스템 디자인으로 추적했다."고 강조했다. 그럼에도 정서는 나쁜 결정을 내리거나 자동적으로 부적절하게 반응하도록 편견을 갖게 할 수 있다.

7.3 게임에의 적용

인간이 정서에 대해 해야 할 말이 아주 많다는 점은 의심할 여지가 없다. 우리는 항상 감정에 대해 말한다. 우리는 행복해지고 싶다. 그래서 책을 고르거나 영화를 보거나 게임을 할 때 소설 같은 이야기를 통해 특정한 정서를 느끼려고 한다. 미친 듯 사랑에 빠져 있든, 금방 저 세상으로 간 사랑하는 이를 애도하든 간에 우리는 같은 식으로 세상을 지각하지 않는다. 이 말은 정서에 대해 낭만적인 관점에 대한 것이 아니다. 이것이 중요하다고 생각하기 때문만은 아니고(확실히 중요하다!), 그저 감정의 토대에 대한 우리의 이해가 여전히 매우 불안정하기 때문이다. 게다가 어떤 활동에서 사람들의 참여를 높이는 데 스토리텔링과 캐릭터에 대한 정서적 애착이 얼마나 중요한지 다시 말하지 않아도 알고 있을 것이다. 또한 몇몇 사람들이 '사랑 호르몬Love hormone'이라 부르는 옥시토신은 사회적 상호작용을 향상시키는데, 사람들이 어떤 상황에 놓였을 때 이 호르몬을 방출하는지 구체적으로 논하지 않았다. 플레이어를 게임에 빠져들게 하기 위해 '도파민 주사dopamine shot B'를 트리거하는 방법에 대해서도 말하지 않았다. 이 모든 것에 대해 언급하지 않은 주된 이유는 이러한 관점이 뇌에 대해 실제로 이해하는 것에 비해 대체로 너무 과도하게 단순화됐기 때문이다.[16] 분명 옥시토신은 (다른 경우도 많지만) 누군가를 포용할 때 방출되지만, 그렇다고 이 사실로 옥시토신이 어떻게 작용하는지 명확하게 이해한다는 것을 의미하지는 않는다. 거의 모른다고 봐야 한다. 언제나처럼 우리의 정신 과정, 특히 생화학 물질과 관계가 있는 경우만큼 복잡한 내용을 과하게 단순화해서 설명할 때는 의심해야 한다. 이런 이유로 여기서 정서를 더 '실제적인' 탐구로 자제하는 것이다. 현재까지 뇌에 대해 알려진 지식에 한해 정서에 대해 기억해야 할 주요 정보는 다음과 같다.

- 정서는 동기를 부여하고, 우리를 인도하며 (바라건대) 우리를 살아 있게 해준다.
- 정서는 인식을 높이고 집중력을 높이고 특정 상황, 특히 위험한 상황에서 재빠르게 반응하게 해 인지를 향상시킬 수 있다.
- 정서는 상황, 인지 또는 행동에 대한 지각에 영향을 줘 추론을 손상시킬 수도 있다.

B   관련된 자세한 내용은 GDC 2017의 UX 서밋에서 벤 루이스-애반스(Ben Lewis-Evans)의 세션 "Throwing Out the Dopamine Shots: Reward Psychology Without the Neurotrash"(https://www.gdcvault.com/play/1024181/Throwing-Out-the-Dopamine-Shots)를 참조하기 바란다. 이 책 내용과 일맥상통하는 부분이 많아서 이해에 큰 도움이 될 것이다. – 옮긴이

- 인지는 예를 들어 상황에 대한 평가를 통해 정서에 영향을 미칠 수도 있다.
- 정서는 상황, 인지 또는 행동에 대한 지각에 영향을 줘 인지를 손상시킬 수 있다.
- 보여주는 방식, 기대, 손실회피성, 불공평은 정서가 상황에 대한 올바른 인식이나 의사 결정을 어떻게 편향시킬 수 있는지 보여주는 사례다.
- 정서적 각성은 잘못된 귀인을 할 수 있다. 즉 우리가 느끼는 정서의 원인을 잘못 파악할 수 있다.
- 정서적 각성은 각성의 원인이 되는 요소뿐만 아니라 전체적인 상황으로까지 확장된다.

게임에 적용할 때 중요한 한 가지는 말할 것도 없이 플레이어를 인도하고 기쁘게 하기 위해 정서를 사용해야 한다는 것이다. 플레이어에게 안전하다거나 위험이 임박했음을 알리는 데 음악을 사용할 수 있다. 예를 들어 적의 공격이 임박했을 때와 비교해 플레이어가 탐험 모드에 있을 때 서로 다른 음악이 사용되는 액션 게임이 많다. 사운드 효과 역시 조건 형성을 통해 위협, 실패, 성공을 나타내는 데 사용될 수 있다. 닌텐도가 개발한 〈젤다의 전설Legend of Zelda〉 시리즈에서 보상할 때 쓰이는 사운드가 대표적인 사례다. 아트 디렉션은 플레이어의 전반적인 게임 감상에 영향을 줄 것이며 메뉴와 사용자 인터페이스 프레젠테이션을 포함한다. 시스템과의 단순한 상호작용을 통해 느끼는 만족감인 게임 필game feel 역시 영향을 미칠 것이다. 동기와 마찬가지로 정서는 2부에서 설명된 사용자 경험 프레임워크의 한 축이므로 12장에서 비디오 게임에의 적용 측면에서 더 자세하게 다룬다.

정서에 대한 이해에서 얻는 또 다른 중요한 점은 당신이 만든 게임이 유도하는 모든 감정을 경계해야 한다는 것이다. 감정은 게임에 대한 플레이어의 전반적인 인식에 극적인 영향을 미칠 가능성이 크기 때문이다. 설사 그 감정이 게임플레이 자체에서 비롯된 것이 아닐지라도 말이다. 예를 들어 사용성이 나쁘면 깊은 좌절감이 생겨날 수 있는데, 이는 게임플레이 때문이라고 잘못된 귀인을 할 수 있으며, 최악의 시나리오는 플레이어가 화가 나 게임을 그만두는 레이지 퀏rage-quit으로 이어질 수 있다. 더 구체적으로 말하면 멀티플레이어 경쟁 게임을 디자인할 때 고려할 사항은 매치에서 진 플레이어는 부정적인 정서를 종종 느끼게 되니 플레이어가 게임 시스템 때문이라고, 더 중요하게는 불공평한 대우 때문에 졌다고 잘못된 귀인을 하지 않도록 이 부분은 반드시 확실하게 해야만 한다. 패배는 이미 삼키기 어려운 약이 될 수 있지만, 굴욕감을 느끼거나 게임이 불공평하거나 밸런스가 잡혀 있지 않다고 믿는 것은 훨씬 더 해롭다. 게임이 공정할지라도 패배한 플레이어가 자신이 왜 졌는지 이해하지 못하면 그 패배는 불공평하게 느껴질 수 있다. 게다가 소수의 예의 없는 플레이어가 대다수를 위한 게임을 망쳐놓고, 플레이어 보유율에 영향을 미칠 수 있는 불량한 행동을 신중히 다루는 것이 중요하다. 또한 당신의 게임이 '이기기 위해 돈을 내는' 것으로 인식되지 않도록 확실히 하는 것 역시 대단히 중요하다. 경쟁적인 환경에서 불공평하다고 여길 수 있기 때문이다. 마지막으로 초보 플레이어라도 게임에서 무언가를 잘 한다고 느낄 수 있는 방식으로 게임을 디자인하라. 예를 들어 〈클래시 오브 클랜〉에서 리더 보드는 리그별로 분류된다. 어느 한 시점에서 완전한 세계 최고의 플레이어는 한 명밖에 있을 수 없어 다른 모든 플레이어는 실망할 수 있지만, 〈클래시 오브 클랜〉에서는 자신의 리그에서는 언제나 최고의 플레이어가 될 수 있다. 이는 대다수의 플레이어에게 긍정적인 정서를 가져온다. 또 다른 예는 블리자드의 〈오버워치〉로, '게임의 최고 플레이'에서 각 매치 후 한 명의 플레이어를 지목한다. 게임에서 특별히 잘하지는 않았더라도 매치를 하는 동안 하나의 멋진 액션을 해내면 기회가 있다. 심지어 함께 했던 팀이 졌다 하더라도 이런 식으로 인식될 수 있다. 이 게임에서는 다른 플레이어의 실적과 비교하는 대신 자신의 실적이 과거 실적에 비해 얼마나 향상됐는지에 대한 통계도 볼 수 있다. 매치의 결과가 승리가 아닐지라도 긍정적인 정서의 흐름을 유지할 수 있는 방법을 찾아라. 인지적 재평가를 사용해 플레이어가 부정적인 정서를 조절하도록 돕는 방법까지 동원할 수도 있다.[17] 평가는 어떤 상황에 대해 느끼는 방식을 바꿔 놓을 수 있기 때문에, 플레이어가 부정적인 감정을 재평가하도록 도와주면 몇 가지 이득을 볼 수도 있다. 예를 들어 플레이어가 속한 팀이 졌다는 커다란 붉은 글씨를 보며 기분 나쁘게 만드는 대신, 비록 이번 라운드에서는 졌을지 모르지만 다음에는 이길 수 있다는 점을 강조하거나, 이긴 팀보다 잘 했던 부분이나 패배에도 불구하고 그들이 전에 했던 것보다 개인별 측정에서 더 잘 해낸 사실을 부각시킨다.

이제 뇌가 환경을 이해해 가는 주요 정신 과정에 대해 전반적인 개요를 다뤘으니, 어떤 변수가 학습을 방해하거나 촉진시킬 수 있는지 더 쉽게 이해할 수 있다.

8

학습 원리

8.1 행동심리학 원리

8.2 인지심리학 원리

8.3 구성주의 원리

8.4 게임에의 적용: 의미를 갖고 하는 학습

뇌가 정보를 처리하고 학습하는 방법과 그 한계를 이해하면 더 효과적으로 학습할 수 있는 환경을 디자인할 수 있게 된다. 수년에 걸쳐 행동 패러다임, 인지 패러다임, 구성주의 패러다임 같은 학습 접근법이 개발됐다. 각각에는 저마다의 장점, 한계 그리고 원리가 있다. 이러한 패러다임과 원리 중 그 어느 것도 새롭게 개발된 것을 위해 버려지지 않았다는 점에 주목하는 것이 중요하다. 그 대신에 각 패러다임은 학습에 대한 다른 측면에 초점을 맞춘다.

8.1 행동심리학 원리

20세기 전반에 학습에 대한 접근법은 도구적 학습과 외재적 강화에 초점을 맞춘 행동주의자가 대세였다.[1] 그들은 학습하는 동안 '블랙 박스'(즉 정신 과정) 안에서 벌어지는 일을 고려하지 않았다. 아니 고려하고 싶어하지 않았다. 대신 환경적인 사건과 식별할 수 있는 행동, 즉 입력과 출력에 초점을 맞췄다. 따라서 행동주의자는 자극–반응 관계와 환경이 학습을 형성하는 방식을 들여다봤다. 자극과 반응 사이의 학습된 연관성을 조건 형성이라 부르고, 이는 대부분의 경우 암묵적 학습과 무의식적이고 절차적인 기억이 수반된다. 여기서 수동적으로 발생하는 고전적 조건 형성과 개인적인 행동이 필요한 조작적 조건 형성을 각각 살펴보도록 하자.

8.1.1 고전적 조건 형성

고전적 조건 형성은 시간 간격을 두고 반복적으로 발생하기 때문에 밀접하게 뒤따르는 두 가지 사건 또는 자극이 서로 연결(연합 학습associative learning)돼 두 번째 자극의 출현을 예상할 때 첫 번째 자극에 대한 조건 반응conditioned response을 만드는 학습과정을 말한다. 고전적 또는 파블로프식 조건 현상의 유명한 예는 파블로프와 그의 개 이야기다. 파블로프는 개에게 음식을 줄 때마다 미리 종을 울렸다. 시간이 지나면서 개는 종소리와 음식을 연결하도록 학습했고 종이 울리면 음식이 나올 것이라 예측하고 침을 흘리는, 종소리에 조건 반응을 형성했다. 개는 음식을 보면 저절로 침을 흘리지만 여기서 일어난 일은 종소리가 조건 자극이 됐고, 이는 음식이 나타나기도 전에 침 흘리는 조건 반응을 이끌어냈다. 인간은 개나 다른 종과 마찬가지로 고전적 조건 형성을 통해 많은 행동을 배운다. 예를 들어 레몬이나 라임 중 좋아하는 과일을 떠올려 보자. 아마도 레몬이라 말한 것만으로도 침이 고이기 시작했을 것이다. 당신은 시간이 지나면서 이 과

일의 신맛과 연합됐기 때문이고, 실제로도 레몬은 자연적인 침 자극제다. 그러니 혹시 입안이 말라 힘들면 레몬을 한 입 베어 무는 생각을 해 보길 바란다. 게임에서 다른 예를 하나 들면 코나미Konami의 〈메탈 기어 솔리드Metal Gear Solid〉에서 적이 당신을 알아차릴 때마다 울리는 '경고' 사운드 효과는 플레이어에게 조건 반응, 즉 인식을 높여 투쟁-도피 행동을 끌어내는 조건 자극이다. 또 다른 예는 유비소프트의 〈어쌔신 크리드 2〉에 있는 보물상자, 상형 문자glyphs 등과 연결된 차임벨 사운드 효과다. 결국 보물을 보지 않고 소리만 들어도 보물이 떠오르도록 암묵적으로 해당 사운드와 보물을 연결하게 된다. 조건 반응은 인식을 높이고 보상을 기대하게 만든다.

8.1.2 조작적 조건 형성

도구적 학습이라고도 불리는 조작적 조건 형성은 행동을 바꾸기 위해 보상과 처벌이 사용되는 하나의 과정이다. 조작적 조건 형성에 대한 연구는 손다이크Thorndike가 개척했지만, 나중에 스키너가 크게 대중화시켰다. 요약하면 조작적 조건 형성은 하나의 사건과 적절한 행동을 취했을 때 다른 사건이 일어날 확률 사이의 연합을 반복을 통해 학습하는 것이다. 스키너가 자신의 실험을 위해 사용했던 전형적인 장치는 현재 '스키너 박스'라고 불리는 조작적 조건 형성 방이었다. 보통 실험용 쥐나 비둘기 같은 동물은 먹이통과 레버가 있는 방에 격리된다. 빛이나 소리 같은 특정한 자극이 일어난 다음 실험 대상 동물(쥐라고 하자)이 레버를 누르면 먹이가 먹이통으로 전달된다. 고전적 조건 현상과 마찬가지로, 조건 자극(소리)과 긍정적 강화 요인(먹이라는 형태의 보상)이 있다. 하지만 조작적 조건 형성의 경우 조건 반응은 쥐로부터의 행위, 말하자면 행동의 변화를 암시한다(레버 누르기). 어떤 실험용 스키너 박스에는 쥐의 반응이 맞지 않거나 누락되면 전기 충격(처벌)을 주는 전기가 통하는 바닥도 있다.

스키너가 수행했던 수많은 실험에서 그는 다음과 같은 기본적인 행동 규칙을 입증했다.[2]

1. 정적 강화positive reinforcement(보상)는 행동 빈도의 증가를 유도한다(레버를 누른 후 먹이를 얻는 쥐는 레버를 더 자주 누르게 된다).

2. 처벌(부적 강화negative reinforcement라고 불린다)을 철회한 후의 행동도 빈도가 높아진다(즉 전기 충격을 받지 않기 위해 레버를 누른다).

3. 정적 처벌positive punishment은 행동 빈도의 감소를 유도한다(레버를 누른 후 전기 충격을 받아 쥐는 레버를 누르지 않는다). 부적 처벌negative punishment이 행동 빈도의 감소를 유도할 수도 있는데, 새장에서 먹이를 없애는 버튼 누르기처럼 혐오스러운 것이 더해지기보다 긍정적인 것을 제거한다.

4. 보상 전달을 통해 이전에 증가됐던 행동이 더 이상 강화되지 않으면(레버를 눌렀는데 먹이가 주어지지 않는다), 행동 빈도는 감소한다(사라진다).

5. 언제나 보상을 받는 행동은 빈도가 빠르게 증가하지만 일단 보상이 없어지면 빈도가 빠르게 없어지기도 한다.

6. 변동 비율 스케줄에 따라 발생하는 보상(무작위 수의 반응 후)은 행동 유도에 가장 효율적이며 인간의 도박 중독의 핵심이다.

학습은 확실히 많은 장점이 있고 20세기에 교육, 군대 또는 직장 환경에서 널리 사용됐다. 하지만 이 패러다임은 학습에 대한 관찰할 수 없는 중요한 측면(주의 또는 기억 같은)을 무시하고 행동주의의 열렬한 지지자는 종종 바람직하지 않은 부작용을 간과하기 때문에 널리 비판을 받기도 했다. 예를 들어 처벌은 스트레스나 공격성을 유발하고, 궁극적으로는 학습에 해가 될 수도 있다.[3] 말할 것도 없이 스트레스와 불안 역시 누군가의 건강(쥐나 인간)을 해칠 수 있다. 이는 게임의 온보딩을 디자인할 때 기억해야 할 사항이다. 플레이어가 해야 할 것을 하지 않으면(첫 번째 협곡 장애물을 뛰어넘는 것을 놓쳤다) 부정적 피드백을 주는 것이 중요하지만, 학습하는 데 처벌은 피하도록 하자(그대로 떨어져서 죽는 것이 아니라 즉시 절벽을 타고 올라와 다시 시도할 수 있다). 물론 도전은 게임에서 중요하다. 그리고 플레이어가 절대 죽으면 안 된다고 말하는 것이 아니라, 플레이어가 새로운 메커니즘을 배울 때, 특히 플레이어가 깊게 사로잡혀 있지 않았을 게임 초반에는 조심해야 한다. 무료로 즐길 수 있는 게임이라면 더 그렇다.

8.2 인지심리학 원리

20세기 후반에는 심리학자들이 '블랙박스'를 정말 열고 싶어했고, 그 안에서 무슨 일이 벌어지는지 이해하기 시작했기 때문에 인지심리학이 인기를 끌었다. 지금은 다들 알고 있겠지만 인지심리학은 지각, 주의 기억, 동기 같은 정신 과정에 역점을 둔다. 이 책의 1부는 인지심리학 원리를 중점적으로 다루며, 뇌가 정보를 어떻게 처리하고 학습하고 어떤 요소가 작용하게 되는지에 초점을 맞추고 있다. 따라서 여기서는 이러한 원리를 다시 설명하지 않겠다. 학습을 위한 인지심리학 원리에 관한 핵심은 더 효과적인 학습 환경을 디자인하기 위해 마인드의 한계를 고려하는 것이다. 하지만 한 가지 여기서 주목해줬으면 하는 사항은 학습의 전이transfer에 대한 질문이다. 종종 특정 맥락에서 학습했던 내용이 다른 것으로 쉽게 전이될 수 있다고 가정한다. 이는 시장에 넘쳐나는 이른바 두뇌 훈련 게임의 주축이 되는 가정, 즉 멀티미디어 환경에서 학습했던 것이 실제 상황으로 전이된다고 가정한다. 문제는 이런 일이 실제로는 자주 있지 않으며, 교육에 관심이 있는 사람들이 극복하기 위해 상당한 어려움을 겪고 있다는 것이다.[4]

8.3 구성주의 원리

발달심리학자 장 삐아제^{Jean Piaget}는 구성주의 이론의 가장 잘 알려진 이론가 중 하나다. 그는 아이들이 환경과의 상호작용을 통해서 어떻게 지식을 구성하는지 이해하고자 했다.[5] 나중에 유아를 대상으로 한 실험에서 연구자들은 물체의 물리적 또는 수치적 특성에 대한 학습[6]처럼 지각을 통해 아이들이 환경에 대해 많이 배울 수 있다고 제안했지만, 환경을 조작하면 아이들이 생각하고 학습하는 데 도움이 되는 것으로 보인다.[7] 구성주의 이론가들에 따르면 우리는 하는 것, 즉 자신의 지식을 구성함으로써 학습하고, 환경은 촉진제 또는 장애물 역할을 할 수 있다. 따라서 학습의 능동적 과정에 주안점을 둔다. 이는 정보 처리 수준이 깊을수록 파지가 더 좋아진다는[8] 작업 기억의 작동 방식을 기억한다면 이해하기 쉽다. 따라서 교육자 또는 게임 같은 디자인된 학습 환경 어느 쪽에서든 학습자의 성공 또는 실패에 대한 즉각적인 피드백을 전달하는 한 학습자에게 탐구하고 발견하고 실험하도록 격려한다. 이 접근법 역시 목적이 있는 학습(억지로 떠먹이는 가르침의 정반대) 또는 의미의 중요성을 강조한다.

삐아제의 구성주의 이론에 영감을 받은 수학자이자 교육자인 시모어 페퍼트^{Seymour Papert}는 학습자가 구체적이고 의미 있는 상황에서 자료를 실험할 수 있을 때 학습이 더 효율적이라는 학습에 대한 구성론적 접근법을 갖고 있었다. 페퍼트 교수는 1960년대부터 그의 이론을 발전시켰기 때문에 실험에 컴퓨터를 사용할 수 있었다. 당신이 나와 비슷한 연배라면 어린이용 컴퓨터 프로그래밍 언어인 로고^{Logo}를 기억할 것이다. 사람들은 가상 커서(거북이)를 재미있는 처리방법으로 제어해 그림을 그릴 수 있는 터틀 그래픽 기능이 있는 것으로 로고를 주로 기억한다. 아이들은 거북이에게 자신이 묘사하고 싶은 것을 그리도록 가르치는 방법을 찾아야 했으며, 그것 때문에 기하학을 실제로 다뤄볼 수 있었다. 예를 들어 집을 그리고 싶으면 아이들은 거북이에게 정사각형 모양을 그리도록 가르쳐야 했다. 그 과정에서 아이들은 자신의 실수와 성공을 통해 정사각형은 네 변의 길이가 같고 네 각이 모두 직각이라는 정사각형 고유의 특성을 배운다. 따라서 정사각형을 그리려면 거북이에게 그림 8.1에서 보듯이 '앞으로 50, 오른쪽으로 90, 4번 반복'하라고 지시해야 했다. 여기서 기하학은 "아이가 지식으로 무언가를 하기 때문에 지식은 인정받을 수 있는 개인적인 목적을 위해 습득된다."[9]는 방식으로 아이가 접근할 수 있게 만들어졌다. 간단한 기하학을 사용한 이 예는 페퍼트 교수의 아이디어와 실험을 보여주는 가벼운 실제 보기에 지나지 않는다. 요컨대 컴퓨터가 사람을 가르치기 위한 방법을 생각하는(이는 슬프게도 아직도 많은 개발자가 '게이미피케이션 gamification A'과 '기능성 게임serious gameB'을 이용하는 접근법이다) 대신, 페퍼트 교수는 아이들이 자신에게 의미 있는 무언가를 컴퓨터가 하도록 가르침으로써 학습이 이뤄지도록 한다.

A 게이미피케이션(gamification): 게임 외적인 분야에서 문제 해결, 지식 전달, 행동 및 관심 유도 혹은 마케팅을 위해 게임의 메커니즘과 사고방식을 접목시키는 것을 뜻한다. 순위표 등을 제공해 경쟁심을 이끌어 내거나 행동에 대한 보상으로 가상의 화폐나 보상을 지급하는 등의 메커니즘을 통해 평소 재미없게 느끼거나 지루하게 느끼는 설문조사, 콘텐츠 읽기 등을 유도하는 것이 일반적인 방식이다(출처: 네이버 게임용어사전: 기관/용어편, 이재진, 2013).

B 기능성 게임(serious game): 기존의 게임이 갖고 있던 단순한 재미 요소 이외에, 교육, 학습, 훈련, 치료 등의 특별한 목적을 접목시켜 게임이 가지는 순기능을 더욱 확장시킨 형태의 게임. 기존 엔터테인먼트 게임이 사용자를 픽션의 세계에 몰두시켜 역기능을 유발했다면, 기능성(시리어스) 게임은 일상생활의 문제 해결이 중심이 되어 게임을 할수록 현실 생활의 지혜를 습관화시키는 게임이다. 초기 군사용으로 사용했으나 교육과 훈련, 치료 같은 목적성 게임으로 많이 활용된다. 두뇌 트레이닝이나 외국어 학습이 기능성 게임의 대표적인 예다(출처: 한국정보통신기술협회 정보통신용어사전(http://terms.tta.or.kr/main.do)).

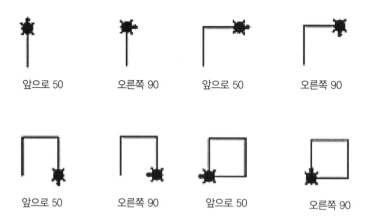

| 앞으로 50 | 오른쪽 90 | 앞으로 50 | 오른쪽 90 |

| 앞으로 50 | 오른쪽 90 | 앞으로 50 | 오른쪽 90 |

그림 8.1 로고 그래픽 터틀(출처: 로고 파운데이션 © Logo Foundation)

이 재미가 넘치는 실험은 학습과 개발에 어떻게든 디자인 사고의 반복적인 과정 접근법을 반영한 접근법이다. 애플의 첫 번째 마우스 뒤를 강력하게 뒷받침한 제품 디자인과 개발 회사인 IDEO 제품 개발 설립자인 데이비드 켈리David Kelley는 '깨달음을 얻은 시행착오'가 디자인에 있어 매우 중요한 과정이라고 말한다.[10] 성공하기 위해 어서 더 빨리 실패해 보기를!

8.4 게임에의 적용: 의미를 갖고 하는 학습

기억해야 할 학습에 대한 중요한 특징은 다음과 같이 요약할 수 있다.

- 조건 형성은 시간을 두고 반복되는 자극과 반응 사이의 연합되는 학습의 한 유형이다. 조건 형성이 대상에 대한 행위를 요구할 때, 조작적 조건 형성 또는 도

구적 조건 형성instrumental conditioning이라 부른다. 강화, 특히 긍정적 강화는 조건 형성에 있어 매우 중요하다. 조건 형성은 암묵적 학습을 수반하기 때문에 특히 더 효과적일 수 있다.

- 변동 비율 스케줄로 발생하는 보상(긍정적 강화 요인)이 행동에 대한 참여를 이끌어내고 유지하는 데 가장 효과적이다.
- 학습에 대한 인지심리학 원리는 더 효과적인 학습 환경을 디자인하기 위해 마인드의 한계를 고려한다(지각, 주의, 기억, 동기, 정서).
- 구성주의 원리Constructivist principles에 따르면 우리는 하는 것, 즉 자신의 지식을 능동적으로 구축함으로써 학습한다. 학습 환경은 촉진제 또는 장애물 역할을 한다.
- 지식을 구축할 때 정보 처리의 깊이가 더 깊을수록 파지가 더 잘 이뤄진다.
- 구성주의 접근법에 따르면 목적(의미)을 갖고 상황에 따라 함으로써 더 잘 학습할 수 있다.

학습에 대해 기억해 할 사항이 단 한 가지라면 누군가에게 무언가를 가르치는 가장 효과적인 방법은, 특히 상호작용하는 매체에서 그들이 목적(의미)을 갖고 (상황에서) 하게 두는 것이다. 이는 게임 메커니즘을 플레이어에게 가르칠 때 플레이어가 게임을 진행하거나 보상을 얻기 위해 새로운 행동에 대한 학습이 필요하고, 동기가 부여되는 상황에 놓이게 하는 편이 단순히 게임을 멈추고 메커니즘에 대해 설명하는 튜토리얼 텍스트를 표시하는 방법보다 훨씬 더 효과적이다. 예를 들어 1인칭 슈팅 게임인 유비소프트의 〈블러드 드래곤Blood Dragon〉의 튜토리얼은 나쁜 튜토리얼 연습을 비웃는 플레이어의 마음을 반영한듯 엄청나게 재미있다. 하지만 이 게임에서 플레이어는 게임플레이를 일시 정지시키는 튜토리얼 텍스트의 벽을 통해 학습한 다음, 실전 상황에서 거의 모든 게임 메커니즘과 기능을 배운다. 튜토리얼이 때로는 얼마나 형편없을 수 있는지 알고 있는 하드 코어 플레이어를 웃게 하려고 일부러 그렇게 만들었다. 튜토리얼 텍스트가 하나씩 팝업으로 열리는데, 이는 집중 학습massed learning 효과 때문에 모든 내용을 기억할 수 없게 만든다. 우리는 시간을 두고 내용을 볼 때 더 잘 배운다(4장에서 다룬 기억에서의 간격 효과를 기억하는가).

예산이 많이 들어간 게임은 집중 학습 후 실전 형식의 온보딩을 점점 더 하지 않고 실전을 통한 분산 학습distributed learning을 더 자주 한다. 하지만 학습의 의미는 약하게 전달되는 경우가 많은데, 이는 지침을 따르려는 플레이어의 동기에 영향을 미치며, 따라서 주의 리소스는 작업 및 이를 위한 기억력에 이어서 할당된다. 예를 들어 새로 갖게 된 수류탄을 던져 보라고 말하는 것은 좋지만, 실제로 그곳에 위협이 일절 없고 겨냥할 대상이 없다면 전혀 의미가 없다. 플레이어에게 무언가를 가르치려면 너무 스트레스나 압도감을 주는 상황이 아닌 한, 그들에게 의미 있거나 감정을 자극하는 상황에 놓는 편이 훨씬 낫다. 예를 들어 〈포트나이트〉에서는 플레이어를 경험의 맨 처음부터 지하 동굴에 둔다. 적절한 시점이 되면 그림 8.2에서 볼 수 있듯이 플레이어는 그곳에서 나와 월드를 탐험하기 위해 계단 만드는 법을 배워야만 한다. 그리고 보상 박스는 지하 레벨에서 보인다. 이는 주의를 끌고 플레이어가 보상 박스 안에 무엇이 있는지 예상할 때 바라건대 약간의 감정적 자극을 준다. 또 다른 예는 스트레스가 약간 있지만 비교적 안전한 상황에서 슈팅을 가르쳤다. 구체적으로는 좀비가 낮은 벽 뒤에 있고, 플레이어는 좀비를 쏘려면 어떻게 총을 사용하는지를 배워야 했다. 허물어질 듯 보이는 벽을 공격하는 좀비 탓에 위협이 있는데, 이는 플레이어가 과제에 주의를 기울이는 데 도움이 되지만 지나치게 스트레스를 주지는 않는다. 그렇기를 바라지만 나이가 어린 플레이어는 성인보다 스트레스에 대한 내성이 적기 때문에 조금 더 위압감을 줄 수도 있다. 또 다른 예는 닌텐도의 〈마리오 갤럭시Mario Galaxy〉와 많은 다른 마리오 게임에서는 플레이어가 경험이 시작되자마자 토끼를 쫓아야 한다. 게임 개발자가 토끼를 쫓는 상황을 만든 데는 여러 가지 목적이 있었겠지만 학습의 관점에서 봤을 때, 플레이어가 당시에는 새로웠던 3차원 공간이라는 약간의 스트레스를 받을 수 있는 상황에서 이리저리 돌아다니는 동안 컨트롤에 적응하는 데 도움이 된다. 토끼는 플레이어를 놀리기는 하지만 위협적이지는 않다. 게다가 플레이어의 컨트롤 조작 기술 수준에 따라 토끼를 잡는 데 시간이 더 걸리거나 덜 걸릴 수도 있지만, 빨리 끝내지 못한다고 처벌받거나(죽음)하는 일은 절대 없다. 너티 독^{Naughty Dog}의 〈언차티드 2^{Uncharted 2}〉에서 플레이어는 허공에 걸린 기차 바닥에 매달린 채로 게임을 시작한다. 그 상황에서 살아남기 위해서 내비게이션 메커니즘을 배우는 것은 플레이어에게 말할 것도 없이 의미 있는 일이다. 이 게임 오프닝에서의 옥의 티는 플레이어가 빨리 배우지 못하면 정말 처벌을 받는다고 생각한다. 오프닝 씬에서 플레이어가 죽기도 한다. 마지막 예로 블리자드의 〈월드 오브 워크래프트〉에서 플레이어는 물 속으로 들어가야 하는 퀘스트를 받을 때만 수영하는 법을 배운다.

그림 8.2 포트나이트 베타(출처: 에픽게임즈. © 2017, Epic Games, Inc.)

의미 있는 실전을 통한 학습 환경을 만들어 내기 위해서는 훨씬 더 많은 제작사의 노력이 필요한 것은 인정하지만, 게임을 플레이하는 학습은 온전히 경험의 일부이기 때문에 디자인 레벨의 일부로 고려해야 한다고 주장하는 바다. 하지만 게임을 개발할 때 가르쳐야 하는 모든 경험 하나하나에 이러한 이상적인 학습 상황, 즉 모든 퀘스트나 맵 디자인을 만들어 내기 위한 충분한 리소스가 있다는 이런 생각은 이상적이다. 우리는 부족하다. 끊임없이 시간과 돈이 부족하고, 게임의 질을 떨어뜨리지 않으면서도 마감일을 맞추기 위해 아등바등하는 경우가 많다. 이런 이유로 플레이어에게 가르쳐야 하는 모든 내용을 리스트로 만들어 우선순위를 매겨야 하고, 각 요소에 대해 예상된 학습 난이도를 능숙하게 추측해야 한다. 독창적인 게임 메커니즘은 일반적인 메커니즘보다 배우기 더 어려울 것이다. 13장에서 보겠지만, 이러한 우선순위가 매겨진 리스트는 조기에 온보딩 경험을 계획하고, 개발 팀과 그에 맞춰 관련된 제작 작업을 디자인하는 데 도움이 될 것이다. 온보딩은 가능한 한 효율적이면서 짧아야 하므로 멀티플레이어 게임의 경우에는 온보딩 계획을 세우는 것이 훨씬 더 중요하다. 그래야 플레이어가 멀티플레이어 모드에서 게임을 온전히 경험하기 전에 지루함을 느끼지 않게 된다.

훌륭한 사용자 경험을 만드는 것은, 물론 고객들이 당신의 게임을 플레이하고 마스터하는 것을 배우는 것일 뿐만 아니라 경험이 시작되는 곳이자 여정의 방대한 부분을 만드는 것이다. 학습의 근간이 되는 정신 과정을 이해하면 당신이 만드는 게임의 사용성을 향상시키는 데도 도움이 된다. 사용성 향상이란 결국 게임을 더 직관적으로, 달리 말하면 배우기 쉽게 만들기 위해 불필요한 마찰 요소, 즉 혼란스러운 점을 없애는 것이 전부이기 때문이다.

9

뇌에 대한 이해: 총정리

9.1 지각
9.2 기억
9.3 주의

9.4 동기
9.5 정서
9.6 학습 원리

뇌에는 약 천억 개의 뉴런이 있으며 각각은 최대 10,000개의 다른 뉴런과 연결돼 있어 연구가 엄청나게 복잡해진다. 우리가 알고 있는 것은 뇌가 정보를 처리하고 컴퓨터 같은 특성이 있지만, 컴퓨터와는 전혀 다르다는 점이다. 뇌는 실제로 정보를 '처리', '부호화' 또는 '저장'하지 않는다. 뇌는 컴퓨터처럼 빠르거나 신뢰할 수 없지만, 연결이 제한되는 컴퓨터에 반해 뇌는 수조에 이르도록 연결할 수 있다. 뉴로 네트워크는 독립된 모듈로 엄격하게 분리되지 않으며 각각은 특정한 정신 '프로세스'를 관장한다. 지각, 기억 또는 동기를 전담하는 따로 분리된 시스템이 없다. 우리는 신중하고 객관적으로 환경을 분석하거나 사건을 완벽하게 기억하지 못한다. 우리는 정보를 지각하고 '부호화'할 때 구성하며 나중에 이를 기억할 때 정보를 재구성한다. 우리는 경험을 바탕으로 한 규칙으로 지름길을 택하고 결론을 성급히 내리는 경향이 있는데, 대부분 이 방법으로 충분하기도 하고 생존이 엄청 빠른 투쟁-도피 결정에 달려 있는 경우 모든 변수를 신중하게 계산하는 것보다 효율적이기 때문이다. 스티븐 핑커Steven Pinker[1]가 지적했듯이 마인드는 자연 선택에 의해 설계된 적응의 결과물이기 때문에 우리가 지각하고 생각하거나 느끼는 방식이 생물학적으로 적응할 수 있는 것이 아니다. 게다가 현재 우리가 상호작용하는 환경은 뇌의 진화를 형성했던 때와는 매우 다르다. 인간의 뇌는 우리가 달에 갈 수 있게도 하고, 대량 살상 무기를 설계할 수 있게도 하는 환상적인 기관임에 틀림없다. 하지만 뇌에는 상당한 한계가 있다. 아주 똑똑한 인공지능이나 '내추럴 컴퓨테이션natural computation'의 도움을 받지 않는 한, 아마도 뇌의 작동 방식을 진정으로 이해하기는 불가능할 것이다.

컴퓨터에 비유하는 것은 비록 정확하지 않지만, 제한적인 마인드가 뇌의 작동 방식을 이해하는 데 도움이 된다. 이런 이유로 '과정'이나 '저장' 같은 용어를 사용하며, 그 덕분에 뇌에 대해 그나마 알고 있는 내용을 소통하기가 더 쉬워진다. 하지만 뇌는 수많은 한계를 갖고 있고, 우리는 대부분 일상 생활을 할 때 그 사실을 의식하지 못한다는 점을 기억하라. 설상가상으로 우리는 끊임없이 자신의 능력을 과대 평가한다. 플레이어는 튜토리얼이 필요 없고 혼자서도 플레이하는 법을 알아낼 수 있다고 믿는다. 사실은 그렇지 않은데도 말이다. 그래 놓고는 자신의 부족한 실력을 게임 탓으로 돌리고는 화를 내며 게임을 던져 버리기 일쑤다. 당신 역시 게임 개발자로서의 자신의 능력을 과대 평가하고 있을지도 모른다. 경험이 있거나 최근 출시했던 게임이 성공적이었다는 이유로 플레이어가 무엇에 열광하는지, 어떻게 그들을 끌어모을지 알고 있다고 믿는 경향이 있다. 하지만 지식의 저주 편향 때문에 만든 우리가 아주 잘 알고 있는 게임을 새로운 플레이어가 어떻게 받아들일지 예측하기란 거의 불가능하다. 대부분의 경우 훌륭한 사용자 경험을 만드는 일은 벅찬 과제이고, 인지부조화 탓에 모래에 머리를 박는 편이 더 편하게 느껴지기 때문에 스스로를 그냥 속이고 만다. "난 이 당치도 않은 심리학, 필요 없어. 게임 만드는 건 내가 알지." 그 말대로 일지도 모른다. 하지만 우리 대부분은 게이머의 뇌를 염두에 둬서 시간과 많은 노력을 아낄 수 있다.

기억해야 할 점을 여기에 간단하게 정리하겠다. 정보 '처리'와 학습은 자극에 대한 지각으로 시작해 궁극적으로는 시냅스 변경, 즉 기억에서의 변경으로 끝이 난다. 자극에 온전히 투입되는 주의 리소스 수준은 해당 자극에 대한 기억의 강도를 결정한다. 두 가지 다른 주요 요소, 즉 동기와 정서도 학습의 질에 영향을 미친다. 마지막으로 학습 원리를 적용하면(다른 요인에 영향을 미침) 전체 '과정'을 향상시킬 수 있다.

9.1 지각

지각은 마인드의 주관적인 구성이다. 우리는 세상을 있는 그대로 지각하지 않고, 주어진 입력 모두를 같은 방식으로 지각하지 않을 수도 있다. 지각은 착시와 게슈탈트 원리 외에도 사전 지식, 입력을 지각하는 상황이나 기대 때문에 편향된다. 게임에의 적용은 다음과 같다.

- 먼저 잠재 고객과 그들의 사전 지식 및 기대를 알아야 한다.
- 잠재 고객과 함께 정기적으로 게임테스트를 하라.
- 아이코노그래피를 테스트하라.

- 게슈탈트 원리가 적용 가능한 경우라면 사용하라.
- 어포던스를 사용하라.
- 시각적 심상과 심적 회전을 이해하라.
- 베버–페히너 편향에 주의하라.

9.2 기억

기억은 이전에 부호화되고 저장된 정보를 재구성함으로써 인출하는 것을 의미한다. 기억은 크게 감각 기억(지각 부분), 작업 기억, 장기 기억으로 나눌 수 있다. 작업 기억은 공간(약 세 가지)과 시간(몇 분간)의 제약에 있으며 주의 리소스가 필요하다. 작업 기억은 오히려 쇠퇴할 수 있는데, 특히 멀티태스킹은 과부하를 일으킨다. 장기 기억은 외현 기억(명시적)과 암묵 기억(절차적)으로 구성된다. 장기 기억은 망각 곡선의 영향을 받는다. 게임에의 적용은 다음과 같다.

- 기억 부하를 줄여라.
- 학습의 우선순위를 정하라.
- 학습을 시간차를 두고 분산하라(간격 효과)
- 정보를 반복하라.
- 리마인더를 제공하라.

9.3 주의

주의는 처리할 특정한 입력을 선택하고 나머지는 걸러내는 스포트라이트처럼 작용하며, 이는 부주의맹을 일으킬 수 있다. 주의는 작업 기억과 더 나아가 학습에 결정적인 영향을 미칠 수 있다. 분리 주의divided attention(멀티태스킹)는 우리의 주의 리소스가 극히 부족하기 때문에 대개 효율적이지 못하다. 게임에의 적용은 다음과 같다.

- 마술사가 되라. 플레이어의 주의를 관련된 요소로 돌려라.
- 플레이어가 부정적으로 휩쓸릴 수 있는 인지 과부하를 피하라.
- 멀티태스킹 상황을 피하라. 특히 과제 중 하나가 온보딩에 중요한 경우에는 꼭 피하라.
- 중요한 정보를 전달하기 위해 하나의 감각(예: 시각)에만 의존하지 마라.

9.4 동기

동기는 모든 행동의 근원에 있다. 모든 추동과 행동을 설명할 수 있는 인간 동기에 대한 통합된 이론은 현재 없다. 그렇기는 하지만 동기를 크게 네 가지, 즉 암묵적 동기(생물학적 추동), 환경이 형성한 동기(학습된 추동), 내재적 동기(인지적 욕구), 성격(개인별 욕구)으로 나눠 볼 수 있다. 게임에의 적용은 다음과 같다(12장에서 더 자세히 다룬다).

- 명확한 목표와 이에 의미 있는 보상을 제공하라.

- 보상의 서로 다른 유형(지속적 및 간헐적 보상)과 간헐적 보상의 다양한 유형을 알면 플레이어가 고무될 만한 행동을 예측할 수 있다.
- 목표 달성과 관련 없는 행위(예: 게임 월드에서 보물 상자를 찾아 열었을 때)에 보상할 때는 변동 비율 스케줄을 사용하라.
- 습관 형성 및 플레이어 전략에 대한 보상에는 고정 비율 및 간격 스케줄을 사용하라.
- 플레이어가 자신의 과제에서 내재적 보상을 찾을 수 있도록 유능성, 자율성, 관계에 대한 욕구를 충족시키는 것을 목표로 하라(자기결정 이론).
- 의미 있는 도전이 너무 쉽지도 너무 어렵지도 않은 몰입 존에 있으면 내재적으로 동기부여된다. 따라서 게임 난이도 곡선은 반드시 이 원칙을 따라야 한다.
- 개인적 욕구를 파악하기 위해서는 OCEAN을 사용하라.
- 동기를 강화하는 의미에 집중하라. 의미는 목적, 가치, 영향에 대한 감각을 갖는 것이고 때로는 자기 자신보다 더 크다.

9.5 정서

정서는 생리적 각성 상태로 감정과 연합된다. 정서는 지각, 인지에 영향을 미치며 행동을 인도한다. 인지를 향상시킬 수 있지만 추론을 손상시킬 수도 있다. 게임에의 적용은 다음과 같다(12장에 더 많은 예가 있다).

- 플레이어를 인도하고 기쁘게 하기 위해 정서를 사용하라.
- 불공평하다는 감정은 가능한 한 피하라.

- 게임 필game feel을 연마하라.
- 사용성 불만을 피하라.

9.6 학습 원리

행동 패러다임, 인지 패러다임, 구성주의 패러다임 같은 학습 접근법이 개발돼 왔다. 행동 패러다임은 자극-반응 관계와 환경이 학습을 형성하는 방식을 살핀다. 여기에는 고전적 조건 형성(수동적 연합 학습passive associated learning)과 조작적 조건 형성(적절한 행위가 필요)이 있다. 보상과 처벌은 조건 형성에 있어 가장 중요하다. 인지 패러다임은 정신 과정과 인간의 한계에 중점을 둔다. 구성주의 패러다임은 사람들이 환경과의 상호작용을 통해 지식을 구성한다고 가정한다. 게임에의 적용은 다음과 같다(12장에 더 많은 예가 있다).

- 플레이어에게 적절하게 보상하라.
- 플레이어가 새로운 메커니즘을 학습할 때에는 처벌을 피하라.
- 지각, 주의 기억, 동기, 정서에서 인간의 능력과 한계를 고려한 학습 환경을 조성하기 위해 인지과학 지식을 사용하라.
- 플레이어가 상황에서 목적(의미)를 갖고 실전을 통해 배우게 하라.
- 플레이어에게 가르쳐야 하는 중요한 요소는 깊게 처리하라. 깊게 처리될수록 파지가 더 잘 된다.

비디오 게임을 위한
UX 프레임워크

10

게임 사용자 경험: 개요

10.1 UX의 짧은 역사   **10.3** 게임 UX의 정의

10.2 UX에 대한 오해 풀기

사용자 경험^{UX}은 비디오 게임 산업에서 상당히 새로운 분야지만, 이제는 이에 대한 이해가 깊어지고 그 장점이 많이 알려져 관심이 점점 커지고 있다. 2000년 중반쯤 장난감 산업에서 근무할 당시(영유아, 어린이를 위한 교육용 게임 개발 담당)에는 장난감과 상호작용하는 경험이 사용자(어린이)에게 얼마나 교육적이고 재미있는지보다 해당 상품을 사는 사람들(부모)을 만족시키는 것을 더 중요하게 고려했다. 요컨대 장난감에 돈을 쓰는 사람들(어른)은 대개 상품을 사용하는 사람들이 아니었다. 나는 2008년 프랑스에 있는 유비소프트 본사에서의 근무를 시작으로 비디오 게임 산업에 발을 들였다. 당시 유비소프트는 더 나은 게임을 개발하는 데 도움이 되는 인지과학에 점차 관심을 갖기 시작했다. 플레이테스트 랩^{playtest labs}과 사용자 리서치가 이미 생산 공정에 포함돼, 게임

을 출시하기 전에 문제를 파악하고 해결하기 위해 외부 플레이어와 함께 개발 중인 게임을 테스트하고 있었다. 꽤 많은 인지 인체 공학 전문가가 사용자가 인터페이스와 상호작용할 때 경험할 수 있는 문제를 예측하기 위해 디자이너와 엔지니어를 도왔지만, 사용자 경험의 개념이 아직 명확히 서 있지 않았다. 게임이 쉽게 이해할 수 있고(게임 사용성) 재미있어야 한다는 점은 이미 명확했지만, 형식을 갖추지 못하고 있었다. 물론 많은 개발자와 학자가 사용성, 플레이어빌리티playability, 게임플로game flow, 플레이어 즐길 거리, 또는 재미 요소에 대한 새로운 개념을 개별적으로 소개하고 있었고, 몇몇 제작사는 다른 곳보다 앞섰지만 게임 사용자 경험이 수반하는 것 전체를 아우르는 정의나 개발 과정 자체에 통합될 수 있는 정의된 UX 프레임워크가 없었다.

2017년에 UX 서밋의 출범과 더불어 게임 개발자 컨퍼런스(비디오 게임 개발 전문가를 위한 최대 연간 모임)에서 사용자 경험이 정식으로 소개됐다. 도널드 노먼이 1990년대 UX의 개념을 대중화한[1] 것을 생각하면, 게임 산업에서 이 지식 분야가 드디어 인정받는 모습을 보는 것은 매우 흥분되는 일이다. 하지만 UX가 아직 이 산업에서 비교적 생소하기 때문에, 게임 개발에서 그 정의, 프레임워크, 실행 방식을 명확하게 설명하려면 해야 할 일이 많다. 이 책의 2부에서는 그동안 내가 유비소프트 본사, 유비소프츠 몬트리올, 루커스아츠, 에픽게임즈와 함께 일한 수년간, 게임 개발자들과 가장 잘 반향을 일으켰던 내용을 기반으로 시도한 개인적인 작업을 설명하고자 한다. 본론으로 들어가기 전에 게임 산업에서 사용자 경험의 시작과 진화를 더 잘 이해하기 위해 UX의 짧은 역사를 살펴보자.

10.1 UX의 짧은 역사

사용자 경험 원칙의 핵심은 최종 사용자가 상품과 상호작용하는 방법과 이 상호작용을 통해 유도된 정서 및 행동을 인지과학과 리서치 방법론으로 고려하는 것이다. 인간이 디자인 과정의 중심에 있는 이 접근법(인간 중심 설계)은 일반적으로 제2차 세계 대전 중에 번창했다고 알려진 인간 요인과 인체 공학에 뿌리를 둔다. 그 당시 사람들은 전투용 기계, 특히 전투기를 조작하는 데 어려움을 겪었으며, 이러한 기계와 상호작용하는 동안 발생한 치명적인 결함으로 목숨을 잃은 사람들도 있었다. 군대는 이러한 문제를 완화하기 위해 심리학자를 고용하기 시작했다. 당시 기계는 주로 공학 기술을 편하게 쓰기 위해 설계됐고, 그 작동 방법을 이해하고 조종하기 위한 긴 훈련이 필요했다. 고도로 훈련된 조종사가 계속해서 컨트롤 환경 설정의 문제 때문에 비행기를 추락시키자[2] 어쩌면 이는 꼼꼼하게 훈련받은 조종사의 잘못이 아니라 인간 오류를 조장하는 조종석 설계의 문제라는 마인드 전환이 일어났다. 조종석에 있는 컨트롤이 비행기마다 같은 위치에 일관되게 배치돼 있지 않았기 때문에 비상 탈출용 버튼과 연료 조절판(구전된 이야기처럼) 또는 착륙 기어와 비행기 날개 핸들이 혼동돼 스트레스를 받는 조종사를 상상해 보라. 게임을 바꿨을 때 이와 비슷한 경험을 해 본 적이 분명 있었을 것이다. 새로운 컨트롤러 매핑에 다시 적응해야 했고, 실수의 결과가 전투기처럼 그리 극적이지 않았지만 말이다. 기계는 인간의 능력, 성능, 한계를 염두에 두고 설계되기 시작했다. 이렇게 인간 요인과 인간 공학에 관련된 분야가 공식적으로 탄생했고, 이 분야는 군대를 위한 안전의식 염려로부터 노동자와 소비자를 위한 인간 중심 기술 구축으로 초점을 맞추며 진화했다.

인체 공학은 서로 다른 연구 분야로 구성된다. 예를 들어 육체적 인체 공학은 기계를 조작하는 동안 인간의 신체 구조와 신체적 피로에 관심을 두며, 인지 인체 공학은 이 책의 1부에서 살펴본 지각, 주의, 기억 등과 같은 정신 과정에 신경을 쓴다. 1980년대에 집집마다 컴퓨터가 보급되기 시작하면서 새로운 인간 요인 분야인 인간−컴퓨터 상호작용HCI, human-computer interaction이 등장했다. HCI는 컴퓨터화된 인터페이스와 인간의 상호작용을 개선하기 위해 적용될 수 있는 법칙 또는 원칙을 확립하고 개선했다. 가장 잘 알려진 두 가지 법칙은 피츠의 법칙Fitts's law과 힉−하이먼 법칙Hick-Hyman law이다.[3] 피츠의 법칙은 타깃까지의 거리와 크기에 따라 터치하거나 커서로 가리켜 인간이 타깃을 가리키는 데 필요한 시간을 수학적으로 예측할 수 있게 한다.[4] 예를 들어 사용자 인터페이스UI에 있는 작은 버튼은 큰 버튼을 가리킬 때보다 시간이 더 걸리며, 서로 너무 가까이에 붙은 두 개의 버튼은 사용자가 다른 하나를 클릭할 때 실수로 클릭할 위험이 높다. 또 다른 예는 화면 한쪽 코너에 위치한 버튼은 조준하기 더 쉬운데, 커서가 화면 모서리에 오면 더 이상 나아갈 수 없어 버튼 곁을 지나갈 수 없기 때문이다. 이런 이유로 맥 컴퓨터(애플)의 애플리케이션 메뉴가 애플리케이션 창에 연결되지 않고 항상 화면 맨 위에 표시된다. 이렇게 하면 커서는 화면 가장자리에 닿으면 멈추기 때문에 '무한한' 높이로 타깃을 설정할 수 있다. 그래서 목표 지점보다 더 갈 위험이 없기 때문에 커서가 타깃에 다가갈 때 속도를 줄일 필요가 없다. 가장자리에 따라 배치된 타깃을 그저 가리키는 게 더 빠르다. 피츠의 법칙은 디자이너가 사용자가 달성하길 원하는 작업을 쉽게 하기 위해 UI와 상호작용 디자인에서 널리 사용된다. 힉−하이먼 법칙(또는 힉의 법칙)은 사용자가 의사 결정하는 데 걸리는 반응 시간은 화면에 표시된 옵션의 개수에 따라 로그log로 증가한다. 즉 옵션이 많을수록 결정하는 데 더 오래 걸린다고 주장한다. 이 법칙은 디자이너가 UI에서 복잡성을 피해야 하는 이유 중 하나다. 비디오 게임용 UI, HUD, 메뉴를 디자인할 때 게임플레이 그 자체와 분리되는(플레이어가 인터페이스를 혼동하는 것이 게임의 일부가 아닌 한) 흔한 불만을 피하기 위해 HCI 법칙을 고려하는 것이 매우 중요하다.

HIC는 주로 인터페이스를 더 사용하기 쉽고 즐겁게 사용할 수 있도록 만드는 방법에 중점을 두지만, 사람들이 제품에 대해 갖는 전체 경험은 고려하지 않는다. 다시 말해 제품에 대해 처음 듣고, 가게나 온라인에서 보고, 사고, 상자를 열거나 애플리케이션을 시작하고, 사용하고, 다른 사람들에게 이야기하고, 고객 서비스 신청을 하는 경험 등은 고려하지 않는다. 이것이 바로 디자이너 도널드 노먼이 1990년대에 제품이 물건이든, 서비스든, 웹사이트든, 애플리케이션이든, 비디오 게임이든 간에 주어진 제품과 인간이 갖는 전체 경험을 설명하기 위해 UX라는 개념을 도입한 이유다. "훌륭한 디자이너는 즐거운 경험을 만들어 낸다."고 노먼은 말한다.[5] 이 책에서 고려할 사용자 경험과 동일한 접근법이지만, 게임 디자인에 있어 어떤 의미인지에 더 구체적으로 초점을 맞추려 한다. 따라서 게임 UX는 게임의 사용 편이성(사용성) 뿐만 아니라 플레이어 경험의 나머지, 즉 정서, 동기, 몰입감, 즐거움, 또는 몰입의 지각도 수반한다. 전시의 생사가 걸린 상황에 대한 대응으로 시작된 것이 이제는 디자인에서 가장 크고 빠르게 성장하는 분야 중 하나가 됐다. 사용자 경험은 인간이 사용하는 사실상 모든 제품, 시스템 또는 서비스 디자인을 인도할 수 있다.

10.2 UX에 대한 오해 풀기

게임 사용자 경험은 게임 개발에 인지과학 지식과 과학적 방법을 사용한다는 것을 의미하며, 이는 많은 게임 제작사에게는 보통 새로운 접근법이라는 점을 고려할 때 약간의 저항감이 있을 수 있다. 얼마 전까지만 해도 타이틀에 'UX'라고는 업계에서 찾아볼 수가 없었지만 지금은 UX 침략자 천지다! 새로운 접근이 도입될 때 흔히 있는 일이지만,

베테랑 전문가의 우려와 의심을 살 수 있으며 충분히 이해가 간다. 결과적으로 상호작용 디자이너부터 사용자 리서치 연구원까지 UX 전문가는 그들의 분야에 대한 오해에 직면할 수 있다. UX나 인지심리학을 지지했던 개발 팀과의 내 경험을 뒤돌아보면 틀렸음을 드러낼 필요가 있는 5가지 주된 오해가 있었다.[6] 지금부터 하나씩 살펴보자.

10.2.1 오해 1: UX는 디자인 의도를 왜곡하고 게임을 더 쉽게 만든다

UX를 고려하면 게임에 대한 도전을 완전히 없애 게임이 지나치게 단순해진다는 강한 두려움이 게임 개발자들 사이에서 종종 보인다. 뜻밖이겠지만 내가 주관하는 심리학과 UX에 대한 트레이닝 시간에 청중들은 프롬소프트웨어^{FromSoftware}의 〈다크 소울 Dark Souls〉 같은 게임이 UX 침략에서 어떻게 살아남을 수 있을지 자주 묻는다. 왜 그런지 모르겠지만 모든 게임의 개성을 없애고 표준화시킬 강압적인 수단으로 UX 실무를 받아들인다. 이 오해는 언제나 나를 가장 놀라게 하는데, 정확히 말해 UX의 모든 점은 개발자가 그들의 비전을 달성할 수 있도록 돕기 위함이지 디자인 의도를 왜곡하기 위한 것이 분명히 아니기 때문이다. 따라서 잠재 고객이 하드 코어 게이머이고 그들을 위해 만들고 싶은 경험이 이를테면 고통스러움이라면, UX 실무는 가학적인 목표를 달성하는 데 절대적으로 도움이 될 테니 크게 기뻐할 일이다! 예를 들어 캡콤^{Capcom}의 생존 호러 게임 〈레지던트 이블^{Resident Evil}〉을 생각해 보자. 플레이테스트 중에 다음 내용을 관찰하는 사용자 리서치 연구원을 상상해 보자. 게임 중 어느 시점에 플레이어가 좀비가 숨은 옷장을 열자 좀비들이 공격해 온다. 관찰 중인 대부분의 플레이어는 허를 찔려 첫 반사 작용으로 좀비를 피해 뒤로 물러서려 하지만, 레벨 디자이너가 놓아 둔 테이블이 후퇴를 막고 있다(그림 10.1 참조). 그 결과 많은 플레이어가 패닉에 빠져 테이블 주위를 빠져나오려 몸부림을 친다. 대부분의 플레이어는 좀비에게 당해 다치고 몇몇은 죽기까지 한다. UX가 게임을 더 쉽게 만들 경우, 사용자 리서치 연구원은 개발 팀에 테이블이 플레이어에게 방해될 수 있으니 없애야 한다고 보고할 수도 있다. 하지만 호러 게임의 전체적인 의도가 사람들의 혼을 빼놓는 것이라면 패닉은 실제로 이 경우 이끌어 내야할 바람직한 정서다. 따라서 이는 다분히 디자인 의도에 맞는 것이기 때문에 이 관찰 내용은 고쳐야 할 UX 이슈로 여기지 않을 것이다. 사실 이 상황은 아마 긍정적인 발견으로 개발 팀에게 보고될 것이다.

그림 10.1 1996년 플레이스테이션용으로 출시된 캡콤의 레지던트 이블(출처: 캡콤 사이트)

이제 일어날 수 있는 일은 개발 팀이 사업 팀이나 경영 팀과 목표가 다를 수도 있다. 당신의 꿈은 어쩌면 차세대 〈다크 소울〉 같은 게임을 디자인하는 것인데, 제작사는 무료 메카닉이 들어간 폭넓은 잠재 고객에게 더 어필할 수 있는 대세 게임을 원한다. 이 경우 UX 권고는 사업 목표에 더해 디자인 목표도 책임지기 때문에 둘 다 조율이 들어간다. 조율되지 않으면 UX 피드백은 게임 팀이 동의하지 않을 수도 있는 사업 목표에 영향을 미칠 수 있기 때문에 실망스러울 수 있다. 이 실망감을 이해할 수 있지만 이를 UX 실무

탓으로 돌려서는 안 된다. 되려 이것은 팀과 제작사 전체에서 우선 사항이 일치하지 않거나 의사 소통에 실패한 것이다. 좋은 UX 실무자는 밀어붙이려는 자신만의 행동 강령은 전혀 없으며, 실제로 그들은 전복하고자 쳐들어온 침략자가 아니다. 우리는 싸우러 온 것이 아니고 도우러 왔다.

10.2.2 오해 2: UX가 팀의 창의성을 제한할 것이다

많은 개발자는 비디오 게임을 아트의 한 형태라고 생각하고 나도 이에 전적으로 동의한다. 그래서 때로는 과학이 자신들의 아트 디렉션을 간섭해서는 안 된다고 주장한다. 파블로 피카소Pablo Picasso도 작품을 만들 때 어쨌든 UX 과정을 거치지 않았다. 일반적으로 게임은 아트 디렉터, 그래픽 디자이너, 뮤지션, 작가 등 아티스트가 팀을 이뤄 개발하고, 아트는 비디오 게임에서 특히 정서적 반응을 만들어 내는 데 매우 중요하다(12장에서 보게 된다). 하지만 과학과 아트는 실제로는 훌륭한 파트너이며, 비디오 게임은 특별한 아트의 한 형태다. 예를 들면 물리학에 대한 이해는 사진작가와 영화 촬영 기사에게, 원근법에 대한 수학적 원리는 화가에게 유용하다. 비디오 게임은 상호작용하는 경험이다. 해당 콘텐츠를 드러내기 위해서는 인간의 입력이 필요하다. 따라서 아트 디렉션이 HCI 법칙이나 사용성 원리와 상충한다면 플레이어가 게임을 온전히 경험하는 것을 막을 수 있기 때문에 해가 될 수 있다. 에픽게임즈 최고 기술 책임자CTO 킴 리브레리Kim Libreri가 설명한 대로, UX는 콘텐츠를 정교하게 튜닝하기 위한 툴로 사용될 수 있다. 아티스트는 기술적이고 물리적 제약 안에서 만들어 내야 하지만, 상호작용하는 경험을 작업할 때 인간의 한계 역시 고려해야 한다. 물론 M. C. 에셔Escher나 살바도르 달리Salvador Dalí처럼 지각 같은 인간의 한계를 갖고 놀 수 있다. 그것이 당신만의 독특한 의도라면 말이다. 호러 게임에서는 캐릭터 디자인을 통해 적을 쉽게 발견할 수 없게 만드는 것이 의미가 있을 수 있지만, 골프 공을 초록색 텍스처로 만드는 것은 골프

유용성에 반할 수 있다. 골프는 공을 찾는 게 그 목적이자 도전이 아니기 때문이다. 영화 제작자이자 작가 그리고 배우였던 오손 웰스^Orson Welles^가 "아트의 적은 한계의 부재다."라고 말한 적이 있다고 한다. UX 실무자는 팀의 창의성을 저해하지 않으며, 아티스트가 고려해야만 하는 제약, 즉 인간 마인드의 한계를 더 드러낼 뿐이다. 이러한 부가적인 한계가 당신의 창의성을 한층 더 자극하게 두라!

"UX는 창의성의 적이 아니다"
킴 리브레리, 에픽게임즈의 최고 기술 책임자

나는 20년 이상 비디오 게임과 영화 모두에서 사람들이 즐거워할 만한 오락거리를 목표로 만들어 왔으며, 내 경험으로 비춰볼 때 관객의 즐거움에 있어 가장 중요한 것은 이해력이다. 전통적으로 이해력은 성공적인 크리에이티브 리더십의 본능적인 것으로 간주돼 왔지만, 대부분의 위대한 크리에이티브 디렉터는 외부 절친한 친구로부터 피드백을 받아가며 자신을 관객의 관점으로 투영할 수 있는 것이 현실이다. 그들은 이 과정을 통해 사용자 경험과 소비자에게 자신의 의도를 가장 잘 표현할 방법을 고민한다.

아티스트로서 창의적인 순수성의 정당화를 갖고 자신의 아이디어를 고수하기는 너무 쉽지만, 이것이 관객 또는 플레이어의 비용으로 이뤄진다면 기꺼이 관객의 입맛에 맞출 수 있을 것이다.

UX 분석은 제품에 대한 소비자의 반응을 편견 없는 과학적 관점으로 볼 수 있는 도구이며, 콘텐츠를 정교하게 튜닝할 때 믿을 수 있고 가장 마찰이 없는 메커니즘으로 입증됐다. UX 테스트는 거저 얻는 것이 아니다. 무작위로 불필요한 피드백을 낳지 않도록 콘텐츠가 적절한 개발 상태에 있는지 확인해야 하고, 질문을 할 때 실제로 피드백이 필요한 것을 토대로 매우 신중하게 해야 한다. 프로젝트가 거의 완성돼 가더라도 사용자와 직접 맞닿는 프로젝트의 전체 표면에 그들이 어떻게 반응하는지 이해하는 것이 더 중요해진다.

누구도 일부러 과녁을 맞추지 못하는 게임을 만들고 싶어하지 않는다. 특히 수백만 달러가 걸린 상황에서는 말이다. UX 테스트는 종종 삐걱거리기도 하는 크리에이티브 팀과 경영진의 관계 악화를 막기 위한 중요한 도구다. UX 피드백은 가혹할 수 있지만, 성공하기 위해서는 누구를 위해 제품을 만드는지를 기억하는 것이 중요하다.

10.2.3 오해 3: UX는 아직 또 다른 의견이다

게임을 만드는 데는 대개 많은 전문가를 조율해야 하며 대형 제작사이라면 게임 개발 팀이 게임 팀 자체에서, 마케팅 팀, 사업 팀, 임원진, 고객 등에서 나오는 다양한 의견을 다뤄야 할지도 모른다. 따라서 UX 입력은 게임 팀이 다뤄야 하는 또 다른 의견으로 받아들여질 수 있다. 디자이너는 이미 믿는 모든 사람에게 익숙해져 있기 때문에 특히 불안해할지도 모르겠다. 리처드 바틀Richard Bartle[7]이 지적했듯이, 게임 개발자(임원, 엔지니어 또는 아티스트이든), 언론인 그리고 플레이어 모두 그들이 디자이너라고 생각한다. 그들은 게임 및 레벨 디자이너에게 특정 게임 메카닉이나 시스템, 더하거나 빼야 하는 것, 특정 맵에서 균형이 맞지 않는다고 믿는 이유 등등에 대한 의견을 지치지도 않고 준다. 많은 사람이 인간으로서 자신의 경험 때문에 심리학을 이해한다고 믿듯이 사람들은 사용자로서 물체, 애플리케이션, 비디오 게임과의 경험 때문에 디자인을 이해한다고 믿는다. 디자이너가 아닌 사람들은 게임에 대한 디자인 피드백을 줘서는 안 된다는 이야기가 아니라, 이 현상은 일부 디자이너를 방어적인 태도를 갖게 만들 수 있다. 아티스트도 같은 문제에 맞닥뜨릴 수 있다. 어떤 사람들은 자신이 이야기, 만화책, 영화를 즐기기 때문에 아트를 이해한다고 믿기 때문이다. 엔지니어는 대개 괴롭힘을 덜 받는다. 코딩을 할 줄 모르는 사람들은 자신이 프로그래밍을 이해하지 못한다는 사실을 더 쉽게 알 수 있기 때문이다. 하지만 엔지니어는 다른 종류의 문제의 영향을 받는다. 많은 사람은 별거 아닌 듯 보이는 수정이 코드에 그다지도 큰 영향을 끼칠 수도 있는지 그 이유를 이해하지 못한다.

대체로 대부분의 게임 개발자는 대개 이미 받은 피드백(보통 너무 많다!)보다 더 많이 받으려 하지 않아서 UX 담당자는 '의견 월드'에 온 또 다른 신입으로밖에 보이지 않을 수 있다. UX 담당자는 자신의 전문 분야와 데이터(가능한 경우)를 기반으로 한 분석을 제공한다. UX 분야란 개발자가 의도하지 않았던 방식으로 플레이어의 경험에 부정적인 영향을 미칠 문제를 식별하거나 예측하기 위해 인지과학 지식과 과학적 방법을 사용하는 것이다. 또한 표준화된 연구 프로토콜을 통해 가설을 검증한다. 때로는 해결해야 할 올바른 문제 찾기가 쉽기만 한 일이 아니며, 모든 게임과 모든 경험이 다르기 때문에 올바른 답이 무엇인지 언제나 알 수는 없다. 반복은 설계에 있어 영원히 매우 중요할 것이다. 인간 요인 원칙과 인지심리학이 알아낸 인간 중심적인 설계 접근법을 사용할 때 조차도 말이다. 그렇기는 하지만 UX 테스트, 전문가 리뷰 또는 데이터 분석에서 비롯된 UX 피드백을 처리할 때 '그저 또 다른 의견'으로 취급해서는 안 된다. 올바르게 제시된다면 UX 피드백은 다양한 채널에서 비롯된 모든 피드백 중 가장 편견이 배제된 동시에 가장 중립적이다. UX 실무자가 자신의 입장을 알고 있고, 설계 및 사업 목표를 분명하게 이해하는 한 가장 객관적인 피드백을 제공해야 한다.

10.2.4 오해 4: UX는 그냥 상식이다

게임 개발자가 경험이 풍부하고 유능하면 UX 피드백 중 일부는 이미 예측했던 문제를 언급할 것이다. 정말 그렇다. 훈련된 설계자는 경험을 통해 자신의 직관을 갈고 닦으며, 자신의 지식을 형태화할 수 있는지 여부를 떠나 인지심리학과 HCI 원칙에 대해 알고 있다. UX 실무자를 통해 알려진 대부분의 원칙은 실제로는 '보편적인' 디자인 원칙이다.[8] 하지만 몇몇 결론은 때로는 UX 실무자가 지적한 다음에야 명확하게 보이기 시작할 수도 있다. 사후 과잉 확신 편향hindsight bias이라 불리는 인지적 편향이 있어 우리는 과거에 일어난 사건에 대한 모든 사실이 제시되기 전에 자신이 가진 불확실성에 대한 감정을 기억할 필요가 없기 때문에, 사건의 결과를 보고 난 뒤에 자신은 처음부터 그렇게 될 줄 알았다고 믿는다. 또한 많은 비디오 게임은 '상식'으로 보이는 문제를 안고 출시된다. 이 문제는 개발자가 상식이 부족해서 필연적으로 일어나는 일이 아니다. 지식의 저주가 불 보듯 뻔한 문제를 보지 못하게 만들었기 때문일 수도 있다. 그저 개발자가 게임을 너무 잘 알고 있어 새로운 플레이어가 어떻게 받아들일지 예측할 수 없었기 때문이다. 문제를 알고는 있었지만 그것에 익숙해져서 결국에는 있었는지조차 잊어버렸기 때문일 수도 있다. 아니면 다른 모든 우선순위와 씨름을 하다 보니 특정 문제를 고칠 시간이 없기 때문일 수도 있다. 게임이 출시된 이후 게임을 비판하는 것이 항상 쉬운 이유다. 특히 제작 기간 동안 일어난 일을 모를 때는 더 그렇다. 하지만 이 역시 겉보기에는 상식적인 문제가 다양한 이유로 간과될 수 있다는 사실을 역설한다.

하지만 대부분의 UX 권장 사항은 상식적이지 않다. 1부에서 봤듯이 인간의 뇌에는 개발자와 플레이어 모두에게 영향을 미치는 지각적, 인지적, 사회적 편향이라는 결점이 있다. 어느 분야든 연구자가 자신의 가설을 검증하기 위해 아주 표준화된 프로토콜을 사용하는 데는 그럴 만한 이유가 있다. 즉 무언가를 놓치거나 실제로 무슨 일이 벌어지는지 잘못 해석하기가 쉽기 때문이다. 잘 짜인 UX 프로세스를 따르면 게임에 있는 대부분의 문제를 식별하는 데 도움이 되며, 더 중요한 것은 플레이어의 경험에 얼마나 심각하게 영향을 미치는지에 따라, 그리고 영향을 받는 게임 기능의 중요도에 따라 우선순위를 정하는 데 도움이 된다. 예를 들어 플레이어에게 그렇게 심하게 영향을 미치는 문제는 아니지만(그리고 대부분 어느 순간 그럭저럭 파악할 수 있다) 그것이 게임의 핵심 축 중 하나에 영향을 미친다면, 플레이어에게는 영향을 미치지만 핵심 게임플레이에 필수가 아닌 고급 기능에 관한 문제보다 우선순위를 더 높이 둬야 할 것이다. UX 방법론은 정확한 문제 해결을 위해 문제가 어디서 오는지를 찾는 데도 도움이 돼야 한다. 도널드 노먼(각주 5번 참조)이 지적했듯이 문제는 대개 알아서 깔끔한 모습으로 나타나주지 않는다. 찾아내야만 한다.

10.2.5 오해 5: UX를 고려하기에는 충분한 시간이나 돈이 없다

게임 만들기는 어렵다. 개발자가 마감일에 맞춰 원하는 게임을 출시하기 위한 충분한 리소스(그것이 시간, 돈, 사람이든)를 갖는 경우는 매우 드물다. 초과 근무를 해야 하고, 결국 많은 기능을 없애야 하며, 또는 게임의 질을 희생시켜야 한다. 2015년 국제 게임 개발자 협회International Game Developers Association가 발간한 보고서에 따르면, 게임 개발자의 62%는 초과 근무를 하고, 이런 악조건에 놓인 전문가의 거의 절반은 일주일에 60시간 이상 일한다고 한다. 게다가 게임 개발 및 마케팅에는 엄청난 돈이 들어간다. 이런 이유로 새로운 프로세스를 도입하고 새로운 사람들을 고용하는 것이 복잡한 문제를 가중시키는 것으로 받아들인다. 하지만 UX 과정에 투자하는 것은 정확히 투자다. 중대한 UX 문제가 있는 게임을 출시하면 엄청난 피해를 게임에 입히는 것으로 끝날 수 있다. 잠재 고객은 당신과 경쟁하는 시장에 지금 나온 많은 다른 게임에 시간과 돈을 쓰기로 결정할 수 있다는 점을 고려하면 특히 더 그렇다. 때로는 게임 판매처 인터페이스와 상호작용할 때 플레이어의 쇼핑 흐름에 영향을 미치는 작은 사용성 문제일지라도 수익에 큰 영향을 줄 수 있다. 대부분의 게임 제작사는 출시 전에 가장 결정타가 될 수 있는 버그를 수정할 수 있도록 품질 보증QA 테스트를 활용한다. 마찬가지로 게임이 제공하는 사용자 경험을 고려하는 것은 플레이어에 영향을 미치고, 결과적으로 게임의 성공에 영향을 미칠 수 있는 가장 심각한 문제를 식별하고 수정하는 데 도움이 된다. 게다가 개발 사이클 초기의 반복 파이프라인에 UX 프로세스를 포함하는 것을 계획한다면, 종이 또는 인터랙티브 프로토타입을 하는 즉시 문제를 식별할 수 있으므로, 기능이 게임 엔진에 이미 구현됐을 때보다 훨씬 싸고 빠르게 이러한 문제를 수정할 수 있다. 구현된 기능 역시, 아티스트의 손질을 거쳐 다듬기 전에 게임에서 요소를 변경하는 편이 비용이 더 절감된다. 물론 모든 사항을 프로토타입을 통해 테스트할 수 없고, 게임 시스템에 따라서는 클로즈 베타 테스트 단계에서나 제대로 테스트할 수 있지만, 더 많은 문제를 조기에 해결할수록 개발 사이클 이후의 시스템이나 게임 밸런스 문제에 집중할 수 있는 시간을 벌 수 있다. UX를 고려할 여유가 있는지 자문하지 말고, 해서는 안 될 이유가 있는지 스스로에게 물어라.

10.3 게임 UX의 정의

'사용자 경험'이라는 용어는 다양한 관점을 설명할 수 있다. 앞서 말했듯이 이 용어는 도널드 노먼이 사용자가 제품, 웹사이트, 애플리케이션 또는 서비스를 사용하면서 가질 수 있는 모든 경험을 설명하기 위해 만든 개념이다. 이러한 철학을 가슴에 품고 보면 게임 사용자 경험은 플레이어가 비디오 게임과 갖는 모든 경험, 즉 게임에 대해 듣고, 트레일러를 보고, 게임 웹사이트에 가보고, 게임을 다운로드 및(또는) 인스톨하고, 메뉴에서부터 게임플레이에 이르기까지 게임과 상호작용하고, 고객 서비스에 연락하고, 포럼에서 사람들과 소통하고, 친구들에게 알리는 등의 경험이 따른다. 게임 UX를 향상시키기 위해 고려할 때 모든 과정이 중요하다. 하지만 이 책에서는 주로 플레이어가 게임 자체와 상호작용할 때 갖는 경험에 대해 얘기하려 한다.

비디오 게임만 생각해 볼 때, 게임 UX를 어떻게 정의할지에 대한 합의된 내용이 현재 전혀 없다. 어떤 개발자는 사용자 경험을 쉽게 게임을 사용하는 것만으로 설명하고, 게임의 재미와 정서적 참여 면은 플레이어 경험으로 분류한다.[9] 게임 UX에 대한 나의 견해는 더 일반적이고 사용자 경험, 즉 소프트웨어와 상호작용하는 것과 이 경험과 어떻게 관계를 맺는지와 같은 방식을 폭넓게 설명한 이즈비스터Isbister와 샤퍼Schaffer[10]의 정의와 같은 입장이다. UX를 설명하기 위해 '사용자 리서치'라는 용어를 사용하는 개발자도 있지만, 내게 있어 사용자 리서치는 게임 UX를 측정하기 위해 사용하는 도구와 방법론을 포함하며, 따라서 중요하긴 하지만 시스템에서 하나의 장치일 뿐이다. 함께 일하는 게임 개발자가 이 모든 것에 관해 한 뜻을 갖고 있기만 하면 게임 UX를 정의하는 가장 좋은 방법은 없다. 내가 정의하는 게임 UX와 이에 대한 소통 방식은 유비소프트, 루카스아츠, 에픽게임즈의 게임 개발자와 함께 했던 많은 상호작용과 협업을 통해 그리고 게임 산업 컨퍼런스에서 했던 많은 논의를 통해 형성됐다. 게임 UX에 관한 내 접근법이 최고라고 말하기는 어렵지만, 내게는 동료들과 협업할 때 효율적이고 실용적인 프레임워크가 됐다. 그리고 비록 나의 프레임워크가 과학적 지식을 바탕으로 하지만, 이를 학문적 의미에서 테스트하지는 않았다. 그것은 게임 개발 실무에서 나온 경험이다. 따라서 여전히 관점을 다듬고 있으며, 내가 이 업계에서 일하는 한 계속 개선해 나가려 한다.

게임 UX에 대한 나의 실용적인 접근법은 플레이어가 게임 자체와 갖는 전체 경험, 즉 메뉴와의 상호작용에서부터 게임플레이를 하는 동안 그리고 그 후에 느끼는 정서나 동기에 이르기까지를 고려하는 것이다. 게임 UX에는 플레이어가 시스템 이미지를 받아들이고, 상호작용하고, 생각하고, 비주얼 및 오디오 미학에 대한 동경을 품을 때 경험한 것은 물론이고, 게임과 인지적으로 그리고 정서적으로 관계를 맺는 방식, 게임 계속하게 만드는 동기, 플레이어가 그후 자신의 경험을 기억하는지도 전부 포함된다. 이 정의를 염두에 두고 게임 UX를 생각해 보면 '사용성'과 '인게이지 어빌리티'라는 두 가지 주요 요소로 나눌 수 있다. 게임의 사용성은 조작에 어려움은 없는지, 플레이어가 게임 인터페이스와 어떻게 상호작용하는지, 그 상호작용이 만족스러운지 여부에 관한 것이다. 인게이지 어빌리티는 더 모호한 개념으로 게임이 얼마나 재미있는지, 매력적인지, 정서적인지를 설명한다. 나는 이 요소를 '게임플로'라고 부르곤 하지만, 이 용어는 게임 개발자에게는 매우 다양한 의미로 쓰일 수 있다(12장에서 살펴보겠지만, 지금부터는 게임플로를 더 제한된 뜻으로 쓰겠다). '인게이지 어빌리티'라는 용어가 조금 거만하게 들린다는 점도 알지만 굳이 이렇게 난해한 용어를 쓰는 이유가 궁금할지도 모르겠다. 그 이유는 크게 두 가지다. 첫 번째 이유는 '인게이지먼트engagement'의 개념이 더 많은 사람, 즉 개발자나 게이머 모두에게 공감을 한다는 뜻인 반면, '재미fun' 또는 '몰입flow'은 일반적으로 더 모호할 수 있기 때문이다. 당신이 게임에 '사로잡혀 있다engage'는 말은 게임에 대해 관심을 갖고, 계속 플레이하도록 동기부여를 받았다는 뜻이며, 당신의 경험은 정서적이고, 푹 빠져 있고, 존재감을 느끼며 '재미'가 당신에게 어떤 의미든 간에 재미있어 한다. 그럼 왜 그냥 '인게이지먼트'라고 부르지 않느냐고 물을 수 있다. 멋진 질문이다. 만족스러운 답을 내가 해줄 수 있는지 확실하지는 않지만, 두 번째 이유를 들겠다. '인게이지 어빌리티'에 쓰이는 접미사 '어빌리티ability'는 게임이 사로잡을 수 있는 정도에 대한 고려가 따른다. '사용성usability'이 게임이 적절하게 사용될 수 있는 정도에 대한 고려가 따르는 것과 마찬가지다. 이러한 용어가 당신에게도 공감이 되기를 바란다!

정리하면 게임 사용자 경험은 플레이어가 게임을 어떻게 받아들이고 이해하는지, 어떻게 상호작용하는지 그리고 이 상호작용을 통해 도출된 정서와 인게이지먼트를 수반한다. 이는 게임의 사용성과 인게이지 어빌리티를 고려하는데, 이 두 가지에 대해서는 11장과 12장에서 상세히 설명하겠다. 내가 여기서 간략하게 설명하려는 게임 UX는 게임 개발을 담당하는 디자이너, 아티스트, 엔지니어, QA 테스터, 프로듀서뿐만 아니라 마케팅, 사업 팀 또는 임원단에서 일하는 전문가를 대상으로 한다는 점만 염두에 두기 바란다. 사용자 리서치 연구원과 UX 실무자만을 나의 잠재 고객으로 여기지 않는다. 이들은 내가 여기서 설명하는 것보다 이 주제에 대해 더 깊은 지식을 이미 당연히 갖고 있다고 믿는다. 그러니 이 책에서 게임 UX를 논할 때 내 목표는 주로 직업과 관점 사이에 다리를 놔, 모든 개발자가 플레이어를 위한 사용자 경험을 향상시키는 방향으로 서로 함께 일할 수 있게 하는 것이다. 목표는 지금까지 문서화돼 UX 실무자에게 주로 도움이 되는 연구 이론 및 프레임워크를 철저히 요약하는 것이 아니다. 이러한 주제에 대한 개요는 베른하웁트Bernhaupt[11]와 하트슨Hartson 및 파일라Pyla[12]의 저서를 참조하길 바란다. 불행히도 학자나 연구자가 전하는 메시지는 사람들이 그들의 결론과 권고를 이해하지 못하거나 '다른 사람을 쥐고 흔드는' 것으로 해석하기 때문에 효과적으로 전달되지 않는 경우가 종종 있다. UX 실무자의 주 목표는 사용성 준수를 따지는 '사용성 감시자'가 아니라, 팀에 있는 모든 사람이 훌륭한 경험을 만들어 낼 수 있도록 돕는 데 있다. 사실 나도 이렇게 불린 적이 있는데, 동료에게 권하고 싶은 느낌은 확실히 아니다. 좋은 협업은 메시지를 적절하게 전달하고 자신에게 다가갈 수 있도록 함으로써 시작된다. 인지과학을 다룬 1부에서 했던 것과 똑같이 2부에서도 게임에서의 현재 UX 지식과 실무를 단순화하고 핵심을 짚어 게임 개발자의 광범위한 잠재 고객을 위한 가장 쉽게 적용할 수 있는 프레임워크로 만들 것이다. 이렇게 하기 위해서는 때로는 상세한 내용을 다루지 못하거나 인간 요인 심리학에서 사용하는 것과는 다른 게임 개발자에게 더 친숙한 어휘를 사용해 설명할 것이다. 내가 이토록 UX를 옹호하고 이 개념에 대한 정보를 퍼트리려 애쓰는 이유는 사용자 경험이 개발 팀과 제작사 내에 있는 모든 사람의 관심사가 돼야 하며, 다른 모든 사람이 사용하기 위한 지침과 도구를 제공하기 위해 거기 있어야 하는 UX 전문가만의 관심사가 아니기 때문이다. 따라서 제작사 전체에서 사용되는 공유된 UX 언어가 가장 중요하다.

11

사용성

11.1 소프트웨어와 비디오 게임의 사용성
휴리스틱(Heuristics)

11.2 게임 UX를 위한 7가지
가용성

이즈비스터와 샤퍼에 따르면 게임 또는 소프트웨어를 사용할 수 있게 만드는 것은 "기억, 지각, 주의에서 나타나는 인간의 한계에 주의를 기울이는 것을 의미한다. 이는 만들어질 가능성이 있는 오류를 예상해 소프트웨어를 사용할 사람들을 위해 대비하고, 그들의 기대와 능력에 부응해야 한다는 의미이기도 하다." 사용성은 시스템이 의미하는 것은 무엇인지 그리고 이것이 어떻게 사용될 수 있는지에 대한 정보를 분명하게 전달하기 위한 시스템 이미지(즉 사용자가 받아들이고 상호작용하는 것)의 능력을 고려하는 것이다. 게임을 플레이하는 것은 인간이라는 점을 고려할 때, 게임 개발자는 확실하게 사용할 수 있는 게임을 만들기 위해 인간의 역량과 한계를 고려해야만 한다. 이것은 앞서 설명한 사용자 경험(10장)에 대한 주요 오해에서 봤듯이 게임을 하향평준화한다는 의미가 아니다. 이것은 시스템 이미지가 인간의 지각, 인지, 동기를 끌어안지 않으면 유도할 수 있는, 불필요하고 원치 않는 불만스러운 일을 없애는 것에 대한 이야기다.

사용성은 훌륭한 사용자 경험을 제공하기 위한 첫 걸음이다. 게임에서 간단한 작업을 이해하거나 해내기 위해 애를 써야 한다면 극단적인 경우, 플레이어가 게임을 그만두게 만드는 간과할 수 없는 장애물을 만들어내고도 남는다. 사용성이 나쁜 게임이 주는 경험은 잘해야 짜증나는 것이나 플레이어가 게임의 특징이나 기능을 발견하고 즐기는 것을 방해하는 정도로 끝난다. 최악의 경우, 당신의 탁월한 게임은 전혀 플레이할 수 없는 것이 될 수 있다. 게임이 정말 혁신적이라면 해당 게임이 화제가 되거나 플레이어의 모든 친구가 게임을 하기 때문에 좌절감을 극복하기 위해 더 많은 노력을 기꺼이 한다면 중요한 가용성 문제를 피할 수 있을 것이다. 어쩌면 말이다. 하지만 그런 경우는 거의 없다. 따라서 나라면 이런 일을 기대하지 않겠다. 예를 들어 〈마인크래프트〉의 경우, 이 게임이 출시됐을 때 다른 어떤 게임에서도 느낄 수 없었던 유니크하고 깊이 있는 창의적인 경험을 제공했기 때문에 몇몇 사용성 문제를 비껴갈 수 있었다. 하지만 본질적으로 덜 획기적인 〈마인크래프트〉 계승자들은 그런 사치를 누리지 못할 것이다. 무료 게임의 경우 사용성 문제는 최초의 인게이지먼트 또는 기억에 영향을 미칠 수 있기 때문에 훨씬 더 결정타가 될 수 있다. 플레이어가 해당 게임에 전혀 돈을 투자할 필요가 없을 때 플레이에 대한 책무가 낮기 때문이다. 아주 작은 불만이나 좌절감일지라도 처음 몇 분간의 게임 경험으로 끝나버리게 할 수 있다. 예를 들어 플레이어가 상점에서 아이템을 사는 이유 또는 방법을 이해하지 못하는 경우처럼, 수입에도 극적인 영향을 끼칠 수 있다. 다시 말하지만 지금 여기서 논의하는 사항은 HUD에 있는 아이콘의 의미를 이해하지 못하거나, 무기 장착에 어려움을 겪거나, 이유를 모른 채 죽어가는 것처럼 설계되지 않은 불만이나 좌절감이다. 물론 게임플레이가 제공하는 그리고 설계된 도전에 대한 이야기 역시 아니다.

11.1 소프트웨어와 비디오 게임에서의 사용성 휴리스틱

UX 실무자는 사용 가능한 인터페이스는 사용자에게 '투명한' 느낌을 준다고 종종 말한다. 하지만 이 개념은 오해의 여지가 있으며, 비디오 게임 HUD를 고려할 때는 특히 그렇다. 가끔 게임 개발자는 HUD 전체를 없애면 플레이어에게 더 훌륭한 몰입감을 줄 수 있다고 믿지만, 이는 역효과를 낳을 수 있다. 'HUD'의 가장 중요한 취지는 사용자가 중요한 정보를 기억하거나 검색해야 하는 것을 방지하는 데 있기 때문이다. 거추장스럽게 무겁고 과한 HUD(예를 들어 상황에 따라 달리 보이게 만든)는 분명 피해야 하지만, 전체를 없애면 결과적으로 플레이어에게 더 많은 마찰과 인지 부하 또는 몰입감을 덜 만들어낼지도 모른다. 플레이어는 필요한 정보를 얻기 위해 메뉴를 열어야 하는데, 이는 게임 월드에서 플레이어를 끄집어 내기 때문이다. 물론 HUD를 거치지 않고 게임 월드 안에서 유용한 정보를 직접 줄 수 있고, 이것이 플레이어에게 편하면 더할 나위 없이 좋다! 이 기법을 '다이어제틱diegetic' 인터페이스라 부르며, 더 몰입적이고 우아한 것으로 판명될 수 있다. 하지만 제대로 하려면 훨씬 더 힘들다는 점을 명심하기 바란다. 게임 월드와 일치할 뿐만 아니라 명확하고 받아들이기 쉽게 다이어제틱 사용자 인터페이스UI를 만드는 방법은 분명하지 않다. 효과적인고 우아한 다이어제틱 UI의 예로 자주 언급되는 것은 비서럴 게임즈Visceral Games의 〈데드 스페이스Dead Space〉에 있는 헬스 시스템이다. 대부분의 3인칭 액션 게임과는 달리 〈데드 스페이스〉에 있는 헬스 바health bar는 HUD 한쪽 구석에 표시되거나 주인공 캐릭터의 아래에 표시되지 않는다. 그 대신 캐릭터 모델 자체에 통합돼 있다(그림 11.1 참조). 〈데드 스페이스〉의 게임 월드는 전반적으로 꽤 어둡지만, 헬스 게이지가 밝아서 대비를 이룬다. 이는 지각하기 쉽고, 대부분의 액션 게임플레이어는 조준용 십자선이 있는 스크린 중앙을 주시하기 때문에 HUD(주변 시야)에 있는 것보다 십자선 가까이에 헬스 게이지를 두면 재빠르게 훑어보기가 더 편하다. 자주 거론되는 다이어제틱 인터페이스의 또 다른 예는 무기 모델에 표시된 탄약 수다. 이는 1인칭 슈팅 게임에서 많이 볼 수 있지만, 일반적으로는 이것으로 HUD에 표시되는 탄약 수를 대체하지 않는다. 이는 무기 모델과는 달리 움직이지 않고 플레이어에게 필요한 추가 정보(예: 클립 수)를 제공하기 때문에 여전히 필요하다.

그림 11.1 비서럴 게임즈의 데드 스페이스(출처: 일렉트로닉 아츠, © 2008 Electronic Arts)

따라서 UI를 투명하게 만든다는 것은 HUD를 없앤다는 의미가 아니다. 이는 플레이어에게 부담이나 혼란을 주지 않고 메뉴, HUD, 게임 월드 그리고 게임의 거의 모든 것에 걸쳐 알맞은 때에 유용한 정보를 준다는 의미다. 익숙하지 않은 차종을 빌린다고 상상해 보자. 멋진 드라이브를 경험하고 싶기 때문에 읽기 쉬운 대시 보드와 엔진 시동, 앞 유리 와이퍼 켜기 등 쉽게 파악할 수 있는 컨트롤이 필요하다. 속도계, 연료 게이지 등 필요한 정보를 찾고 읽거나 차량을 제어하는 데 어려움이 없어야 차의 인터페이스가 투명하게 느껴진다. 하지만 인터페이스는 그저 방해가 되지 않을 뿐 여전히 그곳에 있으며 당신을 지원한다. 이것이 '투명하다'라는 의미다. 인터페이스를 생각조차 하지 않아도 목표를 달성할 수 있다. 인터페이스가 사용하기 어렵다고 느낄 때 방해가 되며 불만이나 좌절감을 만들어낸다. 게임 사용성도 이와 마찬가지다. 플레이어가 느꼈으면 하고 바라는 경험을 방해하는 것은 없는지 꼼꼼히 확인하고, 불필요한 불만이나 좌절감, 즉 혼동을 일으키는 지점을 없애야 한다. 물론 모든 사용성 문제를 사용자가 찾아내는 것은 아니다. 플레이어는 시스템과 상호작용을 할 때 가끔 정확한 이유는 모르지만 불만이나 좌절감을 느끼기도 하고, 이런 느낌의 원인을 엉뚱한 곳에서 찾을 수도 있다. 플레이어는 디자이너가 아니며, 포럼에서 불만을 얘기할 때처럼 자신이 맞닥뜨리는 유용성 문제의 근원을 반드시 확인할 필요가 없다. 마찰의 원인을 정확하게 찾아내는 또 하나의 방법은 플레이어가 자신의 집에 있는 것처럼 아무런 지침 없이 게임을 플레이하는 플레이테스트 같은 UX 테스트를 하는 동안, 게임을 조작하는 플레이어의 행동을 관찰하고 분석하는 것이다. UX 테스트, HCI 전문가가 시행하는 사용성 평가, 전반적인 사용자 리서치가 게임의 사용자 경험을 향상시키는 데 항상 결정적 역할을 한다(13장 참조). 궁극적으로 사용자 경험은 최종 사용자와 결부되기 때문이다. 따라서 그들이 경험하는 것을 정확하게 확인하고, 불만이나 좌절감의 원인이 무엇인지 분석해야만 한다. 반복은 개발 사이클의 열쇠이니 디자인-구현-테스트 루프는 언제나 필요하다. 하지만 이미 염두에 둔 사용성 가이드라인으로 인터페이스와 상호작용을 설계하면 유리한 고지에서 시작할 수 있다.

좋은 사용성을 보장하는 것은 인간-컴퓨터 상호작용 분야의 핵심이다. 가이드라인은 웹이나 소프트웨어 인터페이스의 사용 편이를 위해 중요한 사항을 평가하기 위해 1990년대에 제정됐다. 이 가이드라인은 휴리스틱 또는 경험 법칙이라고 하며, 제품이나 소프트웨어의 사용성을 평가하는 데 도움이 된다. 또한 마찰의 원인을 식별하거나 사용자 리서치 연구원이 게임에 대해 보고하는 것을 더 잘 이해하는 데 힘을 보태기 때문에 귀중한 시간을 절약하고, 일반적인 위험을 피하고, 문제를 예측해 효과적으로 고치는데 도움이 된다. 하지만 사용성 휴리스틱은 그 목표가 전문적인 사용성 평가를 이끄는데 있기 때문에 디자인 표준과는 다르지만, 이를 염두에 두면 유용하다. 사용성 휴리스틱은 게임을 설계할 때 흔히 경험하는 사용성 문제가 무엇인지 이해하는 데 도움이된다.

가장 많이 언급되는 소프트웨어와 웹 디자인을 위한 휴리스틱은 HCI 전문가이자 사용성 컨설턴트인 제이콥 닐슨Jakob Nielsen[1]이 만들었다. 닐슨은 원래 1990년에 롤프 몰리치Rolf Molich와 협력해[2] 상호작용 디자인을 위한 10가지 휴리스틱 또는 일반 원칙을 도출했다. 이는 닐슨 노르만 그룹 웹사이트(https://www.nngroup.com/)에서 찾아볼 수있으며, 10가지 사용성 휴리스틱은 다음과 같다.

1. **시스템 상태의 가시성**: 시스템은 수행할 수 있는 행위에 대한 정보를 사용자에게 전달해야 한다(기표signifiers). 사용자가 일단 시스템과 상호작용을 한 후에는 그들의 의도를 전달받았음을 알리는, 신속하고 적절한 피드백도 줘야 한다(실수나 문제가 없다면). 예를 들어 엘리베이터에서 층이 적힌 버튼을 누르면 원하는 층으로 갈 수 있다. 버튼을 일단 누르면 좋은 사용성 실천, 즉 버튼을 누르면 불이 들어오는 것 같은 즉각적인 피드백을 사용자에게 제공한다. 피드백이 없으면 혼란 또는 불만으로 이어질 수 있다. 앞선 예에서 불이 들어오지 않으면 버튼을 망가뜨릴지도 모른다. 마찬가지로 '플레이' 버튼을 클릭할 때 게임 로딩을 알리는 피드백을 기대한다.

2. **시스템과 현실 세계와의 일치**: 시스템은 타깃 고객에게 익숙한 언어와 개념을 갖고 소통해야 한다. 시스템은 현실 세계에 대한 메타포나 유추도 사용해야

한다. 예를 들어 '폴더'에 파일을 정리하는 현실 세계 개념은 컴퓨터 인터페이스에서 사용자가 시스템 작동 방식을 이해하는 데 도움을 준다. 게임에서 배낭은 플레이어 인벤토리에 대한 친숙한 메타포다.

3. **사용자 통제와 자유**: 사용자는 실수를 하거나 생각을 바꿀 수도 있다. 예로 온라인 구매에서 사용자가 쇼핑 카트에서 아이템의 수를 변경하거나 취소할 수 있게 하거나, 쉽게 삭제할 수 있게 하는 것이 사용자 통제와 자유를 가능하게 하는 사례다. 마찬가지로 해당될 경우 플레이어가 생각을 바꾸거나 취소할 수 있게 하자.

4. **일관성 및 표준**: 플랫폼 관례에 따르는 것은 중요하다. 익숙한 단어, 아이콘 또는 액션은 사용자가 시스템의 작동 방식을 이해하는 데 도움이 되기 때문이다. 예를 들어 검색 기능은 예전부터 돋보기 아이콘을 쓰는 데, 이는 관례가 돼 사용자도 이미 그 뜻을 알고 있다. 게임의 경우 예를 들면 서양에서는 플레이스테이션4^{PS4}에서 메뉴를 탐색할 때 일반적으로 ○(동그라미) 버튼을 취소 또는 뒤로 가기 기능으로 사용한다.

5. **오류 방지**: 시스템은 사용자 오류가 발생하지 않는 방식으로 설계돼야 한다. 예를 들어 사용자가 변경을 저장하지 않고 파일을 닫으려는 행위처럼 위해가 잠재적으로 있는 작업을 완료하기 전에 시스템에서는 확인을 요청해야 한다. 플레이어가 귀중한 아이템을 이용하려 할 때(만드는 재료를 빼내기 위해), 오류일 때를 대비해 확인을 요청해야 한다.

6. **재인**recognition **보다는 회상**: 사용자의 기억 부하를 최소화하기 위해 개체, 동작, 옵션을 볼 수 있게 만드는 것은 중요하다. 사용자가 대화를 하다가 다른 쪽 이야기를 억지로 기억하게 해서는 안 된다. 예를 들어 메뉴를 검색할 때 사용자는 웹사이트나 애플리케이션에서 자신의 현재 위치를 추적할 수 있어야 한다.

이를 전문 용어로는 브레드크럼 트레일breadcrumb trail, 일반적으로는 이동 경로라고 한다. 마찬가지로 컨트롤러 전체 이미지를 보여주며, 특정 상황에서 사용자가 눌러야 하는 버튼을 밝게 표시하면 버튼 레이블(이름이나 기호)만 표시될 때와는 달리 플레이어가 버튼이 어디 있는지 떠올릴 필요가 없다.

7. **사용의 유연성 및 효율성**: 사용자가 인터페이스에 옵션을 더하거나 없애 커스트마이징할 수 있도록 해 자신의 경험을 재단할 가능성을 기꺼이 제공하라. 예를 들어 검색 엔진에서는 전문 사용자를 위해 검색 필터를 추가할 수 있는 옵션을 제안할 수 있다. 게임에서는 예를 들어 컨트롤을 다시 매핑할 수 있도록 허용하면 사용성 및 접근성이 좋아진다.

8. **미적이고 미니멀리스트**minimalist**에 입각한 디자인**: 정신을 산만하게 하고 관계없는 모든 정보를 없애라. 추가되는 정보 하나하나는 사용자가 관련 정보를 식별하고 이에 집중할 수 있게 걸러내야 할 소음과 같은 역할을 한다. 구글 검색 엔진의 디폴트 페이지는 미니멀리스트 디자인의 훌륭한 사례다. 게임도 마찬가지다. HUD와 메뉴, 특히 홈 화면에서 필요 없는 정보를 전부 없애라.

9. **사용자가 오류를 인식, 진단, 복구하도록 도움**: 에러 메시지는 문제를 정확하게 설명하고 해결책을 제시하기 위해 솔직담백하게 써야 한다. 예를 들어 사용자가 찾는 웹페이지가 '404 오류'를 발생한다고 말하는 대신, 시스템은 "죄송합니다. 찾고 계신 페이지를 찾을 수 없습니다."라는 식으로 누구나 쉽게 이해할 수 있는 표현으로 말하고, 그 후 어떻게 하면 될지를 사용자에게 알려줘라. 마찬가지로 플레이어가 탄약이 떨어졌는데 슈팅하려 할 때 그냥 짜증나는 사운드를 틀어서는 안 된다. 사운드 효과와 더불어 "탄약이 떨어졌어!"라는 텍스트를 표시할 수 있다.

10. **도움말 및 문서화**: 문서 없이도 시스템을 사용할 수 있어야 하지만, 사용자에게

필요할 때 효과적이고 쉽게 이해할 수 있는 도움말을 제공하는 것이 중요하다. 동그라미 안에 물음표가 그려진 마크로 종종 표시되는 상황별 도움말은 필요한 곳에 제공되는 추가 정보의 사례다. 게임은 플레이하기 위한 매뉴얼이 필요 없지만, 플레이어가 뭔가를 잊어버렸을 때 참고할 수 있도록 게임에 있는 모든 툴팁을 전용 공간에 모아 놓는 편이 좋다.

휴리스틱으로 게임을 평가하려는 아이디어는 1980년에[3] 도입됐지만, 특정 비디오 게임 휴리스틱은 2000년대에 이르러서야 크게 번성하게 됐다.[4] 게임 휴리스틱의 예는 다음과 같다.

- 컨트롤은 커스터마이징 가능해야 하며, 업계 표준으로 디폴트 설정해야 한다.
- 피드백은 사용자 컨트롤을 표시하기 위해 즉각적으로 제공해야 한다.
- 플레이어에게 압박감을 주되 불만이나 좌절감을 주지 않도록 게임 페이스를 조절한다.
- 명확한 목표를 제공하고 게임 내내 단기 목표뿐만 아니라 중요한 목표를 이른 시기에 제시한다.
- 게임에는 플레이어가 게임에 더 몰입할 수 있도록 그들의 역량을 증가시키고 그들의 능력을 커스터마징해서 확장할 수 있는 보상이 있어야 한다.
- 플레이어는 게임플레이의 일부로 이야기를 찾아낸다.
- 한꺼번에 많은 텍스트를 쓰지 않는다.
- 플레이어는 자신감에 차 있어야 한다. 즉 위협과 기회에 반응할 시간과 정보가 필요하다.
- 플레이어가 꼼짝 못하거나 헤매기 쉽게 만들지 마라.

- 사용자 인터페이스는 게임 안에서 그리고 게임 간에 일관돼야 한다.
- 게임에서 사용되는 용어와 언어는 이해하기 쉬워야 한다.
- 사용자 인터페이스는 플레이어가 게임플레이의 일부가 아닌 실수나 잘못을 하지 않도록 설계해야 한다.

이 책을 읽는 당신이 UX 실무자이고 게임 휴리스틱에 익숙하지 않다면 이에 관해 더 많이 배워 보라고 적극 권장한다. 하지만 이러한 휴리스틱은 개발 팀과 공유된 언어를 수립하거나 기억하기 쉬운 가이드라인을 제공하기 위한 것이 아니다. 게임 휴리스틱은 사용자 리서치 연구원이 게임 사용성을 평가하는 데 도움이 되라고 특별히 고안된 것이다. 다음 절에서는 더 작은 주요 게임 사용성, 휴리스틱과 디자인 지침의 혼합, 게임 개발자에게 더 친숙해야 할 단어 사용에 대해 설명한다.

11.2 게임 UX를 떠받치는 7가지 사용성

이번 절에서는 게임의 사용성을 확실히 높이는 데 도움이 될 수 있는 주요 주석을 구성하는 휴리스틱과 디자인 원칙의 혼합에 대해 내 경험을 바탕으로 설명하겠다. 이는 내 자신의 사고 과정에 영감을 준 몇 가지 사용성 요소를 설명했던 유비소프트 개발자들과 함께한 사용성 트레이닝 세션에 큰 영향을 받았다. 이 7가지가 정말 완벽하지는 않지만, 염두에 둬야 할 것의 개요를 충분히 보여준다고 믿는다. 참고로 시스템과의 상호작용을 통해 유발된 정서처럼 사용성과 관련된 일부 요소는 이 책의 12장 '인게이지 어빌리티'에서 대신 다룬다. 다시 한번 말하지만 이 7가지 사용성은 주로 게임 제작사에서 일반적인 언어와 프레임워크를 쉽게 하기 위한 것이므로, 모든 개발자가 게임 UX를 향상하는 데 참여할 수 있고 이에 관심을 갖게 하는 데 그 목적이 있다.

11.2.1 사인 및 피드백

이 사용성은 제이콥 닐슨Jakob Nielsen(각주 1번 참조)의 '시스템 상태의 가시성' 휴리스틱과 비슷하다. 하지만 나와 함께 일했던 게임 개발자 중 그 누구도 이 어휘를 사용하지 않는다. 그 대신 자주 사용하는 용어는 '신호cue', '사인sign', '피드백'이다. 비디오 게임에서 사인은 플레이어에게 게임의 진행 상황, 즉 정보 제공용 사인을 알리거나 플레이어가 특정 행위를 해내도록 권장하는(권유용 사인) 모든 시각, 오디오, 햅틱haptic(촉각) 신호를 나타낸다. 사인은 특정한 의미를 가지며, 이를 해석하는 플레이어에게 특정한 정보를 전한다. 기호학에서 사인은 특정한 형식(기표)과 의미(기의signified : 기호에 의해 표시되는 언어의 개념)를 갖지만, 게임 개발에서 말하는 사인 또는 신호는 기능에 대해 알리기 위한 특정한 형식을 갖는다(이어지는 '기능에 따르는 형태' 절 참조). 피드백은 플레이어의 행위에 대한 지각할 수 있는 시스템 반응을 제공하는 특정 유형의 사인이다.

- 정보 제공용 사인

  정보 제공용 사인informative sign은 플레이어에게 시스템 상태를 알린다. HUD(다이어제틱 사인의 경우 캐릭터 모델에 직접 표시됨)에 녹색 바 또는 빨간색 하트로 표현되는 아바타의 헬스 레벨이 그 예다. HUD에는 플레이어에게 알리는 다수의 정보 제공용 사인으로 구성되는데, 예를 들어 플레이어의 체력 레벨, 탄약 레벨, 현재 장착 중인 무기, 현재 스코어, 맵에서의 위치, 사용할 수 있는 능력이 무엇인지, 충전 중인 능력이 있는지 여부 등이 있다. 정보 제공용 사인은 쉽게 알아볼 수 있어야 하지만, 게임에서 일어나는 주요 행위에 대한 플레이어의 주의를 방해하거나 분산시켜서는 안 된다. 이것이 바로 정보 제공용 사인 대부분이 플레이어의 주변 시야에 있는 HUD에 있는 이유다. 프론트엔드 메뉴 역시 다수의 정보 제공용 사인으로 구성되는데, 대부분 캐릭터, 장비, 스킬 등을 설명하는 텍스트 형식이며, 이는 플레이어가 게임의 세부 사항을 이해하고 결정하는 데 도움이 된다(예를 들면 다음 번에는 기술 A와 B 중 어느 것을 살까?)

- **권유용 사인**

권유용 사인inviting sign의 목적은 플레이어가 특정한 행위를 해내도록 설득하는 데 있다. 예를 들어 NPCnon-player character 위에 떠 있는 노란색 느낌표는 플레이어가 해당 NPC와 상호작용하라는 뜻일 수 있다. 비디오 게임에서의 권유용 사인은 플레이어 행동을 형성하고 플레이어를 인도하기 위해 설계된다. 대부분의 경우 권유용 사인은 플레이어의 주의를 끌어야 하기 때문에 게임 월드와 현저한 대비를 이뤄야 한다. 한 가지 예외는 권유용 사인이 의도적으로 눈에 띄지 않게 설계된 경우다. 예를 들어 닌텐도의 〈젤다의 전설: 신들의 트라이포스A Link to the Past〉에서 살짝 금이 간 벽은 파괴할 수 있음을 나타낸다. 일부 정보 제공용 사인은 즉각적인 주의를 요하는 상태일 때 권유용 사인으로 바뀔 수 있는데, 플레이어의 헬스가 낮을 때 헬스 바가 빨간 색으로 변하면서 번쩍이는 경우를 예로 들 수 있다. 이렇게 하면 플레이어가 헬스를 충전하도록 유도할 수 있다. 헬스 포션health portion을 마시거나 시간이 지나면서 헬스가 충전되도록 전투에서 벗어나 있다.

● **피드백**

피드백은 플레이어의 행위에 대한 시스템의 반응을 플레이어에게 알리는 특정한 사인이다. 플레이어가 컨트롤러로 아바타를 앞으로 움직일 때 나오는 아바타 애니메이션은 피드백의 한 예다. 플레이어가 발사하면 감소하는 HUD 또는 무기에 표시되는 탄약 수도 또 다른 피드백이다. 모든 플레이어 행위는 그 결과를 알리는 즉각적이고 적절한 피드백이 있어야만 한다. 예를 들어 반다이 남코의 〈철권^{Tekken}〉 시리즈 같은 파이팅 게임에서 플레이어가 적을 때릴 때 그 충돌 지점에 보이는 시각적 효과가 하나의 피드백이다. 이 피드백은 플레이어가 날린 타격이 적에게 제대로 가해지면 멋진 주황색 시각적 효과(그림 11.2 참조)로, 적이 슬쩍 피한 경우 하얗게 빛나는 원으로 그 실효성 여부를 알린다. 예를 들어 플레이어가 아무런 효과가 없는 버튼을 눌러도 짧은 사운드 효과 같은 미세한 피드백을 주는 것이 좋다. 이렇게 하면 플레이어가 효과 없는 버튼임을 알 수 있기 때문에 계속해서 눌러 보는 일이 없어진다. 또 다른 예는 플레이어가 현재 충전 중인 능력을 사용하려 할 때 피드백은 더 눈에 띄어야 하며, 플레이어에게 지금 실행할 수 없는 이유를 알려야 한다. HUD에 있는 해당 능력을 반짝거리게 해서 충전 중임을 알리거나 조준 십자선 아래에 "아직 준비되지 않았음!" 같은 팝업 텍스트를 추가해 알린다.

그림 11.2 철권 7(출처: 반다이 남코 엔터테인먼트, ©2017 BANDAI NAMCO Entertainment Inc.)

게임에 있는 모든 기능과 가능한 상호작용은 연결된 사인과 피드백이 있어야 한다. 따라서 기능, 메카닉, 조준 십자선에 있는 사인과 피드백을 포함한 무기 비헤이비어 behavior, 캐릭터 비헤이비어 등이 확립되는 즉시 이에 대해 생각하는 것은 매우 중요 하다. 이른 시기에 요소와 연관된 가능한 사인과 피드백 모드를 리스트로 만들면 UI 디 자인, 아티스트 그리고 사운드 디자이너가 적절한 애셋을 준비하는 데 도움이 된다. 이 는 나중에 플레이어가 모든 사인을 제대로 해독(이해)했는지 확인하는 사용자 리서치 연구원에게도 도움이 된다. 좋은 사인과 피드백이 있는 게임은 플레이어가 게임 월드 와 UI에서 자신만의 지각과 상호작용을 통해 게임 룰을 쉽게 이해할 수 있다. 튜토리얼 텍스트조차 적어질 수 있다. 오브젝트와 상호작용하도록 플레이어를 유도하는 등 권유 용 사인이 그 역할을 제대로 하면, 플레이어에게 다음에 무엇을 해야 하는지 알려줄 텍 스트를 추가할 필요가 없다. 반대로 사인과 피드백이 없거나 충분히 명확하지 않으면

(다음 주제인 명료성 참조) 혼란과 불만 또는 좌절감이 생겨날 수 있다. '사인 및 피드백'은 좋은 게임 사용성을 위한 중심 주제다.

11.2.2 명료성

명료성clarity은 게임에서 지각력 관점(명암, 폰트 사용, 정보 계층)에서 모든 사인과 피드백을 이해하는 플레이어의 능력과 관련된다. 게임에서 플레이어에게 한 요소와의 상호작용을 권유하는 사인이 백그라운드와 충분히 대비가 되지 않으면 플레이어가 이를 보지 못할 수도 있다. 따라서 좋은 지각력은 사인 및 피드백 명료성에 아주 결정적이다. 예를 들어 사용하는 폰트는 읽기 편해야 한다. 읽기 어려운, 한껏 멋을 낸 독창적인 폰트보다 읽기 쉬운 '재미없는' 클래식 폰트를 선택하는 것이 좋다. 물론 게임을 위해 감각적이고 독특하면서도 읽기 쉬운 폰트를 만들어 낼 수 있다면 금상첨화다! 하지만 폰트는 고려하지 못할 수도 있는 난독증 플레이어 같은 일부 잠재 고객에게만 영향을 미치거나, 그 영향을 측정하기에는 너무 미묘해서 실제로는 정말 그런지 확인하기가 쉽지 않다. 예를 들면 폰트를 읽을 수는 있지만 사용 가능한 폰트에 비해 읽는 데 시간이 더 많이 걸린다. 폰트 가이드라인은 존재하며 찾기 쉽다. 예를 들어 폰트의 개수 및 폰트 색상을 3가지 이하 최소한으로 달리하고, 대문자는 짧은 제목에 더 적합하므로 대문자만 사용하는 긴 문장을 피하고, 텍스트가 배경과 잘 대비를 이루고(텍스트를 게임 월드 위에 직접 대비시키지 말고 오버레이 위에 배치), 적당한 텍스트 크기를 보장하려면 산세리프san serif 폰트 사용을 권한다. 텍스트 가독성은 클래스, 능력, 스킬, 장비 등 플레이어가 중요한 결정을 해야 하는 인터페이스에서 특히 중요하다. 디자이너는 아이템을 설명하는 데 너무 많은 글을 쓰는 경향이 종종 있다. 하지만 경험에 정서를 보탤 수 있는 것이 좋은 묘사이기 때문에(12장 참조) 플레이어의 결정, 특히 그 결정이 전략적일 때(그저 표면적인 경우가 아닌) 도울 수 있는 것이 더 중요하다. 클래스, 무기 또는 능력의 주요 특징과 장점을 설명할 때는 글머리 기호를 사용하라. 대부분의 잠재 고객이 어쨌거나 읽지 않을 긴 문장을 피하라. 정보는 두 가지 아이템 또는 그 이상을 서로 비교하기 쉬운 방식으로(그림 11.3에 예로 든 블리자드의 디아블로 III^{Diablo 3} 참조) 정리하라. 정보는 한 눈에 쉽게 파악할 수 있도록 인포그래픽^{infographic}을 사용하라. 예를 들어 무기가 무엇을 하는 데 좋고 좋지 않은지를 막대그래프를 사용해 분명하게 보여줘라. 그림 11.4에서 예로 든 〈파 크라이 4^{Far Cry 4}〉를 보면, 초점이 맞춰진 무기가 큰 데미지를 일으킬 수 있고 이동성은 좋지만 정확도, 범위, 사격률은 그다지 좋지 않다는 것을 한 눈에 쉽게 알 수 있다.

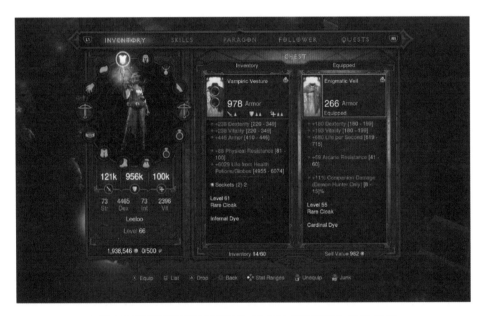

그림 11.3 블리자드의 디아블로 III(출처: 블리자드 엔터테인먼트, Diablo® III)

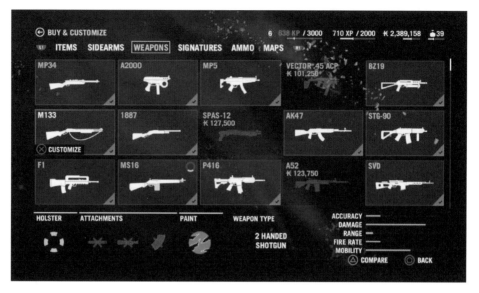

그림 11.4 유비소프트의 파 크라이 4(출처: 유비소프트 엔터테인먼트, © 2014, All Rights Reserved)

3장에서 설명했던 지각의 게슈탈트 원리 역시 게임 인터페이스의 명확성을 향상시키는 데 유용한 가이드라인을 제공한다. 기억하는지 모르겠지만, 이러한 원리는 인간의 마인드가 환경을 어떻게 받아들이고 체계화하는지를 설명하기 위해 사용됐다. 예를 들어 게슈탈트의 근접의 원칙에 따르면 서로 비슷한 요소는 같은 그룹에 속하는 것으로 해석된다. 게슈탈트 원리를 적용하면 플레이어가 올바르게 이해할 수 있을 방식으로 디자이너가 게임 인터페이스를 체계화하는 데 도움이 된다. 예를 들어 3장에서는 〈파 크라이 4〉의 프론트엔드 메뉴에서 스킬 아이콘 사이의 공간을 재구성하면 플레이어가 정보를 받아들이고 해독하는 데 어떻게 도움이 되는지를 살펴봤다. 게임에서 사용하는 모든 아이코노그래피가 모호하거나 혼란을 주지 않는지, 즉 여러 의미로 해석되지 않도록 확인하라. 물론 이 지각의 애매함이 게임의 도전 중 일부가 아니라면 말이다.

사인 명료성에 대해 고려할 마지막 핵심 개념은 고전적인 인간 요인인 신호 탐지 이론 signal detection theory이다. 신호 탐지 이론의 전제는 모든 추론과 의사 결정은 일정 수준의 불확실성이 있을 때 일어난다는 것이다. 이는 지저분한 테이블에서 열쇠를 찾거나 마틴 핸드포드Martin Handford의 〈월리를 찾아라!〉 게임에서 월리를 발견하는 것처럼 소음 사이에서 관련 정보를 탐지하는 것이다. 슈팅 게임에서 적을 탐지하는 예를 하나 들어보겠다. 적의 캐릭터 디자인이 게임 월드에 충분히 잘 대비되지 않으면 플레이어는 이런 타입의 적을 탐지하기 더 힘들다. 물론 일부러 그렇게 만들 수도 있다. 플레이어의 지각을 재미를 위해 여러모로 활용할 수 있으므로 게임플레이에 적절하다면 불확실성의 수준을 변경할 수 있다.[5] 예를 들어 '허위 경보'를 늘리기 위해 그리고 플레이어가 적이 아닌 오브젝트를 실수로 쏘게 하기 위해 게임 환경에 적처럼 보이는 요소(같은 색상이나 전반적인 형태를 띤)를 추가할 수 있다. 하지만 플레이어가 게임에서 특정한 사인에 주의를 기울여야 할 때는 놓치지 않도록 나머지 게임 환경에 반해 쉽게 탐지할 수 있도록 꼼꼼히 살펴야 한다. 내가 '빨간색 과부하'라고 부르는 것이 하나의 예다. 빨간색은 피의 색이고, 오래전부터 경고나 위험을 알리는 사인에 사용하는 색상이다. 게임에서는 상대로부터 받은 데미지나 위협을 나타내는 데 종종 사용된다. 빨간색은 충분히 대비가 이뤄진다면 나머지 환경에 반해 쉽게 눈에 띌 수 있는 색상이기도 하다. 하지만 게임 요소 중 너무 많은 곳에 이미 빨간색을 사용한 경우, 또 다른 빨간색 사인은 가장 두드러지는 요소가 아니므로 특히 탐지하기가 쉽지 않다. 즉 빨간색과 관계없는 '노이즈'는 플레이어가 관련된 빨간색 사인을 빠르게 탐지하기에는 너무 영향력이 크다. 1인칭 슈팅 게임인 에픽게임즈의 〈언리얼 토너먼트 3Unreal Tournament 3〉에서는 레드팀인 경우 점수, 헬스 레벨, 탄약 개수 등 대부분의 HUD가 빨갛다. 데미지를 입으면 화면 주변부도 빨갛게 변한다. 이 모든 빨간색 '노이즈'는 플레이어가 공격의 출처를 나타내는 조준 십자가 주변의 빨간색 화살표에 집중하거나 탐지하기 더 어렵게 만들

208

수 있는데, 이것은 적이 플레이어를 죽이기 전에 플레이어가 적을 충분히 빨리 죽일 수 있는 기회를 원하는지에 대한 가장 적절한 정보다(그림 11.5 참조). 내 주장은 사용자 리서치 연구소에서 입증하기가 꽤 어려웠다. 하지만 빨간색 과부하 현상이 주의를 산만하게 만들 것이라고 의심한다. 초보 플레이어에게는 특히 더하다. 레드팀에 있는 플레이어가 블루팀 적을 탐지하는 데 1000분의 몇 초 정도 더 오래 걸릴 수도 있다고 의심했다. 특히 해당 매치 이전에 블루팀에 있던 플레이어라면 주변에 움직이는 빨간색은 무엇이든 간에 쏘는 연습이 됐기 때문에 특히 더 하다. 이렇게 되면 반응 시간이 몇 밀리초가 더 걸리거나 덜 걸리는지를 치열하게 경쟁하는 플레이어와 그들의 적에게 게임 결과가 달라질 수도 있는 영향을 줄 수 있다. 이는 5장에서 다룬 스트룹 효과와 다소 비슷하다. 즉 잉크 색이 색채 단어와 일치하지 않을 때 잉크 색의 이름을 말하는 데 시간이 더 걸린다. 이제는 빨간색 캐릭터를 동지로 여겨야 할 때라서 우선은 빨간색 요소를 향해 발사하도록 훈련된 반사 작용을 억제해야 한다. 이것이 바로 빨간색을 정말 중요한 사인, 즉 즉각적인 위협을 나타내고, 플레이어가 데미지를 입고 있거나 헬스치가 떨어지고 있음을 알리기 위한 신호에만 쓰기 위해 남겨두라고 자주 권하는 이유다. 주황색 역시 적(적의 윤곽이나 헬스 바)에게 사용할 수 있는 색상이다.

그림 11.5 언리얼 토너먼트 3(출처: 에픽게임즈 © 2007, Epic Games, Inc.)

지각은 주관적이라는 사실을 기억하라(3장 참조). 이런 이유로 게임플레이를 의도한 대로 하기 위해서는 게임에 있는 모든 사인과 피드백에 분명한 명료성을 제공해야 한다. 주의 리소스 또한 아주 한정돼 있음을 기억하라(5장 참조). 따라서 플레이어가 관련 정보에 집중하는 것이 당신의 의도라면 그럴 수 있도록 도와야 한다. 또한 플레이어의 작업 기억에 무리가 가지 않도록 모든 정보를 전달하려면 우선순위를 매겨야 한다(4장 참조). 예를 들어 멀티플레이어 게임에서 전투 중에 각 캐릭터로부터 모든 요소에 대한 전체 사인과 피드백을 표시하면 곧장 이해할 수 없게 될 수 있다. 따라서 어떤 사운드와 시각적 효과를 우선해야 하는지(대개는 플레이어가 데미지를 입고 있음을 알려주는 효과) 그리고 너무나 많은 일이 한꺼번에 터졌을 때 어느 것을 무시해야 할지를 가려내야 한다. 마찬가지로 중간에 끊을 수 있거나 끊어서는 안 되는 애니메이션, 사운드 또는 다이얼로그도 선별해야 한다. 플레이어가 움직이기 시작할 때는 리로드reload 애니메이션을 끊거나 플레이어 근처에서 갑자기 수류탄이 터지면 부차적인 다이얼로그는 끊을 수 있다. 실생활에서도 사운드 구분(어느 사운드가 어느 오브젝트에 속하는지를 식별)이 시각적 구분보다 훨씬 어렵기 때문에[6] 비디오 게임에서 사운드가 스테레오로 날 때는 청각적 구분이 더더욱 어려울 수도 있다. 돌비® 서라운드 7.1 사운드 시스템을 갖추고 있다면 문제가 줄어들 수도 있지만, 사운드 효과 우선순위는 플레이어가 게임에서 무슨 일이 벌어지는지를 파악하는 데 매우 중요하다. 그러니 사운드 디자이너에게 친절하게 대하고, 그들에게 당신의 디자인 의도를 계속해서 알려줘야 한다. 사운드 디자이너가 프로세스의 루프에서 종종 떨어져 있고, 뒤쳐져 따라오는 경우를 자주 봤기 때문에 이 부분을 절대 놓치지 말기를 바란다. 이어지는 내용은 오디오 감독 톰 바이블Tom Bible이 얘기한 사용자 경험을 향상시키기 위한 사운드 디자인 사례다.

사운드 디자인 및 사용자 경험
프리랜서 오디오 감독, 사운드 디자이너이자 작곡가 톰 바이블

조지 루카스는 "오디오는 경험의 50%다."라고 말했다. 오디오는 전체 감각 입력 타입을 하나로 구성하기 때문에 사용자 경험에 지대한 영향을 미칠 수 있다. 뇌는 오디오를 다른 감각보다 훨씬 더 빨리 처리하기 때문에 잠재의식적인 사용자 반응에 지름길을 얻을 수 있다. 음악은 플레이어에게 강력한 정서적 영향을 줄 수 있는 것으로 알려져 있으니 사운드 디자인은 그에 못지않게 중요하다.

사운드 디자인은 다양한 방식으로 긍정적인 사용자 경험에 기여할 수 있다.

첫째 긍정적인 사용자 경험은 플레이어 행위에 대한 분명한 사용자 피드백을 제공해야 한다. 플레이어가 자신이 입력한 것이 성공적 또는 실패한 액션으로 이어졌는지 여부를 반사적으로 알리면 액션이 사운드를 통해 서로 잘 전달되는 것이 매우 중요하다. 가상 현실VR, Virtual reality에서 오브젝트를 하나 집어 올리는 것이 간단한 사례가 될 수 있다. 에픽게임즈의 〈로보 리콜Robo Recall〉에서 플레이어가 어떤 오브젝트를 집어 올릴 수 있을 때 사운드가 재생되고 하얀색 링이 커진다. 이것이 경험에 대한 핵심 액션이며 종종 플레이어의 뷰 밖에서 일어난다. 그래서 우리는 즉각적인 재깍거리는 소리를 사용해 하얀색 링이 커지는 애니메이션에 사운드를 매치시켜 그 뒤를 따른다. 그러면 플레이어는 이 시각적으로 싱크로된 사운드와 오브젝트가 잡을 수 있는 상태에 있다는 느낌을 연결지어 학습할 수 있다. 단순한 청각적 피드백을 몇 분간 반복하고 나면 잠재의식적인 것이 돼 해당 액션은 더 이상 시각적 피드백을 매번 줄 필요가 없어진다.

둘째 사운드에 대한 플레이어의 기대에 부응해야 한다. 예를 들어 VR에서는 플레이어가 다른 공간에 있는 것 같은 느낌을 받도록 몰입감 있는 경험을 제공하려고 노력한다. 그러기 위해서는 오디오가 제대로 '느껴지도록' 실제 세계에서 사운드가 작동하는 방식을 시뮬레이션해야 한다. 이를 제대로 하지 못하면 플레이어가 뭔가 이상한데 무엇 때문인지 확신하지 못할 때 생기는 언캐니 밸리 효과uncanny valley effect를 유도할 수 있다. 하지만 음향 물리학을 시뮬레이션하면 플레이어는 인지부조화를 훨씬 덜 경험하게 된다. 또한 플레이어의 이전 경험에 따른 기대에 부합하는 사운드를 만들어 내야 한다. 비디오 게임을 아주 많이 해본 사람들은 특정한 사운드가 특정한 방식으로 소통되기를 기대한다. 예를 들어 말하지 못하는 로봇용 발성을 만들어 낼 때, 캐릭터의 정서적 상태나 의도를 전달하기 위해 인간과 비슷하게 말하는 패턴에 따른다. 스타워즈에 나오는 로봇인 R2-D2용 사운드가 이를 특히 잘 해내는데, 캐릭터가 말하는 것을 정서적 레벨로 소통한다. 문화적 영향이 있음을 주목하는 것이 중요하다. 예를 들어 미국의 스피치 패턴은 중국이나 일본의 패턴과 많이 다르다. 게다가 영화 같은 다른 미디어로부터도 영향을 받는데, 어떤 것이 현실에서는 전혀 다른 소리가 나더라도 어떤 소리를 내는지에 대한 기대에 영향을 준다. 총이 좋은 예다. 영화와 게임에서는 녹음된 진짜 총소리를 강력하고 만족스러운 느낌을 주기 위해 수정을 많이 한 사운드를 쓴다. 현실에서의 총소리는 기본적으로 '펑'하는 소리다.

아마도 오디오에 있어 사용자 경험의 가장 중요하고도 가장 인정받지 못하는 요소는 믹스^{mix}다. 적절한 믹스 없이는 명확하게 전달된 사운드 디자인은 없는 것이나 마찬가지가 될 수 있다. 명확한 믹스를 만들어 내는 것은 자연스럽게 느껴지면서도 음향 물리학 규칙을 따르는 경험이 필요한 VR에서 특히 어려운 일이다. 믹스의 서로 다른 요소가 어떤 한 순간에 믹스가 계속해서 변하고 있다는 사실을 전혀 눈치채지 못하면서, 가장 중요한 사운드가 돋보이도록 효과적으로 우선순위가 매겨져야(소리가 커지거나 작아지는) 좋은 밸런스라 할 수 있다. 이에 대한 좋은 예는 〈로보 리콜〉의 믹스다. 하나의 범주에 속한 사운드가 재생될 때 다른 사운드는 눈에 띄지 않기 위해 훅 밀어 넣거나 소리가 작아진다. 혼돈에 빠지지 않기 위해서는 사운드를 중요도 범주로 아주 낮은 것에서부터 아주 높은 것까지 분류한다. 예를 들어 '높은 중요도'에서 재생되는 사운드는 '중간 중요도'에서는 소리를 약간 줄이고,

'낮은 중요도'에서는 거의 소리가 나지 않지만 '아주 높은 중요도' 범주에서는 있는 그대로 소리를 낸다.

이를 효과적으로 통합하려면 많은 시도와 실패가 따르며, 플레이어와 다른 오디오 전문가로부터의 피드백이 필요하다. 소통은 매우 주관적일 수 있기 때문에, 플레이테스트 때 플레이어가 사운드가 전달하는 의미를 이해하는지 여부에 대한 피드백을 받는 것이 퍼즐의 중요한 부분이다. 이러한 반복 과정은 인터랙티브 오디오interactive audio의 경우 특히 중요한데, 플레이어는 이를 해석한 대로 오디오 디자인에 반응하지, 디자이너가 의도했던 대로 꼭 반응하지는 않기 때문이다.

11.2.3 기능에 따르는 형태

애초에 현대적 설계와 관련이 있던 것이 게임 디자인에 적용된 이 원칙은 게임(형태)에 주어진 모든 캐릭터, 아이콘 또는 심벌의 형태가 어떻게 그 의미(기능)를 전달하느냐를 나타낸다. 3장에서 봤듯이 산업 디자인에서는 '어포던스'와 비슷한 개념이 사용되는데, 어포던스를 '오브젝트의 속성과 해당 오브젝트를 어떻게 사용할 수 있는지 결정하는 그 대리인의 역량 사이의 관계'[7]로 본다. 예를 들어 손잡이가 있는 오브젝트, 즉 머그컵은 한 손으로 잡고 들어올릴 수 있으며, 손잡이는 잡을 수 있다. 마찬가지로 게임 요소의 시각적 표현은 플레이어가 해당 요소와 어떻게 상호작용하는지 직감적으로 알 수 있어야 한다. 예를 들면 초록색 십자가가 그려진 상자로 상징된 아이템(형태)은 플레이어에게 해당 아이템을 집어 들면 체력이 보충된다(기능)는 점을 알릴 수 있다. 플레이어 역시 방패를 가진 적(형태)은 방패가 없는 비슷한 적보다 물리치기(기능) 힘들 것으로 예상할 수 있다. 13장에서 다양한 종류의 어포던스에 대해 설명하겠다. 아티스트의 경우 애셋이 플레이어가 이해해야 할 것에 의해 제한되고, 미적 가이드에 맞게 기능을 따르는 형태를 사용해야만 한다는 뜻이다. 따라서 "디자인의 어떤 측면이 성공에 결정적인가?"라는 질문이 필요하다.[8] 여기서의 성공은 서로 다른 요소가 무엇을 나타내고 그것을 어떻게 사용하는지, 또는 행동을 예측하는 방법을 플레이어가 형태에 기초해 이해할 수 있음을 의미한다. 게임플레이에 있어 이 원칙을 언제나 따르지 않아도 될 이유가 있을 수도 있다. 하지만 이를 지킬수록 더 많은 플레이어가 직관적으로 게임에서 진전을 보일 수 있다. 사인 및 피드백 절에서 이미 말했듯이, 사인의 기능이 그 형태로부터 전달되기 때문에 플레이어가 헛갈리지 않고 특정 동작을 실행하게 설득할 수 있는 사인은, 당신과 당신의 잠재 고객이 종종 여러 언어로 현지화가 필요한 성가신 튜토리얼 텍스트를 피하게 해준다. 플레이어가 팀원들과 적들의 역할을 그들의 형태를 기반으로 빠르고 적절하게 식별하는 것이 중요한 멀티플레이어 게임처럼 경우에 따라 기능을 따르는 형태는 게임플레이어에 매우 중요할 수 있다. 예를 들어 밸브Valve의 〈팀 포트리스 2Team Fortress 2〉에 나오는 캐릭터는 실루엣만 보더라도 쉽게 구분할 수 있어 플레이어가 근처에 있는 캐릭터의 역할(기능)이 무엇인지 알 수 있기 때문에 그들의 액션을 조정하기가 더 쉽다(그림 11.6 참조).

그림 11.6 팀 포트리스 2의 캐릭터 실루엣(출처: 밸브 코퍼레이션 © 2007-2017 Valve Corporation)

형태가 기능을 따르게 하려면 두 가지 조건이 필요하다. 하나는 요소의 형태 그 자체가 모호함없이 명확하게 식별돼야 한다(앞서 명료성에 대해 설명한 절 참조). 다른 하나는 형태가 정확하게 그 기능을 전달해야만 한다. 레이더에서 방출되는 원뿔 모양의 전자파를 나타내려는 아이콘이 피자 조각을 나타내는 것으로 받아들여진다면 해당 아이콘은 조정이 필요하다. 하지만 형태는 제대로 받아들여지지만 플레이어가 그것이 전달하는 기능을 잘못 해석한다면 사용하는 메타포나 비유가 효과를 거두지 못한다는 의미다. 예를 들어 줌 인$^{zoom\ in}$(기능)할 수 있음을 표현하기 위해 돋보기(형태) 아이콘을 디자인한다고 가정해 보자. 플레이어가 해당 아이콘 형태를 올바르게 받아들일 수도 있지만(플레이어는 아이콘이 돋보기임을 알아본다), 무언가를 검색할 수 있음을 나타낸다고 잘못 생각할 수도 있다. 가장 중요한 아이콘 또는 캐릭터, 아이템 등의 형태와 기능을 테스트하려면 각 페이지에 아이콘이 하나씩 표시된 설문조사서를 임의의 순서로 표시해 만들고, 잠재 고객을 대표하는 표본에게 해당 아이콘이 무엇처럼 보이는지(형태를 설명), 그리고 아이콘이 전달하는 기능은 무엇인지(기능을 설명) 적어 달라고 부탁하라.

비주얼 디자인의 어떤 부분 또는 그 전체가 올바르게 받아들여지지 않는지, 또는 아이콘이 제대로 받아들여지는 경우라면 해당 기능이 잘못 전달되는지를 평가하는 데 도움이 된다. 어떤 기능은 아주 작은 아이콘으로 표현하기에는 너무 어렵다는 점을 잘 알고 있다. 특히 롤플레잉 게임에 나오는 능력은 아주 독특하거나 복잡한 경우가 있다. 아이콘이 오해를 불러일으키지 않는 한, 플레이어가 특정 아이콘의 의미를 배워야 한다고 해서 세상이 끝난 것은 아니다. 예를 들어 어떤 아이콘이 원래 나타내고자 했던 것과 전혀 다른 기능을 표현한다고 대부분의 잠재 고객이 이해한다면, 해당 아이콘을 폐기하고 완전히 다른 메타포를 시도해야 한다. 플레이어는 아이콘의 의미가 혼동돼 잘못 이해했음을 알게 됐을 때보다 기대했던 것이 거짓임을 알게 됐을 때 훨씬 더 불만이나 좌절감을 갖는다. 어떤 요소의 형태에서 기능성이 명확하게 드러나지 않을 때, 플레이어가 해당 요소를 배우고 이해하려면 실험해야겠다는 생각을 갖게 하는 편이 속이는 것보다 백배 낫다.

기능을 따르는 형태 원칙은 물론 아이코노그래피뿐만 아니라 캐릭터, 아이템 그리고 환경 디자인에도 중요하다. 전반적으로 직관적인 모든 것은 배울 필요가 없으며, 이는 인지 부하를 최소화하는 데 좋으므로(이어지는 '최소한의 작업 부하' 절 참조) 가능한 한 형태를 통해 기능성을 전달하려고 노력하라. 이렇게 하기 어려울 때는 적어도 플레이어의 기대를 기만하지 않는지 세심히 살펴야 한다. 언제나처럼 의도한 바가 정확히 플레이어를 속이는 것이 아니라면 말이다. 어떤 요소가 실수로 거짓된 행동을 유도할 때 거짓 어포던스는 정말 불만을 살 수 있다. 예를 들어 게임 월드에 있는 어떤 구역이 탐색할 수 있는 듯 보이는데(그것이 탐험이라는 행동을 유도한다면) 실제로는 보이지 않는 벽이 아바타의 접근을 막는다는 사실을 알게 됐을 때 플레이어는 짜증이 날 수도 있다. 또 다른 예는 게임 월드에 있는 오를 수 있을 것 같은 어떤 요소(벽에 걸린 사다리)가 실제로는 플레이어가 상호작용할 수 없는 요소일 수 있다. 지각은 주관적이라는 점을 기억하라. 당신이 디자인에 대해 인식하는 대로 잠재 고객도 받아들이는 것은 아니기 때문에 가장 중요한 시각적 디자인뿐만 아니라 가장 중요한 오디오 디자인 역시 의도대로 받아들이는지, 전달해야 할 것을 정확하게 전달하는지 반드시 테스트해야 한다. 지식의 저주를 받고 있다는 사실도 기억하라. 게임을 속속들이 알고 있는 당신은 당연하게 느끼는 점이 새로운 플레이어에게는 꼭 그렇지만은 않을 수 있다.

11.2.4 일관성

비디오 게임에 있는 사인, 피드백, 컨트롤, 인터페이스, 메뉴 내비게이션, 월드 룰, 전체 규약은 반드시 일관성이 있어야 한다. 예를 들어 게임에서 문을 열 수 있으면 모든 문은 열 수 있어야 하며, 일부 유형의 문만 열릴 수 있다면 시스템 작동 방식에 대해 플레이어가 헷갈리지 않도록 시각적인 처리를 달리 해야 한다. 두 가지 요소가 비슷한 형태를 보인다면 플레이어는 둘이 비슷한 기능을 갖거나 비슷한 행동 방식을 보일 것이라 기대할 수 있다. 반대로 두 가지 요소가 다른 형태라면 플레이어는 서로 다른 기능이나 행동 방식을 기대할 것이다. 일단 어떤 룰을 학습했을 때 플레이어는 일관된 시스템이라면 비슷한 아이템에는 같은 룰을 적용할 수 있을 것이다. 플레이어가 가진 총의 탄약 수가 정해져 있고 다시 채워야 한다는 사실을 일단 알게 되면 새로 얻은 탄약을 쓰는 무기(활과 화살)도 같은 방식으로 쓸 것이라 예상한다. 하지만 화살이 부러지거나 없어지지 않는 한 적을 죽이고 나면 사용했던 화살을 다시 얻을 수 있을 것이라 기대할 수도 있다. 이제 탄약 수에 제한이 없는 새로운 타입의 무기를 도입하고자 한다면 완전히 다른 타입, 즉 탄약을 사용하지 않는 부메랑 같은 무기를 사용할지도 모른다. 다른 기능은 다른 형태로 전달해야 한다. 그렇지 않으면 플레이어는 한 사인을 다른 것으로, 그리고 어떤 기능을 다른 사인으로 혼동해 결과적으로는 실수를 할 수 있다. 예를 들어 게임에 낮과 밤 주기가 있고 게임 월드에서 시간이 몇 시인지 전달하는 데 숫자를 사용한다고 하자. 그런데 여기에 시계 숫자와 정말 비슷해 보이지만 미션 수행 완료까지 남은 시간을 나타내는 카운트다운도 있다면 이 둘을 혼동하는 경우가 생길 수 있다. 비슷한 기능은 비슷한 형태로 일관돼야 하지만 다른 기능은 혼선을 막기 위해 반드시 다른 형태를 보여야 한다.

컨트롤에서의 일관성 역시 매우 중요하다. 특히 게임을 컨트롤하기 위해 손이나 손가락의 움직임을 익히는 데는 암묵 기억(행위와 연관돼 있어서 '근육 기억'이라고 불리기도 한다)에 정말 많이 의존하기 때문이다. 물론 처음에는 플레이어가 컨트롤러 매핑(예: PS4 컨트롤에서 "점프하려면 X를 누른다.")에 대한 사실에 기반을 둔 정보를 학습하겠지만, 게임을 진행하면서 같은 행위를 반복적으로 수행하다 보면 모든 절차가 실제로 어떻게 수행되는지를 의식적으로 생각하지 않아도 엄지손가락이 저절로 올바른 버튼을 누르기 위해 올바른 움직임을 하게 될 것이다. 4장에서 살펴봤듯이 절차 기억은 연습을 통해 자동화될 수 있어서 더 잊기 어려울 수 있다. 일단 자전거 타는 절차를 배우고 나면 그 방법을 잊는 데 아주 오랜 시간이 걸릴 수 있는 것처럼 말이다. 이는 서로 다르지만 기능 면에서 비슷한 상황일 때는 컨트롤러 매핑을 바꾸지 말아야 한다는 의미다. 예를 들어 아바타가 말을 탈 때 말을 달리게 하는 것과 같은 버튼을 쓰는 것이 더 낫다. 마찬가지로 인터페이스를 둘러볼 때도 게임 전체에서 했던 방식과 같게 해야 한다. 프론트엔드 메뉴에서나 아바타의 인벤토리 안에서나 같은 방식이 적용돼야 한다. 정확한 디자인 의도가 있으면 게임에서 일관성을 깨트릴 수 있다. 예를 들어 너티 독의 〈언차티드 3^{Uncharted 3}〉에서는 플레이어가 기울어져 가라앉는 배에 있을 때 컨트롤러도 기울어진다. 예를 들어 카메라 정면 방향으로 곧장 가려면 엄지스틱^{thumbstick}을 왼쪽을 향하도록 움직여야 할지도 모른다. 카메라 및 컨트롤에 대한 일관성은 이 시퀀스에서 추가적인 그리고 놀라운 도전을 추가하기 위해 일부러 깨트린 것이다.

특정 게임 규약에 익숙한 플레이어가 빠르게 적응할 수 있기 때문에 게임 간의 일관성 역시 중요하다. 액션 게임에서는 조준, 사격, 전력 질주, 점프, 쭈그려 앉기, 재장전을 위한 버튼 세트가 대부분 같다. 이와 같은 디폴트 컨트롤러 매핑을 존중하지 않고 다르게 하면 플레이어가 컨트롤에 익숙해지거나 학습하는 것이 더 어려워질 수도 있고, 너무 많은 노력이 들어가야 할 경우 불필요한 불만이나 좌절감을 느껴 게임을 그만두는 플레이어가 생겨날 수도 있다. 다시 말하지만 규약을 바꿔야 할 충분한 디자인상의 이유가 있다면 그렇게 하라. 하지만 플레이어가 이에 적응하기 위한 시간이 필요하다는 점을 염두에 두길 바란다.

일렉트로닉 아츠Electronic Arts의 게임 〈스케이트Skate〉가 그 이전에 출시된 스케이트보드 게임이 사용했던 규약을 따르지 않고 컨트롤러 매핑을 한 사례다. 이 게임에서는 묘기를 부리기 위해 사용하던 페이스 버튼 대신, 엄지스틱만 사용하는 '플릭잇Flickit' 컨트롤을 도입했다. 이 규약에서의 변화는 핵심 게임 원칙이 그 이유가 됐을 것이다. 아마도 실생활에서 스케이트보드를 타는 플레이어가 진짜 보드에 올랐을 때 다리로 느껴질지도 모르는 경험과 대략 비슷한 근육 감각을 엄지손가락으로 느낄 수 있게 한다고 생각한다(내가 스케이트보드를 타지 않아서 그 느낌에 대한 표현이 어려운 점을 양해해 주길!)

평생 미국에 살고 있는데 며칠 동안 영국을 방문한다고 가정해 보자. 운전할 때는 도로 왼쪽으로 달려야 하고, 보행할 때는 길 건너기 전에 제일 먼저 오른쪽을 봐야 하는 점을 기억하거나 익숙해지려면 시간과 노력이 들지도 모른다. 사람들이 말하듯이 습관은 좀처럼 바꾸기 어려우니 잠재 고객에게 매우 익숙할지도 모르는 게임 규약을 바꿀 때에는 정확한 의도가 있어야 한다. 그렇지 않다면 이미 있는 규약을 다시 만드느라 쓸데없이 시간을 낭비하지 말라고 조언하고 싶다.

11.2.5 최소한의 작업 부하

플레이어의 인지 부하(주의와 기억) 및 신체적 부하(예: 액션을 수행하기 위해 필요한 버튼 클릭 수)를 반드시 고려하고, 언제나처럼 게임 자체의 도전이 아닌 이상 최소화해야 한다.

- **신체적 부하의 최소화**

  유비소프트의 〈저스트 댄스Just Dance〉처럼 어떤 게임은 땀을 흘리게 하고, 하모닉스Harmonix의 〈기타 히어로Guitar Hero〉처럼 어떤 게임은 빠른 리듬을 타며 올바른 버튼을 누르는 것이 전부다. 하지만 다른 게임에서는 핵심 도전이 신체적인 것이 아니다. 이 경우 신체적 부하를 낮춰 근육통이나 신체적 피로를 줄이는 것이 좋다. 예를 들어 전력 질주 또는 말 달리기를 할 때 플레이어가 그냥 버튼을 누르기만 해도 되는 게임은 반복해서 해당 버튼을 눌러야 하는 경우와 달리 플레이어가 꼭 해야하는 신체적 활동이 줄어든다. 수류탄 던지기, 무기 교체, 새로운 무기 장착 등 진행이 빠른 게임이라면 자주 해야 하는 액션에 버튼 클릭이 너무 많이 들어가지 않도록 주의해야 한다.

  피츠의 법칙을 사용해 어떤 상호작용 영역에서 다른 영역으로 이동하는 데 걸리는 시간이자 신체적 노력을 예측할 수도 있다. 피츠의 법칙은 시작점에서 목표 영역까지 걸리는 시간을 목표까지의 거리 및 목표 영역의 크기에 따라 예측하는 인간의 움직임에 대한 모델이다. 예를 들어 PC 게임에서 아이템을 장착하기 위해 메뉴를 탐색할 경우, 먼저 화면 왼쪽 상단의 버튼을 클릭해서 아이템을 선택한 다음, 이 선택을 확인하기 위해 오른쪽 하단 버튼을 클릭해야 한다. 이렇게 하면 첫 번째 타깃에서 다른 타깃으로 갈 때 더 많은 시간과 노력, 즉 범위가 더 넓은 제스처가 들어간다. 따라서 게임에서 신체적 부하를 줄이기 위해 플레이어가 일반적인 액션을 완수하는 데 필요한 모든 제스처에 주의를 기울여야 한다.

콘솔에서는 대개 이 문제가 덜 고민스러울 수 있는데(적어도 프론트엔드 메뉴에서), 플레이어가 커서로 영역을 지정하는 대신 다른 버튼을 눌러야 하기 때문이다. 한 가지 예외는 메뉴 내비게이션에 가상 커서를 사용할 때다. 이때 플레이어는 엄지스틱을 사용해 특정 영역을 목표로 삼아 커서를 움직인다(예: 번지Bungie의 〈데스티니Destiny〉 또는 헬로 게임즈Hello Games의 〈노 맨즈 스카이No Man's Sky〉). 가상 커서의 경우 신체적 부하를 염두에 두고 피츠의 법칙을 사용하는 것이 중요하다. 커서의 이동에 따른 속도가 플레이어의 이동 폭과 정확하게 상응하지 않기 때문이다. 따라서 상호작용 영역을 위치 면에서 고려하지 않으면 뼈저리게 느린 가상 커서를 드래그해서 화면을 가로지르다 보면 금방 피곤해질 수 있다. 일반적으로 가상 커서는 플레이어가 스틱을 완전히 전방을 향하면 속도를 올리고, 상호작용 영역은 플레이어가 선택하기 쉽도록 '달라붙게' 만든다('에임 어시스트aim assist'에서 사용하는 것과 같은 원리).

모바일 디바이스에서는 신체적 부하를 꼼꼼히 따지는 것이 정말 중요하다. 게임을 할 때 플레이어가 핸드폰이나 태블릿을 어떻게 잡는지(세로 모드 또는 가로 모드)뿐만 아니라 엄지손가락과 다른 손가락으로 어떤 제스처를 실행해야 하는지 고려해야만 한다. 플레이어가 똑바로 스마트폰을 쥐고서 엄지손가락으로 플레이할 수 있는 경우, 엄지손가락의 반대 방향(플레이어가 오른손잡이일 때 화면 왼쪽 상단에 버튼이 위치)에 있는 모든 상호작용 영역에 닿으려면 더 많은 시간과 노력이 들어갈 것이다. 따라서 이러한 영역(화면 상단)에는 플레이어가 자주 누를 필요가 없는 버튼을 배치해야 한다. 대개 설정 버튼은 화면 오른쪽 상단에 둔다.

플랫폼과 게임 타입에 따라 신체적 부하는 게임 사용성에 크게도 작게도 영향을 미칠 수 있다. 종합적으로 볼 때 가능할 때마다 신체적 부하를 예측해서 최소화하는 것이 좋다.

- ### 인지 부하 최소화

1부에서 인간의 기억과 주의 리소스가 얼마나 제한돼 있는지 설명했다. 따라서 게임에 있는 모든 요소에 대한 인지 부하를 최소화해야 하며, 디자인에 따라 그런 부하를 걸지 말아야 한다. 예를 들어 4장에서 언급했듯이 유비소프트의 〈어쌔신 크리드〉 시리즈에서는 가능한 액션과 관련 컨트롤(어떤 버튼을 누르면 어떤 액션을 할 수 있는지)이 게임 인터페이스의 HUD에 계속 표시된다(그림 4.7 참조). 이로써 플레이어가 어떤 액션을 수행하기 위해 어떤 버튼을 눌러야 하는지 기억해야 하는 인지 부하가 줄어든다. 개발 담당자들은 컨트롤러 매핑을 기억하는 것이 게임 경험에 중요하지 않다고 여겨 이와 같은 결정을 내렸다. 그들에게는 플레이어가 여기저기를 자유롭게 내달리고 오르며, 스스로 나쁜 녀석처럼 느끼는 것이 더 중요했다. 상황에 따라 어떤 버튼을 눌러야 하는지 계속해서 기억해야 한다면 자신이 나쁜 녀석이라 느끼겠는가? 게임 디자인은 결정을 내리고 그에 상응하는 뭔가를 내줘야 하기 때문에 어디서 플레이어에게 인지적 리소스를 할애하게 할지, 어디서 부하를 줄일지 명확하게 정해야 한다.

또 다른 예는 플레이어가 HUD에 있는 레이더나 미니맵을 참고할 때 심적 회전을 하게 만드는 일이다. 미니맵이 자기중심적이지 않은 경우, 즉 사용자가 서 있는 곳을 중심으로 하지 않은 경우, 플레이어는 맵을 머릿속에서 회전시키기 위해 일정량의 인지적 리소스를 쓰게 된다. 따라서 일반적으로는 자기중심적 미니맵을 제공하는 것이 더 나은 방법이다. 맵의 경우는 맵을 열려면 대개는 게임을 일시 중지하고, 맵 UI가 화면 전체를 차지하기 때문에 문제가 덜하다. 하지만 플레이어가 맵에 웨이포인트(중간 경유지)를 추가할 수 있게, 그리고 맵이 일단 닫히면 플레이어의 레이더에 웨이포인트가 나타나도록 하는 것이 좋다. 이렇게 하면 플레이어가 자신이 지나온 과정을 일일이 기억할 필요가 없기 때문에 플레이어의 기억 부하를 줄인다.

UX 전문가인 스티브 크룩Steve Krug은 그의 저서 『(사용자를) 생각하게 하지 마!』(인사이트, 2014)에서 인지 부하를 증가시키는 것은 그것이 무엇이든, 하고자 하는 작업을 실제로는 방해하고 있다고 분명하게 설명한다. 게임의 경우 플레이어가 극복하려는 도전에 결정적인 영향을 미치지 않는 정보를 처리해야 하는 인지 부하는 플레이어가 해당 도전에 집중하는 것을 방해한다. 그리고 불만이나 좌절감을 느끼게 만든다. 인지 부하를 고려하는 것은 게임의 온보딩 단계, 즉 플레이어가 주요 메커니즘과 규칙을 학습하는 시점에서 특히 중요하다. 5장에서 설명했던 인지 부하 이론에 따르면 작업 기억의 한계를 넘는 인지 리소스가 필요할 경우 학습에 방해가 될 수 있기 때문이다.[9] 하지만 과정의 깊이가 깊을수록 파지가 더 향상된다는 점 역시 기억하라. 따라서 상관없는 요소에 대한 인지 부하는 완화하는 동시에 플레이어가 배우길 바라는 메카닉이나 기능에 작업 기억을 더 돌리게 해야 한다. 마지막으로 흐름을 경험할 수 있을 정도로 활동에 마음과 힘을 다하려면 플레이어 역시 방해 없이 도전 과제에 집중해야 할 것이다. 그러니 최소한의 작업 부하 원칙은 플레이어가 핵심 경험에 더 많은 인지적 리소스를 할당할 수 있도록 핵심 경험에 직접적으로 연관되지 않은 모든 과제에만 적용된다는 점을 기억하라(12장의 '게임플로' 절 참조).

11.2.6 오류 방지 및 복구

플레이어는 비디오 게임에서 실수를 하고, 죽는다. 이는 많은 게임 경험의 일부이며, 게임에서의 도전이 너무 쉬우면 성취감을 느끼지 못할 때가 많다. 그렇다 해도 이 말이 플레이어에게 관대해져서는 안 된다거나, 그것이 의도에 부합될 경우 일어나는 실수를 방지할 수 없다는 의미가 아니다. 특히 오류가 게임 경험에 일절 도움이 되지 않는 불만이나 좌절감을 유발할 경우에는 플레이어가 오류를 극복할 수 있도록 도울 수 있다. 인지부조화 때문에 플레이어가 무엇을 잘못했는지 완벽하고 명확하게 이해하지 못하면 그 원인을 스스로에게서 찾지 않을 것임을 명심하라. 그 대신 이솝 우화에 나오는 여우처럼(6장 참조) 자신의 실패에 대한 불편한 마음을 다스리는 한 방편으로 게임 탓을 할 것이다. 멍청한 게임이라 부르며 자신의 삶을 이어갈 것이다. 실패의 아픔을 계속 느끼면서도 게임을 진행하게 만드는 무언가에 정말로 동기부여 되지 않는 한 말이다.

- **오류 방지**

  우리는 수많은 인지적 한계를 갖고 있다. 따라서 우리가 항상 하는 모든 것에 주의를 기울일 수가 없으며, 접하는 모든 정보를 기억할 수도 없다. 그 결과 플레이어는 반드시 실수를 할 것이다. 사용자가 할 수 있는 모든 오류를 예상하는 것이 디자이너로서 당신이 해야 하는 일이므로 그러한 오류를 방지하도록 디자인해야 한다. 간단한 예를 들겠다. 두 개의 버튼이 서로 매우 가까이에 있지만 '확인'과 '취소' 같은 전혀 다른 기능을 갖는다면 피츠의 법칙에 따라 플레이어가 잘못된 버튼을 클릭할 확률이 두 버튼이 더 떨어져 있을 때보다 더 크다는 것을 예측할 수 있다. 따라서 '게임 다운로드가 거의 끝나갈 때 취소하기'처럼 리스크가 큰 액션을 잘못 실행하는 일이 벌어질 수 있는 버튼에 플레이어가 쉽게 접근할 수 없도록 바꿔라. 해당 액션으로 벌어질 사태가 극적이거나 되돌릴 수 없을 때는 확인 메시지를 추가하라. 예를 들어 블리자드의 〈월드 오브 워크래프트〉에서는 캐릭터를 실수로 삭제하기 특히 어렵게 만들었다. '삭제'라는 단어를 입력해야 하고 의도를 확인해야 가능하다. 정리하면 무언가를 없애거나 삭제하는 모든 액션은 일반적으로 확인이 들어가거나 복구를 허용한다.

오류가 불만이나 좌절감을 주는 경우는 메뉴에서만 일어나지 않는다. 게임 월드 안에서 역시 관대해지고 발생할 수 있는 오류를 예방할 수 있는 방법을 생각할 수 있다. 예를 들어 닌텐도의 〈마리오 갤럭시〉에서는 적과의 충돌 구역은 실제 3차원 모델보다 작다. 이렇게 하면 플레이어가 처벌받지 않고 적에게 다가갈 수 있다. 이 게임에서 마리오와 다른 오브젝트 또는 캐릭터 사이의 거리를 추정하기가 언제나 쉽지 않다는 점을 고려하면 이는 세세한 곳을 사려 깊게 처리한 사례다. 플랫폼 게임에서 에어 컨트롤을 허용하거나 실제로는 캐릭터 모델의 딱 한 픽셀이 플랫폼과 충돌했지만 플레이어가 플랫폼에 안전하게 도달할 수 있게 하는 것은 오류 방지를 허용하는 사례다. 크래프팅 게임에서는 플레이어가 장착하는 무기를 식별하는 것을 도우면 그에 맞는 탄약을 만들어낼 수 있어 오류 발생을 막을 수 있다. 뇌의 작동 방식을 이해함으로써(1부) 플레이어가 저지르기 쉬운 오류를 예측할 수 있으며, 이를 방지할지 아니면 그냥 둘지 결정할 수 있다. 플레이테스트에서 자연스럽게 게임을 발견하고 이와 상호작용하는 플레이어를 관찰하면 플레이어가 흔히 저지르는 오류가 무엇인지 식별할 수도 있다. 인간의 역량과 한계를 고려해 디자인해야 한다는 사실을 기억하라. 플레이어가 같은 실수를 자주 저지르면 당신의 디자인 때문에 그런 오류가 자꾸 일어날 가능성도 있다. 아무리 고도로 훈련된 조종자일지라도 제대로 설계되지 않은 조종석에서는 치명적인 실수를 할 수 있음을 기억하라. 편면 거울 뒤에서 플레이어를 향해 주먹질을 하며 투덜거리는 것은 도움이 되지 않는다. 플레이테스트 참가자가 정확하게 타깃 고객을 대표해 선발됐다면 참가자가 저지르는 오류는 게임이 런칭되면 대다수의 잠재 고객이 경험하게 될 가능성이 크다. 따라서 목표가 잠재 고객에게 훌륭한 경험을 제공하는 것이라면 고객과 공감하며, 당신의 디자인이 플레이어의 실수를 초래하는 이유를 찾아내야 한다.

마지막으로 플레이어가 게임을 저장하지 않고 나가는 일이 절대로 일어나지 않게 해야 한다. 오늘날 대부분의 게임에서는 플레이어의 진행 상황을 자동으로 저장하지만(이는 오류 방지의 또 다른 멋진 예이기도 하다), 때때로 게임은 수동 저장이 필요하다. 당신의 게임이 이 경우에 속한다면, 플레이어가 본의 아니게 진행 상황을 저장하지 않은 채 게임을 종료할 수 없게 하라. 특히 이는 더 이상 표준 절차가 아니기 때문이다. 시스템에 저장 슬롯이 딱 하나만 있는 경우가 아닌 한, 플레이어는 덮어쓰기를 원하지 않을 수도 있다. 마지막으로 저장했던 곳에서부터 다시 해 보고 싶어 하는 경우처럼 말이다. 게임에서 플레이어가 있던 곳까지 가는 데 들어가는 노력이나 시간에 플레이어가 너무 감정적이 되거나 너무 좌절하게 될 지도 모른다. 마찬가지로 게임에 체크포인트가 있으면 플레이어에게 다음 체크포인트에 도착하기 전에 게임을 그만두면 어떤 일이 벌어지는지 명확하게 알려주는지 확인하라. 가장 최근의 체크포인트에서 다음 체크포인트가 얼마나 멀리 떨어져 있는지 플레이어에게 말해주는 기능을 예로 들 수 있다. 마지막으로 멀티플레이어 게임에서 진행 중인 매치를 포기하면 어떤 일이 일어날지 명확하게 알려라. 대부분의 게임에서는 매치를 포기하는 플레이어에게 벌칙을 주지만, 왜 그만두는 것이 다른 플레이어에게 좋지 않은지, 그만두게 되면 그 여파로 어떤 결과가 그들에게 갈지를 모든 플레이어가 이해하지는 않는다. 게다가 콘솔에서 플레이어가 콘솔의 전원을 꺼서 게임을 그만둘 수도 있는데, 이는 플레이어가 종료에 따른 결과(금지 또는 경고)를 알리는 모든 메시지를 보지 못한다는 뜻이다. 예를 들어 플레이어가 게임을 다시 시작할 때 이러한 경고문을 보여주는 방법도 고려해 보기 바란다.

- **오류 복구**

  지금까지 살아오면서 실수를 저지른 후 시스템이 이를 복구해 준 덕에 안도의 한숨을 쉬었던 경험이 몇 번은 있었을 것이다. '언두Undo'는 정말 아주 멋진 기능이다! 게임에서 '언두' 기능을 제공하는 것이 게임의 핵심 메커닉(예: 넘버 원 Number One의 〈브레이드Braid〉) 중 하나가 아닌 이상 언제나 쉬운 일은 아니다. 하지만 플레이어가 오류를 범한 그리고 죽은 곳에서 가까운 체크포인트에서부터 다시 시도할 수 있도록 하면 비슷한 효과를 낼 수 있다. 특별한 경우에 '언두' 버튼을 추가하는 것 역시 생각해 볼 수 있다. 예를 들어 라이엇Riot의 〈리그 오브 레전드League of Legends〉에서는 플레이어가 마지막으로 구매 또는 판매한 내역을 취소할 수 있다. 또 다른 예로는 스킬 트리에서 사용했던 모든 포인트를 재설정할 수 있게 해 플레이어가 나중에 후회하는 잘못된 결정을 복구할 수 있다.

11.2.7 유연성

유연성 원칙은 게임 설정에서 플레이어가 마음대로 선택할 수 있는 사용자 지정 customization 및 조정을 말한다. 컨트롤 매핑, 폰트 크기, 컬러 등, 게임을 더 사용자 지정할 수 있게 만들수록 장애를 가진 플레이어를 포함한 모든 플레이어가 게임에 더 쉽게 접근할 수 있다. 지각은 주관적이라는 사실을 기억하라. 폰트 크기 같은 UI에서 당신이 가장 편하다고 생각하는 것을 일부, 어쩌면 대부분의 플레이어가 꼭 좋아한다고는 할 수 없다(예를 들면 플레이어가 시력에 불편함이 있거나 단순히 자막을 읽어야 할 경우). 남성 인구의 약 8%가 일종의 색맹 증상을 보이므로 이러한 사람들도 고려해야 한다.

컨트롤 측면에서 보면 어떤 사람들은 오른손잡이고, 왼손잡이도 있고, 손목을 접질린 상태처럼 일시적인 장애 또는 류마티스 관절염 같이 영구 장애를 가진 사람도 있다. 더 많은 설정 옵션을 제공할수록 접근성과 전반적인 사용성이 향상된다. 이러한 유연성을 제공한다면 플레이어가 당신의 게임에서 사용자 지정이 가능하다는 사실을 아는지 확인해야 한다. 대부분의 사람들은 '플레이' 버튼을 누르기 전에 메뉴를 꼼꼼히 읽지 않기 때문이다. 예를 들어 너티 독의 〈언차티드 4〉는 게임을 맨 처음 시작할 때 플레이어에게 접근성과 사용자 지정 옵션을 아주 멋지게 보여준다. 또한 다양한 옵션 설정을 제공한다고 해서 디폴트 설정을 세심하게 고르지 않아도 된다는 생각을 해서는 안 된다. 대부분의 사람들은 가장 쉬운 길로 가며, 그렇기 때문에 옵션 설정을 전혀 변경하지 않는다. 파워 유저만이 설정을 이리저리 가지고 놀 것이다. 따라서 디폴트 설정을 선택할 때는 주고객에 대해 생각하라(업계 표준 및 규약 사용). 많은 사람이 우리와 같은 방식으로 세상을 경험하지 않는다는 사실을 잊기 쉽다. 유연성과 접근성을 고려한 디자인은 고객에게 관대해질뿐만 아니라 잠재 고객의 크기를 늘릴 수 있기 때문에 사업적으로도 좋다. 생각해 보면 접근하기 쉽게 게임을 만든다고 해서 꼭 구현에 더 많은 시간이 들어가는 것은 아니다. 이어지는 절에서는 UX 디자이너 이안 해밀턴Ian Hamilton이 설명한 접근성이 중요한 이유와 이를 이뤄내는 것이 어렵지 않아야 할 이유에 대해 살펴본다. 또한 포괄적인 게임 디자인을 위한 명확한 지침을 제공하는 웹사이트(http://gameaccessibilityguidelines.com/)를 방문해 보길 권한다.

유연성에는 플레이어가 플레이하고 싶은 난이도를 결정할 수 있게 하는 것도 포함된다. 어떤 플레이어는 큰 도전을 해보고 싶어하는 한편, 다른 플레이어는 그저 가볍게 돌아보고 싶어한다. 보통 일정량의 게임플레이를 해야만 열리는 게임 파트에 플레이어가 접근할 수 있게 하는 것도 고려해볼 만하다. 이는 인위적이고 불필요한 이야기를 통해 또 다른 미니 게임을 차례로 풀어주는 '스토리 모드'를 통과할 때까지 플레이어가 그어떤 미니 게임에도 접속할 수 없도록 하는 파티 게임에 특히 중요하다. 파티 게임의 주된 관심사는 보드 게임처럼 일정하지 않은 시간에 임의의 친구들과 함께 플레이하는 것이다. 친구들이 밤에 놀러와 함께 놀기 위해 당신이 만든 파티 게임을 산 사람에게는 특히 실망스러울 수 있다. 플레이어가 당신이 만든 게임의 서로 다른 모든 면을 경험하지 못하게 해야 할 이유는 없다. 특히 사전에 돈을 지불한 경우에는 특히 그렇다. 사람들이 당신의 게임을 다시 하거나 보유하는 데 관심이 기울인다면 적용할 수 있는 덜 실망스러운 메커니즘도 있다(12장의 '동기' 참조).

마지막으로 알고 있어야할 현상은 '80/20 규칙'으로도 알려진 '파레토 원칙Pareto principle'이다. 이 원칙은 기본적으로 시스템 변수의 20%가 결과의 80%를 차지한다는 것이다. 예를 들어 제품 기능의 20%가 제품 사용의 80%를 담당한다. 따라서 대부분의 사람들은 게임 기능 중 약 20%만 사용할 것이다. 그러니 대부분의 플레이어를 위해 디폴트 UI를 단순하게 유지하라. 게임 진행에 꼭 필요한 위젯만 플레이어가 필요한 순간에 표시하고, 파워 유저가 UI에 옵션과 애드온addon을 추가할 수 있게 하라. 〈월드 오브 워크래프트〉는 UI 위젯에 이러한 유연성을 제공하는 훌륭한 사례다.

접근성 전문가이자 UX 디자이너인 이안 해밀톤(Ian Hamilton)

접근성은 여러 가지 이유로 우리가 몸담고 있는 산업에 엄청나게 중요한 분야다. 중요한 이유 중 하나는 시장 규모다. 정부 데이터에 따르면 인구의 약 18%가 어떤 종류든 장애를 갖고 있다. 모든 사람이 게임에서 장애물에 맞닥뜨리지는 않지만, 해당 정부 데이터가 다루지 않는 질환 역시 있다. 예를 들어 남성의 8%가 색맹이고, 미국 성인의 14%가 난독증 증상을 보인다. 개발자는 그 사업을 놓칠 수 없다. 접근성이 중요한 또 다른 이유는 인간 편익이다. 게임은 오락, 문화, 사교처럼 우리 중 많은 사람이 당연하게 여기는 것에 대한 접근을 제공한다. 하지만 당신이 이러한 것에 접근할 기회를 어떤 식으로든 제한한다면 게임은 한 사람의 삶의 질에 강력한 원인 제공자가 될 수 있다.

이런저런 이유로 업계가 발전하고, 이토록 빠른 속도로 변화하는 모습을 볼 수 있는 것은 더없이 멋진 일이었다. 이 산업은 아직 있어야 할 곳에 없지만 올바른 길로 가고 있다. 이것은 어렵지 않다. 초기에 접근성을 고려하고, 운동 신경, 듣기, 말하기, 보기, 인지 능력과 관련돼 당신 게임에 있을지도 모르는 즐거움 또는 참여를 막는 장벽이 무엇인지 찾아내라. 게임을 재미있게 만드는 데 꼭 필요한 부분 중에 몇 가지 장벽이 언제나 존재할 수 있다. 이것은 괜찮다. 다른 것에 초점을 맞춰 불필요한 장애물을 피하거나 없애기 위해 무엇을 해야 하는지 알아내라.

대부분의 장애물은 심벌뿐만 아니라 색상 또는 텍스트, 말하기 같은 하나 이상의 방식으로 정보를 전달하거나 난이도, 레벨 또는 컨트롤을 다시 매핑할 수 있게 하듯이 약간의 유연성을 제공하는 것만으로도 해결할 수 있다. 충분히 일찍 고려한다면 엄청난 양을 아주 쉽게 해낼 수 있고, 그 영향력은 보통 널리 퍼진다. 작고 어수선한 인터페이스 요소를 피하고, 모든 종류의 다양한 영구적인 운동 신경 및 시각 장애를 지닌 사람들은 물론, 덜컹거리는 버스나 직사광선에 있는 사람들 역시 게임을 더 즐길 수 있게 하자. 잘 만들어진 자막을 제공해 아기가 자고 있어서 헤드폰 없이 무음으로 게임을 하는 누군가도 즐길 수 있도록 하자. 한 손 모드 컨트롤은 팔이 하나인 사람, 팔이 부러진 사람, 지하철 손잡이를 잡고 있거나 가방 또는 맥주를 들고 있는 사람에게 적합하다. 지도에서 아이콘뿐만 아니라 색상을 사용하면 모든 플레이어를 위한 추가적인 강화 효과가 있다.

접근성은 모든 분야와 관련이 있지만, 그중에서도 차이를 만들 수 있는 가장 큰 책임과 힘 모두를 가진 분야는 사용자 경험^{UX}이다. UX는 모든 플레이어의 니즈를 지지하는 것이 직함에 문자 그대로 적히는 유일한 분야다. U는 '현재 전혀 장애가 없는 사용자^{User}에 대한 분과'를 나타내는 것이 아니다. 그리고 전문가 검토, 데이터 분석, 사용자 리서치 같은 툴은 이미 UX 무기고 안에 있다. 전문가 검토에 사용할 수 있는 모범 사례를 숙지하라. 해당 지식은 http://gameaccessibilityguidelines.com 같은 웹사이트에 이미 무료로 배포돼 있다.

게임은 우리가 사는 세상에 선한 기운이 넘쳐나게 할 힘이 있으며, UX는 그 선함을 북돋을 수 있고 전달할 수 있도록 유례없이 마련된 분야다. 우리는 그저 실현하기만 하면 된다.

12

인게이지 어빌리티

12.1 게임 UX를 위한 세 가지 인게이지
어빌리티 원칙

12.2 동기

12.3 정서

12.4 게임플로

좋은 비디오 게임은 보통 '재미^fun'라는 말로 표현하기 때문에, 게임 기획자는 대개이 말을 듣기 위해 열심히 노력한다. 게임 기획자이자 교육자인 트레이시 풀러턴^Tracy Fullerton은 게임 디자인이란 "플레이어가 그냥 '재미'라고 부르는 도전, 경쟁, 상호작용의 보기 드문 조합을 만들어 내는 것이다."라고 표현한다.[1] 따라서 상호작용 디자인의 목표 중 하나는 플레이어가 즐기는지를 입증하는 것이다.[2] 문제는 게임을 '재미'있게 만드는 것이 평가하기 어렵다는 데 있다. 게임 기획자 제시 셸^Jesse Schell은 "재미는 거의 모든 게임에서 바람직하지만, 때로는 분석이 거의 불가능하다."고 지적했다.[3] 예를 들어 게임 기획자 라프 코스터^Raph Koster는 재미를 우리의 뇌가 기분 좋아지고 지루함을 피하는 '학습에 대한 또 다른 단어'라고 표현했지만[4], 로베르토 딜런Roberto Dillon 교수는 "재미는 개개인이 완전히 다를 수 있는 매우 개인적인 활동이다."라고 말한다.[5] 게임 기획자인 스콧 로저스Scott Rogers는 "재미의 문제는 유머처럼 완전히 주관적이라는 점이다."라고 했다.[6]

12.1 게임 UX를 위한 세 가지 인게이지-어빌리티

재미에 대해 널리 확립된 이론과 예상 측량은 아직 없지만, 예를 들어 플레이어가 느끼는 즐거움, 존재감, 몰입 또는 게임 흐름 등을 설명하는 몇 가지 모델 및 프레임워크가 제시됐다. 이러한 프레임워크는 학계 또는 게임 개발 실전 중 어디에서 비롯됐든 반드시 통합하기 쉬운 것은 아니다. 개발자들과 작업할 때 실질적으로 큰 도움을 준 모델 중 하나는 스윗처Sweetser와 와이어스Wyeth가 정의한 게임플로 모델이다.[7] 그들은 비디오 게임의 가장 중요한 목표인 플레이어의 즐거움은 무엇이 경험을 즐겁게 만들고 사람들을 행복하는 하는지를 설명하는 몰입의 개념과 비슷한 점이 있음을 알아냈다. 이 개념에 대해서는 이미 6장에서 다뤘으며, 이에 대해 '게임플로' 주요 구조부 절에서 아주 자세하게 설명하겠다. 간단히 말하면 게임플로는 몰입 개념과 발맞춘 사용자 경험 휴리스틱을 결합해 게임 평가에서 즐거움에 대한 모델을 제안한다. 게임 기획자 제노바 첸Jenova Chen(댓게임컴퍼니Thatgamecompany가 개발한 〈플로flOw〉, 〈플라워Flower〉, 〈저니Journey〉의 숨은 공신)에게 잘 디자인된 게임이란 플레이어가 너무 쉽지도, 너무 어렵지도 않은 도전을 통해 자신만의 몰입 존flow zone으로 들어갈 수 있고, 계속 빠져 있게 하는 것이다.[8]

사용성에 대한 내 접근법처럼 이 아이디어는 재미, 즐거움, 몰두immersion에 대한 이론 및 프레임워크를 하나도 빠짐없이 리스트로 만들지 않는다. 그 대신 개발 팀에서 쓰는 용어를 말할 수 있게 돕는 몇 가지 넓은 주요 구조부를 제안한다. 인지과학이 알려준 이러한 주요 구조부는 개발자가 제공하려는 게임 경험을 충실히 지키면서도, 플레이어의 참여와 유지를 위해 가장 중요한 요인이 될 수 있는 것을 이해하는 데 도움을 줄 수 있다.

앞에서 설명한 사용성 주요 구조부는 불필요한 장애물을 없애기 위한 프레임워크를 제공한다. 이 프레임워크는 플레이어에게 좌절감을 줄 수도 있고, 다시 불신을 불러일으킬 수도 있다. 사용성 주요 구조부가 비디오 게임을 쉽게 사용할 수 있는 것에 초점을 맞추는 반면, 인게이지 어빌리티 주요 구조부는 게임이 제공하는 참여 및 몰두 수준에 초점을 맞춘다. 게임 사용성 측정은 확실히 더 쉽다. 확립된 인간 요인 원칙을 적용할 수 있고, 플레이어가 실수를 저지르는지 관찰하고 그들이 게임에 대해 이해하는 것과 해야 할 것을 알고 있는지 여부를 확인할 수 있기 때문이다. 따라서 사용자 경험 실행은 사용 편의성 측면에서 게임의 품질을 제법 정확하게 예측할 수 있다. 한편 플레이어 참여에 대한 평가는 더 복잡하다. 왜냐하면 플레이어가 경험하는 재미(몰두 또는 몰입)의 정도는 쉽사리 객관적으로 측정할 수 없기 때문이다. 게다가 더 중요한 것은 이 측정값이 게임의 성공 수준을 예측하는 데 어떻게 도움이 될 수 있는지다. 물론 항상 플레이어에게 직접 얼마나 즐거운지 말해달라 부탁할 수 있지만 자기 평가는 매우 편향될 수 있으며, 지금까지 재미의 척도는 게임의 이후 성공 및 즐거움에 대한 예측 도구로는 그다지 좋지 않았다. 사용자 리서치 방법론에 대해서는 나중에 14장에서 설명하겠지만, 성공을 측정하는 방법을 염두에 두는 것이 항상 중요하다. 게임, 특히 무료 게임의 경우의 성공에 대한 가장 많이 사용되는 핵심 성과 지표는 플레이어 보유율이다.

분석 및 데이터 과학에 대해서는 15장에서 다루겠지만, 주요 아이디어는 보유율이 얼마나 오랫동안 플레이어가 당신의 게임에 계속 참여하는지를 측정한다는 것이다. 이것이 바로 '인게이지먼트'의 개념이 성공적이고 재미있는 게임을 만드는 데 중심이 되는 이유다.

이 개념은 확실히 더 다듬어져야 하고, 이어지는 '인게이지 어빌리티 주요 구조부'는 어느 정도 객관적 측정이 가능한 플레이어 참여에 영향을 미치는 다양한 요인을 식별하기 위한 미약한 시도에 불과하다. 이것은 게임의 참여 강점과 약점이 무엇인지 파악하기 위한 몇 가지 광범위한 가이드라인을 제공하고, 바라건대 게임이 베타 단계에 이를 때 개발자들이 문제를 조기에 해결하고 분석 데이터를 이해하도록 돕는 것을 목표로 하는 시작점이다. 동기부여 없는 모든 행동 방식^{behavior} 또는 참여는 있을 수 없으며, 동기부여는 감정 및 게임플로 주요 구조부가 지원하는 인게이지 어빌리티의 핵심 주요 구조부다.

12.2 동기

6장에서 인간의 동기에 대해 현재 우리가 이해하는 바를 정확하면서도 포괄적으로 주요 내용만 추려내려 최선을 다했다. 동기는 우리의 추동, 욕구, 바람을 충족시키는 원동력이라는 점을 알고 있다. 하지만 현재 동기에 대한 합의되고 통일된 이론은 없으며, 서로 다른 욕구(생물학적 욕구, 학습된 욕구, 인지적 욕구 그리고 개인적 욕구)와 관련된 다양한 유형의 동기(주로 암묵적, 내재적, 외재적)가 있음을 알고 있을 뿐이다. 이러한 동기는 우리가 아직 명확하게 이해하지 못하는 방식으로 지각, 인지 그리고 행동 방식에 영향을 주기 위해 서로 상호작용한다. 성격과 내재적 및 외재적 상황(즉 생명 활동 및 환경)에 따라 서로 다른 때에 다른 것을 하도록 동기부여를 받을 수 있다. 따라서 학자들은 누군가의 행동 방식을 쉽게 예측할 수 없으며, 특히 모든 변수를 제어하고 조심스레 다룰 수 없는 실험실 밖에서는 말할 것도 없다. 비디오 게임에 관한 한 게임 기획자는 환경을 조작할 수 있지만, 플레이어의 생명 활동이나 개인적인 욕구를 비록 설명할 수는 있어도 제어할 수는 없다. 개발자가 할 수 있는 일은 플레이어의 내재적 동기를 자극하고 피드백, 보상, 처벌의 형태로 외재적 동기를 사용할 수 있는 방식으로 환경(게임)을 디자인하는 것이다. 이것이 바로 게임 산업이 게임에서 외재적 동기(과제 자체의 외적 보상을 얻기 위해 활동에 참여) 및 내재적 동기(활동 그 자체를 위한 참여)를 구분해 동기에 접근하는 이유다.

이 구분이 플레이어의 마인드에 있음을 이해하는 것은 중요하다. 특정 게임플레이 이벤트(예: 플레이어가 레벨 업 중에 얻는 새로운 스킬 포인트)는 내재적 보상(유능성 증가에 대한 피드백) 및 외재적 보상(쓸 수 있는 스킬 포인트) 모두로 받아들여질 수 있다. 그 외에 비디오 게임은 정의에 따라 자기 목적적인 활동이며, 게임에서의 모든 보상은 대개 활동 그 자체와 관련이 있기 때문에 본질적으로 내재적이라고 주장할 수도 있다(보상은 게임 내에서 사용된다). 기능성 게임은 예외다. 이러한 게임을 하는 이유는 보통 활동 그 자체의 즐거움을 위해서가 아니라 실생활에서의 이익(예: 살빼기)을 얻기 위해서다. 플레이어 주도 아래 게임 안에서 유통되는 통화가 강력한 시장을 형성한 게임 역시 예외다. 나는 게임에서의 동기를 내재적 및 외재적으로 양분하는 접근법이 가장 정확한 관점이라고는 완전하게 확신하지 않지만, 개발자가 종종 사용하는 이해하기 쉬운 분할이기 때문에, 더 나은 관점이 없으니 여기서 사용하겠다. 하지만 이어서 설명하는 분할은 아직 서로 다른 동기 유형이 행동 방식에 어떻게 상호작용하고, 영향을 미치는지 완전히 이해하지 못하기 때문에 다소 불안정할 수 있다는 점을 염두에 두기 바란다.

12.2.1 내재적 동기: 유능성, 자율성, 관계

내재적 동기는 다른 것을 얻기 위한 수단이 아닌, 활동 그 자체를 위한 활동을 추구할 때 일어난다(6장 참조). 게임 개발에서 내재적 동기 프레임워크로 종종 사용되는 관점은 자기결정 이론이다. 이러한 관점에 기반을 둔 게임은 유능성, 자율성 및 참여할 관련성에 대한 기본 심리적 욕구 충족을 목표로 해야 한다.[9] 유능성은 능숙해지고 명확한 목표를 향해 나아가는 느낌을 의미한다. 자율성 욕구는 의미 있는 선택과 자기표현을 위한 장소가 주어지는 느낌과 관련된다. 관련성은 주로 다른 사람들과의 관계를 느낄 필요성을 나타낸다. 어떤 게임은 플레이어의 유능성에 대한 느낌을 촉진하는 데 더 많이 의존한다. 예를 들어 닌텐도의 〈슈퍼 마리오 브라더스〉의 난이도는 플레이어가 더 능숙해질 것을 요구하기 때문에 내비게이션 숙련도와 반사적 반응을 높이는 쪽으로 진행된다. 다른 게임은 허용된 실험을 통해 자율성을 강조한다. 즉 모장의 〈마인크래프트〉는 플레이어가 창의적인 방식으로 해당 월드를 실험하도록 허용한다. 마지막으로 관련성은 플레이어가 실시간 또는 비동기적으로 목표를 위해 협업 또는 경쟁하며 서로 상호작용할 수 있도록 허용하는 멀티플레이어 기능을 통해 종종 해결된다. 다른 사람들과 관계를 맺고 있다고 느끼고 싶은 욕구는 게임에 의미 있고 정서적으로 기여하는 NPC와의 관계로 충족될 수도 있다. 또는 밸브의 〈포탈 2〉에 나오는 동행 큐브처럼 심지어 무생물이지만 어쩌면 사랑스러운 오브젝트도 가능하지만, 그건 다소 과장이다.

- **유능성**

  플레이어의 유능성competence에 대한 욕구를 충족시키기 위한 가장 중요한 방법 중 하나는 그들이 능숙한 느낌과 통제력, 그리고 발전하고 숙달된 느낌을 갖게 하는 것이다. 따라서 단기 목표가 무엇인지, 하지만 게임의 중기 및 장기 목표(또는 게임플레이 깊이) 역시 플레이어에게 확실하게 표현하는 것이 매우 중요하다. 이렇게 하면 플레이어가 목표를 플레이할 때 더 많은 노력과 참여를 할 수 있고, 이것이 장기 투자가 될 수 있음을 알게 된다. 예를 들어 닌텐도의 포켓몬 시리즈에서 단기, 중기, 장기 목표는 아주 명확하다. 포켓몬 트레이너로 지정된 플레이어는 다음 시합을 이겨 더 많은 포켓몬을 잡아야 한다(단기 목표). '짐Gym 리더'를 이겨 자신의 포켓몬을 레벨업한다(중기 목표). '캐치뎀 올 catch 'em all과 자신의 지역에서 최고의 트레이너인 '엘리트 포Elite Four A'를 물리친다(장기 목표). 목표에 도달하는 것은 분명한 내재적 보상이 되지만, 목표는 또한 대개 외재적 보상으로 받아들여질 수 있는 것과 관련이 있다. 하지만 나는 자기 목적적인autotelic 활동 안에서 내재적 및 외재적 보상 사이에 명확한 선을 긋기가 어렵다고 본다. 강력한 적을 물리치면 대개 게임에서 유통되는 통화인 경험 포인트 또는 아이템을 얻는다. 게임에 있는 모든 기능과 요소에 대해 당신의 잠재 고객에게 의미 있는 목표를 분명하게 표현할 수 있는 방법을 자문해 봐야 한다. 여기서 두 가지 중요한 개념은 '분명하게'와 '의미 있는'이다.

목표는 한 가지 주요한 이유로 의미 있는 것이어야 한다. 우리는 '왜' 신경 써야 하는지 분명하게 이해할 때 그 대상에 더 많이 주의를 기울이고, 인지적 리소스를 더 할당한다. 5장에서 봤듯이, 작업 기억에 주의 리소스를 할당하는 것은 심층적인 정보 처리 및 학습의 열쇠다. 게임 기획자는 목표 설정이 게임에서는 필수라는 점을 상기하기 위해 UX 실무자가 필요 없다. 결국 이것은 그들이 만드는 것에 있어 중요한 부분이다. 하지만 그 목표를 설정하는 일이 플레이어와 접하는 순간에 생각만큼 의미 있는 일이 아닐 수도 있다. 예를 들어 게

A 포켓몬은 국가별 명칭이 조금씩 다르다. '엘리트 포'는 한국과 일본에서는 '빅 포(the Big Four)'로 표기하지만, 원문을 바탕으로 하는 번역서이기 때문에 그대로 둔다. – 옮긴이

임에서 목표 설정에 대한 가장 간단한 표현 중 하나인 스킬 트리를 생각해 보자. 게임 기획자는 플레이어가 더 큰 인벤토리(예: 더 큰 배낭의 형태로)를 휴대할 수 있는 기술을 초기에 강조하는 것이 의미 있을 지도 모른다. 왜냐하면 게임 기획자는 그 인벤토리가 곧 게임에서 아주 유용한 기능이 될 것임을 예측할 수 있기 때문이다. 하지만 많은 플레이어는 특히 이제 막 게임을 알아가기 때문에 화려한 시각적 효과를 가진 강력한 무기나 캐릭터가 두 번 점프하거나 날수 있는 능력 같은 더 극적인 인상을 주는 스킬을 얻기 위해 나아가는 모습에 더 쉽게 자극받을지도 모른다. 이런 스킬은 플레이어가 게임에서 자신의 유능성이 커지고 있음을 더 쉽게 보여줄 수 있다. 물론 플레이어가 일단 인벤토리 제한을 경험하기 시작할 때는 더 큰 가방을 찾는 것이 의미가 있다. 따라서 스킬 트리를 디자인하고 전반적인 목표를 설정할 때는 스킬, 리소스, 무기 등의 특정 아이템을 획득하는 플레이어의 유능성이 어떻게 의미 있게 표현되는지 확인해야 한다. 플레이어의 입장에서 모든 과제가 존재하는 상황에서는 플레이어에게 언제 어떤 것이 의미 있을지 고려할 수 있다. 플레이어는 당신이 자신의 게임에 대해 가진 지식과 동일한 수준의 지식을 갖고 있지 않기 때문에, 플레이어가 게임을 하는 순간 진정으로 의미가 있다고 느끼지 못하면 특정 목표에 본질적으로 끌려 참여하리라고 기대하지 마라. 예를 들어 보상으로 귀중한 자원을 제공하는 미션 시작을 제안하는 것은 아직 플레이어가 그 자원이 부족하면 어떨지 경험하지 않았거나, 해당 자원으로 가치 있는 어떤 상황도 만들수 없다면 그다지 매력적이지 않을 것이다. 게임에서 특정 요소가 본질적으로 얼마나 가치 있는지를 생각하지 말고, 플레이어가 지니는 가치에 대해 생각해 보라. 지각은 주관적임을 기억하라. 플레이어가 의미 있는 것으로 받아들일 목표를 적절한 때에 설정하는 방법을 찾으면, 더 강하고 더 오랜 기간 동안 플레이어의 관심을 사로잡을 훨씬 더 많은 기회를 갖게 될 것이다.

또 다른 중요한 개념은 이러한 의미 있는 목표뿐만 아니라 이를 향해 나아가는 플레이어의 진행(예: 프로그레스 바) 역시 게임에서 적어도 사용자 인터페이스를 통해 명확하게 표현돼야 한다. 많은 동기에 관한 문제가 발생하는 것은 목표가 없어졌거나 플레이어에게 의미가 없거나 가치가 없기 때문이 아니라, 그저 표현이 명확하지 않기 때문이다. 플레이어를 위해 당신이 설정하는 모든 목표에 대해 만족할 수 있는 사용성을 보장하는 것이 가장 중요하다. 만약 스킬 트리 중에 플레이어가 게임에서 슈퍼 악당 액션을 실행할 수 있는 능력을 제공한다면, 이 스킬을 나타내는 아이콘이 정말 악당처럼 보이는지, 그 형태가 해당 기능을 최대한 잘 표현하는지 확인해야 한다. 해당 능력이 실행될 때의 모습을 짧은 비디오로 만들어 추가할 수도 있다. 왜냐하면 이런 비디오를 보면서 플레이어는 자신의 유능성의 성장을 계획하고, 그들이 해당 능력을 갖게 돼 실행할 날을 꿈꿀 수 있기 때문이다. 프론트엔드 메뉴 외에도 아주 매력적인 특정 목표를 만들 수 있는 또 다른 방법은 게임 월드에서 플레이어를 도발tease 하는 것이다. 멀티플레이어 게임에서 한 플레이어가 어떤 탐나는 아이템이나 능력을 갖게 됐을 때, 이를 확실하게 멋지게 만들고 명확하게 알 수 있게 만들면 다른 플레이어의 주의를 끌 것이다. 〈월드 오브 워크래프트〉를 하며 걸어 다니기가 힘들어지기 시작할 때 어렵게 얻은 평점대mount를 자랑하는 상급 플레이어를 보는 것은 의미 있는 동시에 아주 명확하다. 특정 레벨에서 평점대에 오를 수 있는 능력을 얻는 방법이 UI에서 명확하지 않더라도, 실제로 올라간 모습을 보면 플레이어의 호기심이 자극을 받아 자신도 이름을 올리기 위한 방법을 알아낼 가능성이 높아진다. 평점대에 이름을 올린 플레이어는 자랑할 수 있는 능력을 갖게 돼 자신의 뛰어난 유능성을 표현하려는 욕구를 충족할 수 있다. 물론 평점대 맨 위에서 날고 있는 플레이어를 만나기 전까지 말이다. 솔로 게임에서 목표의 명확성은 도발을 통해 표현될 수 있는데, 이 역시 인간의 또 다른 내재적 동기부여 요인인 호기심을 자극한다. 닌텐도는 특히 플레이어 도발에 뛰어나다. 예를 들어 〈젤다의 전설: 신들의 트라이포스〉에서 플레이어는 비밀 통로를 열기 위해 특정 장소 옆에 폭탄을 설치할 수 있다. 게임의 어떤 시점에서 플레이어는 일반적인 폭탄으로 파괴할 수 없는 특정 타입의 균열된 벽을 만나기도 한다(도발). 플레이어가 게임을 하다 나중에 새로운 타입의 폭탄을 만나면 그때서야 이 슈퍼 폭탄이 의미 있는 이유와 해당 용도(커다란 균열된 벽에는 슈퍼 폭탄을 사용)를 명확하게 알 수 있다. 마찬가지로 닌텐도 DS의 〈젤다의 전설: 몽환의 모래시계 The Legend of Zelda: Phantom Hourglass〉에서 플레이어는 갈고리 로프를 얻기 전에 접근 불가 지역 옆에 서 있는 막대기와 마주친다. 플레이어가 일단 갈고리 로프를 획득하면 왜 이 새로운 도구가 의미 있는지, 그리고 어떻게 자신의 유능성을 향상시킬지를 알게 된다. 즉 이제는 이전에 접근 불가 지역에 가기 위해 막대기에 갈고리를 걸 수 있다. 자물쇠(장애물)와 연관된 열쇠(앞선 예에서 말한 슈퍼 폭탄이나 갈고리 로프)를 주기 전에 보여주면, 플레이어에게 아주 명확하고 매력적인 방식으로 목표를 설정할 수 있는 동시에 성장한다는 느낌을 지원하고 호기심을 자극할 수 있다. 이렇게 하는 또 다른 방법은 플레이어가 일정 레벨이 되기 전에는 들어갈 수 없거나 들어갈 수는 있지만 훨씬 더 강한 적에게 바로 사살되는 영역을 게임에 두는 것이다. 이러한 영역이 존재하고 여기에 들어가기 위해서는 유능성을 길러야 한다는 사실을 일찌감치 플레이어에게 보여주는 것은 명확하고, 때로는 의미 있는 목표가 된다. 전반적으로 플레이어가 그들을 위해 마련한 목표를 이해하는지 꼼꼼히 살펴라. 플레이어가 어떤 스킬이나 아이템을 획득해야 하고 이것이 어떤 능력을 주는지를 파악할 수 있는지, 그리고 일단 특정 미션을 해내거나 특정 레벨에 도달하면 무슨 일이 벌어질지 알 수 있는지를 확인하라. 플레이어가 당장의, 중기 그리고 장기 목표 중 얼마를 식별할 수 있는가? 특정 레벨, 스킬 또는 아이템의 획득을 기대하며 그것이 자신의 유능성을 어떻게 증가시킬지 아는가? 그렇지 않다면 이러한 목표가 사라졌거나(게임 디자인 문제), 있긴 하지만 프론트엔드 메뉴나 게임 월드에서 식별할 수 없거나(사용성 문제: 명확성), 식별은 되지만 명확하게 이해할 수 없거나(사용성 문제: 기능을 따르는 형태), 그도 아니면 플레이어 관점에서 볼 때 유능성 성장 면에서 그다지 의미가 없는 것, 즉 인게이지 어빌리티 문제다. 플레이어가 목표를 달성하기 위해 조금 더 게임을 하도록 북돋을 수도 있으므로 플레이어의 진행, 특히 어느 목표가 완성에 가까운지에 대해 명확한 피드백을 줘라. 진행 상황과 남은 목표에 대한 명확한 정보를 제공하는 것은 유능성에 있어 결정적인 요소다. 플레이어가 새로 획득한 능력을 실행하면 아바타가 멋진 애니메이션을 펼치는 것 같이 그때그때 게임에서 느껴지는 느낌(앞으로 게임 필로 표현)을 제공하는 것은 유능성이 향상된다는 기분을 높이는 또 다른 방법이지만, 게임 필에 대해서는 나중에 얘기하겠다.

목표는 이에 도달하려는 플레이어의 내재적 보상과 연관되지만, 외재적 보상으로 받아들여질 수 있는 것과도 종종 연관된다. 예를 들어 강력한 적을 무찌르는 것은 플레이어의 유능성에 대한 피드백을 제공하기 때문에 내재적으로 보상받는 일이다. 하지만 일반적으로는 게임에서 유통되는 통화, 경험치 또는 아이템 형태로 주어지는 보상과도 연관된다. 보상이 게임 월드 자체 안에서 추가적으로 적절하고 의미 있기 때문에 게임에서 내재적 또는 외재적 동기를 명확하게 구분하기가 어렵다는 점을 알고 있다. 하지만 외재적 동기에 대해 다룰 때 다른 타입의 보상과 내재적 동기에 미치는 잠재적이고 상대적 영향에 대해 아주 자세하게 설명하겠다. 정리하면 핵심 요소는 플레이어가 게임에서 자신의 목표에 대한 목적 의식을 느끼게 하고, 진행 상황에 대한 명확한 피드백을 주면 플레이어 역시 성취감을 느낄 수 있다. 명심해야 할 마지막 질문은 플레이어가 게임에서 능숙해지는 방법을 이해하는가다. 위협에 맞는 적절한 능력을 사용하지 않아서, 게임 룰을 명확하게 이해하지 못해서 죽거나 목적에 실패하는 플레이어는 숙달된다는 느낌을 전혀 받지 못한다. 이런 플레이어는 속이 부글거리나 공격적인 감정이 고조될 가능성이 크다.[10] 사용성 및 학습 곡선은 유능성에 매우 중요하다. 당신 게임의 사용성을 소홀히 하거나 튜토리얼을 마지막에 다룰 하찮은 일로 여긴다면 실패할 가능성이 매우 높고, 플레이어가 통제감과 지배력을 느낄 수 있도록 올바르게 합류하지 못할 가능성이 높다. 멀티플레이어 온라인 배틀 경기[MOBA](5대5 경기)인 에픽게임즈의 〈파라곤[Paragon]〉을 테스트하던 사용자 리서치 연구진은 개발 주기 초반에 많은 플레이어(능숙한 플레이어 포함)가 타워(강력한 장애물) 때문에 계속해서 죽는다는 점을 알아냈다. 플레이어는 언제 적의 타워에 안전하게, 즉 타워의 표적이 돼 바로 죽지 않고도 접근할 수 있는지, 그리고 무엇이 그런 타워 '어그로[aggro B]'를 야기시킬 수 있는지(적의 타워 영역 안에 있는 동안 적장에게 해를 입히면 이것이 트리거가 돼 타워가 당신을 향해 발포한다) 잘 모르는 듯했다(그림 12.1 참조). 일단 게임이 라이브로 진행되고, 게임 분석가가 데이터를 수집한 후에 알고 보니 타워 어그로

B 여기에서의 어그로는 'aggression' 또는 'aggressive'의 속어로, 몬스터를 상대로 가하는 위협 수준을 의미한다. 본격적인 어그로라는 이름과 개념의 정착은 에버퀘스트 이후로, 이와 유사한 방식의 파티 플레이를 탑재한 MMORPG에서는 모두 차용하는 시스템이다. 어그로 시스템의 작동 원리는 보통 직접 타격, 간접 타격 그리고 몬스터가 때리고 있는 파티원을 회복시킬 때 각각 별도의 보정을 받아 어그로가 쌓이고, 이 수치가 제일 높은 대상을 최우선 공격 대상으로 삼는다. 어그로 시스템에 따른 '공격 대상'을 일반적으로 공격하는 몬스터가 '본다'고 한다(출처: 나무위키, https://namu.wiki/w/%EC%96%B4%EA%B7%B8%EB%A1%9C).

에 대한 룰 이해는 게임을 그만두는 가장 실제적인 요인 중 하나로 밝혀졌다. 타워에서 제일 많이 살해당했던 플레이어는 가장 열 받은 사람들이기도 했다. 온보딩은 플레이어 보유에 영향을 미치기 때문에 플레이어가 신경 써야 하는 이유에 대해 도발한 다음에는 숙련될 수 있는 방법을 이해할 수 있도록 신중하게 만들어야 한다.

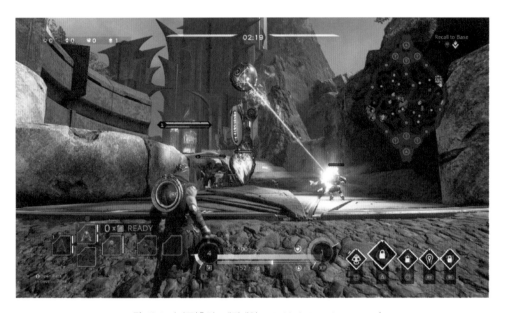

그림 12.1 파라곤(출처: 에픽게임즈 © 2016, Epic Games, Inc.)

● **자율성**

자율성autonomy에 대한 플레이어의 욕구를 충족시키려면 보통은 의미 있는 결정을 할 수 있고, 자유 의지를 갖지만 게임 시스템 역시 명확하게 만들어 자신감에 차 목적 의식을 경험할 수 있게 하는 것이 포함된다. 플레이어가 할 수 있는 가장 강력한 의미 있는 선택 중 하나는 창의력을 표현하는 것이다. 〈마인크래프트〉는 게임 중에서도 자율성의 정수를 보여준다. 깊고 체계적인 디자인을 제공하는 절차적으로 생성된 이 게임에서 플레이어는 거의 무한한 방법으로 실험하고 만들어 낼 수 있기 때문이다. 플레이어의 자율성을 지원하는 또 다른 방법은 게임에서 요소를 사용자 지정할 수 있게 하는 것이다. 예를 들면 아바타의 외형, 캐릭터 이름, 기지 이름, 배너 선택 등이 있다. 사용자 지정 옵션을 더 많이 제공할수록 더 좋다. 스웨덴 가구 업체의 이름을 딴 '이케아 효과IKEA effect'라 불리는 인지적 편향이 있는데, 제품의 컨셉에 사람들이 참여할 때 사람들은 제품이 갖는 가치를 더 높게 인식한다.[11] 따라서 플레이어가 자신의 베이스나 아바타를 만들어 내는 데 참여할 때 해당 요소에 가치를 부여할 가능성이 더 크다. 물론 이러한 사용자 지정이 플레이어에게 의미가 있어야 한다. 플레이어가 감정을 표현할 때 3인칭 카메라 뷰로 전환하거나 매치에서 인상적인 격투 모션을 실행할 때 자신의 아바타가 얼마나 멋진지 볼 수 있도록 다시 보기 기능을 제공하는 등의 방법으로, 플레이어가 특정 시간에 자신의 아바타를 볼 수 있도록 하는 기능을 추가하지 않는 한, 자주 보지 않는(예: 게임이 1인칭 카메라 뷰인 경우) 캐릭터의 외모를 바꾸는 데 시간을 들이게 하면 애쓴 노력이 허사가 됐다고 느낄지도 모른다.

〈스카이림Skyrim〉 같은 롤플레잉 게임은 대개 개인적인 힘을 제공한다. 플레이어가 특정 능력을 전문으로 하거나(목표를 스스로 설정) 환경을 달리 형성할 수 있게 하는(예: 〈시드 마이어의 문명Sid Meier's Civilization〉 또는 윌 라이트Will Wright의 〈심시티SimCity〉) 이러한 게임에서 플레이어의 선택은 게임 스토리에 영향을 미치기 때문이다. 다시 말하지만 선택은 의미가 있어야 하며, 의사 결정 중에 그 목적을 이해할 수 있어야 하고, 전체적으로 미치는 영향을 인식할 수 있어야만 한다. 예를 들어 라이언헤드 스튜디오^{Lionhead Studios}의 〈블랙 앤 화이트^{Black & White}〉나 서커펀치^{Sucker Punch} 프로덕션의 〈인퍼머스^{Infamous}〉처럼 게임에서 선택한 액션에 따라 게임 월드에 미치는 영향은 환경에 표현된 아트, 인공지능^{AI}, 시각 및 청각 효과 등을 통해 인식될 수 있다. 플레이어 결정의 영향이 명확하게 인식될 수 없으면(예를 들어 결정적 한방을 얻을 수 있는 5% 기회를 제공하는 특정 아이템 장착처럼 선택이 확률 알고리즘과 연관돼 발생하는 경우) 결과적으로 의미가 결여될 수 있으며, 플레이어는 힘을 느끼지 못할 수도 있다. 의미 있는 선택은 플레이어가 도전을 극복하거나 문제를 해결하기 위한 몇 가지 방법을 가질 때 경험할 수 있다. 예를 들어 코나미^{Konami}의 〈메탈 기어 솔리드 V: 팬텀 페인^{Metal Gear Solid V: The Phantom Pain}〉처럼 잠행을 할지 아니면 돌격을 할지 선택할 수 있다. 〈마스 이펙트^{Mars Effect}〉 시리즈처럼 플레이어의 선택에 따라 게임 스토리가 의미 있게 변할 때도 경험할 수 있다.

플레이어에게 많은 옵션을 제공하든 적은 수의 옵션을 제공하든 간에 중요한 것은 그들이 선택한 일의 목적을 이해하고, 해당 선택이 자신의 개인적인 힘에 어떻게 영향을 미칠지 인식하는 것이 매우 중요하다. 목적이 분명하지 않거나 그 영향을 충분히 지각할 수 없으면 특히 자율성 기능이 게임플레이의 핵심인 경우, 게임에 대한 플레이어의 참여 수준에 영향을 줄 가능성이 크다. 따라서 자율성 제공이 완전한 자유라는 명목으로 아무런 지침 없이 플레이어 혼자 알아서 하게 두라는 의미가 아니다. 플레이어는 혼란스럽거나 압도되면 자율성도 유능성도 느끼지 못할 것이기 때문이다. 자율성에는 반드시 가이드가 있어야 하며, 그래야 플레이어가 의미 있는 결정을 통제하는 경험을 온전히 할 수 있다.

● **관련성**

관련성relatedness에 대한 플레이어의 욕구를 충족한다는 것은 게임에서 의미 있는 사회적 상호작용을 제공한다는 뜻이다. 인간은 매우 사회적인 동물로 서로 간의 연결이 없으면 살아남을 수 없다. 플레이어 간에 정보나 정서를 소통하고, 서로 경쟁하거나 협동해 플레이하기 위해 다양한 채널, 즉 채팅 시스템 또는 이모티콘을 제공하는 게임은 참여할 가능성을 높인다. 언제나처럼 사회적 기능은 그것이 의미 있을 때 더 관계를 맺고 있다는 느낌을 받게 될 가능성이 높다. 예를 들어 협력적 플레이는 게임할 때 각 플레이어가 특정한 역할을 맡아 팀의 성공에 기여한다고 인식할 수 있을 때 더 매력적일지도 모른다. 이는 특정 도전을 해내기 위해 잠시 동안 그룹을 이루거나 장기적인 관계를 위한 길드나 클랜의 조직을 의미할 수 있다. 장기적인 관계를 허용한다는 것은 플레이어가 사회적 상호작용을 더 신경 쓰고 협력하도록 장려한다는 것에 유의하기 바란다. 예를 들어 죄수의 딜레마 게임을 하는 플레이어는 같은 파트너와 일정 수의 라운드를 함께 할 것을 알면 서로 더 많이 협력한다는 사실이 게임 이론에 확실히 자리잡고 있다.[12] 당신이 동료와 함께 저지른 범죄로 체포되는 게임을 상상해 보자. 그런데 경찰에게는 당신과 동료 중 한쪽을 구치소에 오랫동안 감금해 둘 충분한 증거가 없다. 둘 다 따로따로 심문을 받는데 파트너를 밀고(버린다)하거나 침묵(협력한다)을 유지하는 것 중 하나를 선택하라고 한다. 둘 다 협력을 선택하면 둘 다 1년형을 받는다. 둘 다 서로를 버리면 각각 3년을 복역한다. 하지만 둘 중 하나는 밀고를, 다른 하나는 침묵을 선택하면 밀고자는 바로 풀려나지만 다른 하나는 10년간 복역을 해야 한다. 이러한 조건에서 플레이어가 딱 한 라운드만 임의의 파트너와 플레이할 때 평균적으로 파트너를 밀고하는 쪽을 선택한다. 다시는 함께 게임을 하지 않을 낯선 사람을 믿기는 어려워 보인다! 하지만 동일한 파트너와 여러 라운드를 플레이할 것을 알게 되면 특히 첫 번째 라운드에서 상호협력하는 경향이 커진다. 함께 하는 라운드가 끝나갈수록 협력은 감소한다. 이 이야기의 교훈은 플레이어는 신뢰 관계를 유지할 필요가 없을 때 트롤^{troll}C하거나 다시는 상호작용하지 않을 임의의 동료를 이용할 확률이 더 높아진다는 것이다.[13] 결과가 중요하다. 따라서 길드를 통해서나 단순히 낯선 사람을 쉽게(의미 있는) 친구로 만들 수 있게 하는 등의 방법으로 사회적 관계를 장기간 제공하는 것이 협력에 더 유리한 환경을 만드는 데 도움이 된다. 물론 이상적으로는 플레이어가 그들의 '진짜' 친구를 게임에 데려와 친구의 친구가 서로를 알아보고 쉽게 어울려 함께 놀 수 있기를 바랄 것이다. 알고 있는 사람이나 자신의 사회적 그룹 안에 있는 누군가를 믿거나 돕는 것이 훨씬 더 쉽다. 인간은 자신의 사회적 그룹에 속한 가까운 사람들인 '내집단^{ingroup}'을 편애하는 경향이 있다. 이를 내집단 편향^{ingroup bias}이라고 부른다. 따라서 플레이어가 소셜미디어 친구를 자동으로 불러오기 할 수 있게 만드는 등 게임에 친구들을 초대하기 쉽게 하는 기능을 반드시 제공하라. 플레이어의 친구들이 이미 플레이하는 미션이나 매치에 바로 쉽게 뛰어들 수 있게 만들어라. 행동 방식은 또래 영향을 받을 수 있으므로, 친구들이 최근 완료한 미션이나 손에 넣은 아이템이 무엇인지 프론트엔드 메뉴를 통해 플레이어에게 알리는 방법을 고려하라. 플레이어가 자신의 상태를 그룹에게 과시할 수 있는 방법을 제공하라. 예를 들어 영웅 퀘스트 완료 후 얻은 특별한 배지는 플레이어의 유능성을 사회적 맥락에서 확정하는 방법이다. 해당 배지를 획득한

C   뉴욕타임즈는 게임뿐만 아니라 온라인 커뮤니티에서 쾌감을 얻기 위해서나 관심을 받기 위해 남의 감정을 멋대로 뒤엎으려는 행동을 하는 부류라고 정의한다. 어그로, 관심병과 비슷하다. 게임에서는 의도적으로 적에게 죽거나 팀의 승리를 저지하는 행위 자체를 의미하기도 한다. 국내에서는 트롤링을 하는 사람을 '트롤러'라고도 하지만 이는 잘못된 표현으로 '트롤'이라 부르는 것이 맞다(참조: 나무위키, https://namu.wiki/w/%ED%8A%B8%EB%A1%A4%EB%A7%81).

플레이어에게는 특별히 보상받는 느낌을 줄 수 있으며, 다른 사람들에게는 도발이 될 수도 있다(또래 압박peer pressure이 작용). 마지막으로 플레이어가 쉽게 서로에게 잘 해줄 수 있도록 하라. 예를 들어 서로에게 선물을 줄 수 있게 하거나 플레이어가 서로에게 팁을 주고받을 수 있는 기능을 추가한다. 아이템을 태그하면 팀원들이 각자의 미니맵에서 아이템을 볼 수 있어 확인하러 갈 수 있게 하는 것도 한 방법이다. 이 외에도 협업을 디자인할 방법은 다양하다.

경쟁은 관계를 경험할 수 있는 또 다른 방법이다. 이런 타입의 사회적 관계는 협업보다는 문제를 더 불러온다. 패자가 되는 것은 매우 좌절감을 느낄 수 있는데, 특히 게임이 불공정하다고 느끼거나 굴욕감을 느낄 경우(예: 티배깅)가 있기 때문이다. 반면 최고의 플레이어가 되는 것은 명확하게 자신의 유능성이 표현돼 만족스러울 수 있다. 하지만 단 한 명만(최고의 플레이어)이 즐겁고 나머지 모두는 스코어보드의 맨 위에 오르지 못해 주눅이 들지도 모른다. 그리고 스코어보드에 맨 위에 오른 플레이어들은 다른 누군가가 자신의 랭크를 차지하면 곧바로 지위를 잃는 고통 속에서 지내야만 한다. 최고의 플레이어나 최고의 팀을 축하하는 것이 대개는 좋은 관례지만 게임 기획자는 패배를 더 긍정적으로 묘사하고, 아니면 배워 발전할 기회로 바꿀 방법도 찾아야 한다. 7장에서 정서에 대해 말했듯이(이 모든 UX 주요 구조부는 전부 연관이 있기 때문에) 패배와 관련 있는 부정적인 정서를 조절하도록 인지적 재평가를 사용할 수 있다. 예를 들어 플레이어가 다른 사람들과 비교했을 때 가장 잘한 것이나 개인적 메트릭스metrics D에서 얼마나 향상됐는지를 강조하는 더 낫다. 〈오버워치〉는 이것을 정말 잘해내는데, 플레이어가 매치 종료 시점에서 자신의 '평균career

---

D 업무 또는 과제 수행 결과를 보여주는 계량적 분석 – 옮긴이

average'을 깨면 이를 언급하고 처치, 업무 기여 시간, 준 피해, 명중률 등 다양한 메트릭스에 대해서도 가능하다(그림 12.2 참조). 플레이어 대 플레이어 게임에 협업 기능(팀 기능)이 있다면 사살 횟수에만 초점을 맞추지 말고, 팀에 도움이 된 행동을 다양한 방법으로 칭찬하기를 권한다. 게임의 최고 '킬러'인 사람만 축하하지 말고, 특히 매치 임무 기여에 관해서도 신경을 쓰기 바란다. 가능하다면 서로 다른 역할을 평가하고, 각 역할을 중요시하며 다양한 메트릭스를 통해 플레이어를 기쁘게 할 방법을 고려하라. 이렇게 하면 최고의 슈터와 최고의 경쟁력 있는 플레이어만 아니라 더 많은 고객에게 동기를 부여할 기회를 늘릴 수 있다. 지원 역할도 중요하다. 마지막으로 플레이어가 진 이유와 실력 향상을 위해 할 수 있는 일을 이해하는지 꼼꼼히 살펴라. 인간은 부당함에 강한 반응을 보일 수 있으므로 게임 밸런스가 잘 잡혀 있지 않으면, 또는 실제로 공정한지 아닌지를 떠나 단순히 불공정하다고 받아들일 수 있다. 실패한 이유가 분명하지 않으면 문제가 될 불만이나 좌절감을 만들어 낼 수 있다. 죽은 플레이어가 무슨 일이 벌어졌는지 재생해서 볼 수 있는 죽음의 카메라death cam를 허용하는 방법이 도움이 될 수 있지만, 반드시 정말 유익해야 한다. 실패의 원인과 다음 번에 이를 피할 방법을 명확하게 확인할 수 없는 채 그 고통을 다시 체험하는 것은 도움이 되기보다는 더 해로울 수 있다. 정말 최소한, 죽음의 카메라를 쉽게 건너뛸 수 있어야 한다.

그림 12.2 오버워치(출처: 블리자드 엔터테인먼트, Overwatch®)

협력과 경쟁 게임 모두 멀티플레이어 독성 효과로 고생할 수 있다. 플레이어 중 아주 적은 비율이 다른 사람을 모욕하거나 괴롭히는 경우 그것 때문에 재미를 망쳐버린다. 악성 행동은 당신 고객의 행복뿐만 아니라 부정적인 경제 효과를 가져온다는 믿을 만한 근거가 있으니, 수익을 위해서도 반드시 해결해야 하는 아주 심각한 문제다. 플레이어가 게임을 하다가 모욕감을 느끼면 그만두는 경우도 있을 수 있다. 결국 보통 대부분의 사람들이 괴롭힘을 당하려고 게임에 가입하지는 않는다. 이 문제를 해결할 수 있는 가장 좋은 방법은 애초에 악성 행동을 예방하도록 게임을 디자인하는 것이다. 예를 들어 아군에 대한 오발 friendly fire을 허용하면 트롤이 이를 이용할 가능성이 있다. 플레이어 사이의 충돌을 허용하면 어떤 플레이어가 다른 플레이어들을 코너에서 막아서는 행동을 부추길 수도 있다. 적에게 마지막 타격을 가하거나 자원을 모을 때 전리품을 얻는 플레이어가 단 한 명이면 트롤이 그저 마지막 타격을 줌으로써 전리품을 훔치도록 부추길 것이다. 플레이어가 상대 팀의 스폰 포인트spawn pointE를 볼 수 있게 되면 스폰 킬spawn killingF이 가능해진다. 이런 타입의 행동 방식은 모르는 사람들과 함께 있을 때 발생하면 최악의 경우 괴롭힘으로 받아들여지고, 좋게 생각해도 불공평하다고 느낄 수 있다. 어느 경우도 보복을 결심하면 했지 절대 동기부여가 되는 감정이 아니지만, 폭력의 증가는 또 다른 얘기다. 플레이어에게 다시 마주치고 싶지 않은 플레이어를 차단하고, 적절하지 못한 행동을 한 플레이어에게 플래그를 지정할 수 있는 수단을 줘라. 당신 게임에서 적절하지 않은 행동이란 무엇인지 정의하고, 플레이어가 행동 규범을 읽고 받아들이도록 하자. 이 행동 규범의 위반을 절대로 용납하지 마라. 위반한 플레이어에게는 그러한 행동이 허용되지 않는 이유를 설명하고 스스로 만회할 기회를 주지만, 악성 행동에 따르는 결과 없이 놔두지 마라(8장의 행동 학습 원리에서 얻은 교훈을 기억하라). 악성 행동의 피해자 이야기를 들었으며, 악성 행동이 확인되면 그들이 지목한 플레이어에게 조치를 취했다는 피드백을 줘라. 예를 들어 다른 플레이어에게 호감이나 지지를 표할 수 있도록 하는 등, 예의 바른 플레이어를 칭찬할 수 있는 방법을 찾아라. 환경은 행동을 형성할 수 있으며 악성 행동 역시 다르지 않다. 사용자 리서치 연구원인 벤 루이스-에반스Ben Lewis-Evans가 이어지는 글에서 설명하듯이, 게임은 독성 효과를 줄이도록 디자인할 수 있고 그렇게 돼야 하지만, 초기에 이에 관해 생각한다면 훨씬 더 쉽게

E   게임에서 플레이어, 봇(bot) 또는 아이템이 생성되는 게임 맵에서의 위치. 스폰 지점이라고도 한다. – 옮긴이

F   FPS 같은 멀티플레이어 전투 게임에서 스폰 포인트에 생성되는 상대 플레이어나 NPC를 바로 킬하는 행위 – 옮긴이

해낼 수 있을 것이다. 물론 트롤링 허용이 디자인 의도인 경우를 제외하고 말이다. 하지만 트롤링 당하는 것은 많은 플레이어의 사기를 떨어뜨릴 수 있기 때문에 잠재 고객의 범위가 줄어들 가능성이 커진다는 점을 명심하기 바란다.

게임에서의 반사회적 행동을 줄일 수 있는 세 가지 E
에픽게임즈 사용자 경험(UX) 연구원, 벤 루이스-에반스

플레이어는 일반적으로 AFK[away from keyboard G], 팀킬[H], 피딩[feeding I], 치팅[cheating J]이나 다른 플레이어가 할 수 있는 다양한 부정적인 행동으로 누군가를 괴롭히거나 게임을 망치는 게임플레이를 하지 않는다. 라이엇 게임즈[Riot Games]와 벨브 코퍼레이션[Valve Corporation]이 발표한 반사회적 행동의 경험이

G AFK: 사용자가 잠시 자리를 비웠음을 뜻하는 채팅 용어로 키보드에서 떠나 있음(Away From Keyboard)의 줄임말. 인터넷 채팅에서 유래된 말이지만 유저 간의 협동과 상호작용을 중요하게 여기는 온라인 게임에서 AFK는 매너 없는 행동으로 취급받는 경우가 많다. 특히 스포츠, AOS, 전략시뮬레이션, MMORPG나 MOPRG의 파티플레이 등 다수의 유저가 실시간으로 상대방과 경쟁하는 게임에서 AFK는 게임의 재미를 떨어트리는 치명적인 요소다(출처: 네이버 게임용어사전 기관/용어편, 이재진, 2013).

H 팀킬: 멀티플레이어 게임에서 게임상 같은 편 동료를 공격 또는 죽이는 것을 말하며 아군 공격이라고도 한다. 이 시스템은 주로 1인칭 슈팅 게임에 적용돼 있으나 사실상 팀킬이라는 요소 때문에 플레이어와 플레이어 사이의 갈등이 일어나는 사회적 원인이 있을 수 있어 이 시스템을 적용하지 않는 경우가 많다(출처: 위키백과, https://ko.wikipedia.org/wiki/%ED%8C%80%ED%82%AC).

I Feeding: 게임에서 현격한 실력 차이 등의 이유로 인해 상대방에게 일방적으로 죽는 행위. 적을 성장시켜 아군을 불리하게 만드는 상황까지 포함한다(출처: 네이버 게임용어사전 장르/제작/플레이 용어, 정우철, 2013).

J Cheating: 비디오 게임 진행 중에 더 이상 진행이 불가능할 때 일종의 속임수로 치트 키(Cheat Key) 또는 치트 코드(Cheat Code)를 사용하는 것(출처: 위키백과, https://ko.wikipedia.org/wiki/%EC%B9%98%ED%8A%B8%ED%82%A4)

게임의 대량 탈퇴에 대한 강력한 예측 인자라는 점에서 반사회적 행동은 당신의 수익률 역시 해칠 것이다. 이러한 두 가지 요인은 게임에서의 반사회적 행동 감소를 주요 사용자 경험 문제로 만든다.

다행히도 반사회적 행동 감소는 한 세기 이상 심리학에서 과학적인 연구 과제로 이목이 집중됐다. 예를 들어 내가 게임업계로 옮겨 오기 전에 연구한 분야인 도로 안전에서 '세 가지 E', 즉 교육Education, 집행Enforcement, 엔지니어링Engineering을 통해 음주 운전 같은 반사회적 행동의 예방을 조사했다. 게임에서도 이러한 세 가지 접근법을 사용할 수 있다.

- 교육은 간단하게는 사람들에게 무엇을 하지 말아야 할지를 말하는 것이지만, 더 효과적인 방법은 무엇을 하라고 말하는 것이다. 이상하게도 사람들은 하라는 대로 하지 않는다는 사실을 알고 있음에도 교육에 대한 믿음을 갖고 있으며, 제일 먼저 시도하는 경우가 많다. 교육은 달성하는 데 비용이 적게 들고 '교육받은' 사람들에게 변화에 대한 책임의 무게를 지운다. 불행히도 교육은 악성 행동을 다루기 위해 할 수 있는 가장 효과가 낮은 방법이다. 교육은 예를 들어 화면 메시지, 행동 규범을 가득 안겨주거나 좋은 스포츠맨십의 예를 제공하는 등 그만의 위치를 갖지만, 그것이 해결책이 되리라 기대하지 마라.

- 집행은 당신이 사람들에게 교육했던 규칙을 벌칙으로 지원하는 것이다. 집행에는 당신이 원하는 일을 하는 사람들에 대한 보상을 주는 격려도 포함될 수 있다. 이 방법이 벌칙보다 더 효과적이지만 잘 실행하기가 더 어렵다! 집행은 교육보다 더 효과적이며 강제에 대한 지각,

특히 원하지 않는 행동이 처벌되는 확실성 및 속도를 통해 예방하는 효과가 있다. 여기서 벌칙의 엄격함은 덜 중요한 요인이다. 중요한 것은 사람들이 잡히는 것, 그것도 빨리 잡히는 것이다. 그러면 사람들은 이것이 사실이라고 믿어 애초에 그런 행동을 하지 않을 것이다. 이것이 전통적인 경찰 집행에 있어서의 문제다. 경찰이 어디에나 있을 수 없고 법체계는 느리게 움직이기 때문이다. 하지만 게임에서는 우리가 환경과 데이터를 제어하기 때문에 식별할 수 있고 행동에 따른 처벌이나 보상을 빠르게 집행할 수 있다.

- 엔지니어링은 문제를 줄이거나 제거하기 위해 디자인하는 것이다. 도로 안전의 예를 들면 사람들에게 음주 운전을 하지 말라고 교육할 수 있지만, 이는 그다지 효과가 없다. 무작위로 음주 측정을 추가해 특정 한계를 넘어서면 벌금을 부과(집행)할 수 있다. 이는 사람들에게 더 영향을 주겠지만, 차에 센서를 부착해 운전자의 호흡에서 알코올이 감지되면 그냥 차가 멈추게 할 수도 있다(엔지니어링). 마찬가지로 중간 장벽을 놔 도로를 반으로 나누는 비교적 간단한 엔지니어링으로 사망률을 50% 이상 줄일 수 있다! 게임에서 보이는 반사회적 행동은 단순히 '아이들'이나 '게이머가 하는 일'이 아니다. 대신 반사회적 행동은 게임 디자인에 의해 무심코 일어난다. 예를 들어 게임에 일반적인 또는 음성 채팅이 필요한가? 그렇지 않다면 이것은 괴롭힘을 일으키는 또 다른 채널이기 때문에 추가하지 마라. 채팅이 필요하다면 디폴트로 켜져 있어야 하는가 아니면 플레이어가 동의할 수 있는가? 동의를 받는다고 하면 많은 사람이 그냥 트롤링하는 반사회적 경향을 줄이면서도 대

화를 원하는 사람들만 연결될 것이다. 또 다른 예는 MOBA^{multiplayer}^{online battle arena}에서 매치가 시작될 때 '드래프트^{draft}'하지 않고, 플레이어가 선호하는 영웅과 위치를 선택하게 두는 대신 팀 내 경쟁을 줄이는 것이다. 엔지니어링은 종종 가장 쉬운 길이 아니며 디자인 결정의 사회적 결과를 다른 사용자 경험 요인들과 마찬가지로 모든 스테이지와 개발 단계에서 고려해야 한다. 하지만 엔지니어링은 일반적으로 가장 효과적인 옵션이다. 우리가 시스템을 만들어 낼 때, 우리는 시스템이 문제를 해결할 수 있도록 디자인할 수 있다.

● 의미

아마 다들 눈치챘겠지만 유능성, 자율성, 관계의 욕구에 대해 설명하는 내내 되풀이되는 한 가지 개념이 있다. 바로 '의미'다. 댄 애리얼리[14]가 말한 대로 의미는 '목적의식, 가치의식, 영향에 대한 의식을 갖는 것'이다. 이러한 이유로 플레이어가 해야 하거나 배워야 하는 모든 일의 배경 근거를 드러내는 것이 중요하다. 예를 들어 "초록색 물약은 헬스를 재생시킬 수 있다."는 기능적 근거가 아닌, "다쳤기 때문에 치료할 방법을 찾아야 하고, 헬스 포션을 사용하면 가능하다."는 의미 있는 근거를 말한다. 시스템, 메카닉 또는 아이템을 소개하기 전에 이러한 메카닉을 배우거나 아이템을 획득하는 것이 어떻게 플레이어에게 의미가 있을지, 그리고 이런 의미 있는 상황에 플레이어를 놓을 수 있는 방법에 대해 생각해 보라. 이는 플레이어가 자신의 가치를 이해하는 데 도움이 될 것이다. 마지막으로 명확한 사인과 피드백을 이러한 요소와 연결해 당신이 의도한 방식으로 받아들이게 하라. 게임플로 주요 구조부에서 학습 곡선을 다룰 때 그리고 다시 13장에서 게임을 위한 온보딩 계획을 통합하는 방법에 대해 이야기할 때 의미의 중요성에 대해 다시 얘기하겠다. 하지만 의미는 핵심 개념이니 언제나 염두에 두기 바란다.

12.2.2 외재적 동기, 학습된 욕구 그리고 보상

6장에서 봤듯이 외재적 동기는 환경에 의해 형성되는 학습된 욕구에 관한 것이다. 우리는 환경을 경험하고, 어떤 행동이 즐거운 결과 대 부정적 결과를 가져오는지 식별하면서 환경에 대해 배운다. 동기는 주어진 행동의 보상 가치와 이 보상을 획득할 확률의 영향을 받는다. 줄리앙 티에노Julien Thiennot가 만든 〈쿠키 클리커Cookie Clicker〉 게임에서 쿠키를 클릭하면 또 다른 쿠키를 얻는데, 이 피드백을 긍정적 강화 요인(보상)으로 경험하면 다시 클릭할 가능성이 높다. 무료 게임의 경우 플레이어가 매일 로그인하게 만들려고 외부 보상을 사용하는 게임이 많다. 게임에 로그인하면 일일 보상의 형태로 보상을 받는다. 예를 들어 어떤 플레이어는 주어진 날에 게임을 하고 싶지 않더라도 나중에 자신의 메인 캐릭터를 위해 얻고 싶어하는, 보기 좋은 스킨을 잠금 해제하는 데 사용할 수 있는 게임 화폐(또는 다른 선물)를 받고 싶어할 수도 있다. 그리고 플레이어가 로그인해서 일일 보상을 모으다가 또 다른 관심을 끄는 보상을 제공하는 새로운 퀘스트를 볼 수도 있고, 아니면 이제 막 매치를 시작하려고 했던 친구한테 잡혀서 같이 게임을 하게 될지 누가 알겠는가. 플레이어에게 가치 있는 무언가를 얻기 위해 행동을 취하도록 제안하는 것은 그들을 게임에 계속 참여시키는 하나의 방법이다. 일일 보상과 전반적인 푸시업 알람의 개념은 어쩌면 게임에서 순수한 외재적 보상을 얻는 것만큼이나 가깝다. 앞서 언급했듯이 게임을 플레이하는 것은 당연히 자기 목적적인 활동이기 때문에 게임에서 얻은 보상은 대부분 게임 자체 안에서만 그 목적이 있다. 일일 보상은 약간 다른 경우로, 비록 플레이어가 그 순간에 게임을 하고 싶다는 내재적 욕구를 느끼지 못하더라도 보상만을 얻기 위해 게임을 시작하도록 플레이어를 유인한다. 6장에서 말했던 '과잉정당화 효과'를 기억한다면 게임 참여를 위해 플레이어에게 외재적 보상을 주면 맨 처음 가졌던 게임플레이에 대한 내재적 동기가 약화될 수 있는지 궁금해질 수도 있다. 이러한 약화 효과가 발생하기 위해서는 보상이 활동에 대해 외재적인 것으로 받아들여져야 하며, 더 중요한 점은 발생이 중단돼야 한다는 것이다. 내재적 동기에 대한 외재적 보상의 영향을 살피는 연구는 일반적으로 애초에 내재적으로 동기부여된 사람들을 대상으로 외재적 보상(예: 돈)을 줬다가 없애면 외재적 보상이 주어지지 않았던 사람들과 비교했을 때 계속 활동하려는 플레이어의 동기가 떨어진 점을 강조한다. 예를 들어 그림을 그리면 보상을 받았던 학생들에 대한 연구를 다시 떠올려 보자. 대개 아이들은 내재적 가치를 위해 그림을 그린다. 외재적 보상이 없었던 아이들에 비해 보상을 받았던 아이들은 나중에 자발적으로 그림을 그리는 일이 감소됐다.[15] 따라서 플레이 활동에 대한 외재적 보상으로 느껴지는 보상(일일 보상)은 게임을 하려는 플레이어의 내재적 동기를 떨어뜨릴 수 있기 때문에 어느 시점에서 보상을 없애지 말아야 한다. 이런 이유로 일일 보상을 모으기 위해 당신 게임에 로그인하지 않는 플레이어를 처벌하는 것은 일반적으로 위험하다. 로그인하는 날마다 보상이 계속 증가해서 매일 같이 로그인해야 하는 게임을 상상해 보자. 언젠가는 잊어버리거나 로그인할 수 없는 날이 오게 되면 지켜오던 연속성이 깨져 보상 사다리에서 떨어지게 된다. 다음 번에 로그인할 때 받을 수 있었던 보상을 빼앗겼다고 느끼게 될 수도 있으며, 이는 게임을 플레이하는 내재적 동기에 영향을 줄 수도 있다. 따라서 일일 보상 기능을 넣고 싶다면 로그인하지 않은 플레이어에게 불이익을 주지 마라. 외재적 보상을 일단 도입하고 나면 보상을 없애거나 그 가치를 낮추는 것은 현명한 처사가 아니다. 하지만 여기서 내가 말하는 내용은 진정한 외재적 보상이며, 게임 보상이 반드시 활동에 대한 외재적 보상으로 받아들여지지 않는 경우도 많다는 점을 기억하기 바란다.

외재적 동기에 관해 염두에 둬야할 또 다른 중요한 개념은 사용되는 인센티브 타입이다. '통제하는' 느낌을 주는 보상은 주로 내재적 동기를 그만두게 할 수 있다. 일부 자기결정 이론가는 내재적 및 외재적 동기를 엄격하게 둘로 나누는 데서 벗어나는 대신 자율적 및 통제적 동기 사이의 차이에 초점을 맞춘다.[16] 이 관점 안에서 인센티브가 과제와 관계가 있는지^{task-contingent}(참여, 완료 또는 성과에 따른 보상) 아니면 없는지^{noncontingent}(특정 행동 방식과 관련 없는)에 따라 내재적 동기에 서로 다른 영향을 미칠 것이다. 관계가 없는 보상은 사람들이 하는 것과 관련이 없기 때문에 덜 통제한다고 여긴다. 직장에서의 예는 업무 성과와는 관계없이 뜻밖의 보너스를 받는 것이다. 게임에서의 예는 어떤 행동 방식과도 관계없이 무작위로 보상을 받는 것이다. 뭔가 하지 않았는데도 게임 내 통화를 무상으로 제공하는 게임 업체로부터 이메일을 받는 경우를 예로 들 수 있다. 하지만 게임에서 보상은 대부분 플레이어의 액션에 대한 일종의 특별한 피드백이다. 따라서 과제와 관계가 있는 인센티브다. 과제와 관계가 있는 인센티브에는 과제에 참여할 때 받는 보상과 관계된 인센티브, 과제를 완료했을 때 받는 보상과 관계된 인센티브, 과제를 잘 수행했을 때나 보상의 가치가 과제를 얼마나 잘 달성했는지에 따라 달라지는 성과와 관련된 인센티브가 있다. 성과와 관계된 보상은 플레이어가 일정 수준의 우수성을 보여야 받을 수 있기 때문에 통제로 받아들일 가능성이 가장 높다. 하지만 성과와 관계된 보상은 또한 숙련도와 진전에 대한 강력한 표현도 제공하는데, 이는 다른 과제와 관계된 보상과는 다르다.

정리하면 외재적 동기는 더 이상 내재적 동기에 나쁜 영향을 미치지 않는 것으로 보이며, 경우에 따라 성과와 창의성을 실제로 향상시킬 수 있다. 그러기 위해서는 외재적 보상이 플레이어의 목표에 있어 방편으로써 중요하고 가치 있는 것이어야 한다. 이러한 이유로 다시 한번 보상이 플레이어의 관점에서 의미 있는지 확인하는 것이 가장 중요하다. 예를 들어 퀘스트에 대한 보상으로 보석을 제공하면 플레이어는 보석의 가치와 이것으로 무엇을 할 수 있을지를 이해해야 한다. 이는 당신 게임을 더 매력적으로 만들기 위해 명심해야 할 아주 중요한 개념이다. 핵심 보상을 받는 것은 마지막이 아닌 다음 목표의 시작점으로 받아들여져야 한다. 게다가 보상은 비디오 게임에서 흔한 관행이기 때문에 당연히 있을 거라 생각할 것이며, 게임에서 플레이어의 성과를 알리기도 한다. 따라서 보상은 사용성에 관한 모든 일과 얽힌 특정 타입의 피드백으로 다뤄져야 한다. 성과와 관계된 보상의 가치는 과제의 난이도 또는 기간에 따라 증가해야 하며, 더 어려운 임무에는 더 나은 보상을 줘야 한다. 이러한 보상은 다른 목표를 달성하기 위해 언제나 명백하고 수단으로서 중요할 필요는 없다. 작은 성취에 대한 보상을 줄 때, 그 칭찬이 플레이어의 기술에 대한 정보를 주는 한, 덜 실체적인 것이어도 된다. 말로 된 칭찬의 예를 들면 그냥 "잘했어!"로 표현한 것은 "더블 킬!"만큼 유익하지 않다. 후자는 플레이어가 달성한 성과에 대한 구체적인 피드백을 분명하게 제공한다. 보상은 플레이어가 하는 일에 반응하는 게임 월드의 형태를 취할 수도 있다. 게임에서 플레이어가 끔찍한 악으로부터 마을을 구했다면 NPC가 다시 행복해지고, 플레이어에게 감사를 전하고, 길거리에서 파티를 여는 등의 반응을 할 수 있다. 보상은 플레이어에게 그들의 숙련도를 알릴 수 있는 특정 타입의 피드백이기 때문에 보상이 없으면 징계로 느낄 가능성이 크다. 따라서 플레이어가 세계를 구하지만 게임 월드가 이에 반응하지 않으면 어쨌거나 실망스러울 수 있다. 예를 들어 〈어쌔신 크리드〉 월드 여기저기에 흩어진 100개의 깃발을 모으는 데 시간과 노력을 들였다고 해보자. 비록 당신이 했던 모험과 성취감으로 내재적인 보상은 받겠지만, 그 정도 보상은 노력을 들인 데에 비해서는 전혀 감동스럽지 않게 느껴질 수 있다. 즉 플레이어는 잠금 해제만 해냈다. 100개의 깃발을 모으면 멋진 보상을 주겠다는 선전이 없었을지라도 그저 성취감보다는 더 의미 있는 보상을 기대했을지도 모른다. 따라서 플레이어의 시간과 노력에 맞춰 보상해야 한다는 점을 기억하길 바란다.

12.2.3 개인적 욕구와 암묵적 동기

인간은 서로 닮지 않은 것보다 더 비슷하다. 하지만 개인적인 차이와 선호가 존재한다. 3장에서 이런 차이에 대해 살펴봤듯이 우리의 지각에 분명히 영향을 미치며, 내재적으로 동기를 부여하는 것에도 영향을 미친다. 예를 들어 권력, 성취도, 소속affiliation이 얼마나 강하게 추동되는지에 따라 다른 사람들을 지배하고, 기술을 향상시키거나 다른 사람들과 연결되기 위한 동기를 각자 다르게 부여받을 것이다. 디자이너로서 당신이 강한 권력 동기를 가진다면 당신이 디자인한 게임은 매우 경쟁적인 게임이 될 수도 있어, 강력한 권력 추동을 가진 플레이어를 타깃으로 하는 데 반해 나머지는 소외된다. 특정한 동기를 지닌 아주 특정한 사람들만 타깃으로 삼는 것이 당신의 의도라면 물론 그것은 당신 마음이다. 하지만 그렇지 않다면 더 다양한 사람들에게 어필할 수 있는 시스템과 메카닉을 제공할 것을 추천하고 싶다.

암묵적 추동 외에도 인간은 서로 다른 성격 유형을 갖고 있다. 6장에서 말했듯이 대체로 성격 모델은 특별히 신뢰할 수 있는 것이 아니며, 행동 방식을 예측하는 데 있어서는 특히 더 그렇다. 빅 파이브 성격 특성 모델이 현재 가장 탄탄해 보인다. 다섯 가지 요인은 앞 글자만 모아서 OCEAN이라고 한다고 앞서 설명했는데 다시 한번 소개하면, 경험에 대한 개방성(O), 성실성(C), 외향성(E), 친화성(A), 신경증(N)으로 관찰되는 성격 차이의 대부분을 압축하는 광범위한 성격 특성으로 정의된다. 하지만 이 모델은 행동 방식을 정확하게 예측하지는 못한다. 그래도 게임에서 디자이너가 다양한 성격적 특성과 특히 개발자와 다를 수도 있는 개인적인 욕구를, 게임에서 만족시키는 방법에 대해 생각하는 데 사용할 수 있다. 최근 닉 이[Nick Yee]는 다섯 가지 요인 모델이 게이밍 동기와 일치할 수도 있다고 제안했다.[17] 그는 설문조사에 응답한 14만 명이 넘는 게이머로부터 수집한 데이터를 토대로, 블로그 포스트를 통해 게이밍 동기에 대한 세 가지 고수준 집단, 즉 액션-소셜[action-social], 숙달-달성[mastery-achievement] 그리고 몰입-창의성[immersion-creativity]을 제시했다. '액션'은 파괴와 흥분에 대한 욕구를, '소셜'은 경쟁과 커뮤니티에 대한 욕구를 수반한다. '숙달'은 도전과 전략에 대한 욕구를, '달성'은 완성과 권력에 대한 욕구를 수반한다. '몰입'은 공상과 이야기에 대한 욕구를, '창의성'은 디자인과 발견에 대한 욕구를 수반한다. 닉 이에 따르면 액션-소셜 집단은 외향성과 밀접한 관계를 보이고, 숙달-달성 집단은 성실성과 상관관계가 있고, 몰입-창의성 집단은 개방성에 매칭된다. 하지만 신경성과 친화성[agreeableness]은 게이밍 동기 집단 어디에도 매핑되지 않았다. 다른 타입의 게이밍 동기도 이론화됐다. 예를 들어 바틀[Bartle][18]은 플레이어 타입을 숙달 및 달성에 동기부여되는 성취가[achiever], 발견 및 탐험에 동기부여되는 탐험가[explorer], 사회적 상호 관계에 동기부여되는 사교가[socializer] 그리고 완성 및 파괴에 동기부여되는 파괴자[killer]로 분류하는 체계를 제안했다.

내가 아는 한 현재 특정 게임에서 서로 다른 타입의 플레이어가 어떻게 행동할지 예측할 수 있는 신뢰할 만한 성격 모델은 없다. 하지만 모든 성격 타입과 내재적 동기의 이유는 밝힐 수 있다. 예를 들어 서로 다른 타입의 활동, 임무, 과제 해결 방법, 보상을 제공해 다양한 욕구를 충족시키고, 더 폭넓은 잠재 고객을 끌어들일 수 있다. 당신의 잠재 고객이 아이들이라면 아이들은 작은 어른처럼 행동하지 않는다는 점을 알아야 한다. 이것은 이 책의 주제가 아니기 때문에 아동 발달에 대한 자세한 내용은 하나도 다루지 않겠지만, 어린 고객의 나이에 따른 구체적 특징에 대해 반드시 배워두자.

인간의 동기에 대한 이해가 깊어가고, 이제 게임에 어떤 동기부여 요소가 더 나을지를 파악해 가기 시작했다. 실험심리학자 앤드류 프시빌스키[Andrew Przybylski]가 이어지는 글에서 지적하듯이 우리는 이제 이러한 요소를 더 자세하게 협력해서 탐구해야 한다.

옥스포드 대학 실험심리학부 부설 인터넷 연구소,

앤드류 K. 프시빌스키 박사

과학자나 사용자 경험 전문가가 돼 비디오 게임과 가상 세계에 대한 동기를 연구하고 적용하기에는 정말이지 멋진 시대다. 지난 10년간 우리는 "섬에 상륙했다."고 할 수 있다. 우리는 심리학 이론 및 동기 이론이 플레이어 행동 방식(예: 게임 이탈)과 좋은 것이든 나쁜 것이든 정서를 예측하는 데 도움이 될 수 있음을 알고 있으며, 이것이 왜 그럴 수 있는지에 관한 몇 가지 힌트를 갖고 있다. 다가오는 10년 동안 우리 앞에 놓인 '섬을 탐험'하는, 해결되지 않은 과제는 이러한 원리를 특정 게임 메카닉과 플레이 경험에 적용하는 방법을 정확하게 알아내야 가능할 것이다. 이를 해낼 수 있는 유일한 방법은 게임 기획자, 사용자 경험 연구자, 소셜 데이터 사이언티스트 사이의 개방적이고 탄탄하며 여러 학문에 걸친 협력을 구축하는 것이다. 나는 이러한 협력이 효과적인 게임 디자인은 물론, 인간 플레이에 대해 우리가 알고 있는 바를 확장하는 데 긍정적인 영향을 미치리라 조심스럽게 낙관한다.

12.3 정서

도널드 노먼[19]은 "디자인의 정서적인 면은 제품의 실용적인 요소보다 성공에 더 중요할 수 있다."고 했다. 그런 이유로 게임을 플레이하는 느낌이 어떤지, 어떤 놀라움이 제공되는지, 전반적으로 어떤 정서를 불러일으키는지가 게임 UX에 있어 결정적인 부분이다. 비디오 게임의 정서적인 면은 시각적 미학이나 음악, 내러티브[narrative K]를 통해 자주 다뤄진다. 하지만 정서적인 게임 디자인의 중요한 측면인 '게임 필'은 자주 간과된다. 게임 기획자인 스티브 스윙크[Steve Swink 20]에 따르면 게임 필은 '숙달과 미숙에 대한 느낌, 그리고 가상 물체와 상호작용하는 촉각'을 포함한다. 게임 필을 디자인하려면 컨트롤, 카메라(플레이어가 게임 세계를 바라보는 방식) 그리고 캐릭터에 주의를 기울여야 한다. 예를 들어 게임 카메라의 시계[field of view]가 아주 좁고 지평선을 보기 힘들 정도의 각도로 굽어 있으면 플레이어는 밀실 공포증을 느낄지도 모르며, 긴장감 넘치는 공포 생존 게임에는 적합할지 몰라도 이는 느긋한 탐험 게임에 적합하지 않을 것이다.

12.3.1 게임 필

상호작용이 좋다고 느껴지는 게임은 반응이 빠르고 즐겁게 조작할 수 있는 컨트롤이 있다. 게임 필은 플레이어에게 게임 월드에 있는 듯한 느낌을 주는 것이다. 플레이어가 컨트롤하는 아바타가 다른 캐릭터와 마찬가지로 화면에서 어떤 발전 모습을 보이는지에 관한 것이기도 하다. 게임 필은 분위기, 응집력과 예술적 방향에 관한 것이다. 게

K 실제 혹은 허구적인 사건을 설명하는 것 또는 기술(writing)이라는 행위에 내재된 이야기적인 성격을 지칭하는 말. 시간과 공간에서 발생하는 인과관계로 엮어진 실제 혹은 허구적 사건의 연결을 의미하며, 문학이나 연극, 영화 같은 예술 텍스트에서는 이야기를 조직하고 전개하기 위해 동원되는 다양한 전략, 관습, 코드, 형식 등을 포괄하는 개념으로 쓰인다(출처: 네이버 영화사전, propaganda, 2004).

임 개발자인 스티브 스윙크(20번 각주 참조)는 게임 필을 "시뮬레이션되는 공간에서 잘 다듬어져 강조된 상호작용을 통해 가상의 물체를 실시간으로 컨트롤하는 것이다."라고 정의한다. 스윙크는 훌륭한 느낌이 드는 게임은 플레이어에게 다섯 가지 타입의 경험의 전달, 즉 컨트롤의 미적 감각, 스킬을 배우는 즐거움, 감각의 확장, 정체성의 확장, 게임과 독특한 물리적 현실을 상호작용하는 것이라고 설명한다. 이 주제에 대해 더 깊이 알고 싶은 분께는 스티브 스윙크의 저서를 읽어 보길 권한다. 이러한 요소의 대부분은 여기서 아주 간략하고 표면적으로 다루겠다. 나는 게임 기획자가 아닐뿐더러 게임 플레이 프로그래머는 더욱이 아니다. 다만 학습의 즐거움에 대해서는 '게임플로' 절에서 에서 다룬다. UX 주요 구조부는 독립적이지 않다. 그런 이유로 게임 개발자나 학자처럼 서로 다른 사람들이 여기서 논의하는 개념 중 몇 가지를 나는 다르게 분류하기도 한다.

- **3C**

  3C는 컨트롤[Control], 카메라[Camera], 캐릭터[Character]를 나타내며, 이 세 가지는 많은 게임 개발자에게 매우 중요하다. 내가 처음 3C를 알게 된 유비소프트에서는 게임에서 가장 중요한 요소 중 하나로 여긴다. 그럼 우선 컨트롤부터 얘기해 보자. 컨트롤하면 가장 먼저 떠오르는 것 중 하나는 컨트롤러나 키보드 매핑으로, 이는 자연스럽게 느껴져야 한다. 사격이 컨트롤러의 오른쪽 트리거에 대부분 설정되고, 실제 트리거를 누르는 시뮬레이션을 하는 데는 이유가 있다. 플레이어는 문어가 아니니 컨트롤 역시 조작하기 편해야 한다. 한 가지 더 고려해야 할 중요한 사항은 플레이어가 통제력을 갖고 있다는 느낌을 받아야 한다는 것이다. 내재적 동기에 있어서도 중요한 요소다. 이러한 이유로 플레이어의 입력에 즉각적인 피드백이 있어야 한다. 반응이 바로 오지 않으면 컨트롤이 엉성하다는 느낌을 줄 수 있다. 따라서 캐릭터 애니메이션이 중요한 영

향을 미친다. 플레이어가 엄지스틱을 어떤 방향으로 미는 순간과 아바타가 실제로 움직이는 순간 사이에 시간차가 너무 길면 어색하게 느껴질 수 있다. 스윙크는 오리지널 〈페르시아의 왕자Prince of Persia〉의 예를 들어 애니메이션이 보기엔 멋지지만 너무 길어서 프린스가 서 있는 지점에서 전속력으로 달리기까지 900밀리초ms가 걸린다고 설명했다. 컨트롤의 미적 느낌은 입력에 대한 반응에 영향을 주기 때문에 캐릭터 애니메이션과 밀접한 관련이 있다. 플레이어가 재장전하는 동안 공격을 받는데, 재장전 애니메이션이 중단되지 않거나 플레이어가 벗어나려 하는 속도만큼 빠르게 끝나지 않으면 컨트롤이 제대로 안된다고 느껴 결과적으로 불만이나 좌절감을 느낄 수 있다. 다른 예로 플랫폼 게임의 경우 캐릭터가 받는 관성의 정도, 충돌 방식, 캐릭터와 지면 사이의 마찰력 그리고 공기 컨트롤 허용 여부를 고려해야 한다. 슈팅 게임의 경우 조준할 때 타깃 사이의 가속도와 타깃의 연결 유지를 고려하는 것이 중요하다. 물리적 강도가 강할수록 두 가지 자극 사이에 차이를 감지하려면 그 크기의 차이가 커야 한다는 베버-페히너 법칙(3장)을 잊지 말고 고려하라. 이 법칙은 아날로그 컨트롤과 예상되는 반응 사이의 물리적 강도에도 적용된다. 지금까지 얘기한 몇 가지는 사례에 불과하지만 정리하면 입력-출력의 관계는 예측 가능해야 하며 입력에 대한 피드백은 지각할 수 있고, 명확하며 즉각적이어야 한다. 과제 분석 UX 테스트를 통해 플레이어의 반응과 예상을 평가할 수 있는 테스트 룸 같은 다양한 운동 레벨 수준 측정 방안 마련을 강력히 권한다(14장 참조). 컨트롤은 플레이어 기관을 감안하기 때문에 반드시 신중하게 고려해야 한다. 플레이어가 실시간 컨트롤을 경험하지 못하면 게임이 통제한다고 느낄 것이고, 이는 자율성에도 부정적인 영향을 미칠 수 있다.

카메라는 게임 월드에 대한 플레이어의 시각을 정의하기 때문에 또 다른 중요한 요소다. 게임이 어떤 뷰를 가져야 하는가? 하향식, 등식, 어깨 뒤에서 바라보는 3인칭, 1인칭? 카메라는 고정 아니면 스크롤인가? 얼마나 빠르게 스크롤되야 하고 캐릭터를 어떻게 따라가야 하는가? 플레이어가 직접 카메라를 조작하는가? 시계는 어떤 것인가? 등 다양한 요소가 있다. 이 모든 파라미터는 게임 필을 바꾸기 때문에 사용성 마찰과 멀미를 줄이는 동시에 게임 디자인 의도를 초월하고, 플레이어 컨트롤을 높일 수 있도록 신중하게 선택해야 한다. 고려해야 할 요소 중 하나는 특정 시간에 플레이어로부터 카메라 컨트롤을 떼어놓고, 나머지 대부분 시간 동안은 플레이어가 마음껏 카메라를 컨트롤할 수 있게 하는 것이다. 액션 어드벤처 게임에서처럼 카메라가 다음에 일어날 일을 암시하는 방식으로 앵글을 잡아야 할 때 플레이어가 그에 맞게 자신의 위치를 잡게끔 제어하기는 쉽지 않기 때문에, 일시적으로 카메라 컨트롤을 플레이어에게서 가져와 게임 월드의 특정 요소를 보여주는 편이 훨씬 매력적으로 보일 수 있다. 하지만 이렇게 하면 플레이어가 제어받는다는 느낌을 받을 수 있기 때문에 컨트롤을 플레이어에게서 가져올 때 최소한 그들이 쉽게 예측할 수 있도록 꼼꼼히 확인해야 한다. 그렇게 하지 않는 방법을 찾는 것이 훨씬 더 우아할 수도 있다. 가상 현실에서는 플레이어의 카메라 컨트롤을 가져오면 멀미가 날 수 있기 때문에 특히 쉽지 않다. 게임 필에 대해 고려할 중요한 파라미터의 또 다른 예로는 3인칭 또는 1인칭 뷰에서 캐릭터가 벽 가까이 서 있는 동안에 카메라를 처리하는 방법이다. 이 경우 플레이어가 액션에 집중하지 못하게 만들거나 컨트롤한다는 느낌을 방해할 수 있는, 어색하거나 불안정한 앵글을 피하기 위해 카메라 뷰를 강제할 수도 있다. 카메라가 기하학적 구조에서 꼼짝 못하게 되면 플레이어는 특히 숙련된 느낌을 받지 못할 것이다. 충돌에 따른 카메라 행동 방식이 걱정된다면 레벨 디자이너에게 좁은 복도나 코너를 피하도록 부탁하는 것도 방법이다. 카메라 움직임에 따른 멀미(그리고 VR에서의 시뮬레이션 멀미)를 피하기 위해 카메라가 얼마나 움직이는지도 신경 써야 한다. 폭발에 이어지는 물리적 특성을 시뮬레이션할 때 카메라 흔들림을 넣으면 좋은 효과가 될 수 있지만, 플레이어에게 방해가 되거나 특히 VR에서 다시 멀미를 나게 할 수도 있다. 대안으로 카메라 대신 UI를 흔드는 방법도 있다. 카메라는 게임 월드에 대한 플레이어의 뷰를 나타내므로 게임 필에 상당한 영향을 미칠 것이다. 마지막으로 모든 캐릭터 그리고 상호작용 아이템의 생김새, 소리, 애니메이션은 게임 룰에 대한 이해와 그들의 기대에 영향을 미친다. 캐릭터 형태는 핵심 요소 중 하나로 플레이어가 캐릭터의 기능뿐만 아니라 행동 방식을 예측할 수 있는 방식으로 심혈을 기울여 결정해야 한다. 커다란 검을 매고 있는 등을 제외한 온몸을 판금 갑옷으로 감싸고, 육중한 발소리를 내는 커다란 적은 느리고 저항력 있고 큰 피해를 입힐 수 있으며, 등에 약점이 있을 것으로 예상된다. 플레이어의 아바타는 게임 월드 안에서 플레이어를 대표하기 때문에 게임이 1인칭 뷰가 아니라면 훨씬 더 신중하게 디자인돼야 한다. 캐릭터의 애니메이션 방식은 특히나 중요하다. 캐릭터의 움직임, 무게, 관성 등은 컨트롤러 스틱을 움직이는 엄지 손가락의 고유 수용성proprioception 피드백과 일치해야 한다. 애니메이션에서의 간단한 변화가 때로는 지각에 큰 차이를 가져올 수 있다. 만약 3인칭 카메라 게임에서 플레이어의 아바타가 뒤로 움직이는 모습이 너무 느리게 느껴진다고 불평한다면, 캐릭터가 더 빨리 움직이는 것처럼 보이도록 애니메이션을 변경해서 캐릭터의 실제 속도를 변경하지 않고도 플레이어의 지각을 바꿀 수 있다. 캐릭터 외에도 게임에 있는 오브젝트는 텍스처, 형태, 상호작용하는 특성에 따라 다른 느낌을 줄 수 있다. 예를 들어 플레이어는 뾰족한 오브젝트는 위험하거나 전투에 유용하리라 예상할 것이다. 마찬가지로 UI에도 적용할 수 있는데, 특히 아이콘 형태는 더 그렇다. 삼각형 아이콘은 전투와 연계해서 생각할 수 있는 반면, 동그란 아이콘은 헬스와 연관 지을 가능성이 크다. 메인 캐릭터와 아이콘을 신중하게 만들고 다듬으면 독특한 물리적 현실감과 결부시켜 생생하게 나타낼 수 있다. 캐릭터와 아이콘은 인간 같은 정서를 표현해야 한다. 불신의 유예[ㄴ]는 게임 필 측면에서 달성해야 하는 흥미로운 목표이며 캐릭터 디자인은 이에 중요한 역할을 한다.

● **현장감**

현장감[presence]은 플레이어가 자신과 가상 세계 사이에 아무 것도 없다는 환상을 가질 때, 그리고 어떤 매개물 없이 그저 게임 안에 있다고 받아들일 때 경험할 수 있다. 설문지는 즐거움[21]과 긍정적으로 연결된 것으로 확인된 현장감을 측정하기 위해 개발됐다.[22] 게다가 연구에 따르면 동기적 욕구를 충족시키는 게임이 더 현장감 있게 느껴진다.[23] 현장감은 크게 세 가지 구성 요소, 즉 물리적, 감정적 그리고 서술적 현장감으로 나뉘며 게임 필과 연결된다. 물리적 현장감은 플레이어가 실제로 그 세계에 있다고 느낄 때 일어난다. 이 개념은 스윙크의 개념인 '감각의 확장'과 매우 비슷하다. 스윙크는 화면, 스피커 그리고 컨트롤러가 게임 세계에 대해 플레이어가 느끼는 감각을 확장할 때 도달할 수 있다고 한다. 카메라와 컨트롤러가 잘 정의되고 직관적일 때 플레이어는 '게임 세계에서 그들의 시각을 대체'한다(20번 각주 참조). 그리고 플레이어가 컨트롤하는 아바타는 가상 세계에서 자기 몸의 확장처럼 느껴진다. 정서적 현장감은 가상 세계에서 일어나는 일이 플레이어에게 일어나듯이 느껴지고, 그것이 진짜 정서적 무게로 다가오는 느낌이다. 이 개념은 일단 플레이어의 지각이 게임 세계로 확장되면 그 또는 그녀의 정체성도 확장된다는 스윙크의 '정체성의 확장' 개념과 어느 정도 연관될 수 있다. 서술적 현장감은 예를 들어 플레이어의

ㄴ 가상의 이야기에 몰입하게 돼 상식적, 현실적으로 맞지 않는 부분도 개의치 않게 되는 것(출처: 나무위키, https://namu.wiki/w/%EB%B6%88%EC%8B%A0%EC%9D%98%20%EC%9C%A0%EC%98%88)

270

선택과 액션이 펼쳐지는 사건에 실제 결말을 가져올 때처럼 플레이어가 이야기에 스며들어 캐릭터가 믿을 만하고 우호적이라고 여길 때 일어난다.[24] 컨트롤, 카메라 그리고 캐릭터(3C라고도 함)를 신중하게 디자인하면 현장감을 위한 많은 구성 요소를 본격적으로 다루게 된다. 컨트롤과 카메라는 물리적 현장감의 중심이고, 캐릭터 디자인은 서술적 현장감에 영향을 미칠 수 있으며, 모든 3C는 결합돼 정서적 현장감에 영향을 미칠 수 있기 때문이다. 물리적 현실과 게임플로(12장의 뒷부분에서 설명함)도 현장감을 향상시키는 데 중요한 구성 요소다.

아트 디렉션, 오디오 디자인, 음악 그리고 내러티브 모두는 그들이 전달할 수 있는 정서를 통해 현장감에 기여한다. 정서(생리적 자극 및 잠재적으로 연관된 감정 모두)는 우리의 마인드에 영향을 미치고, 우리의 행동 방식을 인도하지만 지각과 인지 역시 정서를 유발한다는 점을 기억하라(7장 참조). 도널드 노먼(19번 각주 참조)에 따르면 모든 디자인은 정서와 인지를 엮는 세 가지 처리 수준levels of processing, 즉 본능적, 행동적, 숙고적 수준이 있다. 본능적 수준은 변연계 시스템이 촉진하는 투쟁-도피 반응 같은 반사적인 정서적 반응이나 〈메탈 기어 솔리드〉의 경고음 효과를 들으면 플레이어의 의식을 높이는 것 같은 조건 행동conditioned behavior을 유발한다. 본능적 수준은 우리가 보는 것이 좋은지, 나쁜지, 안전한지, 위험한지를 결정하는 데 도움을 준다. 행동적 수준은 이미 사용성 주요 구조부와 게임 필 구성 요소에서 전반적으로 다룬 것으로 즐거움과 사용 편의성과 관련이 있다. 마지막 숙고적 수준은 제품이 전달하는 메시지와 가치, 제품을 사용함으로써 반영되는 자아상, 제품이 유발하는 기억 등과 같은 제품의 지성화intellectualization에 대한 것이다. 예를 들어 옷 한 벌은 멋져 보이고 피부에 닿는 느낌이 좋을 수 있다(본능적 수준). 그리고 지퍼 덕분에 입기 편할 수 있지만(행동적 수준), 제조사가 미성년 노동에 연루돼 있거나 방글라데시에 있는 착취 공장이 무너져 천 명이 넘는 노동자(대부분 여성)가 사망했던 라나 플라자Rana Plaza 비극에 연루된 제조사 중 하나임을 알고 있기에 결국 사지 않게 된다. 특히 게임 내러티브 디자인은 영화나 책이 할 수 없는 죄의식 같은 흥미로운 정서를 유발할 수 있다. 캐서린 이즈비스터Katherine Isbister(24번 각주 참조)가 설명한 대로 인디케이드IndieCade 상을 수상한 브렌다 브래스웨이트 로메로Brenda Brathwaite Romero의 보드 게임 〈트레인Train〉을 예로 들겠다. 이 게임에서 플레이어는 승객이 가득 찬 유개 화차boxcar를 길을 따라 놓인 장애물과 어려움을 극복하면서 어느 한 곳에서 다른 곳으로 옮겨야 한다. 게임 마지막에서 플레이어는 기차 목적지가 아우슈비츠 강제 수용소임을 깨닫게 되는데, 이때 강한 정서가 플레이어 안에 유발될 수 있다. 특히 여기에 연루됐다고 느껴 죄책감이 들 수 있다. 이는 본능적 수준에 영향을 미치는 반사적 차원(즉 홀로코스트 대학살의 참상과 관련된)의 예로 이해할 수 있다(7장에서 본 다마지오의 소매틱 마커 이론을 이용해 본능적 반응을 분석하면 도덕적 판단을 알리는 불쾌감을 느낄 것이다). 플레이어가 이 게임을 두 번 다시 하고 싶지 않은 이유는 당연하다! 내러티브는 게임에서 중요한 역할을 할 수 있지만, 내러티브가 게임플레이와 플레이어 통제를 방해하지 않도록 반드시 주의해야 한다. 예를 들어 20분짜리 게임 인트로 무비(컷씬cutsceneM)가 도입부에 나오면 제작비도 엄청나지만 인게이지 어빌리티에 종종 해가 되기도 한다. 컷씬은 남용하지 말고 내러티브가 게임플레이에 포함되도록 디자인해 플레이어가 제어할 수 있도록 하는 것이 좋다.

M 국내에서는 도입부에 나오는 게임용 시네마틱 클립을 '인트로 무비'라 부르는 경우가 많지만, 해외에서는 게임 전반에 삽입된 무비를 통틀어 컷씬(cutscene)이라 부른다. 캐릭터가 관여하는 상황을 설명하기 위해서 또는 엔터테인먼트 목적으로 사용되기도 하지만, 때로는 전혀 목적없이 들어가기도 한다. 이 책에서는 이하 컷씬으로 번역한다. – 옮긴이

음악 또한 정서를 전달하는 강력한 운반책이다. 노먼이 저서에서 지적했듯이 음악은 진화를 거치며 물려받은 유산의 일부로, 인류 전체를 아울러 공통된 것이자 본능적 반응을 유발할 수 있다. 연구에 따르면 음악은 사실 편도체, 시상하부, 해마 같은 정서에 관여한다고 알려진 변연계limbic system와 연관된 뇌구조에서의 활동을 조절한다고 한다.[25] 리듬은 신체의 자연적 박자를 따른다. 빠른 템포(1분당 박자)는 액션에 적합한 데 반해, 느린 템포는 긴장 완화에 더 적합하다. 음악은 문자 그대로 사람들을 움직이는 힘이 있다. 다양한 정서를 불러일으키는 힘도 갖고 있다. 빠른 템포의 음악과 큰 음조의 변화는 즐거움을 표현하는 반면, 단조로 연주되는 멜로디는 슬프게 받아들이는 경우가 많다. 불협화음이 있는 비선형 음악nonlinear music[N]은 두려움을 불러 일으킬 수 있으며 이 외에도 많다. 마지막으로 음악은 보상 효과가 있을 수 있다. 인간의 뇌는 특정 자극 반복에 끌리는데, 음악에는 반복되는 고유한 성향이 있다.[26] 따라서 음악은 본질적으로 즐거울 수 있으며, 플레이어에게 특정한 정서를 불러일으킬 수 있는 강력한 도구다. 하지만 음악에 대한 반응 역시 주관적이며, 같은 음악이라도 그 타입에 따라 어떤 플레이어는 활기를 준다고 느끼는 반면, 다른 플레이어는 짜증난다고 느낄 수도 있다.

이 모든 요소 및 3C, 물리적 현실 그리고 게임플로 등은 신체적, 정서적 그리고 내러티브 현장감에 영향을 미친다. 플레이어가 얼마나 자신이 게임 세계 '안'에 있다고 생각할지, 인터페이스와 상호작용하면서 얼마나 즐거울지, 진행

N 비선형 음악: 사운드 디자인에 있어 음악(소리)이 어떻게 사용될지, 어떤 목적으로 사용될지에 따라 비선형 음악과 선형 음악으로 나뉜다. 비선형 음악은 일정한 타임라인에 맞춰 플레이되는 선형 음악과는 달리, 사용자(플레이어)가 원하는 곳이나 시기에 들을 수 있다. 보통 인터페이스, 소프트웨어 및 하드웨어는 랜덤 액세스를 사용해 소닉 및 시각적 경험과 상호작용을 더 많이 할 수 있다. 게임에서 일련의 오디오 데이터는 일련의 상황에 적응해 지속적으로 독특한 경험을 형성한다. 게이머(청취자/시청자)가 상호작용에 따라 선택한 결과로 듣게 된다. – 옮긴이

에 대해 얼마나 신경 쓸지, 게임이 진행됨에 따라 어떤 정서를 느낄지 등에 영향을 미친다.

- **물리적 현실과 살아있는 가상 세계**

당신 게임이 거대하고 현실적인 오픈 월드^{open world}**0**든 카툰식 UI로만 만들어졌든, 그럴듯해 보이려면 물리적 현실이 있어야 한다. 인간은 물리적 세계를 직관적으로 이해하는 데 매우 뛰어나다. 심지어 어린 유아조차도 물리적 사건에 대한 특정한 기대를 갖는다. 예를 들어 고체는 다른 고체를 통과할 수 없다거나 물체가 용기보다 큰 경우 들어갈 수 없음을 예상한다.[27] 어떤 세계의 물리적 사건은 반드시 현실을 완벽하게 모방해야 하는 것은 아니지만, 받아들일 만해야 한다. 여기서 사인과 피드백과 기능에 따르는 형태의 중요성이 다시 나온다. 세계에서 일어나는 사건, 플레이어가 그 세계 안에서 할 수 있는 것, 플레이어의 액션으로부터 오는 피드백은 명확해야 하며, 해당 물리적 상태나 성질 등은 앞뒤가 맞아야 한다. 예를 들어 적에 맞지 않은 총알 소리와 대신에 금속 표면에 맞을 때 나는 소리는 플레이어가 적을 맞췄을 때 나는 사운드 효과와 같아서는 안 된다. 또 플레이어의 손가락이 벽돌이나 타일을 가격할 때의 충격은 균열이 생긴 다음 파티클 효과 등과 함께 파괴되는 물리적 현실감이 보여야 한다. 레이싱 게임에서 나오는 차량은 서로 부딪치면서 점차 망가지는 모습이 보여야 한다. 플랫폼 게임에서 캐릭터가 뛰어다닐 때 팔을 벌릴 수 있어

---

0 '샌드 박스(Sand Box)와 함께 자유도가 높은 게임을 가리키는 말. 선형식 스토리와 이동루트를 강요하는 게임들과 달리 비선형 스토리와 자유로운 이동을 보장하는 게임의 방식을 뜻하는 용어로도 사용된다. 오픈월드 게임의 대표적인 사례는 온라인게임으로 이 중에서 MMORPG로, 지역과 지역, 원하는 장소로의 이동에 제약이 없다. 즉 전체 월드를 하나의 공간으로 설정해 기본적인 공간의 제약을 없애며 자유도를 보장한 시스템을 오픈월드라고 규정하고 있다(출처: 게임용어사전: 기관/용어, 2013. 12. 12.)

야 한다(〈마리오〉는 정말 재미있는 애니메이션을 쓰고 있다). 메뉴에서는 플레이어가 버튼 위로 마우스를 옮기면 버튼이 살짝 위로 올라온다든가 사운드 효과가 재생되는 등(예: 유비소프트의 닌텐도 Wii용 〈저스트 댄스 2〉에서는 플레이어가 버튼에 포커스를 맞출 때마다 서로 다른 음이 나서 메뉴를 재미있게 그리고 선율을 타며 탐색할 수 있다) 관련된 피드백을 줄 수 있다. 에픽게임즈의 〈포트나이트〉에서는 플레이어가 라마 모양의 피냐타pinata(아트 팀이 게임 스토어에서 카드 팩을 열기 위해 생각해 낸 메타포)를 때릴 수 있는데, 라마를 때리기 전에 라마의 눈은 커서를 따라 움직인다(그림 12.3 참조). 오픈 월드에서는 서로 다른 생명체가 낮과 밤 주기와 날씨에 따라 그 세계에 살고 있을 수 있다. AI 에이전트는 그 세계에서 일어나는 일에 따라 서로에게 플레이어가 하는 일에 따라 대응해

그림 12.3 포트나이트 베타 (출처: 에픽게임즈, © 2017, Epic Games, Inc.)

야 한다. 모바일 전략 게임인 슈퍼셀의 〈클래시 오브 클랜〉의 예를 들면, 플레이어가 빌딩을 업그레이드할 때 빌더 캐릭터가 빌딩에 달려들어 작업하는 듯 보이는 사이, 망치로 두드리는 사운드 효과가 들린다. 그 외에도 많지만 이 모든 것은 인터페이스를 장난감으로 만들고, 가상 공간에 생명을 불어넣는 방법에 대한 그저 몇 안되는 사례에 불과하다. 이렇게 만들면 인터페이스와 상호작용이 더 재미있어질 테고, 이를 지켜보는 것도 더 흥미롭고, 따라서 전반적인 게임 필이 향상될 것이다.

12.3.2 발견, 참신함 그리고 놀라움

플레이어가 일단 게임에 익숙해지면 그들이 하는 많은 액션은 계속해서 반복된 후 거의 자동이 된다. 스케이트나 자동차 운전을 배울 때와 마찬가지로, 일단 행동이 자동적으로 되도록 충분히 연습이 된 다음에는 무엇을 할지 하나씩 살펴 생각하지 않아도 된다. 게다가 친숙한 같은 지역에서 스케이팅이나 운전에 익숙해지면 시간이 흘러도 도로에 주의를 기울이지 않을 것이다. 인식을 높이기 위해서는 참신함을 가져올 필요가 있다. 이는 실제로 아동발달 연구원들이 언어 능력이 발달되기 전 아이들을 연구할 때 쓰는 방법으로, 참신함을 도입하거나 놀라운 사건을 만들어 내 아이들의 반응을 보며 연구한다. 예를 들어 유아가 삼각형과 원을 구분할 수 있는지를 밝히기 위해 연구원은 고착 시간(유아가 물체를 바라보는 시간)을 측정해서 유아의 '참신함에 대한 반응'을 실험한다. 삼각형의 이미지를 유아에게 반복해서 보여준다고 가정해 보자. 처음에 유아는 일정 시간 동안 해당 이미지에 고착될 수 있지만, 아이의 주의 반응은 같은 이미지를 반복적으로 보여줌에 따라 점차 줄어들 것이다. 유아가 이미지에 더 이상 관심을 갖지 않을 때, 이를 '습관화habituation'라 한다. 자극인 삼각형은 이제 친숙해져 더 이상 흥미롭지 않게 되고, 할당되는 주의 리소스가 더 적어진다. 그러다 연구원이 원 이미지 중 하나를 바꾼다. 유아가 참신함에 반응하지 않으면 어떤 차이도 인식되지 않는다는 의미가 될 수 있다. 하지만 새로운 아이템에 대한 고착 시간이 증가하는 '탈습관화dishabituation'가 관찰되면, 이는 유아가 해당 차이를 인식하고 새로운 자극에 관심을 갖고 반응한다는 것을 시사한다. 마찬가지로 유아는 물체가 사라지거나 물리 법칙에 거스르는(고체가 다른 고체와 충돌하는 대신 통과하는 등) '놀라운' 사건을 더 오래 바라보는 경향이 있다. 우리는 환경에 나타나는 모든 새로운 요소를 빠르게 배워 적응해야 하기 때문에 우리의 뇌는 참신함과 놀라움에 반응한다. 말하자면 참신함과 놀라움에 반응하도록 조건화돼 있다. 하지만 어떤 주어진 시간에 새로운 것이 너무 많으면 주의를 요하는 자극이 너무 많아 압도당하는 느낌을 받을 수 있으며, 이 때문에 지칠 수 있다(5장 참조).

비슷한 반응이 게임에서도 나타난다. 플레이어가 일단 게임 세계, 컨트롤, 룰에 익숙해졌을 때 참신함이나 놀라움을 도입하면 자동적으로 하는 행동이 깨지고, 플레이어의 주의와 호기심을 자극할 것이다. 참신함은 기대감을 모으기도 하는데, 모노리스Monolith의 〈미들 어스: 섀도우 오브 모르도르Middle-earth: Shadow of Mordor〉에 나오는 마인드 컨트롤 능력을 습득하는 것처럼 추악한 우르크Uruks가 싸움을 시작할 때 전투에서 상당히 만족스러운 참신함을 제공한다. 참신함은 메카닉이 참신함을 만들어 내기 위해 제거되는 실험적인 게임플레이 미션의 형태일 수 있다. 예를 들어 〈언차티드〉 시리즈에서 내비게이션 메카닉은 플레이어 배치에 의해 삭제된다. 플레이어는 자동으로 움직이는 차량 안에 있어서 그냥 조준하고 쏘기만 하면 된다. 전혀 예기치 않은 참신함은 놀라움이 된다. 〈포트나이트〉에서 플레이어는 세계에서 상자(체스트)를 찾으면 바로 여는 데 익숙해져 있다. 하지만 게임 어느 시점에서 이 상자를 열려는 순진한 플레이어를 공격하는 좀비가 숨어 있는 상자도 있다. 게임 필과 사용성을 위해서는 게임 세계와 입력 결과가 예측 가능하고 일관된 것이 필수지만, 플레이어의 의식을 높이고 흥미를 북돋우기 위해 때때로 어느 정도의 참신함과 놀라움을 도입하는 것 역시 중요하다. 그래도 놀라움으로 놔두는 것에 대해서는 주의하라. 게임의 완전히 새로운 영역을 드러내는 것은 여전히 참여하는 플레이어에게는 만족스러울 수 있지만, 그 와중에 다른 플레이어가 장기 목표를 찾지 못하면 이들을 놓칠지도 모른다. 이것은 나만의 편향된 게임에 대한 순진한 지각과 관련이 있기 때문에 완전히 입증되지 않은 내용이니 일종의 양념처럼 생각하기 바란다. 하지만 내가 〈섀도우 오브 모르도르〉를 플레이했을 때 가장 파워풀하고 맘에 드는 능력(적을 마인드 컨트롤할 수 있는 것 같은)에 접근할 수 있는, 완전히 새로운 영역을 발견하기 전에는 거의 때려치울 뻔했다. 첫 번째 영역(그때까지 존재한다고 생각했던 유일한 영역)을 아주 힘들게 해나가면서 나는 좌절감을 느꼈다. 전혀 숙달감을 느끼지 못했고, 역겨운 우루크는 이길 때마다 나를 비웃었기 때문이다(인지적 재평가를 어렵게 만드는…). 나는 진행 상황을 예측할 수 없었고, 장기 목표(즉 완전히 새로운 영역의 발견)를 명확하게 파악하지 못했다. 그만두지 않고 계속했던 단 한 가지 이유는 친구가 두 번째 영역이 발견될 때 더할 나위 없이 만족하게 될 테니 계속 하라고 말했기 때문이다(조나단 고마워!). 그리고 그가 옳았다. 두 번째 영역에 도달한 다음 나는 정말로 즐거웠지만, 계속 플레이를 하기 위한 외부적 격려가 필요했다. 그렇다. 참신함과 놀라움을 제공하지만 명확한 단기, 중기, 장기 목표와 플레이어의 진행 감각을 희생해서는 안 된다. 그리고 지각은 주관적임을 잊지 마라. 모든 플레이어가 스킬 트리를 전부 세심하게 조사해 자신의 진행을 예상할 수 있는 것은 아니다. 내가 경험했던 〈섀도우 오브 모르도르〉의 UI 문제를 풀기 위해서는 어느 시점에서 새로운 영역에 접근할 수 있다고 플레이어를 도발하기 위해 '전운'을 사용할 수 있다. 그것이 무엇이었는지 정확히 밝히지 않고 무언가가 그곳에 있음을 보여줄 수 있다. 호기심을 자극하고 발견을 가능하게 하는 것은 중요하다. 발견은 즐거움을 가져오고, 즐거움은 진화가 인간에게 효율적인 행동 방식을 선택하도록 동기를 부여한다는 사실이 밝혀졌기 때문이다.[28]

12.4 게임플로

몰입은 예를 들어 당신이 매우 아끼는 음악 작품을 피아노로 연주하는 것을 배우는 데 많은 노력을 기울일 때처럼(6장 참조) 내재적으로 동기부여를 하는 활동에 완전히 빠져 몰입할 때 느끼는 즐거움의 상태다. 심리학자 미하이 칙센트미하이에게 있어 몰입은 행복의 비결이다. 사람들은 이러한 최적화된 의미 있는 경험을 겪을 때 가장 행복해 보이기 때문이다.[29] 그가 말하듯이 "삶의 의미는 의미다. 즉 그것이 무엇이든, 어디서 왔든, 통일된 목적은 삶에 의미를 주는 것이다." 그리고 이것이 바로 몰입 상태에 대한 모든 것이다. 의미는 동기의 핵심 개념이기 때문에 몰입의 개념이 인게이지 어빌리티에 매우 중요한 이유다. 칙센트미하이에 따르면 몰입의 경험에 관련된 8가지 요소가 있다.

- **스킬이 필요한 도전적인 활동**: 완벽해질 기회가 있음을 알고 있는 스킬
- **행위와 의식의 합체**: 사람의 주의는 활동에 의해 완전히 흡수된다.
- **명확한 목표**: 목표가 달성하기 어렵고 의미 있는 경우
- **직접적인 피드백**: 피드백은 즉각적이고 목표와 관련이 있다.
- **직면한 과제에 집중**: 우리는 삶의 즐겁지 않은 측면과 과제에 무관한 정보를 잊는다.
- **통제감**: 과제를 숙달하기에 충분한 스킬 개발
- **자의식의 상실**: 자기 관찰의 여지가 없다.
- **시간의 변형**: 시간 가는 것을 잊는다.

이 8가지 구성 요소는 비디오 게임과 매우 관련이 있다. 사실 스위처와 와이어스(7번 각주 참조)는 몰입의 구성 요소를 '게임플로' 휴리스틱에 맞춰 게임에서 플레이어의 즐거

움을 평가하기 위한 흥미로운 모델을 제공했다. 게임플로 모델은 집중, 도전, 플레이어 스킬, 컨트롤, 명확한 목표, 피드백, 몰입 및 소셜이라는 8가지 핵심 요소로 구성되는데, 우리는 이미 UX 렌즈를 통해 대부분을 살펴봤다. 예를 들어 집중 구성 요소는 플레이어의 주의를 붙잡고 유지하는 것을 수반한다. 따라서 사인 및 피드백 그리고 핵심 경험과 상관없는 것에 연관된 작업 부하를 최소로 하는 데 주로 관련된다. 플레이어 스킬 구성 요소는 동기와 관련되지만(예: 유능성 및 보상), 이 절 후반에 살펴볼 학습 곡선과도 관련이 있다. 컨트롤은 주로 3C와 자율성(동기 주요 구조부 내)과 관련된다. 명확한 목표는 주로 유능성(동기 주요 구조부 내)과 관련이 있다. 피드백은 말할 것도 없이 사용성 주요 구조부의 사인과 피드백 부분이다. 몰입은 부분적으로는 게임 필과 관련이 있지만, 여기서 설명된 게임플로 구성 요소와도 관련이 있다. 마지막 소셜 상호작용은 주로 관계(동기 주요 구조부 내)와 사회적 존재감presence(게임 필 주요 구조부 내)와 연결된다. 아직 논의하지 않은 게임플로 구성 요소는 도전이다. 이 평가 모델 이외에도 몰입의 개념은 댓게임컴퍼니의 〈플로〉나 〈저니〉 같은 게임에서 게임 기획자 제노바 첸이 구체적이고 강력하게 구현했다.

보다시피 대다수의 게임 UX 개념이 서로 다른 프레임워크와 이론 사이에 겹쳐 있으며, 이는 이러한 프레임워크를 통합하는 것이 특히 어려운 이유를 설명한다. UX 주요 구조부와 구성 요소를 엄밀하게 독립적으로 분류하는 것이 어쩌면 불가능한 이유 역시 설명한다. 따라서 이 절에서는 난이도 곡선(플레이어가 느끼는 도전 수준, 페이스, 압박감) 및 학습 곡선(각각의 중요성을 고려해야 하는 특정 타입의 도전)과 관련된 게임플로 구성 요소에 대해 더 자세하게 다루겠다. 언제나처럼 이러한 구성 요소는 서로 독립된 것이 아니다.

12.4.1 난이도 곡선: 도전과 페이스

어려움의 정도를 정의하는 것은 게임 디자인의 중심이며, 인식되는 도전 수준은 게임에서 몰입의 전통적인 정의의 핵심이다. 이상적으로는 게임이 진행되면서 플레이어가 도전이 너무 어렵지도 쉽지도 않은 '몰입 영역'에 들어가야 한다.[30] 너무 쉽거나 평이한 게임(지식의 저주 하에서 게임을 평가할 때 개발자가 경험하는 것이 아닌 당신의 잠재 고객 경험과 관련된 것이다)은 관심을 잃거나 지루해질 수 있다. 반면 게임이 너무 어려워 플레이어가 해당 난이도를 깰 수 있다고 느끼지 못하는 영역에서는 불안이 일어나고, 심하게 좌절하거나 불만을 갖게 된다(그림 12.4 참조). 어려움의 정도는 플레이어가 얼마나 잘하는지에 따라 다르게 잡아야 한다. 즉 전문성 수준이 서로 다른 플레이어는 몰입 영역이 달라 프로게이머 수준에, 하드코어 플레이어는 대개 초보자거나 가볍게 즐기는 플레이어보다 더 도전적인 경험을 원한다. 다양한 몰입 영역을 수용할 수 있는 한 가지 방법은 플레이어가 다양한 수준의 난이도에서 선택할 수 있게 하는 것이다(예: 쉬움, 보통, 어려움, 악몽 수준, 자학 수준, 갈 때까지 가보자 수준 등). 이를 해결하기 위한 또 다른 방법은 플레이어의 스킬과 성과를 기반으로 한 동적인 난이도 조정 시스템을 사용하는 것이지만, 구현과 미세 조정 역시 너무 복잡하다. 제노바 첸은 그 대신 플레이어가 자신의 몰입 경험을 통제하는 방법, 즉 각 플레이어가 원하는 대로 게임을 탐색하고, 자신의 난이도를 설정할 수 있도록 아주 다양한 활동과 난이도를 제공하는 데에 초점 맞추기를 제안한다.

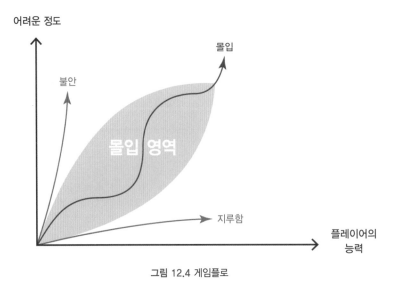

그림 12.4 게임플로

어떤 경우에도 플레이어가 게임플로를 경험하려면 어려운 정도와 플레이어의 능력 사이에 관계 균형이 반드시 잘 이뤄져야 하며 선형이 돼서는 안 된다. 제일 먼저 경험의 시작(온보딩 단계)에서는 플레이어가 게임을 하나씩 알아가고 진행할 일이 아주 많기 때문에 쉽고 보상이 있어야 한다. 온보딩과 학습 곡선에 대해서는 잠시 후 더 자세하게 얘기하겠지만, 기억해 둬야 할 사항이다. 명심해야 할 또 다른 중요한 내용은 게임의 어려운 수준이 플레이어의 숙련도(능력)에 따라 선형으로 증가할 경우 플레이어가 자신의 실력이 나날이 진보한다는, 동기에 결정적 영향을 미치는 느낌을 갖기 어려울지도 모른다. 이런 이유로 그림 12.4의 몰입 구역 안에는 사인 곡선이 그려져 있다. 이상적으로는 아주 어려웠다가 덜 어려웠다를 번갈아 가며 조금 쉬운 곳에서는 플레이어가 잠시 긴장감을 풀고 적이나 상황을 쉽게 제압한, 끝내 주는 자신을 편하게 만끽할 수 있게 만드는 것이 좋다. 게임 기획자는 이를 '난이도 톱니challenge saw tooth'라고 부르며, 플레이어의 숙련도를 표현하는 데 가장 중요하다. 난이도 톱니를 디자인하는 방법은 정말 다양하고, 잠시 후 이어지는 크리에이티브 디렉터 대런 서그Darren Sugg의 글에 사례가 나온다. 간단한 방법은 플레이어가 레벨이 아주 낮은 적에 이따금 맞닥뜨리는 것으로, 이때 적은 플레이어가 이전에 이긴 적인 있음을 분명하게 알아볼 수 있으면 훨씬 더 좋다. 〈섀도우 오브 모르도르〉가 그 좋은 예다. 플레이어가 이전에 싸워서 이긴 우르크 대장을 계속 파악할 수 있기 때문이다. 또 다른 사례는 〈월드 오브 워크래프트〉로, 플레이어는 때로는 덜 어려운 적이 살고 있는 레벨이 더 낮은 지역으로 돌아가야만(또는 선택해서) 한다. 적절한 시간에 적절한 레벨의 난이도를 설정하는 것이 핵심이지만, 이 역시 결코 쉽지 않다. 게임 개발자는 필요한 적정 레벨의 난이도를 실제보다 어렵게 잡는 경향이 있는데, 그들은 계속해서 플레이하기 때문에 대부분은 처음 해보는 플레이어에 비해 쉽게 느낀다(지식의 저주). 게임 안팎을 훤히 꿰고 있는 QA 테스터는 특히 더 하다. 너무 쉬워서 지루해 보이는 게임은 플레이어 이탈이 일어날 수 있지만, 너무 어려운 게임도 마찬가지다. 특히 게임 초반에 죽거나 실패가 불공평함 때문이라고 느끼면 플레이어는 떠나간다. 이런 경우는 플레이어가 성공하는 데 중요한 것을 배우지 않았거나, 패배한 이유와 장애물을 극복할 수 있는 방법을 충분히 이해하지 못했을 때 일어난다. 이것이 바로 온보딩의 미세 조정이 중요한 이유다. 무료 게임은 플레이어가 게임에 꼭 참여해야 할 이유가 별로 없기 때문에 특히 더 신경 써야 한다. 그렇지만 잠재 고객 중에서 뽑은 모집단에 속한 플레이어가 집에서 게임하듯 사용자 리서치 연구원의 가이드 하나 없이 진행하는 UX 테스트는 플레이어가 경험하는 난이도에 관한 귀중한 힌트를 줄 것이다. 게임의 플레이테스트는 믿기 어려울 정도로 유용한 정보를 준다. 시행 시점이 개발 초기, 더 구체적으로는 온보딩 디자인 단계일지라도 말이다. 다들 게임의 중요한 부분을 초기에 디자인하고 있을 테니…

게임의 템포를 결정하는 페이스pace 또한 도전의 중요한 요소다. 페이스는 시간 제약, 실패와 실수에 대한 엄벌 또는 오랜 시간 동안 지속적인 주의의 필요성을 포함해 플레이어에 가해지는 스트레스와 인지 부하의 정도에 대해 지각하는 압력에 의해 영향을 받는다. 플레이어가 오랫동안 동시에 일어나는 많은 일을 처리해야 했던 시퀀스 바로 다음에 어려운 적이 나타나면 훨씬 더 이기기 어렵게 받아들일 수 있다. 따라서 난이도 밸런스를 조정할 때는 플레이어의 피로도를 감안해야 한다. 플레이어가 한숨 돌릴 수 있는 시간을 주는 것도 중요하다. 예를 들어 게임에 영화적 요소가 있다면 강력한 액션 뒤에 컷씬을 보여주거나(정해진 컷씬의 제작 비용을 아껴야 한다면 액션 전에), 주의를 똑같이 기울이지 않도록 활동을 조금씩 다르게 만든다. 전투는 플레이어가 주의를 기울이지 않는 순간 부상을 입거나 죽기 쉽기 때문에 일반적으로 더 많은 압력과 인지 부하가 포함된다. 반면 플레이어가 난이도를 선택하면 시간 압박이 없는 한(예: 아바타가 거대한 바위에 쫓겨 멈춰 생각할 수가 없다), 대개는 자신의 페이스로 게임을 경험할 수 있다. 플레이어가 실수 때문에 난이도가 극적으로 높아지는 상황을 만들지 않도록 조심하라. 이는 불공정하고 스트레스로 여길 수 있다. 로저스는[31] 플레이어가 부상을 당할수록 헬스가 위태로울 때 화면이 점점 어두워지면서 화면에 피가 튀는 예를 이용한다. 이미 위기에 몰린 플레이어에게 이것은 처벌로 받아들일 수 있다. 주변을 제대로 볼 수 없는 불이익이 추가되기 때문이다. 그 대신 절체절명의 위기에서 빠져나오는 것은 큰 만족감을 주므로 대신 이런 결과가 나오도록 격려해 보길 바란다. 페이스를 조절하는 데 효율적인 또 다른 툴은 AI다. AI를 이용해 플레이어가 받는다고 추정되는 스트레스 정도에 따라 게임 압력을 조정한다. 밸브의 〈레프트 4 데드Left 4 Dead〉에서는 이 방법을 사용한다. 로저스의 설명대로 이 게임은 헬스 레벨, 스킬 숙련도 그리고 위치 같은 변수를 사용해, 플레이어의 스트레스 정도를 측정하는 'AI 디렉터AI Director'를 사용한다. 이러한 변수에 따라 AI 디렉터는 스폰되는 좀비 수와 탄약 수, 생성되는 헬스 등을 조절할 것이다. 가장 적절한 페이스는 인식된 게임플로를 더 좋게 할 수 있다(플레이어의 성과에 따라 그리고 적절한 난이도를 제공하는 데 필요한 스트레스 수준에 따라).

톱니의 힘, 또는 "난이도에 변화를 줘야하는 이유"
에픽게임즈의 크리에이티브 디렉터, 대런 서그

우선 난이도 톱니에 대한 아이디어는 원래의 것이 아니다. 이는 현대 게임 개발의 주요 산물이다. 따라서 사람들이 게임을 하는 이유를 살펴보면 개인적인 재미와 '승리'에서 오는 스릴 때문인 경우가 많다. 이 경우 우리는 승리를 교활한 또는 잔인한 게임 기획자가 플레이어 앞에 내민 도전을 만나는 스릴로 정의한다. 게임 기획자가 플레이어에게 던지는 어려움의 양을 어떻게 만들어 내고 조절하는지 생각해본 적이 있는가? 다음은 도전적인 경험을 만드는 데 도움이 될 수도 있는 몇 가지 가이드라인이다.

1. 플레이어에게 공감하라. 이것은 당신의 경험을 만들어 낼 수 있는 방법에 극히 중요한 것이다. 어떤 게임은 난이도가 빠르게 높아지며 문어에게 10잔의 에스프레소를 들라는 식으로 플레이어에게 도전에 적응하고 극복하라는 반면, 어떤 게임은 난이도 선택하거나 조절하는 등 더 쉬운 곡선을 선택해 플레이어가 난이도를 버텨내도록 한다. 당신이 디자인해야 하는 난이도 조절은 게임을 하는 플레이어가 결정하는 경우가 많다.
2. 당신이 만드는 게임의 난이도가 어느 정도면 좋겠다고 일단 정하고 나면, 시간 경과에 따른 해당 난이도 곡선의 확정된 난이도를 만들어 내기 위해 노력해야 한다.

3. 플레이어가 난이도 곡선을 지나는 곳곳에서 어려움을 극복할 수 있도록 힘과 능력을 계속 줘야 하는데, 그 결과 난이도 톱니가 형성된다. 예를 하나 들겠다. 보스몹(생명체)이 나오기 하나 전 스테이지에서 플레이어는 새로운 능력을 해제하고, 계속 나아가기 위해 새로 얻은 힘을 완전히 마스터해야 무찌를 수 있는 보스에 비하면 평범하기 그지없는 적을 약간의 기술만으로 처치하게 한다.

4. 플레이어가 힘의 최고 경지에 달했을 때 권위를 세우고 멋지게 느낄 수 있도록 하고, 새로 얻은 스킬이나 파워에 걸맞은 새로운 적을 계속 도입한다.

5. 플레이어가 새로운 스킬이나 놀랍도록 강력한 무기로 한껏 멋지게 플레이하는 데 싫증이 나려고 할 때(플레이어를 몰입 상태에서 벗어나게 할 때), 이 때가 새로이 부양된 파워에 대응하거나 살아남을 수 있는 새로운 적이 등장할 시기다. 이렇게 하면 플레이어는 이전의 '끝내주는 모습'을 되찾기 위해 새로운 스킬을 계속 밀고 나가거나 새로운 무기를 모으게 된다.

이 원리를 〈크립츠 앤 크립스Crypts & Creeps〉라는 상상의 게임에 적용해서 검토해 보자. 〈크립츠 앤 크립스〉 모험을 처음 시작할 때 플레이어는 혼자 녹슨 칼 한 자루로 '빠르게 찌르기'라고 불리는 하나의 공격만 할 수 있는 모험가다. 첫 번째 레벨을 진행하면서 맞닥뜨린, 천천히 움직이는 꼬마 도깨비와 싸우며 숙달감을 얻는다. 하지만 레벨이 올라갈수록 플레이어는 조금씩 더 많고 빠른 꼬마 도깨비와 대면하게 되면서 '빠르게 찌르기'만으로는 충분하지 않게 된다. 게임에 생명체 무리를 도입하기 전에 플레이어는 '단칼에 베기'라고 불리는 타이밍 기반의 공격 기술을 해제한다. 이 공격술을 타이밍에 맞게 쓰면 빠르게 움직이는 꼬마 도깨비를 한 번에 넓은 범위로 벨 수 있게 되며, 플레이어는 이 기술을 익힐 수 있는 또 다른 기회를 갖게 된다. '반드시' 이 공격술을 마스터할 때쯤 두 가지 공격술을 쓸 수 있어야 물리칠 수 있는 보스를 등장시킨다. 플레이어가 공격술을 다 익히면(그리고 난이도 곡선은 게임을 익히려는 고객 타입에 따라 결정해야 한다) 악당을 물리치고 영웅으로 대접받게 된다.

〈크립츠 앤 크립스〉를 한 단계 더 정교하게 만들려면 보스를 물리친 후 플레이어가 실생활에서 무엇을 할 것인가에 대한 추측 역시 들어가야 한다. 보스전을 치룬 플레이어는 아마도 휴식이 필요할 것이다. 힘든 레벨 후라면 게임을 종료하는 플레이어도 있을 것이다. 다음 레벨로 넘어가는 플레이어에게는 바로 전에 물리친 적과 1, 2분 정도 대면하게 해 다음 도전을 도입하기 전에 몰입, 그리고 파워풀한 느낌을 다시 한번 갖게 하는 것이 몰입할 여지가 많아진다.

그러니 게임의 난이도에 적합한 몰입을 어떻게 만들어야 할지 고민스러울 때는 톱니 구조의 기본을 언제나 기억하면 다소 반복 작업을 줄일 수 있을 것이다.

12.4.2 학습 곡선과 온보딩

매력적인 게임의 비결은 "배우기 쉽고 마스터하기 어렵다."는 것이다(아타리^{Atari}의 창립자 놀란 부쉬넬^{Nolan Bushnell}의 말). 비디오 게임은 학습하는 경험이다. 즉 처음 몇 분 또는 몇 시간 동안 게임하는 방법을 배우고(온보딩), 나머지 경험은 게임을 마스터하는 방법을 배우고, 종종 그에 따른 새로운 메카닉을 배우는 것이다. 이 책의 1부에서는 뇌가 정보를 처리하는 방법과 배우는 방법에 대한 개요를, 그리고 8장에서는 몇 가지 학습 원리를 설명했다. 이 모든 '게이머의 두뇌' 지식은 게임 디자인, 레벨 디자인, UI 디자인, 상호작용 디자인, 사운드 디자인 그리고 플레이어가 받아들이고, 느끼고, 생각하고, 상호작용할 당신 게임의 거의 모든 것에 직접적으로 적용할 수 있다. 훌륭한 학습 곡선을 제공하기 위해 가장 중요한 것은 모든 사인 및 피드백을 개선하고, 기능에 따른 좋은 형태(어포던스)를 제공하고, 결정적인 사용성 문제가 게임에 대한 플레이어의 이해를 저해하지 않도록 확실히 하는 것이다. 게임의 모든 것은 무엇을 해야 할지에 대한 확실한 단서로, 벌어지는 일과 플레이어의 액션에 대한 결과는 명확하고 즉각적인 피드백으로 설명될 수 있다. 이 단서와 피드백은 튜토리얼 텍스트보다 훨씬 덜 장황할 뿐만 아니라 학습 과정을 촉진할 따름이다. 모든 주요 게임 메카닉, 시스템과 목표를 효과적으로 가르칠 수 있는 방식으로 온보딩을 세심하게 만들어야 한다. 일반적으로 플레이어를 온보딩하는 가장 좋은 방법은 상황 속에서 의미 있는 행동을 함으로써 배우는 것이다. 이 말은 게임에서의 핵심 기능과 가장 파악하기 어려운 요소에 대해 플레이어가 환경에 대한 인도된 실험을 통해 무언가 배우는 것을 당연하게 여기는 의미 있는 상황에 놓이도록 해야 함을 의미하며, 내가 말하는 튜토리얼은 이런 것이다. 상황에서 겪는 튜토리얼은 임무에 잘 녹아 있는 것으로, 플레이어는 새로운 메카닉을 배우는 순간 어떤 상황에서 그것을 시험 삼아 해볼 수 있다. 의미 있는 튜토리얼은 경험(플레이어의 현재 목표와 관심사와 관련된 것) 안에서 이해되는 것으로, 플레이어의 호기심을 자극한다. 플레이어는 어떤 기능을 배우는 것이 왜 그들에게 의미 있는지 반드시 이해해야 한다.

지금까지 설명한 내용을 세 가지 예로 나타내 보자.

- **예 1**: 맥락도 의미도 없다. 게임을 일시 중지하는 한 덩어리의 텍스트로 된 튜토리얼은 설명된 액션을 실행할 수 있기 전에 먼저 읽는 것으로, 앞뒤 맥락이 없다. 플레이어는 제대로 배울 수가 없다. 이런 조건에서 튜토리얼은 아마도 플레이어가 성가신 지시가 나열된 리스트를 받는 정도로 해석할 것이기 때문에 어떤 종류의 의미도 전달하기 어렵다.
- **예 2**: 맥락은 있지만 의미는 없다. 플랫폼 게임을 시작할 때, 게임을 일시 중지하지 않고 "점프하려면 X를 누르세요."라는 식으로 화면에 텍스트 튜토리얼을 표시한다. 하지만 그 시점에서는 점프할 것이 없기 때문에 플레이어에게는 점프할 중요한 이유가 없다. 이번에는 튜토리얼에 맥락은 있지만(플레이어는 게임에서 가르쳐준 대로 점프를 할 수 있다), 해당 메카닉을 연습할 동기는 낮다.
- **예 3**: 맥락과 의미가 있다. 예 2와 같지만 이번에는 플레이어가 위쪽 플랫폼에 보물이 몇 개 있는 모습을 볼 수 있다. 플레이어가 스스로 파악하지 못할 경우에만 몇 초 후 점프하는 방법에 대한 텍스트로 된 튜토리얼이 열린다. 이번 지시는 메카닉을 목적을 위한 수단으로 가르치기 때문에 훨씬 더 의미 있으며, 이 메카닉을 배우려는 플레이어의 동기를 강화해야 한다.

여기서 내가 든 예는 매우 간단하지만, 똑같은 원칙이 더 복잡한 메카닉과 시스템을 가르치는 데 적용된다. 메카닉이 더 복잡할수록 의미가 깊이 있고, 맥락에 맞는 학습 경험을 더 많이 제공해야 한다. '뇌리에 박히는' 학습은 능동적이어야 한다. 처리가 더 깊어질수록 파지도 나아진다. 따라서 핵심 메카닉은 플레이어가 이를 배우기 위해 인지 과부하가 걸리지 않도록 다른 모든 방해물은 제거하는 동시에 온전히 인지 리소스를 할당할 수 있는 상황을 통해 가르쳐야 한다. 이런 이유로 온보딩 계획을 정의하고(13장 참조) 튜토리얼을 그저 따라하기 위한 생색내기용 지침이 아니라 레벨 디자인 자체에 포함되는 학습 경험으로 고려해야 한다. 게임을 배우는 것을 게임 사용자 경험의 필수적인 부분으로 생각하라. 게임이란 그런 것이기 때문이다.

어떤 디자이너는 튜토리얼을 통제로 여겨 플레이어가 자율적으로 게임을 배우는 만족감을 느끼도록 가급적 튜토리얼을 피하려 한다. 이 관점은 크게 두 가지 이유로 오해다. 첫째로 튜토리얼은 반드시 가르치려 들거나 통제하려 하지 않아도 된다. 신중하게 디자인하고(즉 맥락에 맞게 실제로 해 보는 것으로 의미 있게 배운다면) 레벨 디자인에 잘 녹아 있다면 플레이어는 감독 받는다는 느낌 대신 자신감에 차 있게 된다. 둘째로 플레이어가 해야 할 일과 더 중요하게는 그 이유를 이해하지 못하면 실제로 자신감, 유능성 또는 자율성을 느끼지 못할 것이다. 헤매는 플레이어가 생겨나면 그들이 게임을 떠나는 상황을 볼 가능성이 커진다. 몇몇 하드코어 플레이어가 튜토리얼에 대해 불평을 하며 필요 없다 할지라도 UX 테스트 결과를 보면, 적절한 튜토리얼이 부족할 때 대개 게임의 중요한 요소를 그들이 잘못 이해했거나 완전히 빠뜨린 것임을 알 수 있다. 게다가 이 때문에 게임을 부정적으로 보는 경우도 생길 수 있다. 그렇기 때문에 플레이어에게 게임이 이해하기 쉬웠는지 묻는 것이 그다지 유용하지 않다. 그들의 지각에 대한 평가는 둘째 치더라도 대부분은 충분히 명확하다고 대답할 것이기 때문이다. 하지만 아이템의 목적이나 임무의 목표에 대한 객관적인 질문을 하는 것은 훨씬 더 유익할 것이다. 14장에서 몇 가지 사용자 리서치 팁을 다루겠다. 정리하면 매력적인 튜토리얼을 디자인하는 일은 전부 당신에게 달려 있지만, 이는 어렵고 반복되는 테스트와 재검

토가 따르기 때문에 아주 이른 시점에서 고려돼야 한다. 튜토리얼과 전반적인 온보딩을 간과하면 게임은 플레이어 학습에 효과적이도 않거나, 성가신 것으로 간주되거나 아니면 둘 다라고 여기는 튜토리얼 텍스트 화면으로 대개 끝나고 만다.

온보딩을 디자인할 때 메카닉이나 시스템을 가르치는 것이 시간 경과에 따라 어떻게 분산되는지 주의 깊게 살펴야 할 것이다. 분산 학습은 집중 학습보다 훨씬 더 효과적이라는 점을 기억하라. 그러니 한 번에 얼마나 많은 요소를 가르치려 하는지에 주의하고, 학습의 복잡한 정도에 따라 간격을 조절하라. 간격 조절을 정의하기가 결코 쉽지 않지만 해당 기능이 잠재 고객에게 얼마나 익숙한지, 그리고 바라건대 초기 UX 테스트를 기반으로 최선을 다해 가늠해 보길 바란다. 온보딩 동안은 플레이어가 아직 게임 메카닉에 익숙하지 않다면 도전 의식을 북돋울 적절한 때가 아니므로 플레이어의 인지 부하를 염두에 둬라. 그 외 고려할 요소로는 플레이어가 새로운 메카닉을 학습할 때 처벌하지 않는 것이 있다. 여기서 말하는 처벌이란 좌절감을 주는 실패나 부당한 죽음을 의미한다. 예를 들어 플레이어가 절벽을 뛰어 넘는 법을 처음 배울 때 점프에 실패에 절벽 아래로 떨어지더라도 리로드하는 고통을 겪지 않도록 죽게 해서는 안 된다. 그 대신 떨어지더라도 치명상을 입지 않고 올라와 다시 시도할 수 있도록 사다리를 제공하는 방법을 고려해 보길 바란다. 플레이어는 시도했던 액션이 효과적이지 않았다는 분명한 피드백을 확실히 받아야만 한다. 어쨌거나 플레이어의 액션은 그 결과가 뒤따라야 하기 때문에 아바타를 다치게 하라. 하지만 배우는 동안에는 너무 가혹하게 처벌하지는 마라. 플레이어로서는 죽음이 부당하게 느껴질 수 있으며, 부당함은 되도록 피해야 하는 강한 부정적인 감정이다. 플레이어가 다시 시도하도록 격려 받는 느낌을 받아야 하며, 나아간다는 생각에 들떠야 한다. 무능하고 무능력하다고 느껴서는 안 된다. 물론 플레이어가 메카닉을 마스터하기 시작하면 그에 따라 난이도를 마음껏 조정해도 괜찮다. 이때쯤에는 플레이어가 왜 죽었는지 그리고 이 실패를 극복할 방법을 이해한다면 죽어도 괜찮고, 오히려 미래의 성공을 더 의미 있고 만족스러운 상황으로 만들 것이다.

요약하면 게임플로 디자인은 어려운 정도(난이도 곡선), 압박의 양(페이스)으로 돼 있고, 우선적으로 레벨 디자인을 통해 실제로 해 보는 분산 학습(학습 곡선)이 필요하다. 마지막으로 염두에 둬야 할 것은 '몰입 파괴자'를 피하는 일이다. 몰입 파괴자는 플레이어의 불신의 유예를 깨버릴 만큼 강렬한 게임에서의 마찰이며 다양한 형태를 취할 수 있다. 때로는 불공평하거나 오해를 살 만한 죽음과 실패, 아니면 화면 정지(대개 뜬금없고 의미 없는 튜토리얼 텍스트를 삽입)나 너무 긴 카메라 팬^{camera pan} 및 컷씬를 통해 플레이어의 통제권을 빼앗아 오거나 너무 가혹한 처벌과 극복할 수 없어 보이는 장애물 등으로 나타난다.

정리하면 이 UX 프레임워크는 타깃 고객에게 제공하는 게임의 사용성과 인게이지 어빌리티를 고려하도록 안내할 수 있다. 내 경험상 지금까지 설명한 UX 주요 구조부는 게임의 즐거움과 성공에 영향을 미치는 주요 구성 요소를 구성한다. 사용성 주요 구조부는 불필요한 마찰 지점을 없애는 것에 반해 인게이지 어빌리티 주요 구조부는 동기, 정서 그리고 게임플로를 통한 플레이어 참여를 향상시키는 것이다. 이어지는 아눅 벤-차프차바제^{Anouk Ben-Tchavtchavadze}가 쓴 글에서 예로 나오는 카지노 게임 UX에 대한 인게이지 어빌리티 주요 구조부의 사용법을 참조하라. 17장에 전반적인 요약과 UX 주요 구조부 체크리스트가 있다.

소셜 카지노 게임 UX

킹(King)의 사용자 경험 리더, 아눅 벤-차프차바제

소셜 카지노 게임이 당신 취향은 아니라 할지도 모르겠지만, 성공적인 슬롯머신을 만드는 것이 무엇인지 살펴보면 카지노 산업이 그들의 게임 UX를 향상시키기 위해 심리학적 이론을 어떻게 사용해 왔으며, 그 결과 얼마나 훌륭한 고객 유지와 참여를 이끌어 내는지 참고할 수 있다. 소셜 카지노 게임을 꼼꼼히 살피다 보면 동기, 정서 그리고 게임플로가 게임의 성공에 얼마나 중요한지 금방 알 수 있다.

동기: 변동이 심한 보상, 보너스 라운드 그리고 플레이어 타입

보상은 슬롯머신 디자인의 정면 한 가운데 있다. 플레이어는 어떤 기호를 응원해야 하는지 직관적으로 알고 이해한다. 보너스 라운드는 다양한 게임플레이, 흥분감 그리고 플레이어 에이전시를 제공하는 여러 가지 타입의 미니 게임이 그 특징이다. 플레이어는 종종 보상뿐만 아니라 보너스 라운드를 위해 게임을 계속한다. 보상이 주어지거나 보너스 라운드가 시작되면 긴 팡파르와 쇼가 뒤따르며, 그 광경을 본 모든 사람이 우승자처럼 느끼게 된다. 디자인과 수학 모델로 말할 것 같으면 일반적으로 두 가지 타입, 즉 높은 변동성과 낮은 변동성의 슬롯머신이 있다. 머신 배당은 클 수 있지만 드물게 발생하거나 아니면 자주 발생하지만 배당이 적을 수 있다. 각 타입은 서로 다른 고객과 플레이 스타일을 추구한다. 다양한 타입의 플레이어와 그에 따른 동기를 이해하는 것은 보상 스케줄과 유형을 이러한 방식으로 최적화하

고, 업계 표준 및 모범 사례가 됐다.

정서: 승리의 중요성 그리고 신빙성

게임을 할 때 지는 상황에 대한 일반적인 가정이 있다. 예를 들어 연패하는 플레이어는 곧 운이 좋아지리라 믿는 사람이 있을 수도 있다. 하지만 소셜 카지노 게임에서 연패하는 플레이어는 그만두는 경우를 많이 봤다. 또한 크게 이긴 후 플레이어는 베팅 금액을 올려 계속 플레이하는 경향을 보였다. 패배 혐오감이 효과를 내기 시작하면 플레이어는 게임을 그만두게 되겠지만, 게임이 조작됐다고 느끼지 않는 한 승리 때문에 역행할 수 있다. 그만두는 편이 플레이어에게 유리할지라도 말이다.

새로운 플레이어 보유율을 보면 플레이어가 처음 몇 게임을 졌을 때 이탈하는 경우가 더 많았다. 처음 몇 게임에서의 숙달과 성공의 중요성이 결정적이다. 주간 보유율을 보면 승률이 25%에서 75%인 플레이어가 더 많이 남고 참여한다는 사실을 알 수 있다. 너무 많이 지거나 너무 많이 이기는 경우 모두 유지와 참여를 줄일 수 있다.

게임플로: 통제, 명확성 그리고 집중

슬롯머신을 하는 플레이어는 주로 생활 속에서의 스트레스를 잊기 위해 '머리를 비우고' 긴장을 풀기 위해 게임을 하는 경우가 많다고 한다. 슬롯 게임은 복잡한 게임이 아니다. 잘 만들면 사용자 통제, 변화 및 사용 편이성의 균형이 제대로 맞아 플레이어가 주의를 기울여 쉽게 간단한 작업에 집중할 수 있다. 강한 피드백과 명확한 보상을 제공하면 플레이어가 계속 흥미를 가질 수 있다. 피드백이 완전한 몰입을 위해 화려한 애니메이션 비주얼, 사운드 햅틱 효과의 형태로 제공되면 플레이어는 긴장을 풀고 시간 가는 것을 쉽게 잊게 된다.

13

디자인 사고

13.1 반복 사이클   **13.3** 온보딩 계획
13.2 어포던스

디자인 사고란 사용자가 인간의 능력과 한계를 지녔음을 인식하면서도, 사용자를 프로세스 중심에 두는 것으로 디자인 문제를 해결하기 위해 적용하는 전략을 말한다. 그리고 진정한 문제가 무엇인지 이해하는 것으로 시작한다. 디자인 사고는 인간 중심의 디자인을 허용하는 사고방식이다. 도널드 노먼은 자신의 저서 『디자인과 인간 심리』(학지사, 2016)에서 "인간 중심의 디자인HCD은 사람들의 욕구를 충족시키는 것, 결과물인 제품이 이해할 수 있고 사용할 수 있는 것, 원하는 작업을 달성하는 것 그리고 사용 경험이 긍정적이고 즐길 수 있는 것인지를 확인하는 과정이다."라고 말한다. 물론 게임의 경우 역시 제품이 재미있거나 사람을 끌어들일 수 있어야 한다. 게임 산업에서 HCD는 때로 플레이어 중심의 접근법[1]으로 불리거나 개발 과정 동안 사용자 경험을 고려하는

것으로 설명된다. 이 접근법은 만족스러운 디자인이 나올 때까지 반복하는 반복 사이클을 수반한다. 아이디어를 프로토타이핑하고, 이를 잠재 고객에 대한 대표 샘플로 테스트하고 반복하는 작업이 수반된다(그러나 이에 국한되지 않음).

노먼에 따르면 반복 루프는 관찰 – 아이디어 생성 – 프로토타이핑 – 테스트로 구성되며, 부득이 실패를 감수해야 한다. 반복 과정이 결실을 맺고 잠재 고객에게 제공하고 싶은 디자인을 정말로 이뤄내고 싶다면 초기에 그리고 자주 실패해야 한다. 하지만 임원진을 포함한 많은 개발자는 이 개념을 이해하지 못한다. "훌륭한 디자이너가 왜 처음부터 제대로 만들지 못하나? 그게 그 사람들 일 아닌가?"라고 말하는, 디자이너가 아닌 사람들을 많이 봤다. "첫 번째 반복에선 내가 해도 더 나았을 것 같던데, 그냥 상식을 적용하는 거잖아. 내게도 아이디어가 있어."라는 말도 대부분 뒤따른다. 첫째로 전문 디자이너가 디자인 원칙, 사용성 주요 구조부, HCI 원칙을 적용해서 좋은 시작점을 만들어 낼 수 있다는 말은 사실이다. 하지만 훌륭한 경험의 디자인은 사용자 경험이 디자인 안에 없고, 사용자와 연계돼 있기 때문에 처음부터 제대로 디자인하기란 본질적으로 불가능하다.[2] 나도 디자이너는 아니지만 내 일의 멋진 부분은 디자이너가 그들의 디자인으로 어떤 사용자 경험이 재현되는지 파악할 수 있도록 돕는 데 있다. 나는 사실 이후 디자인 선택을 비판하는 일(사후 과잉 확신 편향)이 언제나 더 쉽다는 것을 확신한다. 프랑스 속담에 "아무 것도 하지 않은 사람만이 실수를 하지 않는다."는 말이 있다. 둘째로 누구나 아이디어를 낼 수 있다. 나는 플레이어를 포함해 게임 산업에 몸담고 있는 사람이라면 누구라도 기가 막힌 아이디어를 낼 수 있다고 믿는다. 의심의 여지가 털끝만큼도 없다. 하지만 단순히 아이디어를 갖는 것만으로는 충분하지 않다. 아이디어는 작업의 15%도 안 된다. 아이디어를 실행하는 일이 정말 중요하다. 사업가인 가이 가와사키Guy Kawasaki에 따르면 "아이디어는 쉽고 실행은 어렵다." 엉망으로 시행된 훌륭한 아이디어는, 신중하게 키우고 충분히 숙고한 일반적인 아이디어보다 결과가 더 나쁠 수 있다. 결국 가장 중요한 것은 '아이디어를 가진 사람들'이 생각했던 것이 아니라, 최종 사용자가 상품을 어떻게 경험하는가다. 이런 이유로 많은 사람이 믿는 '상식' 논쟁은 틀린 생각이다(10장에서 설명한 'UX에 대한 오해' 참조). 도널드 노먼이 지적했듯이 디자인 사고는 해결책을 찾는 것이 아니라 사용자를 위해 미흡한 경험이 무엇인지에 대한 진정한 문제를 찾는 것이다. 올바른 문제를 해결하는 방법에 관한 것이다. 광범위한 잠재적 해결책을 고려하고, 그중 프로젝트에 가장 적합한 방법을 고르는 것이다. 종종 선택한 해결책이 완벽하지 않지만 당신의 디자인 의도에 가장 적합한 것이어야 한다. 슈퍼셀 개발자는 미국의 벤처투자 전문 매체인 벤처비트^{VentureBeat}와의 인터뷰에서 그들의 네 번째 게임인 〈클래시 로얄$^{Clash\ Royale}$〉을 성공적으로 런칭하기 전에 14개의 게임을 죽였다고 설명했다.[3] 디자인 사고는 개발 사이클 전부를 통틀어, 그리고 때로는 개발사 내에서도 적합한 절충을 하는 것이다.

다음 절에서는 오큘러스 스토리 스튜디오$^{Oculus\ Story\ Studio}$의 게임 기술을 이끄는 존 발렌타인$^{John\ Ballantyne}$이 가상 현실에서의 UX 디자인 과제에 대한 흥미로운 사례를 말한다. 여기에 나는 UX 프로세스가 디자인에 어떻게 영향을 미치는지에 대한 몇 가지 예를 더하겠지만, 나는 디자이너가 아니므로 게임 디자인, 상호작용 디자인이나 사용자 인터페이스 디자인에 대해서는 다루지 않겠다. 따라서 이 섹션은 광범위한 UX 렌즈를 통해 볼 수 있는 디자인 프로세스에 대한 이야기가 더 많다.

가상 현실에서의 사용자 경험(UX) 디자인 과제

오큘러스 스토리 스튜디오의 게임 기술 책임자, 존 발렌타인

가상 현실VR은 콘텐츠 개발에 있어 여러 가지 흥미로운 과제를 제기한다. 그중에서도 사용자는 다른 어떤 매체보다 VR에서 더 많이 스스로를 경험에 참여한다는 것이다. 이로 인해 UX 디자인에 대한 고민이 스토리 스튜디오 프로세스의 맨 앞에 놓이게 됐다.

작은 예를 하나 들자면, 게임에서 플레이어 아바타가 언제나 같은 크기인 사실을 당연하게 여겼다. 예를 들면 〈마스터 치프Maser Chief〉의 키는 7피트 (약 213.36cm)다. 하지만 VR에서는 사람들의 키가 서로 달라 VR 경험에 가장 적합한 위치를 잡을 때 서로 다른 크기가 되고 만다. 이러한 현상은 사용자의 실제 발이 가상 현실의 바닥을 기준으로 위나 아래로 놓이게 되면 '위화감'이 들기 때문에 생긴다. 이때 사용자는 VR 세계의 기하학적 구조에 묻혀 있거나 공중에 둥둥 떠있는 것처럼 느끼게 될 것이다. 사용자의 발을 올바른 위치에 놓이게 하려면 게임 내 카메라 높이를 실제 세계의 높이를 반영하도록 효과적으로 조정해야 한다.

아바타가 더 이상 같은 크기가 아닐 때, 경험 디자인이 흥미로운 방식으로 변한다는 사실이 밝혀졌다. 우리는 키가 아주 큰 사람의 경우 트리거 볼륨보다 더 크면 스크립트가 깨지는 현상 같은 매우 드문 작은 문제를 발견했다. 하지만 실제로 키가 작은 사람을 게임 세계에서도 그대로 작게 유지하면 플레이어는 '영웅적'인 느낌을 받지 못할 가능성이 있다는, 경험과 디자인 간의 더 큰 어려움을 알게 됐다. 당신이 경험에서 만나는 모든 NPC

보다 작더라도 슈퍼 파워를 지닌 마스터 치프처럼 느껴질까?

우리는 메카닉을 프로토타이핑하고 디자인을 설정할 때 매우 다양한 사용자 집합을 대상으로 우리의 경험을 테스트해야 한다는 사실을 알게 됐다. 게임 개발을 위해 테스트할 일반적인 사용자 세그먼트 외에도 이제는 굉장히 다양한 물리적 플레이어 속성 역시 테스트해야만 한다. 이는 새롭고 어려운 UX 문제로 이어진다. 걸을 수 없거나 걷고 싶지 않은 사람들에게는 어떻게 서비스를 제공할까? 어떻게 하면 광범위하고도 다양한 키에도 일관된 내러티브 느낌을 설정할 수 있을까? 어떻게 하면 남녀 모두에게 맞는 그럴 듯한 플레이어 아바타를 만들어 낼 수 있을까?

이러한 질문에 대한 답은 우리의 개발 프로세스에 의미심장한 문제를 제기한다. 감사하게도 UX 디자인 사례가 앞으로 나아갈 길을 열어준다. 모든 과학이 그러하듯 프로세스는 즉각적인 답을 주지 않지만, 해답을 찾기 위한 훌륭한 체제를 제공한다.

13.1 반복 사이클

반복 사이클을 시작하기 전에 많은 일이 일어나는데, 여기서 자세히 설명하지 않겠다. 예를 들어 게임 제작사가 살펴보길 원하거나(또는 개발 의뢰를 받은), 소규모 개발 그룹이 일부 프로토타입으로 갖고 놀았던 것일 수도 있고, 어떤 게임 잼game jam이 게임에 대한 더 광범위한 아이디어를 만들어 냈을 수도 있는 일반적인 게임 아이디어가 제안된다. 그런 다음 컨셉 단계에서 게임 주요 구조부, 게임플레이 루프 그리고 전반적인 기능을 개략적으로 설명하고, 바라건대 디자인 및 사업 의도(경험)뿐만 아니라 타깃 관객(사용자)을 선택 및 정의한다. 일단 이 각각의 개념이 자리를 잡으면 반복 사이클은 대부분의 프로토타이핑이 이뤄지는 시점이기 때문에 사전 제작 단계에서 반복 사이클이 최대 속도로 이뤄지며, 게임이 완료되지 않는 한 지속된다. 따라서 라이브 게임을 제작한다면 반복 사이클은 결코 끝나지 않는다. 하트슨과 필라(2번 각주 참조)는 그들의 저서에서 "대부분의 상호작용 디자인은 나쁜 것으로 태어나지만, 디자인 팀은 나머지 라이프사이클 내도록 구제하기 위한 반복적인 투쟁을 거듭한다."라고 말했다.

주어진 기능의 반복 사이클은 디자인, 프로토타이핑 또는 구현, 테스트, 분석, 그런 다음 기능을 개선하기 위해 필요한 디자인 변경 사항의 정의로 구성되며 다시 사이클이 돌아간다. 이 '훤히 꿰고 있는 시행착오' 사이클은[4] 디자인에 있어 매우 중요한 프로세스다. 이상적으로는 첫 번째 반복 루프에서는 종이 프로토타입 또는 이에 상응하는 것으로 시작해야 하며, 그런 다음 기능을 다시 테스트하기 위해 구현만을 시작해야 한다. 구현 전 프로토타입은 주로 게임 엔진에 일단 구현된 디자인을 변경하기가 저렴한 프로토타입을 조정하는 것보다 훨씬 더 많은 비용이 들어가기 때문에 이롭다. 또한 작업하던 기능에 애착을 갖게 되는 것은 인간의 아주 자연스러운 반응이다. 따라서 해당 기능이 이미 구현됐거나 아트 측면에서도 다듬어져 있는데, 의도대로 작동하지 않으면 해당 기능 전부를 해체해 뜯어내는 것은 모두에게 훨씬 더 힘들다. 하지만 제품 개발에서의 주된 문제 중 하나는 도널드 노먼이 저서에서 유머러스하게 지적했듯이 "제품 개발 프로세스가 시작하는 날, 제품 개발은 일정에 뒤쳐져 있고 예산 초과다." 이 말은 야근(크런치 타임crunch timeA이라는 별명이 붙었다)에 시달리는 게임 업계에서 특히 맞는 듯 보인다. 이 때문에 기능이 실제로 디자인되지 않고 따로 프로토타이핑하고 테스트해 구현되는 경우가 종종 발생된다. "시간이 없어!" 빠듯한 마감 시간 및(또는) 허술한 제작 프로세스는 개발자가 가능한 한 빨리 벼락치기로 기능을 우겨 넣어 스케줄에 맞춰 게임을 내보내고, 망하지 않기를 바라는 사태로 이어질 수 있다. 불행하게도 적어도 내 경험으로는 너무 서둘러 구현하면 무너지기 마련이다. 게임이나 업데이트 및 패치를 제 시간에 내보낼 수 있고 약간의 수입이 들어올 수는 있지만, 예상보다 더 많은 플레이어 이탈이 생기거나 예상보다 플레이어가 게임의 재정적 건전성에 결정적인 영향을 미치는 아이템을 구매하지 않게 되는 경우가 자주 있다. 그리고 새로운 기능이 드디어 UX 랩에서 너무 늦게 테스트되면, 피할 수 있었거나 적어도 개선할 수 있었던 결정적인 UX 문제가 쉽게 식별되는 경우가 많다. 일단 기능이 끼워 맞춰지고 나면 시스템을 변경하기가 극도로 어려워진다. 이때는 극단적인 변경이 필요할 수도 있음을 인정하기가 더 어렵기 때문이다. 어떻게 이러한 변경이 실행됐다 하더라도 그 파급효과는 제품 전체에 영향을 미칠 가능성이 크다. 따라서 종이 프로토타입일지라도 구현하기 전에 계속 하는 것이 언뜻 보면 시간 낭비처럼 보일 수 있지만, 이 프로세스가 앞으로 있을 귀중한 시간과 비용을 절약할 수 있다는 점을 가슴 깊이 새기기 바란다. 반복 사이클을 미래를 위한 투자로 여겨라. 페리크 게임즈Feerik Games의 대표 프레데릭 마커스Frederic Markus가 13장 후반에 실린 글에서 설명하듯이, 프로토타이핑은 "그냥 효과가 있다." 특히 사용자 리서치가 루프에 포함된 경우에는 말이다.

A 주로 소프트웨어 업계에서 널리 보급돼 있는 말로, 열심히 그리고 빠르게 일해야 하는 중요한 기간을 뜻한다. 주로 프로젝트가 완료되기 직전 밤샘 작업을 불사하고 시간과 사투를 벌여 마감하는 동안 발생한다. – 옮긴이

반복 사이클의 테스트 부분은 UX 실무자가 가장 신경 써야 한다. 이 평가는 사전에 정의된 UX 목표, 즉 플레이어가 해당 기능을 이해하고 상호작용하는 계획된 방식에 따라 인도되고, UX 주요 구조부와 메트릭스를 사용해 실행돼야 한다. 테스트 결과를 신중하게 분석하는 것이 가장 중요하다. 인지적 편향과 서둘러 결론을 내리는 것은 모든 개발자에게 위협이 된다. UX 관련자일지라도 마찬가지지만 관련자는 적어도 이러한 편향을 의식하고 있어야 한다. 몇 가지 사용자 리서치 방법론과 팁은 14장에서 설명하겠다. 실험적인 프로토콜은 그만한 이유가 있어 학술 연구에서 엄격하게 표준화돼 있음을 명심하기 바란다. 게임 제작사는 표준화된 테스트 프로토콜을 따르는 호사를 누릴 처지가 아닐지 모르겠지만, 과학적 방법론을 적어도 이해하고 가능한 한 적용해야 한다. 디자인 사고는 **올바른** 문제를 해결하는 것이 거의 전부임을 기억하라.

게임의 개발 단계를 거치다 보면 어느 순간(사전 제작이 끝날 무렵이면 정말 좋겠지만 대부분은 제작 기간 중) 반복 사이클이 분리된 기능뿐만 아니라 시스템 전체 또는 심지어 게임 전체에 영향을 미친다. 이때 제공하려는 경험을 진정으로 향상시키지 않는 게임 요소는 잘라내는 것이 중요하다. 우리는 핵심 경험이 아직 완벽하지 않거나 시스템이 제대로 작동하는 데 중요한 모든 요소가 정의되고 구현되지 않았는데도 새로운 기능을 추가하려는 본능이 있다. 댄 애리얼리[5]의 설명에 따르면, 인간은 선택의 문을 닫는 것을 견딜 수 없다고 한다. 하지만 가장 중요한 것은 기능의 개수가 아니라 해당 경험이 얼마나 매력적인가 하는 점이다. 블랙베리BlackBerry와 아이폰iPhone 사이의 차이는 이 개념의 예로 사용되는 경우가 많다. 블랙베리는 한때 스마트폰 시장의 선두주자였으며, 애플의 아이폰이 처음 등장했을 때보다 더 많은 기능과 성능을 제안했다. 하지만 아이폰은 빠르게 이 시장의 새로운 리더가 됐다. 순수성은 제품 디자인의 궁극적인 목표로 묘사되는 경우가 많다. 문제는 경험의 깊이 역시 중요하며 게임에서는 특히 더 그렇다. 따라서 진정으로 의미 있는 옵션을 제공하고, 게임플레이의 깊이를 향상시키는 기능을 가려내는 동시에 다른 기능 중 없애야 할 것을 결정해야만 한다. 깊이는 괜찮지만, 대개 복잡함이 더 따르며 심한 경우 혼란에 빠질 수 있다. 혼란은 불만이나 좌절감을 만들어 낼 수도 있으며 플레이어가 통제권이나 자율성을 잃는다는 느낌을 받게 만들 수 있으며, 이는 결국 플레이어 이탈로 이어질 수 있다. 물론 깊이감이 부족한 게임은 지루해져 이 역시 플레이어 이탈로 이어질 것이라는 주장도 있을 수 있다. 어떤 기능이 제공하는 깊이가 게임플레이 경험에 중요해서 해당 기능을 잘라낼 수 없다는 생각이 들면 게임에서의 표현이 혼란스럽지는 않은지(사용성 향상을 위해 인터페이스에서 가능한 한 노이즈를 없애려 노력할 것) 또는 핵심 시스템의 작동 방식을 플레이어가 일단 파악한 후에 도입할지 확인하는 것이 필수적이다. 아니면 복잡한 기능은 UI에서 눈에 덜 띄는 곳에 배치해 경험이 더 많거나 사용하려는 의지가 확고한 플레이어만 해당 기능을 찾을 수 있도록 하는 것도 방법이다.

게임 디자인은 행동의 균형을 잡는 것이다. 미리 결정된 해결책은 있을 수 없다. 이 모든 것은 시간, 리소스, 예산 등의 제작 제약 조건과 우선순위에 따라 달라진다. 누가 당신의 사용자인지(때로는 기능이 잠재 고객보다는 개발자를 만족시키기 위해 추가되기 때문에) 그리고 당신이 제공하려는 핵심 경험이 무엇인지 명심에 또 명심하라. 그러면 절충안을 결정해야 할 때 모든 것을 다 가질.수 없으니 무엇을 제외해야 하는지, 게임 UX를 위해 구현해야 할 중요한 기능의 우선순위를 매길 때, 플레이어 중심의 접근법을 채택하는 데 도움이 된다.

사용자 경험과 프로토타이핑

페리크 게임즈(Feerik Games) 대표 프레드 마커스

나는 수년간 비디오 게임 프로토타입 제작을 즐겨해 왔다. 훌륭한 게임을 만드는 데 관련된 게임플레이 및 스토리보다 더 큰 무언가가 있다는 느낌을 천천히, 하지만 확실하게 받았다. 패키지에서부터 콘솔의 설치, 컴퓨터, 첫 번째 메뉴, 게임, 엔딩… 사운드에서 컬러 톤에 이르는 모든 것, 그리고 모든 입력에 이르는 게임에 대한 모든 요소가 사용자 경험임을 알게 됐다(조금 늦은 감은 있지만). 이 모두가 하나로 사용자 경험임이 밝혀졌다.

이것이 인간의 행동 방식, 뇌의 작동, 그 외 많은 주제에 대한 연구와 관련된 분야임을 알게 된 것이 획기적인 돌파구가 됐다. 필요한 모든 산업 분야에서 빠진 연결 고리는 바로 사용자였으며, 이것이 나의 모든 것을 바꿨다. 이는 사용자 경험을 다른 업계로부터 배우고, 우리가 경험하거나 관찰한 것을 스스로 확인하거나 반증할 수 있고, 프로세스를 구현할 수 있음을 의미했다.

그리고 프로세스에 대한 이 부분, 즉 비디오 게임은 전부 그리고 온전히 창조적인 작업이라는 믿음에 완전히 반하는 사실은 매우 궁금해지는 것이었다. 그리고 수긍이 가는 얘기였다.

그 아이디어는 가능한 한 빠른 시기에 경험의 품질을 테스트하는 데, 피드백을 받는 데, 우리가 얻게 될 것에 대한 열린 마음을 갖는 데 그리고 그에 따라 대응하는 데 사용자를 통합하는 것이다. 그 다음 단계는 물론 반복이고, 그런 다음 다시 테스트하고 개선됐는지 아닌지를 확인한다.

이 루프는 반복 루프이며 게임 프로토타이핑에서 내가 배운 사실은 가능한 한 자주 반복해야 한다는 것이다. 따라서 디자인 프로세스의 거의 처음부터 실제로 사용자를 포함하면 지금 보기에는 별다를 것 없어 보이지만 그냥 효과가 있다.

그리고 이 통합의 가장 놀라운 결과는? 너무나 많은 분야가 UX에 관련돼 있고, 그로부터 너무나 많은 내용을 배웠기 때문에 이제 우리는 게임플레이와 스토리라는 중요한 부속물을 갖고 UX를 구축하는 사람들이다. 그 발견은 게임이 UX 주위에 끌리는 것이지 그 반대가 아니라는 것이다.

13.2 어포던스

3장과 11장에서 설명했듯이 물체의 어포던스를 인지하면 사람들이 해당 물체를 사용할 수 있는 방법을 결정하게 된다(도널드 노먼의 저서 『디자인과 인간 심리』 참조). 예를 들어 머그컵 손잡이는 잡는 행동을 유도한다. 어포던스는 직관적인 것을 배우거나 그 결과 기억할 필요가 없으며, 처리하고 이해하기 위한 주의 리소스가 덜 필요하기 때문에 일반적으로 게임 디자인과 UX에 있어 중요한 개념이다. 게임에서 더 많이 감지된 어포던스가 있을수록 어떻게 작동하는지 설명할 필요가 더 줄어든다. 이는 사용성 및 게임 플로 모두를 향상시킨다. 따라서 어포던스가 제대로 지각되고 이해될 수 있도록 어포던스의 지각될 수 있는 부분(즉 기표)을 다듬어야 한다. 하트슨은 어포던스를 다음과 같이 네 가지로 정의했다.[6]

- **물리적 어포던스**

  물리적 어포던스physical affordance는 무언가를 하는 데 도움이 되는 물리적 특징을 지정한다. 예를 들어 어떤 맥주 뚜껑은 병따개가 필요 없고 맨손으로 돌려 열 수 있다. 이것이 물리적 어포던스다. 예를 들어 비디오 게임에서 버튼을 충분히 크게 만들어 커서나 손가락으로 버튼을 겨누는 물리적 행위를 용이하게 할 수도 있다. 모바일 UI 디자인이라면 상호작용 영역에 쉽게 접근할 수 있도록 엄지손가락이 닿기 쉬운 곳 근처에 가장 유용한 명령을 배치하는 방법도 생각할 수 있다. 피츠의 법칙(10장 참조)은 물리적 어포던스를 향상시키는 데 사용할 수 있는 중요한 HCI 원칙 중 하나다.

- **인지적 어포던스**

  인지적 어포던스cognitive affordance는 사용자가 배우고, 이해하고, 무언가를 알고, 그것으로 무엇을 할 수 있는지 결정하는 데 도움을 준다. 버튼 레이블, 아이콘 형태 그리고 기능 전달에 사용되는 메타포 등은 모두 인지 어포던스다. 기능에 따른 형태는 인지 어포던스에 관한 것이다.

- **감각적 어포던스**

  감각적 어포던스sensory affordance는 사용자가 무언가를 감지하는 데 도움이 되는 기능이다. 사용자가 무언가를 보고, 듣고 느끼는 데 돕는 것이다. 예를 들어 읽을 수 있도록 폰트 크기를 충분히 크게 하는 것은 감각적 어포던스다. 기표 또는 게임에서 사인 및 피드백이라 부르는 것은 눈에 띄고, 식별할 수 있고, 읽을 수 있고 들을 수 있게 만들어야 한다. 명확한 사용성 주요 구조부는 감각적 어포던스에 관한 것이다.

- **기능적 어포던스**

  기능적 어포던스functional affordance는 사용자가 특정 과제를 수행하는 데 도움이 되는 디자인 기능을 말한다. 예를 들어 인벤토리에서 아이템을 정렬하는 기능이 이에 속한다. 아이템 비교 기능, 필터링, 고정하기는 기능적 어포던스다.

지금까지 여러 번 강조했지만 어포던스를 정교하게 만드는 것은 디자인에 있어 정말 중요한 측면이다. 어포던스는 플레이어가 인터페이스를 이해하고 사용하는 데 도움이 된다. 사인 및 피드백의 사용성을 확인하고, 기능에 따르는 형식을 취하도록 하라. 플레이어를 혼란스럽게 하고 불만이나 좌절감에 빠뜨릴 수 있는 잘못된 인지적 어포던스(11장 참조)를 피하라. 만약 플레이어가 맵의 어떤 영역에 접근할 수 없다면 접근할 수 있는 것처럼 보여서는 안 된다(거짓 어포던스). 가능하면 사용자 리서치 연구원과 함께 초반에 게임의 어포던스를 테스트하라. 버튼은 클릭하기 쉬운지, 사인 및 피드백은 인지되며 명확한지, 아이템의 형태를 보는 것만으로도 해당 기능을 플레이어가 이해할 수 있는지, 적 캐릭터 디자인을 보면 그의 행동 방식을 예측할 수 있는지, 텍스트를 빼곡히 적지 않고 환경을 그냥 보는 것만으로도 바로 다음에 해야 할 목표가 무엇인지 이해할 수 있는지, 플레이어가 다른 기능을 활성화하면 특정 과제가 쉬워지는지 등등 테스트하라.

어포던스 렌즈를 통해 기능과 시스템을 들여다 보면 게임에서 가능한 한 직관적으로 기능을 전달하는 방법을 정의하는 데 도움이 된다. 또한 반복 사이클의 테스트 단계 동안 어포던스의 다양한 타입을 염두에 두면 테스터에게 가장 쓸모 있는 질문(예: HUD의 스크린샷 표시 그리고 각 요소가 무엇인지 묻는 질문)과 더 빠르게 가장 결정적인 문제를 찾는 데 도움이 될 수 있다.

13.3 온보딩 계획

플레이 시작 1분 이내에 잠재 고객을 끌어들이는 것은 정교한 노력이 들어가고, 무료 게임 시대에 중요한 개발 측면이 됐다. 당신이 만든 게임이 고객의 관심을 빠르게 사로 잡지 못하면 신경 써야할 플레이어 보유 문제조차 없게 된다. 성공적이라 여기는 무료 게임(예: SteamSpy.com에 올라온 게임)의 평균 누적 플레이타임을 보면, 고객의 약 20% 가 딱 한 시간 플레이한 후 사라진 경우가 드물지 않기 때문에 맨 처음 1시간이 첫 번째 사용자 경험FTUE, first-time user experience에 결정적이며, 이 시간이 온보딩의 대부분이 이 뤄지는 때이기도 하다.

하지만 내 말을 오해하지 말기를! 온보딩 경험이 아무리 훌륭할지라도 성공이 보장되 는 것은 아니다. 12장에서 봤듯이 오랫동안 이어지는 플레이어의 참여도 엄청나게 중 요하다. 또한 몇 시간의 플레이 후에도 소개하거나 가르칠 새로운 기능, 시스템 또는 이벤트가 있을 때마다 플레이어는 여전히 온보딩 단계에 있음을 명심하기 바란다. 하 지만 여기서는 초기 온보딩에 특히 더 집중하겠다. 12장에서 봤듯이 게임플로 주요 구 조부의 중요한 측면 중 하나는 학습 곡선이다. 당신의 게임을 플레이하는 방법을 고객 에게 가르칠 효과적인 방법을 찾아야만 한다. 플레이어의 호기심을 자극해야 한다. 플 레이어가 능숙하고 자율적인 느낌을 받도록 해야 하며, 게임에서 단기 및 장기 성장 모 두를 계획할 수 있도록 해야 한다. 이 모든 것은 플레이어가 혼란스러움과 중압감을 느 끼지 않도록 인지 부하를 염두에 두고 이뤄져야 한다. 그리고 고객이 먼저 게임 비용 을 지불하지 않는 한 그들과 연락할 시간이 많지 않기 때문에 모든 것은 가능한 한 빨 리 일어나야 한다. 모바일 디바이스에서라면 이 창이 열린 시간은 분 단위로 매우 짧을 수 있다. 이러한 이유로 온보딩과 튜토리얼 디자인을 제대로 하고자 한다면, 즉 온보딩을 의미 있고(참여) 효과적(학습이 이뤄짐)으로 만드는 것은 특히 더 까다로울 수 있다. 이 목표를 이루는 데 도움이 될 만한 내가 찾은 방법은 모든 것을 모아 온보딩 계획을 준비하는 것이다. 온보딩 계획은 다음과 같이 작동한다. 디자이너는 플레이어가 게임에서 배워야 할 각각의 요소를 리스트로 작성하고, 시스템에 걸친 중요도에 따라 분류한다. 그런 다음 핵심 경험에 있어 배워야 하는 가장 중요한 요소를 정의해야 하는데, 이러한 요소는 조심스레 다뤄야 하기 때문이다. 결국 어마어마한 리스트가 되겠지만 플레이어가 처음 몇 시간 동안 플레이하며, 배워야 하는 가장 중요한 메카닉과 시스템이라 믿는 것에만 집중하면 훨씬 더 쉽게 프로세스를 진행할 수 있다. 스프레드시트를 사용해 모든 요소를 한 열에 하나씩 나열하라. 다른 열에는 다음과 같은 정보가 들어가야 한다.

- **카테고리**: 시스템에 있어 매우 중요하다.
- **우선순위**: 게임에서 가장 중요한 기능을 정의하기 위한 것이다.
- **언제**: 근사치로 언제 해당 요소에 대한 학습이 일어나야 하는지. 언제 무엇이 일어나야 하는지를 대략 정의하기 위해 정수를 사용한다. 예를 들어 맨 처음 접속 시간 또는 처음 15분 동안 가르쳐야 하는 모든 것에는 '1'을 붙이고, 두 번째 접속 때 가르쳐야 하는 요소에는 '2'를, 이런 식으로 태그를 쭉 붙여라. 여러 개의 요소가 같은 번호일 수도 있다. 이럴 경우에는 튜토리얼 순서열로 다시 정돈한다.
- **튜토리얼 순서**: 학습이 일어나는 순서로, 각 요소는 한 열에 1.1, 1.2, 1.3, 2.1, 2.2 같은 방식으로 고유한 번호를 매겨 표에 이 순서대로 정렬할 수 있게 한다.
- **난이도**: 해당 기능을 배우는 것이 얼마나 어려울지 예상되는 난이도(예: 어려움, 보통, 쉬움)

- **왜:** 이 기능을 배우는 것이 플레이어에게 왜 의미 있는지, 해당 기능이 플레이어를 얼마나 더 능숙하게 만들지, 그들의 목표를 달성하는 데 얼마나 도움이 될 수 있는지를 정의하라. 이렇게 하면 해당 기능을 가르치기 위해 의미 있는 상황을 만들어 내는 데 도움이 된다(예: "무기를 만드는 법을 배우지 않으면 몬스터가 날 죽일 거야")
- **어떻게:** 사용할 튜토리얼 방식으로 UI만 통할지, 실제로 해 보면서 배우게 할지, 다이나믹 튜토리얼 텍스트를 통해서 할지 등 방법에 관한 것이다.
- **내러티브 포장:** 당신이 만든 리스트를 일단 튜토리얼 순서로 필터링해 시간순으로 정리하면 온보딩 계획을 지원할 스토리를 쓰는 데 도움이 될 것이다.
- **UX 피드백:** UX 전문가가 팀에 있다면 초기 UX 테스트 결과나 플레이어가 겪을 수 있는 예상되는 어려움을 언급할 수 있다.

그림 13.1에서 〈포트나이트〉의 몇 가지 기능을 예로 들어 온보딩 계획을 세운 예를 볼 수 있다. 기능을 리스트로 만들고, 시스템 카테고리와 중요성 숫자(예: 0 = 결정적 기능, 1 = 중요함, 2 = 있으면 좋음, 3 = 플레이어가 절대 파악하지 못하면 없어도 됨)를 할당하는 작업으로 시작하자. 그런 다음 플레이어가 해당 기능을 배우기가 얼마나 어려울지 정의한다. 잠재 고객과 그들의 사전 지식을 아는 것이 이 부분을 파악하는 데 중요할 것이다. 사용자 리서치 연구원의 도움을 받는 것도 그만한 가치가 있다. 정리하면 많은 게임에 쓰이고 있고, 당신 것과 같은 방식으로 작동하는 메카닉은 쉽게 파악할 수 있어야 한다(예: 슈팅 메카닉). 반대로 당신 게임에 특화돼 있거나 덜 표준화된 메카닉은 학습하고 마스터하는 것이 중간 정도로 어려울 수도 있다(예: 커버 메카닉). 온보딩 계획을 설정하는 것은 어려워 보일 수 있지만, 플레이어에게 어떤 인지 부하를 받게 할지를 더 잘 이해하는 데 도움이 되며, 너무나 많은 기능을 동시에 가르치는 것은 아닌지 확인할

수 있어(스프레드시트의 정렬 기능을 사용하면 쉽다) 학습을 분산시키는 데 도움이 된다. 분산된 학습이 집중 학습보다 훨씬 더 효과적이라는 사실을 기억하라. 그러면 이 프로세스는 시간 경과에 따라, 각 기능의 난이도에 따라 더 효과적으로 분산시켜 가르칠 수 있을 것이다. 기능이 더 어려울수록 요구되는 인지 부하도 커지며, 동시에 가르칠 수 있는 다른 기능도 더 적어진다. 경험에 비춰 봤을 때 하나씩 가르쳐야 하는 두 가지 어려운 기능은 피하는 게 좋다. 각 기능에 따른 올바른 튜토리얼 순서를 구축했다는 생각이 들면 튜토리얼 열을 오름차순으로 필터링한다. 그러면 당신의 온보딩 계획이 드러날 것이다.

모든 요소 하나하나마다 모든 열을 반드시 완성해야 하는 것은 아니지만, 배우기 쉽지 않은 모든 기능에 대해 적어도 '왜' 열은 작성하기를 강력하게 권한다. '단순함', '중간', '어려움' 레이블을 이용하고, 알파벳 필터를 사용해 난이도별로 기능을 쉽게 순서 매길 수 있다. 배우기 쉽지 않은 모든 기능은 더 주의 깊게 가르쳐야 하고, 나중에 반복해야 할 수도 있다. 이러한 기능은 잠재 고객이 의미 있는 상황에서 직접 하면서 배워야 할 것이다. 표의 셀을 채우는 것이 왜 이러한 기능을 배우는 데 플레이어의 관점에서 의미가 있는지 정의하는 데 도움이 될 것이며, 디자인 초기에 이러한 학습 경험을 구현하는 방법을 생각하게 해준다.

언제	튜토리얼 순서	카테고리	무엇을	난이도	왜(의미)	어떻게	내러티브 래퍼
0	0	메타 게임	플레이어가 영웅 영단을 제어하려 한다. 플레이어가 사령관이다.	중간	나는 많은 히어로를 이끄는 사령관이다. 그들에게 임무를 보낼 수 있고 임무 중에는 그들을 제어함수 있다.	직접 해 보면서 배운다	플레이어에게 사령관의 개념을 소개한다. 좀비로부터 세계를 구해야 하고, 고립된 영웅들 미션 수행 중에 지도자가 필요하다. 플레이어는 이 첫 번째 영웅의 사령관이 된다.
1	1.1	내비게이션	기본적인 움직임을 제어한다.	단순함	탐색을 하기 위해 돌아다녀야 한다.	상황에 맞는 튜토리얼 텍스트	이제 플레이어가 영웅을 제어한다.
1	1.2	슈팅	기본적인 슈팅을 제어한다.	단순함	효과적으로 좀비들을 없애기 위해 조준하고 쏴야 한다.	상황에 맞는 튜토리얼 텍스트	적이 오고 있지만 플레이어는 안전한 곳에서 그들을 쏠 수 있다.
1	1.3	수집	구축하고 만들기 위한 재료를 모아야 한다.	단순함	멋진 무기를 만들고, 멋진 요새를 건설하기 위한 재료를 모으러 세계를 돌아다니며 요소를 수집해야 한다.	상황에 맞는 튜토리얼 텍스트	마지막 작동 죽일 때 플레이어의 좋이 고장이 나서 새로운 무기를 만들기 위해 수집이 필요하다.
1	1.4	만들기	기본적인 만들기	중간	세계에서 누구도 찾지 못할 좋을 만들어야 한다.	직접 해 보면서 배운다	플레이어는 이제 새로운 좋을 만들 수 있다.
1	1.5	건설	계단 조각을 배치한다.	쉬움	계단 조각은 접근할 수 없는, 더 높은 그라운드에 갈 수 있게 한다.	직접 해 보면서 배운다	플레이어는 지하 동굴에 있고, 위쪽에 있는 상자를 본다. 계단이 있어야 플레이어가 그 곳에 갈 수 있다.
2	2.1	메타 게임	홈베이스 파워가 플레이어 성장에 가장 중요한 요소다.	어려움	더 높은 홈베이스 파워를 얻으면 더 강해진다.	직접 해 보면서 배운다	첫 번째 임무가 완료되면 플레이어에게 홈베이스 파워를 소개한다.
2	2.2	건설	문을 편집하기	중간	벽에 붙은 문을 편집하면 벽을 파괴하지 않고 다른 쪽으로 갈 수 있다.	직접 해 보면서 배운다	다음 임무에서 강한 벽이 있어 파괴하기에는 시간이 너무 오래 걸리지만, 플레이어는 문을 편집할 수 있다.
2	2.3	건설	목표를 보호하기 위해 전체 요새를 건설한다.	어려움	요새가 강해야 내가 보호하는 것에 좀비가 접근 갈 수 없다. 댐을 놓는 것도 도움이 된다. 요새 안쪽을 돌아다니려면 문이 필요하다.	직접 해 보면서 배운다	플레이어는 좀비의 침략을 대비해야 하며 효율적인 요새를 구축하는 방법에 대한 설명을 든든다.

그림 13.1 온보딩 계획의 예

이 온보딩 계획은 가르쳐야 하는 각 기능에 적절한 양의 리소스를 할당하는 데도 도움이 된다. 대개 모든 '단순함' 기능은 플레이어가 본능적으로 올바른 행동을 실행하지 않을 경우에만 표시되는 튜토리얼 텍스트나 다이나믹 튜토리얼 텍스트를 통해 가르칠 수 있다. 예를 들면 플레이어가 처음 몇 초 동안 스스로 아무것도 하지 않을 때만 움직이는 방법을 설명하는 튜토리얼 팁을 표시한다. 게임의 사용자 테스트를 시작한 다음에는 계획을 다시 조정해야 할 수도 있다. 당신이 생각하기에는 가르치기 쉬운 몇 가지 기능이 플레이어가 배우는 데 어려움을 겪는 것으로 밝혀질 수 있기 때문이다. 이 온보딩 표를 어떤 튜토리얼 팁을 언제 로딩 화면에 표시할 수 있는지 정의하는 데 쓸 수도 있다. 플레이어에게 알림을 제공하고, 몇 개의 튜토리얼을 반복할 가능성이 있으므로, 로딩 화면을 알람이나 덜 중요한 팁을 주는 데 사용할 수 있다. 단, 하나의 화면에 텍스트를 통해 너무 많은 내용을 가르치지 않도록 주의하라. 간단한 세 가지 이상을 설명하지 마라. 그리고 임무의 룰을 가르치는 로딩 화면을 사용한다면 '어떻게'(이러한 목표에 도달하기 위해)나 '무엇'(상호작용해야 하는 게임 내 아이템)보다는 '왜'(주 목표)에 초점을 맞춰라.

기능을 가르치기 위해 로딩 화면을 사용하는 것은 대개 별로 효과적이지 않다. 하지만 기다림은 괴로울 수 있기 때문에 플레이어를 앉혀 놓기에는 좋은 방법이다. 그리고 이 역시 지각의 문제다. 예를 들어 기다리는 시간은 다음과 같은 경우 짧게 느껴질 수 있다.

- 애니메이션이 있는 프로그레스 바progression bar를 둔다.
- 이 프로그레스 바가 가속된다(감속하거나 정지되는 것보다).
- 기다리는 동안 플레이어가 할 일이 있는 경우(빈 화면을 보는 대신에)

따라서 튜토리얼이나 게임플레이 팁을 전달하기 위해 로딩 화면을 사용하더라도 너무 많이 의존해서는 안 된다. 플레이어는 로딩 화면에 너무 많은 정보가 있으면 읽지 않을 수도 있으며, 읽더라도 그다지 많이 기억하지 못할 가능성도 크다. 지각, 주의 그리고 기억에서의 인간의 한계를 기억하라.

지금까지 얘기했던 내용을 정리하면, 이 온보딩 방법론은 플레이테스트와 분석을 통해 테스트할 수 있을 게임과 그 경험에 대한 가설을 세우고, 더 빠르게 결정을 내릴 수 있게 해준다. 뿐만 아니라 온보딩 계획과 플레이어의 학습 과정을 지원하기 위해 모든 것을 한데 모으는 내러티브 래퍼도 구축할 수 있게 된다. 내러티브를 정의하는 데서 시작한다면(우리는 모두 이야기를 사랑하므로 매우 구미가 당긴다) 온보딩을 내러티브에 맞춰 조정할 위험을 감수해야 할 것이며, 이는 학습 곡선이 손상돼 사용자 경험을 해칠 수 있다. 다른 모든 원칙과 마찬가지로 내러티브 디자인은 플레이어의 동기와 게임플로를 고려해 게임플레이가 원하는 대로, 사용자 경험이 원하는 대로 이용할 수 있어야 하므로 온보딩 계획을 초월해야 한다.

14

게임 사용자 리서치

14.1 과학적 방법　　　　　　　　　　**14.3** 최종 사용자 리서치
14.2 사용자 리서치 방법론 및 도구

사용자 리서치의 주요 역할은 게임(또는 앱, 웹사이트, 도구 인터페이스 등)의 쉬운 사용 및 플레이어의 참여 성향에 대해 평가하는 것이다. 사용자 리서치 연구원은 가능한 한 많은 사용성 및 '인게이지 어빌리티' 문제를 무자비하게 찾아내고, 개발 팀의 고려해야 할 수정 사항을 제한할 것이다. 그들은 개발자가 지식의 저주를 몰아내고 한 걸음 뒤로 물러나 새로운 관점(게임하며 이것저것 찾아가는 타깃 고객의 한 사람)에서 개발자가 만든 게임을 보도록 도울 수 있다. 연구원의 주요 임무는 디자인 의도 및 사업적 목표를 염두에 두고 매력적인 사용자 경험을 방해하는 장벽을 식별해내는 것이다. 사용자 리서치를 달성하는 데는 크게 두 가지 툴이 사용된다. 하나는 지식(즉 인지과학 지식, 인간-컴퓨터 상호작용HCI 그리고 인간 요인 원칙, 휴리스틱)이며, 다른 하나는 방법론(과학적 방

법)이다. 전자에 관해서는 이 책 전체를 통틀어 다뤘으므로, 아직 많이 언급하지 않은 과학적 방법을 소개하겠다.

14.1 과학적 방법

과학적 방법은 문제의 해결책을 찾거나 질문에 답하기 위한 체계적인 사고 방식을 하게 한다. 과학적 방법은 부디 어떤 편향도 없이 표준화된 프로토콜을 사용해 측정할 수 있는 증거를 모으고, 가설을 확증 또는 반증하는 연역적 귀납 모델이다. 과학적 방법은 반복 프로세스로, 디자인 사고의 반복 프로세스와 크게 다르지 않다. 대개는 일반적인 이론으로 시작한 다음, 특정 주제에 대한 현재 문헌을 검토하고, 광범위한 관찰을 거쳐 탐구할 질문을 정의하는 개념화 단계를 거친다. 그 다음 단계로는 가설 - 실험적 프로토콜 설계 - 테스트 - 결과 및 분석 - 가설에 대한 확증, 기각, 개선 - 다시 일반적인 이론으로 사이클이 돌아간다(같은 연구원 또는 다른 연구원이 반복할 수 있도록). 연구원은 가설의 개요를 세울 때 테스트된 변수가 영향을 미치지 않는다는 '귀무가설null hypothesis' 역시 가정한다. 게임에 적용한 예를 들자면 실험 가설은 "처음 플레이하는 동안 게임의 규칙을 직접 해 보면서 배우는 플레이어가 단순히 튜토리얼 텍스트를 읽었던 플레이어보다 덜 자주 죽는다." 이에 대한 귀무가설은 "처음 플레이하는 동안 직접 해보면서 배우는 플레이어는 단순히 튜토리얼 텍스트를 읽었던 플레이어보다 덜 자주 죽지 않는다."이다. 실험을 시행하고 결과를 분석한 다음, 유의미성 검사significance tests 에서 귀무가설에 일반적으로는 95% 이상 맞지 않는 것으로 드러나면 실험 가설은 유의미하게 기각된다. 실험 프로토콜은 두 그룹(직접 해 보면서 배운 그룹과 읽어서 배운 그룹) 사이에 측정된 차이가 개발자가 관심을 두는 변수(직접 해 보면서 배우는 효과)에 전적으로 기인할 수 있어야 한다. 예를 들어 게임의 메카닉과 규칙을 환경에서 직접 해 보면서 배운 플레이어가 같은 콘텐츠에 대한 튜토리얼 텍스트를 읽은 플레이어보다 덜 자주 죽었으며, 그 차이가 유의미성을 만족한다고 밝혀지면 이는 어쩌면 읽는 것은 평균적으로 직접 해 보면서 배우는 것보다 시간이 덜 들어가기 때문일 수 있다. 따라서 측정된 효과는 학습 타입 그 자체 대신 처리 시간의 차이에 의해 발생된 것일 수도 있다. 이러한 이유로 리서치는 결론이 정확하게 도출됐는지 확인하기 위해 엄격한 표준화된 프로토콜을 따른다.

학계에서 실험은 논문으로 기술될 수 있고, 비슷한 과학적 배경을 가진 사람들에게 검토된 다음 방법론이 탄탄하다고 판단되면 저널에 발표돼, 과학 공동체 전체가 자체 이론적 틀과 차후의 실험 안에서 해당 결과를 통합할 수 있다. 적어도 학계는 그렇게 돌아가야 한다. 문제는 귀무가설이 기각되지 않을 때로, 자신의 연구를 논문으로 제출하지 않는 연구원이 많거나, 제출한다 하더라도 저널에 실리지 않을 가능성이 크다. 이는 일부 과학자들이 실험적 가설을 검증하는 데만 너무 몰두하는 편향을 만들 수 있고(무의식적인 편향을 의도적인 사기로 도입하는 것에서부터), 이렇게 되면 전체 공동체의 흥미로운 결과를 빼앗고 만다. 효과를 찾지 못하더라도(귀무가설을 기각할 수 없는 경우) 역시 흥미로운 결과다. 노벨상 수상자이자 신경정신과 의사인 에릭 캔들^{Eric Kandel}은 그의 매력적인 저서 『기억을 찾아서』(랜덤하우스코리아, 2009)에서 1963년 노벨상을 수상한 신경생리학자인 존 에클스^{John Eccles}의 말을 다음과 같이 인용한다.

> "소중한 가설의 논박에서 즐거움을 배웠다. 가설 역시 과학적 성과이며, 논박을 통해 많은 것을 배웠기 때문이다."

비록 사회심리학 분야에 더 특히 초점이 맞춰져 있지만, 현재 많은 과학 분야에서는 '반복 검증replication' 위기가 발생하고 있다.[1] 실제로 오리지널 연구에서 발견된 일부 결과는 다른 연구자 또는 때로는 원래 연구자 자신이 똑같은 실험 프로토콜을 반복할 때 항상 반복 검증되는 것은 아니다. 실험의 결과를 재현할 수 있다는 것은 매우 중요한데, 이는 방법론이 탄탄하고, 편향이 최소로 줄고, 측정된 효과가 랜덤하지 않다는 것을 의미하기 때문이다. 따라서 반복 복제 불능은 대중의 혼란을 일으킬 수 있다. 특히 이러한 연구는 반복 복제 불능으로 밝혀지기 전에 미끼용 제목을 달아 언론에 방송되기 때문에, 연구자들이 대개 그들의 결과에 넣는 모든 주의 사항과 세부 사항을 제거한다. 느슨한 프로토콜과 작은 표본 크기를 갖고 행해지는 엉성한 실험은 과학의 명성에 십중팔구 흠집을 내고 있다. 게다가 대개 산업계에서 자행되는, 자신의 상품은 위험하지 않아 계속 소비하게 될 것이라 사람들을 설득하려는 일부 사기 행위는 사람들의 마음에 의심을 더 불러일으킨다. 예를 들어 담배 산업이 흡연과 암의 관계를 잇는 확립된 과학적 발견에 대한 논란을 만들어 내기 위해 과학자와 전문가를 전락시킨 것은 잘 알려진 사실이다.[2] 또한 백신이 자폐증의 위험을 증가시킨다는 잘못된 믿음을 갖게 한 연구의 영향력에 대해 생각해 보라. 비록 나중에 엄격성의 심각한 결여 때문에 완전히 신빙성이 없다는 점이 드러났지만, 많은 연구에서 이 가설을 뒷받침하는 증거가 전혀 발견되지 않았다는 결과에도 불구하고, 의심을 낳고 부모에게 자신의 아이들을 해친다는 두려움을 키우는 데는 단 하나의 연구로 충분했다.

이러한 과학에 대한 불신의 증가는 정말 문제다. 이는 가짜 뉴스 또는 '대체 가능한 사실'이 판을 치고, 여론을 더 쉽게 조작할 수 있게 되기 때문에 더 나아가 어쩌면 사용자 리서치 연구원의 삶을 더 복잡하게 만들 수 있다. 과학은 진실을 찾는 데 매진하는 것이지, 누가 옳은지를 밝히기 위한 경쟁이 돼서는 안 될뿐더러 사람들의 마음을 흔드는 도구로 사용해서도 안 된다. 따라서 사용자 리서치 연구원이 중립을 유지하는 것이 너무나도 중요하다. 그들은 어느 누구의 안건을 밀어붙이기 위해 여기에 있는 것이 아니다. 그들의 '의견'을 줘서도 안 된다. 그 대신 가능할 때 과학적 지식과 데이터를 사용해 상황에 대한 그들의 분석을 제공해야 한다. 사용자 리서치 연구원의 직업은 개발자가 게임을 아끼다 보면 얼마간의 편향이 생길 수 있기 때문에, 사랑에 빠지지 않게 하면서도 결정을 내릴 수 있도록 객관적인 증거를 제공하는 것이다. 신뢰는 쌓여야 하며 사용자 리서치 연구원과 게임 개발 팀은 탄탄하게 협업해야 하기 때문에 연구원이 팀에 들어가는 것이 중요하다고 믿는다. 하지만, 양쪽 모두 게임 자체와 정서적 거리를 유지하거나 결과에 편향이 들어가는 경우를 막기 위해 다른 연구원이 UX 테스트를 수행하는 것 역시 중요하다. 즉 사용자 리서치는 매우 이른 시점에서 개발자가 풀어야 할 올바른 문제가 무엇인지 문제의 중대성을 순서대로 정의하고, 해결책을 찾을 수 있도록 도와주는 아주 강력한 도구가 될 수 있다.

14.2 사용자 리서치 방법론과 도구

게임 사용자 리서치가 과학적 방법을 사용하더라도, 게임 제작사는 학술 연구소가 아니다. 제작사에는 대개 빠듯한 마감 시간에 출시할 게임이 있다. 따라서 게임 사용자 리서치는 빠른 전환과 과학적 엄격함 사이에서 균형을 잡는 일이며, 사용자 리서치 연구원인 이안 리빙스턴^{Ian Livingston}은 이를 '충분히 좋은' 리서치라 부른다.[3] 예를 들어 특정 컨트롤러 매핑(조건 A) 대 다른 매핑(조건 B)으로 미션을 완수하는 데 걸린 시간(분 단위)처럼 각 조건에 따른 영향을 측정하기 위한 테스트를 디자인한다고 해 보자. 각 조건에 대한 성과를 측정하고 각 그룹 내 표준 편차(데이터 값의 분산)를 계산하면 서로 다른 신뢰 구간으로 결과(데이터에 얼마나 불확실성이 많은지)를 볼 수 있다. 그림 14.1에 나타난 가짜 데이터에서 예를 들어 95% 신뢰 구간(일반적으로 연구 결과에 필요한 최소값)에서 두 조건 사이의 성과가 크게 다르지 않다. 하지만 80% 신뢰 구간에서 데이터를 보면 조건에 따라 플레이어 성과에 차이가 생긴다고 간주할 수 있다. 80% 신뢰 구간은 연구 논문으로 받아들이지는 못하지만 어느 쪽 컨트롤러 매핑을 디폴트로 설정해야 할지 결정하는 데는 충분하다. 게다가 수집한 데이터가 전혀 없는 상태에서 이 결정을 내리는 것 보다는 확실히 더 낫다. 즉 사용자 리서치를 진행할 때 신뢰도 높은 통계치를 얻기 위해 충분히 큰 표본 크기를 확보할 만큼 많은 참가자를 모집할 여력이 없는 경우가 대부분이다. 이 때문에 UX 연구실에서 다양한 조건을 쉽게 비교하기 어렵다. 하지만 대규모 샘플에 설문조사를 보낼 때라든가 비공개 베타 테스트를 진행하는 동안 몇 개의 변수를 수정해 가면서 텔레메트리telemetry 데이터를 수집할 때(조건 A에서 관찰된 성능 또는 전환율을 조건 B와 비교하는 A/B 테스트), 허용 가능한 불확실성의 수준을 정의하는 것이 중요하다(15장 참조).

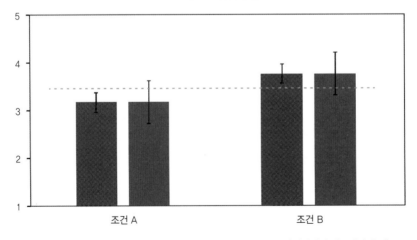

그림 14.1 신뢰 구간(이안 리빙스턴의 게임 UX 서밋 2016 프레젠테이션 자료에서 수정)

사용자 리서치는 학문적 리서치만큼 엄격할 수 없다. 주된 이유는 개발 팀이 결정을 내리기 위한 인사이트가 필요할 때마다 간단한 테스트를 수행하는 데, 충분히 큰 표본 크기를 준비할 수 없기 때문이다. 이것은 우리가 받아들여야 하는 게임 개발의 큰 제약 조건, 특히 시간 제약인 한계지만, 이런 이유로 테스트 프로토콜에서 가능한 한 많은 잠재적 편향을 주의해서 없애야 한다. 예를 들어 참가자 모집은 게임이 타깃으로 삼는 잠재 고객 프로파일과 반드시 일치해야 한다. 게임 개발자는 과잉 반응을 피하기 위해 테스트 참가자와 대화해서는 안 된다. 게이머는 대개 제작사 사무실에서 열리는 개발 중인 게임을 테스트하는 데 매우 흥분한다. 참가자는 다른 참가자가 무엇을 하는지 볼 수 있어서는 안 된다. 다른 참가자들로부터 압박감을 느끼는 것을 피하고, 다른 사람들이 플레이하는 모습을 보면서 무언가 알게 되는 상황을 막기 위해서다. 그리고 참가자에게 게임 자체를 테스트하는 것이지 게임을 이해하는 참가자의 능력을 테스트하는 것이 아님을 언제나 알려야 한다. 참가자가 맞닥뜨릴 모든 난이도와 알리고자 할 모든 혼란이 아무리 사소한 것이라도, 그들처럼 게임을 잘하지 못하는 사람들까지 포함한 모든 플레이어를 위해 게임을 향상시키는 데 도움이 된다는 점을 깨닫도록 만드는 것이 좋다. 그렇지 않으면 일부 참가자는 게임 실력이 떨어지는 것처럼 보이고 싶지 않아서 혼란스러운 부분을 일부 알리지 않는 경향을 보일지도 모른다. 참가자에게 그들과 대화를 나누는 리서치 연구원과 조정자는 게임을 직접 작업하지 않으므로 피드백이 아무리 가혹하더라도 마음 상할 일이 없을 것이라고 말해 둬야 한다. 내 경험에 비춰 볼 때 참가자는 보상을 받아가며 개발 중인 게임을 해볼 수 있어 대부분 매우 기쁜 상태라서 부드럽고 관용적인 경향을 보인다. 냉정하고 직설적인 피드백을 주고, 좋았거나 싫었던 이유를 간결하게 설명해 달라고 일러줘라. 그들이 무엇을 하더라도 UX 테스트 관찰자는 가능한 한 중립을 유지해야만 하며, 무슨 일이 벌어지는지에 반응을 보여서는 절대 안 된다. 웃지도, 한숨 쉬지도 말아야 하며, 참가자가 드디어 난관을 극복하더라도 성원해서는 안 되고 아무 것도 하지 말아야 한다. 참가자는 자신을 누군가가 지켜본다는 사실을 잊어야 하며, 가능하다면 어떤 식으로든 평가받는다는 느낌을 절대 받아서도 안 된다. 그렇지 않으면 성과에 영향을 미칠 수 있기 때문이다. '피그말리온 효과Pygmalion effect'나 선생님의 기대가 학생의 성과에 영향을 미칠 수 있다는 '로젠탈 효과Rosenthal effect'를 보라.[4] UX 테스트 관찰자는 그들이 보는 행동 방식으로부터 모든 참가자의 의도를 추론하지 않도록 매우 주의해야 한다. 예를 들어 일부 플레이어가 가령 기지 이름을 정하는 것처럼 자신에게 필요한 화면에서 긴 시간을 보내는 모습을 봤다면, 관찰자는 해당 행동 방식을 '베이스 이름 정하기 화면에서 오랜 시간을 머물렀음'이라고 적어야 하지, "플레이어는 베이스 이름 정하기 인터페이스로 고심한다."처럼 그 자리에서 성급한 결론을 내려서는 안 된다. 어쩌면 플레이어는 그저 어떤 이름을 고를까 생각하고 있었던 것뿐이지 인터페이스 그 자체로 고심했던 것이 아닐 수 있다. 플레이어 의도 및 고충은 관찰 기록, 게임에서의 플레이어 성과, 테스트 설문조사 응답에서 나온 데이터를 분석한 다음에나 추론할 수 있다. 하지만 관찰이 편향으로 이미 오염돼 버리면 나머지 분석도 더럽혀진다. 그러므로 플레이어 행동 방식을 기록할 때는 중립을 유지하도록 주의하라. 편면 거울 뒤에 있는 게임 개발자 역시 스스로 성급한 결론을 내리지 않도록 주의해야 한다. 개발자가 테스트를 보는 것이 크게 유용한 경우라면 그들은 플레이어가 하는, 그리고 하지 않는 것을 해석하는 방식이 자신의 지식과 기대로 편향될 것을 반드시 이해해야 한다. 따라서 게임 개발자는 플레이어가 게임에서 이해하고 의도하는 것에 대해 결론을 내리기 전에 UX 보고서를 받을 때까지 기다려야 한다. 과학적 방법의 핵심은 이러한 편향을 피하는 데 있다. 그러니 모든 사람이 이것이 왜 중요한지 이해하도록 해야 한다.

마지막으로 참가자가 기밀 유지에 동의한다는 기밀 유지 협약NDA 계약서에 서명했는지 꼭 확인하고, 테스트 동안 경험했던 것을 아무에게도 이야기할 수 없음을 다시 한번 알려줘야 한다. 나는 UX 테스트에서 비롯된 누출을 겪어본 적이 없지만, 위험은 현실이며 누출은 사용자 리서치 팀과 제작사 나머지 사람들 사이의 신뢰에 확실히 해가 될 것이다. 참가자가 호주머니를 비우고 모든 녹음 장치(스마트폰, USB 키 등)를 열쇠로 잠그는 보관함에 두는 것이 좋다.

이제 게임 산업에서 사용할 수 있는 주요 사용자 리서치 방법과 도구에 대해 간단히 설명하고자 한다.[5] 이 중 대부분은 핵심 고객을 대표하는 참가자 모집이 필요하므로, 누가 당신의 핵심 고객인지 잘 알아야만 한다. 모집 부분은 특히 시간이 많이 걸린다. 원하는 빈도(간간히 또는 집중적으로 플레이하는)로 비슷한 게임을 하는 타깃의 연령대(미성년자를 모집하고자 할 경우 특정 법적 제약이 적용되므로 특별히 이에 유의해야 한다)에 부합할 뿐만 아니라 테스트를 실시하려는 날짜에 시간을 낼 수 있는 플레이어를 찾아야 하기 때문이다. 그러니 미리 모집 계획을 세우자. 플레이어의 좋은 표본을 찾는 데는 대개 적어도 일주일은 걸린다.

14.2.1 UX 테스트

UX 테스트는 게임 사용자 리서치에서 가장 많이 사용하는 방법이다. 이 방법에는 게임(또는 웹사이트, 애플리케이션 등) 일부와 상호작용할 타깃 고객의 대표가 되는 플레이어인 외부 참가자 모집이 필요하다. 따라서 개발 팀, 특히 QA와 긴밀하게 협력해 충분히 좋은(완전무결하지 않은) 빌드를 갖고 있는지, 그리고 관심 있는 요소에 영향을 줄만한 버그는 없는지 확인해야 한다. 예를 들어 특정 기능을 테스트할 경우 해당 기능에 영향을 미치는 버그는 문제다. 다른 심각하지 않은 버그는 해결할 방법을 알고 있는 한 괜찮다. 만약 특정 히어로를 고르거나 특정 능력을 사용하면 게임이 깨질 수 있다면 참가자에게 이를 사용하지 말라고 지시할 수 있다. 게임 개발 단계와 테스트 대상에 따라 다양한 타입의 UX 테스트를 사용할 수 있다.

- 과제 분석은 플레이어가 게임에서, 예를 들어 카드 한 벌을 만드는 것 같은 특정 과제를 수행할 수 있는지 여부를 보고자 할 경우에 한다. 이러한 테스트는 대개 짧고, 해당 과제를 완료하는 데 걸리는 시간 또는 참가자가 저지른 실수 같은 특정 메트릭스를 측정한다. 이런 타입의 테스트는 플레이어가 얼마나 빨리 조준하는지, 타깃 앞에서 빗맞히거나 멈추지는 않는지 등을 관찰하기 위해 짐 레벨(테스팅 룸)을 사용해 실시하는 것이 유용하다. 게임 필에 중요한 모든 종류의 것을 테스트하기 위해 모든 종류의 짐 레벨을 만들 수 있다. 기능을 프로토타이핑할 때 카드 정렬 과제 같은 특정 과제를 사용할 수도 있다. 카드 한 벌 만들기 예를 사용한다면, 어떤 것을 구현하기 전에 플레이어에게 종이 카드를 주고 특정 영웅을 위한 덱deck을 만들어 보라고 요청할 수도 있다. 플레이어가 어떤 카테고리로, 어떻게 카드를 정리하는지 직접 보면 플레이어의 직관적인 사고 과정에 적합한 시스템을 구축하는 데 도움이 될 수 있다. 이 과제는 웹에서 사이트의 정보 구조를 디자인하는 데 종종 사용된다(예를 들어 어떤 페이지가 어떤 카테고리에 가야 하는지). 과제 분석은 일대일로 실시된다. 한 번에 한 명의 참가자를 한 명의 리서치 연구원이 관찰한다. 대개 적어도 15명의 참가자를 테스트하는 방법을 권장하지만, 프로토타입을 서둘러 끝낸 후 기능을 구현해야 할 경우 너무 많은 시간이 소요될 수 있으므로 얼마나 엄격하게 할지 정의하라.
- 사용성 테스트 또는 플레이테스트는 참가자가 게임 파트를 플레이하고, 기본적으로는 사용성뿐만 아니라 인게이지 어빌리티 문제에 초점을 맞출 때 실시한다. 게임에서 어떤 요소가 아직 구현되지 않았다면 플레이어에게 서면으로

정보를 제공할 수도 있다. 예를 들어 종이 몇 장에 튜토리얼 정보를 정리해 제공할 수 있다. 이러한 테스트는 대개 동시에 여러 참가자와 실시한다. 대개는 6명 정도지만, 5 대 5 구성이 필요한 멀티 플레이어 게임을 테스트한다면 더 많을 수 있다. 멀티태스킹이 신화에 불과하다는 것을 알지만, 한 명의 진행자가 동시에 두 명의 플레이어를 관찰할 수 있다. 게임도 같이 녹화해 두면 나중에 시간이 될 때 다시 검토할 수 있다.

- 혼잣말하기 또는 인지적 워크스루work-through는 과제 분석 또는 사용성 테스트를 실시하는 특별한 방식으로, 참가자에게 그들이 하는 것과 사고 과정을 설명해 달라고 부탁한다. 이 방식은 플레이어가 인터페이스 앞에서의 첫 반응을 이해하는 데 매우 유용하며, 플레이어가 기대하는 것에 대한 매우 좋은 통찰력을 얻을 수 있다. 이 방법을 사용할 경우 참가자에게 그들이 생각하는 대로 말해줄 것을 권하고, 잘못된 방식은 전혀 없으니 편하게 얘기해도 괜찮다고 말하는 것을 잊지 마라. 테스트를 받는 것은 소프트웨어지 그들이 아니다. 참가자가 헛갈려 하는 부분이 드러날 수 있기 때문에 질문이 있으면 편하게 하라고 권하라. 하지만 스스로 답을 찾을 수 있는지 여부를 봐야하기 때문에 질문의 대부분에는 답을 줄 수 없음을 미리 얘기하라. 질문을 받으면 "음, 어떻게 생각하세요?"라고 대답할 수 있다. 마지막으로 참가자가 말을 하다가 중간에 멈추면 당신 스스로 문장을 완성하지 말고(그들의 사고 과정에 편견을 갖게 될 수 있다) 그저 마지막 말을 한번 더 말하라. 예를 들어 참가자가 "모르겠네요, 어떻게…"라고 말하고 멈추면, "모르겠네요, 어떻게?"라고 그냥 말하면 된다. 대개는 효과가 있다. 이 방법에는 고려해야 할 중요한 제한이 있다. 사람들에게 그들의 사고 과정을 말로 해 달라고 하면 혼자 디바이스와 덩그러니 있을 때보다 훨씬 더 과제에 집중하게 된다. 즉 기능이나 시스템의 작동 방식을 파악할 가능성이

더 커진다. 그러니 성공이나 실패보다 과제를 파악하는 데 걸린 시간이 더 중요한 것임을 기억하라. 이러한 테스트는 반드시 일대일로, 대개 약 6명의 참가자로 실시해야 한다.

- 플레이스루playthrough 테스트는 플레이어가 게임의 큰 부분 또는 전체를 쭉 플레이해 본다. 리서치 연구원은 사용성 문제를 계속 주시하겠지만, 이 테스트의 주 목적은 게임이 너무 쉽거나 어려운 곳은 어딘지, 플레이어의 즐거움이 어떤 특정 목표 때문에 사그라드는지 등과 같은 인게이지 어빌리티 문제를 보는 데에 있다. 이러한 테스트는 플레이어 가변성을 보장하고자 실시하기 때문에 가능하면 대규모 표본 크기가 필요하다. 하지만 이러한 테스트는 일반적으로 참가자가 며칠, 때로는 일주일 동안 UX 연구소를 방문해야 하기 때문에 여러 날에 걸쳐 시간을 낼 수 있는 여러 명의 참여자 찾기가 어려울 수 있다. 또한 비공개 베타 또는 알파 테스트가 점점 더 보편화되고 훨씬 더 큰 표본을 허용한다는 점을 감안할 때, 플레이스루 테스트를 위해 약 8명의 플레이어를 모을 수 있다면 아무것도 하지 않는 경우보다는 나을 것이다. 이러한 테스트는 텔레메트리 데이터가 무엇을 나타내는지를(대부분의 플레이어가 무엇을 하는지, 15장 참조) 전후 사정(왜 플레이어가 하는 일을 하는지)을 잘 나타내기 때문에 분석 결과에 대한 훌륭한 보안책이 된다.

제작사에 따라 이러한 테스트를 다르게 부를 수도 있다. 게다가 어떤 게임 개발자는 게임의 기능을 논의하기 위해 자기들끼리 테스트하는 활동을 '플레이테스트'라고 부를 때도 있다. 이러한 활동은 플레이테스트가 아닌 '내부 디자인 리뷰'[6]로 불러야 한다는 게임 기획자 트레이시 풀러턴Tracy Fullerton의 말에 동의한다. 앞서 언급한 모든 UX 테스트에는 대부분 게임에 대해 전혀 모르는 외부 참가자가 필요하다. 특정 기능에 대해 이미 알고 있는 플레이어가 테스트해야 하는 경우가 아니라면 말이다. 어떤 경우든 테스트에는 철저한 준비가 따른다. 테스트를 실시하는 리서치 연구원, 또는 조정자나 테스트 분석가 같은 연구원 보조자는 빌드를 스스로 전부 플레이해 봐야 하고(이런 이유로 미리 빌드를 갖고 있는 것이 중요하다), 시험 관찰자들이 발견한 문제를 더 빠르게 적을 수 있도록 관찰 시트를 준비한다. 테스트를 관찰하는 동안 모든 내용을 기록하지 않고, 대신 특정 목표에 집중하는 것 역시 중요하다. 어떤 시스템은 완전히 완료되지 않을 수도 있으며, 어떤 기능에는 버그가 있을 수도 있기 때문에 테스트 준비가 된 것에 집중하는 편이 더 효과적이다. 어차피 모든 상황을 관찰하기가 거의 불가능하다. 게다가 아직 완전하게 작동하지 않는다는 것을 알고 있는 기능이나 시스템에 대한 피드백을 받는 것 자체가 게임 개발자에게는 특히 짜증나는 일이다(개발자가 그런 예비 피드백을 특별히 요청하지 않는 한). 그리고 내가 말하는 '작동하는'이란 표현은 미적으로 매력적이거나 다듬어져 있다는 의미가 아니다. 기능이 보기 싫거나 플레이스 홀더 요소가 있을지라도 사용할 수 있음을 의미한다. 따라서 테스트의 목표를 개발 팀과 상의해서 정의하자. 잠시 후 테스트 때 물어볼 질문에 대해 더 설명하겠다.

테스트가 진행되는 상황을 개발 팀 멤버가 관찰할 수 있는 것은 중요하다. 가급적이면 편면 거울 뒤에서 보는 것이 좋은데, 상대방에게 보이지 않으면서 플레이어의 어깨 너머로 게임하는 모습을 볼 수 있기 때문이다. 이는 개발자가 플레이어 입장이 되어 플레이어 중심의 접근법을 채택하는 데 도움이 될 것이다. 또한 개발자가 같은 방에서 함께 관찰하면(라이브 스트리밍으로 개개인의 데스크톱으로 바로 전송되는 것과는 달리) 플레이어가 해야 할 동작을 하지 않는 이유와 문제를 고치기 위해 해야 할 작업에 대한 논의를 유발할 가능성이 높다. 편면 거울 뒤에서 개발자가 말해야 하는 것, 그들이 정말 의도했던 것, 플레이어가 예상치 못한 행동 방식을 보인다고 생각하는 이유를 들으며 있는 이 때가 UX 테스트에서 내가 제일 좋아하는 부분이다. 내 경험에 비춰보면 이 때가 개발 팀과 신뢰를 쌓고 그들을 연구에 참여시키기 위한 사용자 리서치 과정에서 가장 중요한 부분이다. 사용자 리서치 연구원이 특정 기능이나 시스템 이면의 의도를 물을 수 있는 기회이기도 하다. 예를 들어 그림 14.2는 에픽게임즈의 UX 연구실이 어떻게 꾸며져 있는지를 보여준다. 테스팅 룸은 참가자가 게임을 하는 동안 테스트 관찰자는 그들 뒤에서 오버헤드 화면을 통해 그들의 게임플레이를 관찰할 수 있게 돼 있다. 오른쪽 사진이 테스트를 담당하는 UX 리서치 연구원과 개발 팀원이 어떤 일이 벌어지는지를 보고, 모든 것을 토론할 수 있는 '비밀의 방'(또는 우리는 '스피크이지 룸speakeasy roomA'이라 부름)이다. 이 방은 완전 방음이어서 개발자가 큰 소리로 답답함이나 좌절감을 토로할 수 있다. 통할 것으로 생각했던 기능이 실제로는 전혀 먹히지 않는다는 사실을 깨달을 때 가끔 UX 테스트를 지켜보는 일은 고통스러울 수 있다.

그림 14.2 에픽게임즈의 UX 연구실(출처: 빌 그린(Bill Green), © 2014, Epic Games, Inc.)

A '스피크이지'는 미국에서 1920년에서 1933년까지 시행됐던 금주법을 피해 몰래 운영되던 주류 밀매점에서 유래된 말로, 요즘에는 비밀에 부친 컨셉의 바나 레스토랑 등에도 사용된다. 에픽게임즈에서 실제로 사용되는 이름이므로 그대로 한글로 표기한다. – 옮긴이

UX 테스트 중에 몇 가지 도구를 사용할 수 있다. 가장 중요한 것은 관찰과 테스트 관찰자가 적은 노트다. 이 노트는 그날 마칠 때 취합하고, 해당될 경우 다른 관찰자의 것과 비교해 연구를 담당하는 리서치 연구원이 플레이어가 쉽게 할 수 있었던 것은 무엇인지, 어려웠던 것은 무엇인지, 잘못 이해했거나 완전히 놓쳤던 것은 무엇인지에 대해 생각을 잘 정리할 수 있다. 또 다른 유용한 도구는 테스트 시간을 녹화하는 것으로, 부분별로 재생하고 UX 리포트에 추가 클립을 발췌할 수 있다. 무료 또는 오픈 소스인 오픈 브로드캐스터 소프트웨어OBS, Open Broadcaster Software를 사용할 수 있다. OBS는 게임플레이와 플레이어의 얼굴을 찍는 웹캠처럼 여러 소스를 녹화하고 스트리밍할 수 있다. 하지만 미세한 표정을 식별할 수 있는 강력한 도구를 갖고 있지 않는 한, 플레이어의 얼굴 표정은 오해의 여지가 다분하므로 여기에 의존하는 것을 권하지 않는다. 시선 추적eye tracking은 특히 관찰을 향상시키기 위해 사용할 수 있는 또 다른 훌륭한 도구다. 요즘 일부 저렴한 시선 추적 카메라는 OBS에 직접 내장돼 있어, 플레이어가 어디를 보는지 오버헤드 화면에 오버레이로 볼 수 있게 돼 있다. 시선 추적은 플레이어의 시선을 볼 수 있게 해주지만 시선이 머무는 곳이 반드시 주의를 기울이는 것은 아니라는 점에 유의하기 바란다. 일부 시선 추적 소프트웨어는 사람들이 평균적으로 무엇을 보는지 보기 위해 히트 맵heat map을 생성할 수 있다. 시선 추적 히트 맵은 특히 정적인 요소HUD나 항상 짧은 경험(트레일러)에 유용하다. 그렇지 않은 경우 효율적인 관찰 대비 비용(대부분 시간적 측면)에서 얻게 되는 이점이 그다지 없다. 또 다른 유용한 도구는 OBS를 통해 컨트롤러나 키보드 오버레이를 추가하는 노보드Nohboard 같은 것으로, 플레이어가 오버헤드 화면에서 어떤 키를 누르는지 테스트 관찰자가 볼 수 있다. 마지막으로 스내즈Snaz를 사용해 OBS 비디오에 로컬 타임을 추가해 볼 수 있다. 이로써 플레이어가 과제를 완료하는 데 필요한 시간을 더 정확하게 모니터링할 수 있다. 이러한 도구의 대부분은(시선 추적 카메라, 오버헤드 스크린, 참가자가 게임을 하는 데 필요한 재료 이외) 무료다. 그림 14.3은 에픽게임즈의 UX 연구소에서 실시한 UX 테스트 녹화본 사례다. 참가자의 프라이버시를 침해하지 않고 어떻게 보이는지 보여주기 위해 〈포트나이트〉를 플레이하는 필자의 사례를 소개한다. 멋진 연구소가 있다면 플레이어가 언제 정서적으로 자극을 받는지 식별하기 위해 플레이어의 손가락을 통해 땀 분비 활동을 측정하는 전기 피부 반응GSR, galvanic skin response 같은 바이오메트릭스biometrics를 추가하는 방법도 생각해 볼 수 있지만, 이것으로 긍정적인지 아니면 부정적인지 하는 정서의 유발성을 알 수는 없다. 하지만 현재 전기 피부 반응 등과 같은 바이오메트릭스는 비싸고, 데이터 분석에 시간이 오래 걸려 그다지 사용하는 데 실용적이지는 않다. 짧은 세션을 위해 사용하거나 트레일러를 테스트하는 데 사용하면 흥미로운 결과를 볼 수도 있다. 그렇지 않으면 게임 사용자 리서치에서 현재까지 당신이 사용할 수 있는 최고의 도구는 잘 준비되고 엄격한 '관찰'이다. 사용해야 할 마지막 하나의 '도구'는 참가자의 설문조사를 이따금 받는 것이다. 잘 준비돼 있다면 설문조사는 편견이 덜 생기기 때문에 인터뷰보다 훨씬 더 효과적일 수 있다. 설문조사에 응하는 것은 모든 종류의 편견을 유발할 수 있는 인간 상호작용이 끼어들 여지가 없다. 이어지는 절에서 설문조사에 대해 아주 자세하게 설명하지만, UX 테스트 세션 동안 정기적으로 사용하고, 특히 참가자가 방금 경험했던 플레이의 스크린샷과 함께 그들에게 화면에 있는 요소와 그들이 한 행동이 무엇인지 설명해 달라고 부탁하라. 설문조사는 게임에서 플레이어가 이해한 것과 오해한 것을 알려줄 수 있다.

그림 14.3 에픽게임즈에서 허가를 받은 UX 테스트 캡처 사례

UX 테스트를 마치고 데이터 분석이 끝나면 담당 사용자 리서치 연구원은 보고 들은 모든 UX 문제점을 나열한, 대개는 타입별(UI, 튜토리얼, 메타게임 등), 심각도(치명적, 중간, 낮음)로 분류한 UX 리포트를 작성한다. 심각도는 해당 문제가 플레이어를 얼마나 많이 방해했고, 그로 인해 얼마나 많은 좌절감을 일으켰는지 뿐만 아니라 어떤 기능이 영향을 받았는지에 달려있다. UX 문제가 게임의 핵심 구조부나 수익을 내는 기능에 영향을 미치면 플레이어가 결국 제2의 해결책을 찾을지라도 심각도는 더 높아질 수 있다. 어떤 기능은 절대 어떤 마찰도 허용될 수 없다. 그렇지 않으면 인내심이 별로 없거나 다른 무료 게임을 시도하는 대규모 라이브러리에 속한 플레이어를 잃을지도 모른다. 리포트는 문제를 설명하는 짧은 제목과 해당 문제를 아주 상세하게 설명하는 다른 파트로 나눠져 있어야 한다. 가급적이면 테스트 세션에서 녹화했던 화면에서 스크린샷이나 클립을 따와서 추가하라. 마지막으로 개발자의 목표에 따라 몇 가지 가능한 해결책을 제시

한다. 이러한 제안이 이래라 저래라 하는 명령식으로 들리지 않게 주의하라. 리포트의 역할은 문제를 명확하게 집어 내고 옵션을 제안하는 데 있지, 당신이 개발자를 위해 게임을 디자인하고 싶어한다고 느끼게 만드는 것이 아니다. 좋았던 점도 잊지 말고 리포트에 꼭 넣도록 하자! HUD에 대한 이해를 테스트하는 것이 주된 목적이었다면 플레이어가 겪었던 문제만 언급하지 말고, HUD가 효과적이었던 부분에 대해서도 언급하라. 마지막으로 이전 빌드에서 있었던 UX 문제가 더 이상 문제가 되지 않는다면 이 역시 언급하라. 비록 작은 내용일지라도 UX 승리를 축하하는 것은 중요하다.

14.2.2 설문조사

설문조사survey는 UX 테스트를 실시하는 동안에 보낼 수 있는데, 예를 들면 비공개 베타 테스트 참가자에게 보낼 수 있다. 설문조사는 주의 깊게 쓸 경우 매우 강력한 도구가 될 수 있다. 신경과학자 조셉 르두Joseph LeDoux가 저서 『느끼는 뇌』(학지사, 2006)에서 말한 것처럼 "내성introspection은 종종 정신 활동에 대한 흐릿한 창이다. 내성으로부터 우리가 잘 알 수 있는 정서에 대한 한 가지가 있다면 그것은 왜 우리가 느끼는 방식으로 느끼는가에 대해 종종 아무것도 모른다는 것이다." 플레이어가 게임에 대해 느끼는 것을 살펴봐야 한다면, 가능한 한 정확하게 물어보라. 예를 들어 게임에서 어렵거나 재미있거나 아니면 헷갈리는 점이 있었는지 묻는다면 그 이유 역시 설명해 달라고 반드시 부탁하라. 게임에서 가장 좋았던 세 가지와 가장 별로였던 세 가지를 언급하고, 그 이유에 대한 설명도 부탁하라. 또한 플레이어가 게임을 어떻게 정의할지 파악하고자 한다면 친구에게 게임을 어떻게 설명할지를 묻는다. 이는 응답자가 설명하기가 언제나 쉽지 않은 애매모호한 정서보다는 더 실재적인 요소에 초점을 맞출 수 있도록 돕는다. 가능한 한 객관적인 질문, 특히 사용성과 관련된 내용을 물어 보려고 노력하라. 튜토리얼 미션이 명확했는지 묻는 대신, 이 미션을 하는 동안 배웠던 것 중 기억나는 점은 무엇인지 물어라. 처음에는 그들의 지각을 측정하기 위해 HUD가 명확했는지 물어볼 수 있지만, 그 다음에는 각 요소와 관련된 문자가 적힌 HUD의 스크린샷을 보여주고 그들이 생각하는 각 요소의 역할을 설명해 줄 것을 부탁하라.

설문조사를 설계할 때는 한 번에 한 가지만 물어라. 예를 들어 "이 능력은 사용하기에 명확하고 강력한가요?"라고 물으면 응답자의 대답이 쉽게 사용할 수 있는 것에 대한 답인지, 아니면 능력이 주는 힘의 느낌에 대한 질문인지 알 수 없다. 또한 유도 질문을 하는 것은 아닌지 확인하라. "[능력 이름]이 강력했나요?"라고 묻는 대신, "이 [능력]에 대해 설명해 주시겠어요?"라는 식의 열린 질문 형식으로 물어라. 설문조사를 수백 명 또는 그 이상의 응답자에게 보내야 한다면 열린 질문 형식은 나중에 텍스트 분석이 필요할 수 있으므로 가능한 피하는 것이 좋으며, 7점을 부여하는 리커트 척도^{Likert scale} 질문(세밀함이 필요 없거나 표본이 작은 경우라면 5점 척도)을 하라. 예를 들어 응답자에게 "이 [능력]은 게임에서 나를 강력하게 느껴지게 했다." 같은 특정 주장에 얼마나 동의하는지 물어볼 수 있다. 뒤따르는 답변은 "절대 아니다, 아니다, 약간 아니다, 반대도 찬성도 아니다, 약간 그렇다, 그렇다, 매우 그렇다"처럼 올 수 있다. 이러한 타입의 질문은 게임이 얼마나 사람들을 끌어들이는지를 측정하고 수정할 사항은 무엇인지 확인하는 데 매우 유용하게 쓰일 수 있다. 게임의 핵심 주요 구조부 및 제공하려는 핵심 경험에 대해 생각해 보고, 인게이지 어빌리티 주요 구조부를 쭉 살펴 리커트 척도 질문을 작성하라. 참가자에게 얼마나 설득력 있게 특정 목표를 이뤄야 한다고 느꼈는지, 팀원들이 도움이 됐다고 생각했는지, 다른 사람들에게 도움된다고 느꼈는지, 게임에서 앞으로 나아간다고 느껴졌는지, 실력이 쌓여 가는 느낌을 받았는지, 인터페이스와 상호작용이 즐거웠는지, 게임이 너무 어렵거나 너무 쉽지는 않았는지, 통제한다는 느낌이 들었는지, 의미 있는 선택을 했다고 생각하는 등에 대해 질문하라. 이는 인게이지 어빌리티 측면에서 게임의 장점과 단점을 식별하는 데 도움이 돼, 게임의 약한 부분에 집중하거나 장점에 더 매달릴지 결정할 수 있다. 자신만의 질문지를 만들 수도 있고 플레이어 경험 인벤토리[7], 게임 참여 질문지(온라인 사이트 http://www.gamexplab.nl/에서 요청 가능), 몰입 경험 질문지(UCL 상호작용 센터UCL Interaction Centre의 웹사이트에서 찾을 수있다.[8] 또는 플레이어 경험에 대한 니즈 만족 질문지(저작권 소유가 걸려 있다)[9] 같이 기존에있는 것을 써도 된다. 한 연구는 여기서 언급된 마지막 세 가지 설문지가 상당한 근사성을 보였다고 발표하기도 했다.[10] 어떤 타입의 설문조사를 선택하든지 심플하게 표현하고 문장을 짧게 하려 애써야 한다. 알다시피 사람들은 마지막 목표까지의 진척 상황을 보는 것을 좋아하므로 질문지에 프로그레스 바를 추가하라.

14.2.3 휴리스틱 평가

휴리스틱 평가는 UX 전문가 또는 우선적으로는 여러 명이 게임의 사용성과 인게이지어빌리티를 평가하기 위해 실시한다. 휴리스틱 또는 경험적 법칙은 가이드라인으로 사용된다. 11장과 12장에서 설명한 사용성과 인게이지 어빌리티 주요 구조부는 휴리스틱의 사례다. 하지만 전문가는 훨씬 더 철저한 평가 항목 리스트를 사용한다. 이 방법은정말 개략적인 단계에서 게임을 평가하거나 UX 테스트를 실시할 수 없을 때 유용하다.하지만 그 무엇도 게임을 파악하려는 타깃 고객을 관찰하는 것을 대체할 수 없기 때문에 UX 테스트는 대부분의 UX 문제를 밝히기 위해 그대로 필요할 것이다. 휴리스틱 평가를 실시한 다음 담당 리서치 연구원은 게임 팀에게 보낼 리포트를 작성한다.

14.2.4 신속한 내부 테스트

신속한 내부 테스트는 게임 내 특정 기능을 신속하게 반복 테스트를 하기 위해 해당 기능에 대해 전혀 모르는 직원이 테스트에 임하는 방법이다. 예를 들어 동료들과 함께 어떤 기능을 테스트하고, 관찰한 내용과 동료들의 피드백에 따라 디자인을 조정한 다음, 다른 동료들과 함께 테스트를 다시 실시하는 식으로 쭉 이어진다. 마이크로소프트 게임 스튜디오Microsoft Game Studios의 메들록Medlock 외 다수의 연구원은[11] 신속한 반복 테스트와 평가RITE, rapid iterative testing and evaluation 라 부르는 방법을 개발했다. 이는 과제 분석 테스트와 매우 비슷하지만, 게임의 매우 협소한 측면(예를 들어 기능 하나)에 초점을 맞춰 빠르게 반복과 반복을 거듭한다. 외부 참가자(언제나 더 낫다!)와도 실시할 수 있지만, 이 방법은 그냥 내부 직원을 동원하는 방법을 추천하겠다. 외부 참여자를 모집하려면 시간도 걸리고 이처럼 협소한 테스트에 쓰기에는 너무 지나쳐 그 효과가 반감될지도 모르기 때문이다. 게임 개발자는 게이머와는 매우 다른 관점에서 게임을 바라보며, 해당 기능을 테스트하는 사람은 누가 디자인했는지 아마 알 수 있다는 점을 감안해 볼 때, 내부 참여자를 동원할 경우 심각한 편향이 일어날 수 있다. 하지만 내부 참가자는 UX 테스트가 실시되기 전까지 좋은 피드백을 제공할 수 있다.

14.2.5 페르소나

페르소나 방법은 게임의 핵심 고객을 대표하는 가상의 플레이어를 정의할 수 있다. 과정에는 마케팅 팀이 참여하는데, 누가 고객이 될 수 있는지에 대한 첫 번째 평가를 하기 위해 마케팅 팀은 시장 세분화를 가져오고, 개발 팀은 핵심 주요 구조부와 제공하고자 하는 경험을 가져온다. 그런 다음 타깃 고객 내 사용자와 인터뷰를 실시하는데, 이는 개발 중인 게임 타입에 대한 타깃 고객의 목표, 욕구 및 기대를 정의하는 데 도움이 된다. 마지막에는 이름, 사진 그리고 이 페르소나의 목표, 기대, 욕구 등의 요약과 함께 가상의 인물이 탄생한다. 이는 시장 세분화보다 훨씬 더 친근감 있고 기억에 남으며, 모든 사람이 시장 대신 사람에 초점을 맞추게 한다. 나는 이 과정이 마케팅 팀과 개발 팀이 일치를 보기 위해 서로 노력하기 때문에 최종 결과물보다 그 과정 자체가 더 흥미롭다고 생각한다. 관련 팀이 정의한 사용자와 경험을 갖는다는 것은 프로젝트에 대한 확고한 UX 전략을 갖추기 위한 멋진 시작이 된다. 이 방법은 대개 구상 단계나 제작 준비 단계 동안 적용된다. 여러 명의 페르소나를 원할 수도 있는데 예를 들어 첫 번째 페르소나는 핵심 고객용, 두 번째 페르소나는 더 광범위한 범위를 커버하기 위해, 그리고 안티 페르소나는 타깃으로 삼지 않은 사람들을 대표한다. 한 가지 주의할 사항은 페르소나는 진짜 사람이 아님을 명심해야 한다는 것이다. 이름과 성격이 있기 때문에 디자이너는 사람처럼 대할 수도 있지만 말이다. 이는 어찌 보면 좋지만 페르소나가 대표해야 할 실제 사람들을 위한 디자인이 아닌, 페르소나에 맞춘 디자인이 돼버릴 수 있다. 이 문제를 해결하려면 페르소나를 나타내는 데이터 역시 사용할 수 있고, 정확하며 최신 상태를 유지하게 만들어야 한다. 개발자가 게임을 플레이하는 실제 사람들을 볼 수 있게 UX 테스트를 보러 오도록 적극적으로 권하는 방법도 있다.

14.2.6 분석

분석은 매우 강력한 도구로, UX 테스트와 설문조사와 함께 사용될 경우는 특히 더하다. UX 연구소와 관찰자의 철저한 검토 범위를 넘어 플레이어가 게임을 플레이할 때 스스로 무엇을 하는지에 대한 데이터를 원격으로 모으기 위해 텔레메트리를 사용한다. 분석에 대해서는 15장에서 더 자세하게 설명하겠다.

14.3 마지막 사용자 리서치 팁

사용하게 될 방법이 무엇이든 간에 중요한 부분은 리포트나 설문조사 결과를 나중에 읽게 될 사람들과 함께 일하며 준비하는 것이다. 모든 것을 혼자 테스트하고 측정할 수 없기 때문에 팀이 살펴 봐야 할 중요한 부분에 노력을 집중해야 한다. 그들과 함께 일하며 게임을 향상시키기 위해 그들이 필요한 정보는 어떤 것인지, 현재 피드백이 필요하지 않은 기능은 무엇인지 등을 물어라. 그들이 준비에 더 많이 참가할수록 피드백은 더 그들과 관련이 있을 것이고, 관계에 신뢰는 더 쌓이게 될 것이다.

테스트가 끝나고 리포트를 보낸 다음에도 거기서 멈추지 마라. 문제를 하나하나 검토하고 결과에 대한 피드백을 얻기 위해 이해당사자와의 미팅을 잡아라. 이 때가 바로 "해당 기능이 곧 다시 준비될 것이어서 지금 당장 고치고 싶어하지 않는다."든가, 그들이 수정할 것은 무엇인지, 다음 UX 테스트에서 다시 테스트할 수 있는 것은 무엇인지 알 수 있을 때다. 마지막으로 해결해야할 문제를 계속 살펴라. 제작사에서 사용하는 프로젝트 추적 소프트웨어에 버그나 과제를 입력하도록 제안하면 당신뿐만 아니라 팀 역시 진행 상황을 볼 수 있다. 게임 개발자에게도 진척되고 있다는 느낌은 중요하다.

당신이 사용자 연구원이 아니더라도, UX 전문가나 사용자 연구원을 고용할 수 없거나 멋진 연구소를 설립할 수 없을지라도, 고객의 관점에서 게임을 정기적으로 꼼꼼히 지켜보는 일은 할 수 있다. 디자인, 프로토타입 그리고 초기 빌드를 게임에 대해 전혀 모르는 주변 사람들(타깃 고객을 대표할 수 있는 한)과 함께 앞서 설명한 방법의 DIY 버전을 사용해 테스트하라. 테스트하기에 너무 이른 시기란 없지만 의미 있는 변화를 만들기에 너무 늦은 때는 종종 있다! 자신의 게임을 테스트할 때는 가능한 한 많은 편향을 없애도록 하라. 그렇지 않으면 잘못된 결론을 내리는 처지에 놓일 수도 있다. 가능하다면 친구나 가족을 동원하는 상황은 피하라. 이 사람들은 당신을 좋아하기 때문에 당신을 기쁘게 하려고 더 많을 노력을 기울일 것이기 때문이다. 게다가 그들은 가차 없는 피드백을 주지 않을 가능성이 높다. 사용자 리서치에 대해 더 알고 싶다면 해당 분야의 자료를[12] 참고할 수 있으며, 사용자 리서치 커뮤니티 온라인(gamesuserresearchsig.org)에 접속해볼 수도 있다. 사용성과 인게이지 어빌리티 주요 구조부도 기억하라. 이 두 가지는 반복 사이클 내내 당신을 안내할 수 있고, 당신이 게임에서 기대하거나 의도한 방식대로 작동하지 않을 수도 있음을 이해시킬 수 있다.

15

게임 분석

15.1 텔레메트리의 불가사의와 위험   **15.2** UX와 분석

데이터는 어디에나 있다. 우리가 쇼핑할 때, 소셜미디어로 친구들과 소통할 때, 뉴스를 온라인에서 읽을 때, 광고를 클릭할 때, 게임을 할 때 우리의 행동 방식에 대한 방대한 양의 데이터가 수집된다. 게임 제작사는 점점 더 텔레메트리를 사용해 플레이어 행동 방식에 대해 수집할 수 있는 모든 정보를 긁어모으고 있다. 그리고 이는 게임 분석, 즉 이 모든 데이터를 이해하는 방법에 대한 중요한 한계를 나타낸다. 임원 회의 중에 화면에 표시되는 복잡한 그래프는 확실히 인상적으로 보이며, 게임을 이탈하는 플레이어를 보는 것은 주의를 환기하는 경고와 다를 바 없지만, 데이터에서 달성하려는 목표에 대한 진정한 의미의 정보를 찾는 것은 그렇게 간단하지 않다. 그러니 분명히 데이터 분석

가가 필요하므로 게임 분석에 기대하는 만큼 그들을 환영하고 힘을 실어줘야 한다.

분석은 데이터를 수집하고 이를 이해하는 포괄적인 용어다. 비즈니스 인텔리전스 팀의 일부로, 데이터에서 추출한 정보를 기반으로 마케팅과 퍼블리싱 결정을 지원하는 업무를 한다. 분석은 사용자 연구원이 게임 팀과 함께 게임플레이에 관한 의사 결정을 내릴 수 있도록 도와주는 강력한 동맹군이다. UX 관리자는 분석 팀, 게임 팀 및 퍼블리싱/비즈니스 인텔리전스 팀 간에 가교를 놓는 중요한 역할을 할 수 있으며, 이를 통해 모든 사람이 어떤 경험을 의도하는지에 관한 궤도를 이탈하지 않도록 확인해야 한다.

15.1 텔레메트리의 불가사의와 위험

텔레메트리(원격으로 데이터 수집하기)는 강력한 잠재력이 있기도 하지만 위험하기도 하다. 일단 게임이 켜지고 각자의 집에서 게임을 경험하는 동안 플레이어가 실제로 무엇을 하는지 대규모로 알려줄 수 있는 유일한 도구이기 때문에 강력하다. 얼마나 많은 사람이 플레이하는가? 평균적으로 얼마 동안 플레이하는가? 플레이어가 이탈하게 만드는, 즉 게임을 그만두게 하는 특정 이벤트가 있는가? 등등 현실을 직시하는 진실의 순간이다. 하지만 주의하지 않고, 세심하게 분석하지 않고, 데이터 마이닝 제한을 이해하지 않고 소비할 경우 위험할 수 있다. 일부 개발자는 게임 분석을 실제로 분석(통계 분석, 예측 모델링 등)이 필요하다는 사실을 잊은 채 용어만을 남용하는 경향이 있다. 드라헨Drachen 외 연구진은[1] "분석은 데이터에서 패턴을 발견하고 전달해 비즈니스 문제를 해결하거나, 정반대로 기업의 의사 결정 관리를 지원하기 위해 예측하고 행동을 끌어 내거나 성과를 향상시키는 방향으로 이끄는 과정이다."라고 했다. '빅 데이터'는 일부 성공한 기업이 고객의 행동 방식에 대한 테라바이트 수준의 데이터를 축적한다는 얘기를 자주 듣기 때문에 유행어가 됐다. 하지만 데이터를 그저 수집한다고 해서 성공으로 이어지지는 않는다. 데이터는 정보가 아니기 때문에 데이터에서 가치를 추출해야 한다. 람브렉트Lambrecht와 터커Tucker가[2] 지적한 대로, "빅 데이터가 관리, 엔지니어링, 분석 기술과 결합될 때만 비즈니스에 가치가 있다." 문제는 통계에 대한 기본적인 이해를 가진, 그리고 인지적 편향에 대한 의식이 거의 없거나 아예 없는 개인이 처리되지 않은 데이터로 마음대로 장난칠 수 있는 데이터 시각화 도구가 제공된다는 데 있다. 이들이 충분히 훈련받지 않는 한 데이터 분석가가 이들을 위해 의미 있는 정보를 추출하고, 추출된 정보를 이들과 함께 해석하게 돼야 한다는 것이 내 입장이다. 그렇지 않으면 잘못되거나 부분적으로 잘못된 결론을 내리는 위험을 감수해야 한다. 평균, 중앙값, 최빈치 사이의 차이를 아는 것이 시작이지만, 이것으로는 대개 어림없다.

15.1.1 통계 오류 및 기타 데이터 한계

대럴 허프Darrell Huff가 그의 저서 『새빨간 거짓말, 통계』(더불어책, 2004)에서 설명했듯이, 통계는 매우 매력적이지만 불행히도 종종 선정적으로 다루고 부풀리고 혼동하고 지나치게 단순화하는 데 사용된다. 그런 점에서 볼 때 통계는 뉴로사이언스와 많은 공통점이 있다. 데이터를 살펴볼 때 명심해야 할 몇 가지 기본적인 사항이 있다.

- 표본 대표성representativeness이 있는가? 표본에서 수집된 데이터가 정말로 의도한 고객을 대표하는가? 특히 게임이 비공개 베타 테스트 단계에 있을 때 게임에 참여하는 모집단은 게임이 일단 출시되면 플레이할 주류층보다 더 극단적

인 행동 방식을 보일지도 모른다. 비공개 베타 테스트 단계의 경우처럼 스스로 선택한 작은 표본에서 얻은 결과를 게임을 플레이할 광범위한 인구로 지나치게 일반화하면 부실해질 수 있다. 표본의 무작위성은 중요하다.

- 결과가 통계적으로 유의미한가? 두 그룹 간에 수집된 행동 방식의 평균차이가 그룹 안에서 변동이 너무 많으면 실제로는 유의미하지 않을 수도 있다. 예를 들어 플레이어 대 플레이어^{PvP} 게임을 하는, 네 명으로 구성된 두 팀이 있다고 해보자. 팀 A에서 플레이어 두 명은 각각 13명을 죽였고, 나머지 두 명은 15명을 죽였다. 팀 B에서는 플레이어 한 명이 2명을, 한 명은 4명을, 한 명은 17명을, 한 명은 33명을 죽였다. 두 경우 모두 평균(산술 평균)은 14명을 죽인 셈이지만, 팀 A에 속한 개개인은 평균과 크게 차이가 나지 않는 반면, 팀 B는 훨씬 더 제각각인 점을 확연히 알 수 있다. 따라서 모집단 집합을 비교하는 데이터를 볼 때 각 집단 안에서의 차이를 아는 것은 중요하다. 보이는 평균에 대한 차이는 그저 무작위일 수 있기 때문이다. 신뢰 구간은 14장에서 이미 설명했듯이 데이터에 얼마나 많은 불확실성이 깔려 있는지 이해하는 데 도움이 된다.

- 상관관계는 인과관계가 아니다. PvP 슈팅 게임에서 나온 데이터를 보고 있고, 플레이어가 그들의 무기(변수 A)를 커스터마이징하는 데 시간을 더 들일수록 경기에서 덜 죽는다는 사실(변수 B)을 발견했다고 가정해 보자. 달리 표현하면 변수 A와 B는 상관관계가 있다. 하지만 그저 상관관계를 살핀다고 해서 이 두 가지 변수가 어떤 관계를 맺는지 알 수 없다. 변수 A는 B가 일어나는 원인이 될 수도 있고, A, B 모두 세 번째 변수를 일으키는 원인이 될 수도 있으며, 관찰된 상관관계는 그냥 우연에 따른 것일 수도 있다. 상관관계는 인과관계를 의미하지 않는다.

- 데이터는 정보가 아니며 정보는 통찰력이 아니다. 정보는 처리하지 않은 데이터에서 주로 데이터의 불필요한 부분을 제거해 추출해야만 한다. 그런 다음 데

이터에서 추출한 정보를 해석해야 하며, 관련 없는 정보(노이즈)는 제거해야 한다. 남은 데이터가 의사 결정을 내리는 데 가치가 있다면 그때 통찰력을 얻게 된다. 빅 데이터라는 광고 문구 때문에 엄청난 양의 데이터를 그저 수집하는 것은 시간과 리소스 활용에 유익하지 않다.

- 나쁜 데이터는 데이터가 없는 것보다 더 나쁘다. 텔레메트리 고리가 제대로 구현되거나 테스트되지 않은 경우, 또는 데이터 수집 시스템 안에 버그가 있는 경우에는 오염된 데이터를 인식조차 하지 못한 채 볼 수 있다. 완전히 꾸며낸 예를 하나 들겠다. 플레이어가 특정 방식으로 미션을 그만뒀을 때(예를 들어 미션을 먼저 종료하는 대신 게임을 종료함으로써) 어떤 이벤트도 일어나지 않았기 때문에 튜토리얼 미션을 시작한 선수들 중 65%가 해당 미션을 완료했다고 잘못 믿을 수 있다. 따라서 튜토리얼을 완료하지 않은 많은 플레이어가 그 틈새로 빠져나갔을 수도 있으므로, 결과적으로 튜토리얼 완료율이 부풀려졌다.

- 데이터 분석은 무슨 일이 벌어지는지 알려주는 데는 뛰어나지만 그 이유에 대해서도 꼭 그런 것은 아니다. 텔레메트리 데이터에는 상황이 빠져 있다. 예를 들어 데이터에서 특정 날짜에 평소보다 적은 수의 플레이어가 게임에 참여한 것을 보게 될지도 모른다. 어쩌면 그날 블록버스터가 출시돼 일부 고객이 당신 게임을 하는 대신 새로 출시된 게임을 해봤을 수 있다. 어쩌면 스포츠 이벤트가 있어 플레이어를 콘솔 앞에서 끌어냈을 수도 있다. 아니면 백엔드 서버에 문제가 생겨 플레이어 접속이나 프레임률framerate에 영향을 미쳤던 것일 수도 있다. 또 단순한 데이터 수집의 버그일 수도 있다. 아니면 이 중 몇 가지가 섞여 발생된 것이거나 그냥 어쩌다 일어난 일일지도 모른다.

- 실험을 실시할 때 실험 그룹을 비교할 대조 그룹이 항상 있어야 함을 기억하라. 만약 가장 많이 참여하는 플레이어의 특성(그들이 주로 플레이하는 게임 타입, 선호하는 게임 활동 등)을 알고자 한다면 설문조사를 이 모집단 뿐만 아니라

게임 참여도가 떨어지는 플레이어에게도 보내야 한다. 참여도가 높은 플레이어에서 발견된 특성이 그들 특유의 것인지 확인하기 위해 두 그룹의 결과를 비교해야 하기 때문이다.

지금까지 설명한 내용은 매우 기본적인 통계 오류와 한계에 지나지 않지만, 데이터에서 최대한 통찰력을 뽑아낼 수 있도록 데이터를 다루는 방식에 대한 제작사 전략을 수립하도록 격려하기에는 충분하다. 하지만 그렇게 되더라도 인간의 한계, 특히 인지적 편향에는 주의를 기울여야 할 것이다.

15.1.2 인지적 편향 및 나머지 인간의 한계

기억하라. 지각은 주관적이며 사전 지식 및 기대에 영향을 받는다. 그렇기 때문에 예를 들어 차트를 잘못 해석할 수도 있다(그래서 데이터 시각화를 할 때도 이를 심각하게 고려해야 한다). 최소한의 작업 부하를 추구하는 우리의 경향 때문에(수학과 비판적 사고에는 대개 인지적 자원이 대량 필요하다!) 나중에 보면 잘못됐거나 별반 다르지 않은 결론을 성급하게 내릴지도 모른다. 자기 충족 예언self-fulfilling prophecyA을 예로 들 수 있다. 당신이 만든 게임에 경쟁적인 요소가 부족하다고 생각해서 경쟁을 좋아하는 플레이어에게 어필하지 못할까 봐 걱정된다고 가정해 보자. 이를 확인하려면 제일 좋아하는 사용자 연구원에게 비공식 베타 테스트를 신청했던 모든 플레이어(부디 핵심 고객을 대표해야 한다)에게 설문조사를 보내 달라고 요청한다. 이 설문조사에서 연구원은 게임에서 플레이어가 주로 어떤 종류의 기능에 관심을 갖는지에 대한 유도하지 않는 질문을 포

A 자기 충족 예언: 자기가 예언하고 바라는 것이 실제 현실에서 충족되는 방향으로 이뤄지는 현상(출처: 『심리학용어사전』, 한국심리학회, 2014)

함시켰다. 돌아온 응답을 살펴보니 응답자의 대부분은 경쟁적인 기능에 별로 신경 쓰지 않는다고 한다. 이 결과를 보고 당신의 타깃 고객은 경쟁적인 타입이 아니기 때문에 걱정할 필요가 없다고 결론짓는다. 그런데 여기서 대부분의 경우 게임을 가장 많이 하는 플레이어만이 설문조사에 응답하는 확률 역시 크다. 그리고 어쩌면 가장 적극적인 플레이어가 경쟁적인 기능에 대해 신경쓰지 않는 바로 그 부류일 수도 있다. 그리고 이런 이유로 아직도 당신 게임을 한다. 베타 테스트 신청은 했지만 뭔가 부족한듯 느껴져 당신 게임을 열성적으로 하지 않는 경쟁을 좋아하는 플레이어는 실제로 설문조사에 응답하지 않았던 것일지도 모른다. 그리고 이 모집단은 결국 손보지 않은 채 내버려지게 된다. 이는 내가 여성 게이머에 대해 종종 듣는 것과 같은 종류의 끝이 없는 논쟁이다. MMORPG(대규모 다중 사용자 온라인 롤 플레잉 게임) 또는 MOBA(멀티플레이어 온라인 베틀 아레나)의 플레이어 대부분이 10대 남성 게이머라는 가정이 매우 우세하다. 따라서 이 핵심 고객에게 어필하려면 게임에 섹시함이 넘쳐나는 여성 캐릭터가 있어야 한다는 논리다. 성^{sex}은 확실히 강력한 구인 요소지만, 우리는 그 외에도 많은 요소가 있음을 6장에서 봤다. 그런데 여기서 당신 게임 전체에 여성의 신체를 노출하면 일부 잠재적인 여성 게이머의 게임 참여를 막을 수도 있음을 고려해야 한다. 이런 식으로 이 모집단은 손보지 않고 남겨진다고 생각만 할 뿐이다.

확고한 가정에 대해 말이 나왔으니 말인데 우리 역시 기존의 신념을 확인하는 정보를 찾는 반면, 어떤 미묘함을 가져오거나 나아가 우리의 믿음을 부정하는 다른 정보를 무시하도록 영향을 미치는 '확증 편향$^{confirmation\ bias}$'이라는 매우 성가신 인지적 편향을 갖고 있다. 확증 편향은 인터넷 시대의 골칫거리다. 예를 들어 인간의 활동이 지구의 온난화를 야기하지 않는다고 믿는다면, 인간이 실제로 세계적인 온난화를 일으키고 있음을 보여주는 압도적인 증거(최소 97%의 기후과학자가 이에 동의한다)를 무시한 채 자기 뜻에 맞는 정보를 찾을 것이다. 특히 어떤 정보가 관심을 끌고 클릭 수를 높일 수 있는지 예측하는 특정 알고리즘을 사용하는 특정 소셜미디어 사이트를 통해 정보를 소비할 경우 더 골치 아파진다. 이러한 알고리즘은 표적 광고용으로는 유용하지만, 사람들을 객관적인 세계관, 아니면 적어도 다른 관점에 접하게 하는 데는 별 도움이 안 된다. 우리는 어느새 소셜미디어를 통해 확증 편향을 경험하게 됐는데도, 소셜미디어는 확실히 우리가 자신의 우물에서 태평하게 지내도 편하게 만들었다. 고인이 된 통계학자 한스 로슬링Hans Rosling은 2006년 TEDTechnology, Entertainment, Design 콘퍼런스에서 "내게 있어 문제는 무지가 아니라 선입견이었다."라고 말한 적이 있다. 데이터 더미를 이해하려 할 때 확증 편향만은 조심에 또 조심해야 한다.

고객이 게임에서 결정을 내리는 동안 경험하는 인지적 편향 역시 고려해야 한다. 그래야 그들이 취한 행동 방식이 왜 그런지, 그리고 이에 대해 당신이 해야 할(또는 하지 말아야 할) 것은 무엇인지를 더 많이 이해할 수 있다. 댄 애리얼리가 웹사이트에서 볼 수 있는 매거진 구독에 대해 설명한 예를 들어 보겠다.[3] 세 가지 옵션을 제안했다.

- A. 온라인 버전 1년 구독료 59달러
- B. 인쇄판 1년 구독료 125달러
- C. 온라인 및 인쇄판 1년 구독료 125달러

옵션 B와 C는 같은 가격(125달러)이지만, 옵션 C는 B보다 더 가치가 있는 것이 분명하다. 이 제안에 흥미를 느낀 애리얼리는 100명의 MIT 학생을 대상으로 어떤 옵션을 선택하는지 테스트를 실시했다. 대부분의 학생은 옵션 C를(84명), 16명의 학생은 옵션 A를 선택했다. 옵션 B를 선택한 학생은 한 명도 없어서 이 옵션은 무용지물로 보였다. 하긴 누가 같은 가격에 가치가 덜 한 상품을 고르겠는가? 그래서 애리얼리는 옵션 B를 없애고 새로운 참가자를 대상으로 다시 테스트를 실시했다. 이번에는 대부분의 학생(68명)이 옵션 A를 선택한 반면, 32명의 학생이 옵션 C를 선택했다. 사람들의 행동 방식은 환경에 영향을 받을 수 있으며, 이러한 특정 경우를 '미끼 효과decoy effect'라 부른다. 미끼 효과는 유인하는 옵션(B)이 없을 때보다 다른 하나의 옵션(C)을 더 매력적으로 보이게 만든다. 이 예는 플레이어의 행동 방식이 어디에서 오는지 먼저 이해하려 노력하지 않으면, 그들의 행동이 반드시 당신이 올바른 결정을 내리는 데 도움이 되지 않을 수도 있음을 보여주는 한 가지 방법에 지나지 않는다. 실제로 아무도 좋아하지 않았던 옵션 B를 없애기로 결정했던 구독 사례에서 구매 전환수를 단순히 살펴보면 결국 수익이 감소하고 말았다.

우리는 '정보의 시대'에 살고 있으며 많은 정보를 소비한다. 많은 게임 제작사에서는 누구나 게임이나 비즈니스 분석을 볼 수 있게 해 빠르고 자율적으로 결정을 내리게 하는 편이 좋다고 생각한다. 이 '데이터 셀프 서비스' 접근법이 가진 문제는 개개인이 분석 오류 및 인지적 편향을 인식할 수 있는 훈련을 받지 않으면 얻는 것보다 잃는 게 더 많아질 수 있다는 점이다. 어떤 사람은 데이터에서 인위적인 패턴을 감지할 수도 있고, 그 결과 일부 개발자가 유용하지 않거나 심지어는 사용자 경험이나 수익 창출에 해로울 수도 있는 변경을 감행하도록 설득할 수도 있다. 게다가 훈련이 된 개인일지라도 이들이 다른 팀(분석, 사용자 리서치, 게임 팀, 마케팅 등)과 논의하고 협업하지 않는다면 다른 누군가가 가졌던, 그리고 그들이 새로운 견해로 데이터를 보도록 도울 수 있었던 귀중한 정보를 잃을 수도 있다. 기업은 대개 데이터에 따라 처리한다고 자랑스럽게 말한다. 요즘 이 말이 너무도 핫하기 때문이다. 하지만 데이터가 당신을 이끌게 두면 이는 데이터가 당신을 통제하고, 당신은 그저 반응만 한다는 뜻이 된다. 내 동료인 벤 루이스-에반스는 제작사가 데이터에 따르는 대신 데이터에 근거해야 한다는 말을 종종 하는데, 이는 의사 결정자가 통제권을 쥐고 데이터를 기반으로 정보에 근거한 결정을 해야 한다는 의미다. 나는 여기에 목표를 미리 결정한 가설이 아닌 데이터에서 나오는 정보에 대한 통찰력과 신중한 분석을 기반으로 결정을 내리는 것으로 삼아야 한다고 덧붙이고 싶다. 이렇게 하려면 단순히 분석 하나만 고려해서는 안 되고 다양한 소스로부터 오는 모든 정보를 고려해야 한다. 제작사에 우수한 UX 분석 협업 및 전반적인 UX 전략이 있으면 도움이 될 수 있다.

15.2 UX와 분석

게임 텔레메트리를 사용하면 플레이어가 어디서 지나치게 좌절을 겪는지 아는 데 엄청난 도움을 받을 수 있다. 조나단 댄코프Jonathan Dankoff는 가마수트라Gamasutra 블로그에 올린 포스트에서 유비소프트에서 〈어쌔신 크리드〉 개발 당시 게임 텔레메트리를 어떻게 사용했는지 설명한다.[4] 예를 들어 플레이어가 어떤 미션에서 대규모로 실패하는지, 아니면 어떤 의도치 않은 내비게이션 경로를 따르는지 명확하게 식별한 것이 팀이 게임을 그에 알맞게 개선하는 데 도움이 됐다. 분석이 제공할 수 있는 모든 통찰력을 얻기 위해서는 대개 서로 다른 팀을 만들어 긴밀하게 소통하고 협업하는 것이 좋은 방법이다. UX 실무자는 여기서 중요한 역할을 하는데, 개발 팀과는 의도하는 경험이 무엇인지 이해하기 위해, 마케팅 팀과는 사용자가 누구인지 정확하게 알기 위해, 바라건대 퍼블리싱 팀과는 비즈니스 목표가 무엇인지 이해하기 위해 함께 작업해야 하기 때문이다. 사용자 리서치와 분석 팀 모두는 서로 다른 도구를 사용하지만 과학적인 방법으로 통찰력을 제공하기 때문에 이 계획을 추진하기 위해 같이 작업해야 한다. 사용자 리서치와 분석은 상호 보완한다. 분석 팀은 자신의 자연 서식지(집)에서 플레이하는 대규모 사용자 표본으로부터 수집한 정량 데이터로부터 통찰력을 제공한다. 가장 큰 장점은 플레이어가 실생활 상황에서 무엇을 하는지에 대해 알려준다는 것이다. 게임의 특정 지점에서 자주 죽는 플레이어가 많다는 점을 알릴 수 있다. 하지만 앞서 말했지만 정량 데이터는 상황이 빠져 있으며, 어떤 일이 벌어지는지 전하는 데는 훌륭하지만, 그 이유를 쉽게 설명할 수는 없다. 그 반대로 사용자 리서치 팀의 연구실에서 실시되는 주기적인 UX 테스트는 소규모 사용자 표본이 자기들 마음대로 쉽게 플레이를 중단시킬 수 없는 상태에서 그들의 플레이를 관찰한다. 여기서 수집된 정량 데이터를 사용자 리서치 팀이 분석해 통찰력을 제공한다. 이 방법의 주요 장점은 플레이어가 하는 행동을 왜 하는지를 알려주는 것이다. 예를 들면 특정 적을 물리치기 위해 플레이어는 특정 무기가 필요하지만, 어디서 그 무기를 찾을 수 있는지 파악하지 못한다. 하지만 사용자 리서치는 연구실에서 관찰된 행동 양식이 더 많은 고객 규모, 특히 명확한 사용성 문제를 넘어서 얼마나 중요한지 예측할 수 없다. 정량 데이터와 정량 사용자 리서치를 결합한 혼합 방법 리서치는 이 점을 연결하는 데 크게 도움이 될 수 있다.[5] 이는 적어도 한 명의 사용자 연구원과 한 명의 데이터 분석가가 짝이 돼 개발 팀과 밀접하게 작업하거나 하이브리드 기술을 갖춘 분석가가 팀에 포함된다는 것을 뜻한다.[6] 결합된 사용자 리서치 및 분석은 개발, 마케팅 및 퍼블리싱 팀이 가설뿐만 아니라 메트릭스를 정의할 수 있도록 안내할 수 있다. 이는 나중에 모든 사람이 데이터를 이해하고 해결해야 할 올바른 문제를 찾아 해결책을 시도할 수 있도록 돕는다.

15.2.1 가설 및 탐구 질문 정의

엄청난 양의 데이터에서 관련 패턴을 찾으려 하는 것은 그 전에 가설과 탐구 질문을 정의하지 않으면 서울에서 김 서방 찾기가 될 가능성이 크다. 게임에서 가능한 모든 행위로부터 나오는 모든 데이터를 수집할 필요는 없다. 게임플레이와 사업 목표에 따라 의미 있는 데이터를 수집해야 한다. 의도에 따라 올바른 결정을 내리는 데 필요한 정보를 줄 데이터를 찾아야만 한다. 비즈니스 인텔리전스 분석가인 마리 드 레유르크Marie de

Léséleuc가 다음 글에서 언급했듯이, 질문과 가설을 정의해야 한다. 잘 정의된 가설 외에, 예를 들어 무리, 즉 특정 방식으로 행동하고 특정 활동에 참여하고 다양하게 지출하는 뚜렷한 차이를 보이는 플레이어 그룹을 알아내려면 탐색적 분석을 돌려야 할 것이다(즉 데이터 분석가가 움직이게 허용). 요인 분석을 실행하면 플레이어 보유에 가장 영향을 미치는 중요한 요인을 알아내는 데도 매우 유용하다. 예를 들면 일찍 게임을 이탈하는 플레이어가 게임에서 무엇을 하는지 아니면 무엇을 하지 않는지 게임에 계속 참여하는 플레이어와 비교할 수 있다. 그 외에 플레이어가 주로 어떤 길로 가는지, 가장 많이 잠금 해제하는 아이템은 무엇인지, 플레이하는 미션은 무엇인지, 어떤 캐릭터를 선택하는지 등도 알 수 있다. 그렇다 할지라도 가설을 정의하면 사고 과정을 구성하는 동안 시간을 절약할 수 있다. 게임에 텔레메트리 후크를 구현하고 이를 테스트하는 데는 시간이 걸리므로, 후크 우선순위를 정하는 것이 도움이 된다. 이는 염두에 두는 가설로 특정 행동 방식의 영향과 행동 방식의 부재를 예측할 수 있기 때문이며, 제일 먼저 무엇을 처리해야 할지 우선순위를 정하고 더 빠르게 올바른 결정을 내리는 데 도움이 될 것이다. 게임플레이 가설과 비즈니스 가설에 주력해 다양한 가설을 정의해야 한다. 이러한 가설의 예는 다음과 같다.

게임플레이 가설:

- [해당 기능]의 작동 방식을 이해하지 못하는 플레이어는 게임에 참여하지 않을 가능성이 높다.
- 첫 번째 PvP 매치에서 진 플레이어는 계속 참여할 가능성이 낮다.
- 처음 10분 이내에 누군가와 친구가 되는 플레이어는 더 오랫동안 계속 참여할 가능성이 높다.
- 기타 등등

비즈니스 가설(무료 게임의 경우):

- 더 오랫동안 계속 참여하는 플레이어는 비용을 쓰는 고객으로 전환될 가능성이 높다.
- [마케팅 이벤트]에 참여하는 고객은 [아이템] 팩을 구매할 가능성이 높다.
- 가장 많이 참여하는 플레이어에게 베타 키를 제공하면 친구들을 초대하기 때문에 사용자를 얻게 된다.
- 기타 등등

물론 다수의 가설과 탐구 질문이 줄을 잇게 마련이다. 떠오른 모든 것의 우선순위를 정해야 하고, 게임에서 추적이 필요한 이와 관련된 이벤트를 연계해야 할 것이다. 특정 질문이나 가설에 대해 추적하기 위한 올바른 이벤트 찾기가 항상 쉽지는 않다. 예를 들어 첫 번째 게임플레이 가설은 여기서 말하는 기능이 무엇인가에 따라 정확히 추적하기가 어려울 수도 있다. 특정한 능력(예: 이중 점프 또는 전력 질주)을 사용하는 것처럼 간단한 메카닉이라면 어떤 능력을 사용하는지, 언제 능력을 사용하는지, 어떤 적에 맞서는 상황에서인지, 어디에서 사용되는지(레벨이 절차적으로 만들어지지 않는 한)를 추적하기만 하면 된다. MOBA에서의 타워 어그로 규칙 같은 게임 규칙이면 추적하기 더 어렵다. 타워에 대한 사망자는 분명 추적할 수 있지만, 예를 들어 부하들이 타워 범위에 없는 동안 플레이어가 타워를 목표로 삼았는지(따라서 타워 어그로를 끌어냈는지) 밝혀내는 것은 대개 더 복잡하다. 하지만 감사하게도 사용자 리서치 팀은 플레이어가 타워와 맞닥뜨렸을 때 관찰된 일반적인 사용성 문제가 무엇인지, 그리고 일반적으로 쉽게 이해하지 못했던 특정 규칙이 무엇인지 알려줄 수 있다. 이는 분석과 사용자 리서치가 결합한 혼합 방법 리서치가 최고의 통찰력을 줄 수 있는 이유를 보여준다. 각각의 가설과 탐구 문제에 대해 UX 무기고에 들어 있는 어떤 도구가 해답을 줄지 정의할 수 있다. 여기서 말한 예에서는 사용자 리서치 또는 분석을 쓸 수 있다.

UX 주요 구조부는 이러한 가설과 탐구 질문을 정의하는 데 도움이 된다. 어떤 사용성 문제가 게임 보유율에 영향을 미칠지 생각해 보고, 플레이어를 참여시키는 데 목적을 둔 모든 기능을 리스트로 만들고, 특정 기능이 예상된 영향이 있는지 확인할 수 있다. 어떤 경험을 고객에게 제공하려는지를 분명히 염두에 두고, 게임을 유용하고 참여할 수 있게 만드는(즉 UX 주요 구조부) 몇 가지 주요 구성 요소를 확인할 수 있다면, 프로세스를 진행하는 동안 힘이 될 강력한 프레임워크를 갖게 될 것이다. 또한 어떤 가설인지에 따라 팀에게 의미 있는 정보를 제공하기 위해 어떤 종류의 데이터가 언제 필요한지, 어떻게 시각화돼야 하는지를 정의하는 데도 도움이 된다(예: 히트 맵, 표, 원형 차트, 히스토그램, 선 등).

가설과 게임 분석

에이도스 몬트리올(Eidos Montreal) 비즈니스 인텔리전스 분석가,
마리 드 레유르크(Marie de Léséleuc)

대상을 경쟁적인 온라인 게임의 다양한 클래스의 캐릭터에 맞춰 깊이 생각하거나, 수개월에 걸쳐 개발된 메카닉의 성공을 평가하거나, 게임의 경제성을 최적화하거나, 불만에 찬 플레이어의 갑작스럽지만 피할 길 없는 이탈을 예상하든 간에, 숫자의 도움 없이 그리고 상황을 해석하려 애쓰는 분석가 없이는 면밀한 결정을 내리기가 어렵다. 특히 목표가 개인적 의견이나 마구잡이 어림으로 이끌린 결정을 피하는 것이라면, 이는 일반적으로 눈앞의 문제에 대한 정보 부족과 이 문제에 대한 깊은 지식의 부족으로 이어진다. 그

러한 목표 달성을 위한 새로운 계획은 칭찬할 만하지만, 그러한 기업에 내재된 한계와 장애물은 무시할 수 없다. 따라서 질문이나 사전 가설 없이, 명확하고 정확한 목표 설정 없이 그리고 당연히 개발자, 연구원, 사용자 및 관리자 같은 다양한 행위자 사이의 한데 모은 노력 없이는 어떠한 분석도 실시될 수 없다. 마찬가지로 그러한 연구는 정의에 따라 복잡한 문제에 대한 단순하고 보편적인 답을 예측할 수 없는 부자연스러운 형식에 기초한다. 따라서 연구의 모든 결과는 비판적인 분석 과정을 거쳐야만 한다. 즉 차트에서 맹목적으로 패턴을 따르는 것에 기초한 의사결정은 방지하지만, 그 대신 시장에 나온 게임에 대한 플레이어의 동기와 행위에 대한 정교한 지식의 잠재력과 이점에 기초한 분석 과정 말이다.

15.2.2 메트릭스 정의

가설과 질문을 리스트로 만든 다음에는 측정해야 할 게임플레이 및 비즈니스 메트릭스를 정의할 수 있다. 게임플레이 메트릭스는 게임에 크게 의존한다. 예를 들어 얼마나 자주 사람들이 죽는지(사망 횟수), 무기 정확도(맞춤/사격), 무기의 파워(사살/맞춤), 타입별 사망(총알, 난투, 추락 등에 의한 사망 횟수), 진행 상황(미션이 시작됨에 따라, 그리고 해당 미션이 완료될 때 발생하는 이벤트) 등이 있다. 비즈니스 측면(비즈니스 인텔리전스)에서의 메트릭스는 일반적으로 플레이어 보유 및 무료 게임의 전환(게임에서 무언가를 구매할 때)에 대한 것이다. 이러한 메트릭스나 핵심 성과 지표^{KPI}에 대해 전부 알아야 하지만 혹시 모르니 다음과 같이 주요한 지표를 몇 가지 정리한다.[7]

- DAU

  하루 동안 해당 서비스를 이용한 순수한 사용자 수(최소 플레이 시간 없음)

- MAU

  한 달 동안 해당 서비스를 이용한 (순수한 또는 복귀한) 사용자 수

- **재방문율** Retention rate

  예를 들어 MAU 대비 DAU 비율은 게임에 얼마나 참여하는지를 나타내는 하이레벨 지표다. 매일 평균적으로 몇 퍼센트의 플레이어가 게임에 참여하는지를 알려준다.

- **전환율** Conversion rate

  비용을 쓰는 고객으로 전환하는 비율이다.

- ARPU

  사용자당 평균 수익Average Revenue Per User. 특정 기간 동안의 총 수익을 같은 기간 동안 게임에 참여했던 총 사용자 수로 나눈 것이다.

- ARPPU

  지불 사용자당 평균 수익Average Revenue Per Paying User. 수익을 해당 기간 동안 총 지불 사용자 수로 나누는 것 빼고는 ARPU와 마찬가지다.

가설과 메트릭스를 올바르게 설정하면 어떤 변수(조건 A 또는 조건 B 사이에서, 때로는 가짓수가 더 많아지기도 한다)가 가장 원하는 행동 방식(예: 버튼이 초록색인 경우와 빨간색인 경우, 어느 쪽이 플레이어 전환이 많이 일어나는가)에 영향을 미치는지 테스트하는 A/B 테스트 같은 흥미로운 실험을 다양하게 실시할 수 있다. 게임 분석과 이를 UX에 잘 맞게 조정하는 방법에 대해 할 얘기는 많지만 직접 해볼 수 있는 예 하나만 들겠다. 사용자 리서치 팀은 설문조사를 조합해서 플레이어에게 정기적으로 보낼 수 있다. 설문조사 질문을 고객의 개인정보 등의 기밀성을 위태롭게 하지 않으면서 게임플레이 데이터

에 매치시키는 방법을 찾을 수 있다면, 누가 무엇을 하며 그들이 게임에 대해 좋아하거나 싫어하거나 헷갈리는 점을 볼 수 있다. 예를 들어 경험 초기에 특히 어려움을 겪었던 플레이어 대부분은 설문조사에도 더 부정적으로 응답했음을 알게 될 수도 있다. 고객 서비스 센터 및 마케팅에서 친구들을 초대하는 것을 잊지 마라. 그들 역시 플레이어가 포럼에서 불평하는 것과 고객 서비스를 방문할 때 꼭 하는 얘기에 대한 통찰력 있는 정보를 제공할 수 있기 때문이다. 그러나 이러한 데이터를 다룰 때 한 가지 유의할 사항이 있다. 같은 것에 대해 열띠게 불만을 토로하는 플레이어가 같은 사람일 경우도 가끔 있다. 따라서 이러한 피드백이 거의 대부분의 플레이어가 경험하는 것을 대표한다고는 말할 수 없다. 그렇긴 해도 이는 당신에게는 매우 흥미로울 수 있고, 게임을 향상시키는 데 참가하는 커뮤니티를 격려하는 당신의 고객에게는 신나는 일일 수 있다.

16

UX 전략

16.1 프로젝트 팀 레벨에서의 UX   **16.3** 제작사 레벨에서의 UX

16.2 제작 파이프라인에서의 UX

UX 사고 방식을 갖는 것은 고객에게 매력적인 경험을 제공할 뿐만 아니라 좋은 비즈니스에 대한 것이기도 하다.[1] UX 실천은 마찰의 소지가 덜 포함되고 더 참여를 이끌어, 더 많은 고객에게 다가가 더 많은 수익을 올릴 수 있는 게임을 개발자가 출시하도록 도울 수 있다. 게다가 UX 문제가 더 빨리 식별될수록 이를 고치기 위한 비용은 줄어든다. 따라서 사용자 경험은 프로젝트 내에서, 즉 개발 단계 전체에 걸쳐 그리고 제작사 레벨에서의 전략적 위치를 가져야 한다. 훌륭한 사용자 경험을 얻기 위해서는 조화를 이루려고 힘써야 한다. UX는 단순히 경험에 대한 아트, 디자인, 엔지니어링, 정의, 구현을하는 것이 아니며, 타깃 고객을 정의하고 거기에 체크 표시를 해 나가는 마케팅에 관한 것이 아니다. 그저 수익화 전략을 정의하는 비즈니스 인텔리전스에 대한 것도 아니며, 비즈니스 목표와 회사 가치를 정의해 실행하는 것만이 아니다. 이 모든 일이 UX다. UX는 이러한 원칙의 공통분모여야 하며 모든 사람들의 관심사여야만 한다. 결국에는 고객이 당신의 게임, 제품, 서비스를 어떻게 경험하느냐가 관건이 되기 때문이다. 중요한 것은 플레이어의 지각, 이해, 행동 방식 그리고 정서다. 그렇기 때문에 조직에 따로 UX 팀을 두는 것이 시작할 때는 좋은듯 보일지라도 충분히 좋은 영향을 미치지 못할 가능성이 큰 이유다. UX 실무자는 몇 가지 귀중한 통찰력과 방법론을 제공하는 데 도움을 줄 수 있지만, 공통의 목적에 도달하기 위해서는 모든 사람들이 이러한 도구를 받아들여야 한다.

16.1 프로젝트 팀 레벨에서의 UX

UX 사고방식을 갖는 것은 개발 팀이 플레이어 경험과 제작사의 재정 건전성에 중요한 것이 무엇인지에 초점을 맞추는 데 도움이 된다. 예를 들어 선불 게임을 디자인하는 방식으로 무료 게임을 만들 수는 없다. 마찬가지로 게임이 팀플레이를 핵심으로 하는 것이라면 플레이어 대 플레이어 모드 구축이 초점을 맞춰야 할 가장 중요한 기능이 아닐 수도 있다. 개임 개발이란 선택과 트레이드오프의 연속이다. 그러니 제공하려는 경험이 무엇인지 마음에 새겨 두면 목표에 가장 적합한 전략적 선택을 해야 할 때 든든한 버팀목이 된다. 예를 들어 퍼블리싱 팀에서 수익을 끌어올 수 있다고 믿는 어떤 이벤트 기능을 추가하자고 개발 팀에게 요청할 수도 있다. 하지만 사용자 연구원 쪽에서도 플레이어 보유율에 영향을 미칠 수 있다는 첨예한 문제를 제기할 수 있다. 개발자 역시 마감 전에 기능을 더 추가할 수 있지만 한 가지 기능만 구현하거나 수정할 수 있다는 사실을 안다면 무엇을 선택하겠는가? 한 방에 모두 해결할 수 있는 방법은 없지만, 이 예에서는 협력적이고 집중화된 UX 전략을 수립해야 하는 이유를 보여준다. 모든 사람이 트레이드오프를 인식하고, 전체적으로 플레이어 경험에 얼마나 영향을 미칠지에 따라 우선순위 측면에서 작업을 분류하고, 무엇이 가장 가성비가 좋을지 결정을 내려야 한다.

한 가지 더 고려할 사항은 게임 개발자는 내부에서 개발한 다양한 툴을 사용해 게임을 만든다는 점이다. 이러한 도구를 사용하는 개발자의 사용자 경험을 중시해야 그들의 경험이 불만을 덜 일으키고, 나아가 즐겁기까지 할 뿐만 아니라 더 효과적일 수 있다.[2] 이러한 툴을 사용할 수 없게 되면 귀중한 시간을 대거 허비할 수 있으므로 툴 프로그래머가 UX 개념을 잡고 작업하는지 잘 살펴야 한다.

16.2 제작 파이프라인에서의 UX

10장에서 UX에 대한 오해를 설명했지만, UX 대표자가 제작에 대해 갖고 있을지도 모르는 선입견을 드러내는 것 역시 중요하다. 〈포트나이트〉의 수석 프로듀서인 동료 헤더 챈들러Heather Chandler가 나와 함께 게임 개발자 컨퍼런스 2016Game Developers Conference 2016에서 제작과 관련된 오해에 대해 설명했다. 예를 들어 개발 팀원들은 UX 피드백을 절대 듣고 싶어하지 않는 것이 아니라 그저 일이 제대로 돌아가게 하느라, 때로는 출시 일자에 맞추느라 많은 책임감을 짊어지고 있어 너무 바쁠 뿐이다. 개발 팀에 있는 사람들은 눈코 뜰 새 없이 바쁠 때가 많아서 줄줄이 써 내려간 길고 긴 UX 보고서를 읽을 수가 없다. 그들은 빠르게 결정을 내릴 수 있도록 바로 적용할 수 있고 핵심을 짚어주는 피드백이 필요하다. 연구원 입장에서 보면 엄격함을 희생할 수 없어 힘들 수도 있지만, 타협점을 찾아야만 한다. 바로 확인해야 하는 상위 5가지 문제를 눈에 띄게 표시해 상세한 내용을 꼼꼼히 적은 리포트를 메일로 보낼 수 있다. 보낸 피드백은 팀의 개발 사이클에도 맞춰져 있어야 하며, 한달 뒤에 다시 만들 기능에 대한 언급보다는 즉시 적용 가능한 피드백을 우선해야 한다. 하지만 급하지 않은 기능을 다시 작업할 때 다음 반복 작업에 같은 UX 오류가 발생하지 않도록 관련된 이전 UX 피드백을 끌어온다. 효율성을 높이고 팀에 또 다른 압박감을 주지 않는 좋은 UX 프로세스는 제작 스케줄에 통합돼 있어야 한다. 예를 들어 UX 테스트는 프로젝트가 도달할 각 마일스톤에 대해 미리 잘 계획돼야 하며, 이는 보통 빌드가 가장 안정적일 때도 그렇다. UX 테스트가 실시된 다음 UX 문제가 식별되면 수정할 내용을 제안한다. 모든 사람이 동의한 이러한 수정이 작업으로 부과된다. 제작사가 UX에 막강한 재원을 투입한다면 개발 팀은 핵심 게임 주요 구조부를 항상 의미 있게 지원하지 않는 잡다한 기능을 채워 넣는 대신, 그들이 제공하려는 경험의 질을 높이기 위해 노력하게끔 장려할 것이다. 어떤 경우든지 UX 프로세스와 전략은 게임 개발 리듬을 반드시 따라야 하며 그 제약을 이해해야만 한다. 다양한 UX 도구와 방법을 서로 다른 단계에 사용할 수 있다. 이러한 도구에 대해서는 14장과 15장을 참조하자. 여기에 몇 가지 예를 들겠다. 각 단계에서 사용된 UX 방법은 서로 배타적이지 않으며 단계 간에 많은 투과성이 있을 수 있다는 점에 유의하라. 여기에서는 몇 가지를 예를 들어 전반적인 개요를 살펴본다.

16.2.1 구상

구상 단계에서 UX 실무자는 페르소나 개발을 도울 수 있으며, 핵심 팀이 계획을 이해 관계자들과 소통하는 데 도움을 줄 수 있다. 예를 들어 퍼블리싱 팀은 디자인에 대한 전문 지식을 같은 수준으로 갖추지 않을 수도 있는데, 그들에게 게임의 심오한 시스템 디자인을 위한 핵심 주요 구조부를 설명하는 것은 어려움이 따를 수 있다. UX는 관객의 경험을 향상시키는 데 유용할 뿐만 아니라 내부 소통을 개선하는 데에도 적용할 수 있다. 경우에 따라 UX 실무자는 핵심 팀이 추구하는 바, 즉 플레이어가 느꼈으면 하는 핵심 경험이 무엇인지를 정의하는 데 도움이 될 수 있다. 플레이어가 동정심, 도덕적 딜레마나 전쟁 지배를 느끼기 원한다면 UX 실무자는 심리학 지식을 활용해 플레이어가 이러한 감정을 경험하게 할 영향력 있는 변수를 추려내는 데 도움을 줄 수 있다.

16.2.2 사전제작

이 단계에서는 초기 프로토타입(종이 또는 상호작용할 수 있는 것)을 평가하기 위해 내부 테스트를 여러 번 빠르게 실시할 수 있다. 기능이 점차 구현되기 시작하면 게임 필, 특히 컨트롤, 카메라 및 캐릭터(3C, 12장 참조)를 조정하기 위해 UX 테스트 타입 중 하나인 태스크 분석(14장 참조)과 간단한 사용성 테스트를 그레이 박스 레벨 및 짐 레벨에서 실시할 수 있다. 이와 동시에 아이콘그래피(기능에 따른 형식) 및 헤드업 디스플레이 설정 테스트도 설문조사를 사용해 시작할 수 있다. 사전 제작이 끝날 무렵에는 경험이 어떤지를 전체적으로 바라볼 수 있는 시각화 방법으로 게임 전체를 도식화하는 것도 유용하다. 나의 유비소프트 동료였던 〈어쌔신 크리드〉의 프랜차이즈화 주역인 크리에이티브 디렉터 쟝 귀동Jean Guesdon은 매우 흥미로운 방법을 개발했다. 게임플레이 루프 및 시스템, 중요한 기능, 목표 달성을 위한 플레이어의 진행 방식 등을 한 눈에 볼 수 있는 커다란 포스터를 만들었다. 개발자가 특정 작업에 매달리다 보면 작업 중인 기능이 전체에 어떻게 기여하는지 큰 그림을 종종 보지 못하게 되는데, 이 방법은 개발 팀이 계속 나무만 보지 않고 눈을 돌려 숲을 볼 수 있게 한다. 애자일 방법론의 스트라이크 팀처럼 규모가 더 작은 다양한 팀이 더 쉽게 조직화하고, 때로는 눈 감고 따라가지 않도록 하는 데 도움이 된다. 개발 팀 외에도 마케팅이나 비즈니스 인텔리전스 같은 지원 팀을 포함한 프로젝트에 기여하는 모든 사람이 완성될 사용자 경험에 계속 집중하도록 돕는다. 물론 게임을 멀리서 전체적으로 보는 개요는 프로토타입을 만드는 동안 발견되거나 이유가 뭐든 게임이 방향을 전환해야 할 때 변경될 수 있다. 따라서 게임 개선에 따른 포스터 업데이트가 중요하다.

줌 인(zoom-in) 및 줌아웃(zoom-out) 철학

유비소프트의 크리에이티브 디렉터, 쟝 귀동(Jean Guesdon)

나의 디자인 작업 방식을 공식화하려다 보니 특히 10년 전 〈어쌔신 크리드〉 가족에 합류한 이후, 그동안 적지 않은 분들과 공유했던 내 '철학'이라 해야 할지, 아니면 '방법'이 카메라 초점을 맞추듯 앞뒤로 끊임없이 '줌 인 및 줌아웃'하는 것으로 정의할 수 있지 않을까 하는 결론을 내리게 됐다.

대상이 무엇인지 시각화하려면 먼저 수직축을 상상해 보라. 이 축은 애초에 구상했던 꿈에서 현실적인 제약까지 구상 과정을 통합하는 연속체다. 축의 맨 위에는 모든 것이 가능하고, 이루고자 노력하는 목표인 비전^{vision} 레벨이 놓인다. 이 축의 맨 끝은 거시적인 관점, 글로벌 사고, 컨셉, 목적에 대한 것이자 '왜'를 정의한다.

중간에는 거시적인 목표에 도달하기 위해 사용할 방법을 정의하는 조직화 레벨이 있다. 시스템 및 서브시스템, 구성 요소 간의 연결, 조직도, 플로 차트, 합리적 사고에 대한 것이자 '어떻게'를 정의한다.

아래 쪽에는 현실 세계가 있다. 꿈이 만들어지고 실제로 존재하기 위해 가해지는 제약을 받아들여야 하는 실행 레벨이다.

이는 명세, 애셋 리스트, 글머리 기호, 엑셀 파일과 해결해야 하는 모든 제약 조건(기술적, 법적, 인력 등)에 대한 것이자 '무엇'에 해당한다.

이 축을 따라 최대한 빠르고 유연하게 움직일 수 있어야 한다는 것이 중요하다. 비전을 꿈꿀 때 구체적인 것을 잊지 않고 제약에 대해 이야기할 때, 높은 레벨을 더 많이 설명할수록 나는 여러분이 더 많은 것을 통합하고 더 큰 꿈을 꾸며 약속을 지킬 수 있음을 알게 된다. 누구나 이것을 어느 정도는 할 수 있지만, 여러분이 이 축을 따라 더 큰 진폭과 속도로 움직일수록 디자인하는 것이 무엇이든 더 잘 할 수 있으리라 생각한다.

16.2.3 제작

제작 단계는 UX 테스트가 완전히 실시되는 때다. 처음에는 사용성 및 게임 필에 더 초점을 맞추지만, 시스템이 형태를 갖추기 시작하고 톱니바퀴가 제대로 맞물려가면 '인게이지 어빌리티'에 더 많은 관심을 쏟는다. 제작이 끝날 무렵은 모든 분석적 가설 및 질문 역시 정의돼야 하며, 텔레메트리 연결부의 구현 및 테스트 일정이 게임플레이 및 비즈니스 인텔리전스 모두를 위해 잡혀야 한다.

16.2.4 알파

일단 게임의 기능 구현이 완료되면, 아니면 그 전에라도 플레이스루playthrough 테스트를 진행하면 플레이어의 진행 방식과 게임 참여가 끊기는 곳이 어디인지를 보는 데 매우 유용하다. 이러한 테스트 결과는 누락될 수도 있었던 텔레메트리 연결부를 개선하는 데 도움이 된다. 이 순간부터 마케팅 및 퍼블리싱이 더 바쁘게 돌아간다. 분석 파이프라인은 준비돼 있고 안정적이어야 한다.

16.2.5 베타 및 라이브

사용자 어깨너머로 지켜보는 단계를 지나 외부 세계로부터 플레이어가 게임을 경험하기 시작하는 즉시, 테스트로부터 얻은 UX 인사이트로 분석 데이터를 이해하기 시작해야 한다. 이 때쯤에는 이전 단계에서 사용자 리서치가 찾은 결정적인 UX 문제 대부분이 이미 해결됐다는 가정 아래(그렇지 않은 경우가 많지만), 난이도 밸런스, 프로그레스 밸런스, 수익화 등에 초점을 주로 맞춘다. 베타 테스트나 라이브 게임의 상태를 지켜보다 보면 신경이 곤두서기도 한다. 확실한 가설이 없다면 패닉 상태에 빠질 수 있으며, 예측이 어디에서 빗나갔는지 신중하게 분석하는 대신 사용자 경험 및 수익에 악영향을 미칠 수 있는 사후 대응적인 결정을 내리게 될지도 모른다. 즉각적인 응답을 하는 것도 중요하지만, 결론을 조급하게 도출하고 성급하게 행동으로 옮기면 모든 요인을 신중하게 고려하는 경우보다 더 많은 시간과 잠재적으로는 더 많은 자금을 들이는 결과로 이어질 수 있다. 해결해야 할 올바른 문제를 식별해 내는 것을 기억하라.

16.3 제작사 레벨에서의 UX

제작사 레벨에서 진정한 사용자 경험, 즉 플레이어 중심의 사고방식을 갖기 위해서는 경영진이 게임 개발에서 이 새로운 원칙의 중요성을 인식해야 한다. 이 원칙의 장점과 한계를 이해해야 한다. 이러한 사고방식이 매력적인 게임을 더 효율적으로 출시하는 데 도움이 된다는 점을 고위 경영진에게 확신시키기는 쉽지 않을 수 있다. 게임 팀 안에서 UX에 관심을 갖고 몇 가지 시도를 해보려는 개발자 찾기는 언제나 가능하다. 몇 번에 걸친 반복 주기를 빠르게 해내면서 UX 실행이 가져오는 이점이 하나 둘 입증되면 신뢰는 더 쉽게 쌓인다. 하지만 고위 경영진의 경우, 게임이 실용화될 때, 비즈니스 인텔리전스 메트릭스가 수집될 때, 몇 가지 UX 문제가 사용자 보유율과 수익 감소에 관련이 있을 가능성이 큰 경우에만 명확하게 입증될 수 있다. 입증됐다 하더라도 이러한 메트릭스에 영향을 미치는 요인 수를 고려하면 당신의 주장을 입증하기가 복잡해질 수 있다. UX의 투자 수익률을 계산해 볼 수도 있지만, 이 역시 쉽지 않은 일이다. UX 접근 방식에 대한 의지를 얻는 것은 대개 과학적 접근에 항상 충실해야 하며, 데이터와 인지과학이 알려주는 중립적이고 덜 편향적인 인사이트를 제공해야 하는 길고도 험한 길이다.

기업에서 UX가 무르익는 데는 오랜 시간이 걸린다. 제이콥 닐슨^{Jakob Nielsen}[3]에 따르면 조직이 거쳐야 하는 단계는 사용성에 대한 적의를 보이는 1단계부터 궁극적으로 사용자 중심 기업이 되는 8단계까지를 거쳐야 한다. 닐슨은 한 회사가 사용자 중심 디자인을 완전히 흡수해 경험의 질을 추적하는 7단계에 이르기까지 약 20년이 걸리고, 7단계에서 8단계로 가는 데 다시 20년이 걸린다고 했다. 내가 사용하는 UX 성숙도 모델은 UX 전문가 후안 마누엘 카라로^{Juan Manuel Carraro}가[4] 조직에서 10년 이상 공유한 경험의 결과물로 설명한 '케이켄도 성숙도 모델^{Keikendo Maturity Model}'이다(그림 16.1 참조). 이 모델은 서로 다른 성숙도 단계를 아주 이해하기 쉽게 시각화했으며, 각 단계의 이점 및 장벽 그리고 장벽을 넘어설 방법을 아주 명확하게 설명하기 때문에 고위 경영진과 UX 전략에 대해 논의할 때 도움이 된다. 이 모델에는 '무심한 UX'에서부터 '분산된 UX'까지 총 5단계가 있다.

케이켄도 성숙도 모델

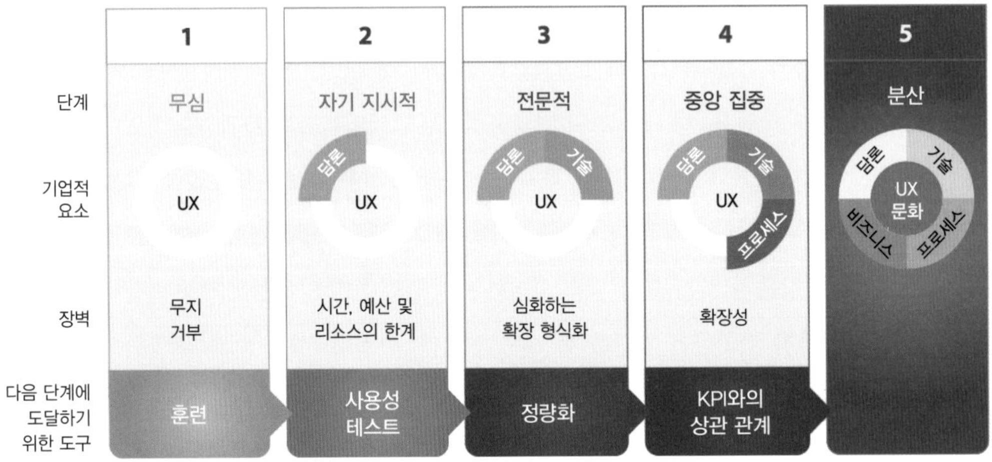

그림 16.1 케이켄도 성숙도 모델

- **무심**

  사용자 경험은 사전 대책을 강구하는 차원에서 고려되지 않지만 필요에 따라 드러난다. 일반적인 장벽은 UX에 대한 무지 또는 거부다(잘못된 오해 때문일 수도 있음, 10장 참조). 발전을 위한 도구는 직원을 훈련하고, 두루두루 의사소통하며, UX가 무엇인지 그리고 무엇이 아닌지에 대해 설명하는 것이다.

- **자기 지시적**

  사용자 경험은 고려되지만 개발자는 그들만의 관점, 즉 사용자가 그들과 같은 멘탈 모델을 갖고 있지 않다는 사실을 인식하는 대신, 최종 사용자가 그들이 하는 방식대로 행동하고 생각한다고 여긴다. 일반적인 장벽은 시간, 예산 및 리소스의 제약이다. 발전을 위한 주요 도구는 사용자 리서치를 실시하는 것이며, 이 점을 빨리 입증하기 위해 소규모 프로젝트나 하위 작업에 대한 리서치를 우선적으로 수행할 것을 추가한다.

- **전문적**

  사용자 경험을 전문으로 하는 작은 팀 또는 한 팀이 있다. 이 단계에서 UX 프로세스는 그다지 깊이 있게 이뤄지지 않거나 제작 사이클의 일관된 부분도 아니다. 발전을 위한 주요 도구는 사용자 리서치를 정량화하고, 그 가치를 입증하기 위해 UX 테스트를 사용한 프로젝트와 그렇지 않은 프로젝트를 정기적으로 비교하는 것이다.

- **중앙 집중**

  사용자 경험은 상호작용 디자이너, 정보 아키텍처 디자이너, 사용자 연구원 등이 각기 별개의 팀으로 살필 수 있는 것이 아니라 모든 영역에 걸쳐 나타난다. 사용자 리서치는 이 단계에서 일관되게 지키는 디자인 프로세스의 일부지만, 남은 장벽은 확장성이다. UX 사고방식에 전념할 리소스와 스킬이 충분하지 않으면 UX는 제작 또는 마케팅처럼 자체 예산을 갖고 꾸려진 전략적 영역이 아닌 내부 서비스로 간주되기 십상이다. 한 걸음 더 나아가려면 UX 메트릭스를 비즈니스 인텔리전스 핵심성과지표KPI, Key Performance Indicators에 연결해 UX의 영향력이 드러나도록 한다. UX 이슈와 재방문율 하락 사이의 연관성을 보여주는 것을 예로 들 수 있다.

- **분산**

  사용자 경험은 재무, 제작 또는 마케팅과 같은 수준으로 여긴다. 조직 내에서 전략적 영역으로 UX를 통합하는 것은 고위 임원진의 승인을 얻는 데 중요한 요인이 될 것이다.

첫 번째 단계는 게임 산업 계통에서 실제로 빠르게 진행될 수 있다. 신뢰를 구축하고 개발자가 즉각적으로 실감할 수 있는 성공이 이뤄지면 일이 크게 진전된다. 하지만 마지막 두 단계, 특히 마지막 단계까지 가기는 정말 어렵다. 도널드 노먼은 '게임 UX 서밋 2016'에서 UX는 관리자의 자리를 차지할 만하며, 헌신적인 경영진의 직책을 맡아야 한다고 주장했다. 고위 경영진은 이런 일이 일어날 수 있도록 사고방식을 바꿀 준비를 해야 함은 물론이고, UX 관리자 역시 그러한 책임을 지지할 준비가 돼 있어야 한다. 비록 우리 대부분이 아직 이 단계까지 이르지 못하고 있지만, UX는 게임 산업에서 크게 발전해 왔으며 지금은 중요하게 여긴다.

제작사에서 UX 프로세스를 성숙시키려 노력하는 '나홀로 UX 팀'을 위해 하나의 샘플 크기에 기초한 내 주관적 조언을 몇 자 적겠다. 개발자가 원하는 것, 그들이 맞닥뜨리는 난관, 프로세스를 구현하기에 앞서 풀어야할 문제를 먼저 들어라. UX가 무엇인지 설명하고 잘못 알고 있는 내용을 짚어주고, 각자가 갖는 두뇌의 한계를 경험하게 한다. 5장에서 얘기한 고릴라가 등장하는 농구공 주고받기 비디오를 보여준다. 그리고 그들 대신 게임을 디자인하러 여기 온 것이 아니라 과학적인 방법으로 그들의 목표를 이루는 데 도움을 주고자 한다는 점을 이해시켜라. UX 개념을 재미있게 만들어 보기도 하고, UX 부정행위를 윗선에 보고하는 '사용성 경찰'로 보이지 않도록 한다. 그 대신 개발자와 같은 편임을 보여라. 그들을 상대로 당신이 가진 과학을 사용해서는 안 된다. 즉각적인 성공을 보여주고(예를 들어 아이콘을 테스트하고, UI 디자이너가 반복 사용할 수 있도록 사용성 문제를 부각시키고 문제가 이제 해결됐기를 바라며 새로운 버전을 다시 테스트한다), 그들과 함께 작은 UX 성공을 빠짐없이 축하하라. 일단 팀이 사용자 리서치 실시에 관심을 갖게 되면, 테스트 환경을 더 잘 제어하기 위한 전용 공간을 마련하는 허가를 더 쉽게 받을 수 있다. 그러다 편면 거울과 테스트를 실시간으로 지켜보며 논의할 수 있는 개발자 전용 공간이 딸린 UX 연구소를 꾸릴 예산을 확보하게 될 수도 있다. UX 디자이너를 채용하면 디자인 프로세스가 더 효율적이 된다는 점도 경영진에게 납득시킬 수도 있다. 사용자 리서치에 대한 요청이 연달아 더 많이 들어오다 보면 어느 순간 전문 팀의 개발을 더 쉽게 제안할 수 있다. 그러면 더 통합된 UX 프로세스를 구현할 수 있게 되고, 언제 테스트해야 하는지 구체적인 계획도 세우게 된다. 이 프로세스 전체를 거쳐 분석 팀 같은 사용자 경험에 초점을 맞춘 다른 팀과 조정하고, 제작사 전체에 걸쳐 협업하고 소통할 수 있다. 마지막 단계는 상부 경영진 자리에서 발언권을 갖고 플레이어의 한 사람으로서 목소리를 낼 수 있게 될 것이다.

사용자 경험 이면에 있는 과학은 진지한 사업이지만, 그렇다고 규율이 지루해야 하는 것은 아니다. 나는 UX를 재미있게 만들면 여러 이점이 생긴다는 사실을 알게 됐다. 첫째 이 편이 당신에게도 훨씬 더 재미있으며, 둘째 사람들이 편안하고 당신이 맨날 그들의 작업을 비판하러 와 있는 게 아니라고 느낄 때 당신의 이야기를 훨씬 더 잘 듣게 된다. 예를 들어 에픽게임즈에 UX 연구소가 만들어진 후 UX 팀은 '비밀/관람의 방'(우리는 '스피크이지 룸'이라 불렀다. 이렇게 부르는 게 타당해 보였기 때문이다)에서 파티를 개최했다. 이 몇 시간의 파티 동안 우리는 그저 개발자를 초대해 함께 음악을 들으며 맥주 몇 잔 같이 마시는 게 다였다. UX 연구소는 때때로 인터페이스와 씨름하는 플레이어를 보는 괴로운 장소가 될 수도 있어서 이런 파티는 이 연구소를 재미있는 곳으로도 여길 수 있게 했다. 이런 시간은 동료 사이에 풀어야 할 문제가 아닌 다른 것도 공유할 수 있게 하는 데, 이는 매우 중요하다. 뭐 내가 워낙 파티를 좋아하다 보니 편향된 생각일 수도 있지만 말이다.

UX에 대해 더 명확하게 이야기하는 데 도움이 됐던 마지막 하나는 타깃 고객이 새로운 기능, 멀티플레이어 이벤트, 마케팅 캠페인이나 세일 아이템에 대해 왜 그리도 관심을 갖는지[5] 정기적으로 묻는 것이다. 게임 팀이 UX 문제를 고치는 데 필요한 리소스를 가져갈 가능성이 있는 어떤 기능을 추가하고자 한다면, 플레이어에게 해당 기능을 어떤 용도로 사용할지 물어라. 고위 경영진이 게임에 새로운 모드가 필요하다 생각한다면 왜 플레이어가 관심을 가질지, 그리고 경험 전반에 해당 모드가 적합한지 등을 묻는다. 게임 개발은 불확실성 아래에 일련의 선택과 트레이드오프를 하는 것이기 때문에 궁극적으로 목표가 무엇인지에 대한 초점이 흐려지기 쉽다. 물론 목표도 개선돼야 하고, 게임에 대한 전략 전반도 개발 프로세스가 진행됨에 따라 바뀔 수 있다. 하지만 너무 많은 토끼를 쫓다 보면 어떤 수준에서도 어떤 매력적인 경험도 제공하지 못하는, 그저 그런 결과물로 전락하고 말 수도 있다. 그러니 게임에 대한 중요한 결정을 내리기 전에 핵심 경험에, 플레이어를 타깃으로 한 이유에 계속 초점을 맞추는 일이 결정적일 수 있다. 특히 비디오 게임 개발에서는 시간, 예산, 기술적 제약이 중요할 수 있기 때문이다. '왜'를 목표로 해 나가면 플레이어에게 의미 있는 것에 초점을 맞춘 사고 과정과 반복 과정이 가능해지는데, 이는 관객에게 동기를 부여하고 참여하게 하는 데 매우 중요하다(12장 참조). 이런 사고 방식을 가지면 게임을 판매할 때 마케팅에도 유용하다. 게임에서 플레이어가 무엇을 할 수 있는지(예: 슈팅, 탐험, 만들기 등)에 집중하면 궁극적인 목표나 의미 있는 판타지(예: 세계 정복자, 천재적 두뇌를 지닌 범죄자, 세계를 구하는 영웅 되기 등)에 집중하는 것만큼 매력적이지 않을 수 있기 때문이다. 이 책이 UX가 무엇인지 곧장 설명하는 대신, 왜 UX를 신경 써야 하는지로 시작했던 것과 무관하지 않다.

회사에서의 UX 성숙도를 높이려면 먼저 개발 팀과 신뢰를 쌓은 다음, 나머지 다른 팀으로 이어가는 것이 가장 중요하다. 에드 캣멀^{Ed Catmull}은 그의 저서에서 픽사^{Pixar}의 '브레인트러스트^{Braintrust}'라는 특정 그룹에 대해 설명한다. 브레인트러스트는 몇 달에 한 번씩 만나 제작 중인 영화 각각을 평가하는데,[6] 정말 매력적인 개념이라 생각한다. 특히 두 가지 중요한 UX 개념인 뇌(브레인)와 신뢰(트러스트)를 나란히 쓰기 때문이기도 하다. 픽사의 창의적인 제작 프로세스가 비록 게임 산업과는 다르지만, UX 전략 수준에서 이를 탐구하는 방식은 매우 흥미롭다. 예를 들어 사용자 경험에 관심을 두는 모든 사람이 모인 그룹이 개발 및 라이브 게임 단계에서 게임을 평가하기 위해 특정 시간에 모인다. UX 전략 측면에서 눈여겨볼 또 다른 점은 제작사 수준에서 명확한 창의적 비전을 밝히고, 이것이 사용자 경험에 미칠 영향을 생각한다는 것이다. 16장을 마무리하는 글에서 유비소프트의 최고 크리에이티브 책임자인 서지 헤스콧^{Serge Hascoët}은 디자인의 단순성에 주의를 기울여야 하는 이유를 설명한다. 어떤 경우든 UX 관리자의 주요 목표는 제작 활동을 지원하고, 모든 사람이 비즈니스 목표를 달성하도록 돕는 데 있다. 그들이 적절한 때에 적절한 도구를 적절한 그룹에 제공하는 동시에 UX 프로세스 및 사고방식의 가치를 증명할 수 있다면 언젠가는 사람들이 그들의 말에 귀를 기울일 것이다.

"단순함이야말로 최상의 정교함이다"

– 레오나르도 다빈치(Leonardo da Vinci)

유비소프트의 최고 크리에이티브 책임자, 서지 헤스콧

게임 컨트롤러에 버튼이 하나도 없던 시절이 있었다. 그러다 하나, 둘 생겨 나고… 오늘날의 콘솔 컨트롤러에는 21개의 버튼이 있다. 우리 인간은 효율적인 도구를 만들어 내는 데 아주 뛰어나 놀라운 것을 창조해낸다. 불행하게도 이를 더 복잡하게 만드는 데도 능숙해 반복에 반복을 거쳐 지나치게 전문화한다. 왜 이렇게 복잡해진 걸까? 그렇게 우리는 종종 창작 활동의 길을 잃기도 하는데, 어쩌면 혁신과 복잡성을 혼동하는지도 모른다. 게임에 이미 있는 도구를 살짝 변경해 적용할 방법을 반영하는 대신 도구를 더 추가한다. 이를 혁신이라 생각하며, 그 결과를 숙고하지 않은 채 너무 쉽게 행동을 더해 결국 버튼을 추가한다. 게임 컨트롤러에 버튼이 벌써 떨어지고 있다! 이렇게 추가된 복잡성은 디자이너가 두 가지 이상의 액션을 하나의 버튼으로 사용하게끔 만든다. 예를 들어 하나의 버튼을 탭하거나 누르면서로 다른 액션을 발생하도록 말이다. 그 결과 튜토리얼에서 이러한 보이지 않는 부자연스러운 규칙을 설명하게 된다. 이는 학습 곡선에 더 많은 부하와 복잡성을 더하고, 잠재적으로는 플레이를 계속하려는 의욕을 꺾을 수도 있다. 게임을 너무 복잡하다고 생각하는 사람이 많은데, 그들이 옳다. 우리가 자연스럽게 사용할 수 있는, 위Wii 리모컨, 터치 스크린, 〈마인크래프트〉 인터페이스 같은 더 간단한 입력과 인터페이스로 돌아갈 때마다 새로운 플레이어를 엄청나게 얻었다. 나는 이 단순함을 하드웨어 인터페이스뿐만 아니라 소프트웨어 인터페이스에서도 지켜 마땅하다고 생각한다. 이 다짐을 굳건히 하려면 사용자를 중심으로 한 강력한 비전이 필요하다. 이 비전은 창의적인 제작 프로세스의 중심에 놓여야만 한다. 그 어떤 타협도 하지 말아야 하는 측면이 하나 있다면, 그것은 사용의 단순함과 이해의 단순함이다. 우리의 신체, 손, 머리 그리고 머지않아 손가락의 자연스러운 움직임으로 믿기 힘든 경험이 가능해지는 그런 가상 현실 혁명의 시대에 우리는 들어서는 중이다.

CHAPTER

17

끝맺는 말

17.1 요점

17.2 놀이 학습 또는 게임 기반 학습

17.3 기능성 게임과 게이미피케이션

17.4 게임 UX에 관심 있는 학생을 위한 팁

17.5 작별 인사

이 책을 통틀어 나는 뇌와 UX 가이드라인에 대한 기본적인 지식을 제공함으로써 여러분이 마법과도 같은 경험을 디자인하는 데 도움이 되는 사용자 경험 프레임워크를 제안했다. 내게 유용했던 이 프레임워크가 부디 여러분에게도 그렇기를 바란다. 하지만 이 프레임워크는 분명 개선이 필요하며, 자신의 싸움에 맞게 조정해야 한다. 나 역시 여러분의 피드백과 제안을 기쁜 마음으로 받아들일 것이며 개인적으로 어떤 것이 효과가 있는지 아니면 없는지, 어떤 것이 별로 상관없다 느껴지는지, 빠진 것은 무엇인지 알고 싶기도 하다. 하지만 이 프레임워크가 경험적으로 검증되지 않은 것임을 명심

하길 바란다. 나는 뇌에 대한 학문적 지식과 경험적으로는 덜 증명된 게임플로 같은 흐릿한 개념으로 보완된 유명한 UX 휴리스틱(특히 사용성)을 사용하고 있다. 이 프레임워크는 지난 10여년간 게임 산업에 몸담고 있는 동안 내가 체득한 경험을 모아 만든 것이다. 그렇기에 두뇌의 능력과 한계를 염두에 두고 팀 간의 의사소통과 협업에 초점이 맞춰져 있다. 그러니 마음껏 도전하라. 심지어 경험적으로 검증된 것이더라도 이론에 도전하는 것이 결국 과학적 방법의 전체이자 핵심이다. 도널드 노먼이 말했듯이 "이론적으로는 이론과 실제 사이에는 차이가 없다. 실제에는 차이가 있다".

이 책의 초점은 비디오 게임의 성공에 기여할 수 있는 가장 영향력 있는 재료를 식별하는 데 있다. 하지만 정해진 레시피는 없다. 특정 고객에게 제공하고 싶어하는, 눈을 뗄 수 없는 게임 경험을 만드는 레시피는 이 책에서 얘기한 재료와 방법으로 여러분이 알아내야 한다. 매력적인 경험을 디자인하는 것은 특히나 더 어렵겠지만(더 좋은 사용성을 제공하는 것보다 더), UX 사고방식 및 프로세스가 있으면 분명 도움이 될 것이다.

나에게 UX는 특정 학문이기보다는 철학이다. UX는 과학적인 접근법을 통해 우리의 자아 중심적인 관점에서 플레이어 중심적인 관점으로 전환이자, 우리의 관객과 공감하고 관대해지는 것이다. 소속된 팀이 어디든 누구나 UX 사고방식을 가질 수 있다. UX 실무자는 그저 적절한 툴을 제공하고, 올바른 프로세스와 전략을 제공해 이니셔티브를 지원하기 위해 이 자리에 있을 뿐이다.

17.1 요점

UX 가이드라인은 인간의 능력과 한계를 기반으로 하기 때문에, 인간의 상호작용에 효율적이지 않은 인터페이스를 디자인하지 않으려면 뇌의 전반적인 작동 방식에 대한 이해가 매우 중요하다.

- **뇌에 대한 핵심**

  이에 대해서는 9장에서 자세히 설명했다. 요약하면 비디오 게임을 플레이하는 것은 게이머의 뇌가 수많은 정보를 '처리'하는 학습 경험이다. 정보 '처리'와 학습은 자극에 대한 지각에서 시작해 궁극적으로는 시냅스 수정, 즉 기억에 대한 변경으로 끝난다. 자극에 전념하는 주의 리소스의 수준은 해당 자극에 대한 기억의 강도를 결정하게 될 가능성이 크다. 동기 및 정서 역시 학습의 질에 영향을 미치는 주요 인자다. 마지막으로 학습 원리(다양한 인자에 영향을 줌)를 적용하면 전체 '프로세스'가 향상될 수 있다.

  다음 사항을 유념하기 바란다.

  - 지각은 주관적이고 기억은 쇠퇴하며 주의 리소스는 부족하다. 게임에서 뇌의 역량, 성능 및 한계를 확인하라.

  - 동기는 현재 우리가 정확하게 예측하기 어려운 복잡한 방식으로 행동을 지시한다. 의미는 동기의 핵심이다.

  - 정서는 인지에 영향을 주기도 받기도 하며 우리 행동을 인도한다.

  - 직접 상황 속에서 의미를 갖고 해보면서 배우는 학습은 게임에 적용할 수 있는 최고의 학습 원리를 제공한다.

- **UX 프레임워크에 대한 핵심**

  UX는 어느 무엇보다도 사고방식이며 제작사에 있는 모두의 관심사가 돼야 한다. UX 실무자는 개발자의 역량을 강화하기 위한 도구와 프로세스를 제공할 수 있다. UX 가이드라인은 인간-컴퓨터 상호작용 원칙 및 과학적 방법에 의존한다. 눈을 뗄 수 없는 게임 사용자 경험을 제공하기 위해서는 두 가지 UX 주요 구성 요소, 그림 17.1에 정리된 사용성(사용의 편이성)과 '인게이지 어빌리티(게임에 참여를 이끌 수 있는 능력)'를 고려해야 한다.

사용자 경험(UX)

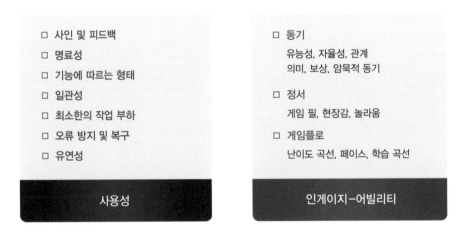

그림 17.1 UX 프레임워크

게임 사용성에는 7가지 주요 주요 구조부가 있다.

- **사인 및 피드백**

  게임에서 무슨 일이 벌어지는지를 알려주거나(정보 제공용 사인) 플레이어에게 특정 액션을 실행하도록 권유하는(권유용 사인) 모든 시각적, 오디오 및 햅틱 신호와 플레이어의 액션에 대한 명확한 반응인 피드백이다. 모든 기능과 게임에서 가능한 상호작용은 그에 상응하는 사인 및 피드백이 있어야 플레이어를 경험 내내 인도할 수 있다.

- **명료성**

모든 사인과 피드백은 플레이어가 헷갈리지 않도록 지각할 수 있고 명확해야 한다.

- **기능에 따르는 형태**

아이템, 캐릭터, 아이콘 등의 형태는 해당 기능을 정확하게 전달해야 한다. 어포던스를 위한 디자인이다.

- **일관성**

비디오 게임에 있는 사인, 피드백, 컨트롤, 인터페이스, 메뉴 내비게이션, 월드 규칙 및 전체 규약은 일관돼야 한다.

- **최소한의 작업 부하**

플레이어의 인지 부하, 즉 주의 및 메모리와 어떤 액션을 실행하는 데 필요한 버튼 클릭 수 같은 물리적 부하를 고려하고, 핵심 경험에 포함되지 않는 작업은 최소화해야 한다. 특히 게임의 온보딩 단계에서는 세심한 주의가 필요하다.

- **오류 방지 및 복구**

플레이어가 저지를 수 있는 오류가 무엇인지 예측하고, 경험의 핵심이 아닌 과제 때문에 오류가 발생하지 않도록 방지해야 한다. 적용 가능할 때마다 오류를 복구한다.

- **유연성**

컨트롤 매핑, 폰트 크기, 색상처럼 게임을 사용자 지정할 수 있게 만들수록 장애를 지닌 플레이어를 포함한 모든 플레이어가 게임에 더 쉽게 접근할 수 있다.

인게이지 어빌리티에는 세 가지 매우 중요한 주요 구조부가 있다.

- **동기**

  유능성, 자율성, 관계에 대한 플레이어의 욕구(내재적 동기)를 만족시키는 것을 목표로 한다. 플레이어가 해야 하거나 배워야 하는 모든 것을 위한 의미(목적의식, 가치, 영향력)에 집중하라. 의미 있는 보상을 제공하라. 개인적 욕구와 암묵적 동기가 어디에 있는지 확인하라.

- **정서**

  게임 필(컨트롤, 카메라, 캐릭터 즉 3C와 현장감, 물리적 현실)을 다듬고 발견과 놀라움을 준다.

- **게임플로**

  도전 수준(난이도) 및 압박(페이스)을 어느 정도로 할지에 대한 함축적 의미이며, 이를 위해서는 레벨 디자인을 통해 실제로 해보면서 배우는 분산 학습(학습곡선)이 필요하다.

이 프레임워크를 팀 사이의 협업에 사용할 수 있다. 반복 디자인, 사용자 리서치 및 분석을 이끌어 낼 수 있다. UX 전략을 제작사 전체에 걸쳐 자세히 설명해 사용자 경험이 모든 사람의 관심사가 되도록 하는 데 도움이 된다. 상용 게임에 중요한 이 프레임워크는 교육적 또는 사회적 변화를 목적으로 하는 게임을 디자인할 때도 고려한다.

17.2 놀이 학습 또는 게임 기반 학습

비디오 게임이 어린이와 청소년의 문화 생활 중심을 차지하기 때문에 교사부터 정치인에 이르기까지 많은 사람이 게임의 매력적인 힘을 교육에 활용하려 한다. 특히 〈마인크래프트〉, 〈심시티〉 또는 〈문명Civilization〉처럼 매우 성공적인 게임 중에는 훌륭한 교육적 가치를 제공하는 것도 있으며, 이미 학교에서 사용되는 경우도 있기 때문이다. 수많은 서적, 학술적 논문, 컨퍼런스Games for Change Festival 및 기업은 현재 교육이나 더 넓게는 세계를 변화시키기 위해 비디오 게임을 만들고 사용하는 데 전념한다.[1] 비디오 게임이 교육에서 중요한 역할을 한다는 사실에는 의심의 여지가 없으며, 그 주된 이유는 플레이의 본질은 학습이기 때문이다. 플레이를 통해 두뇌는 실생활에서 맞닥뜨리는 상황보다 새롭고 대개는 더 복잡한 상황을 마주할 수 있다. 연구원이자 정신과 의사인 스튜어트 브라운Stuart Brown은 "우리가 플레이를 그만둘 때 죽기 시작한다."[2]고 했다. 그리고 유아기에서 아동기의 놀이(플레이)는 훨씬 더 중요한데, 뇌가 발달하는 시기이기도 하고 이후 삶에서 이때보다 더 유연한 시기가 없기 때문이다.[3] 이러한 이유로 이 절에서 다루는 개념을 성인 학습에 적용할 수도 있음에도 불구하고 아이들에게 더 구체적으로 초점을 맞추고자 한다. 플레이는 아이가 현실을 완전히 이해하고,[4] 취학 전 아동의 가장 중요한 발달의 원천으로 남는다.[5] 플레이는 학습에 매우 중요하고, 문화를 구축하는 데 없어서는 안 되는 요소 중 하나이기도 하다.[6] 지금으로써는 비디오 게임이 가장 일반적인 플레이 타입 중 하나이기 때문에 교육을 위한 훌륭한 매개체로 여기는 것이 당연하다. 비디오 게임이 교육에 매우 효과적인 또 다른 이유는 효과적인 학습에 결정적인 요소인 사용자의 액션에 대한 피드백을 즉각적으로 제공하기 때문이다. 하지만 한 가지, 비디오 게임을 이용한 대부분의 재미있는 학습 계획은 게임을 플레이하는 이들을 사로잡는 힘에 의존한다는 중요한 문제가 있다. 그렇지만 매력적인 게임을 만드는 일이 실제로는 얼마나 어려운지 우리는 알고 있다.

즐거움을 제조하는 사업인 게임 사업은 그 목표에 도달하기 위해 몸부림치는 경우가 허다하다. 상용 게임이 꼭 재미있어야 하는 것은 아니다. 어마어마한 개발과 마케팅 예산이 있는 게임일지라도 말이다. 고객을 사로잡거나 유지하는 데 실패할 수도 있다. 이 책은 프로 개발자가 플레이어 경험을 향상시켜 게임을 더 성공적으로 만들 수 있는 재료와 방법을 정의하는 데 전념한다. 이러한 어려움은 교육용 비디오 게임에도 해당된다. 아니, 이런 게임은 대개 예산이 충분치 않기 때문에 더 심하다. 어떤 종류의 비디오 게임이라도, 심지어 엉망으로 디자인된 것이라도 과거에는 교실에서 게임을 사용하는 것이 색다른 맛이 있어서 도입하면 학생들의 이목이 집중된다고 여겼을지도 모르겠다. 하지만 오늘날 비디오 게임은 어디에나 있다. 그저 아이들이 여러 비디오 게임에 매료되고 플레이한다고 해서 모두가 그렇다는 의미는 아니다. 그렇기 때문에 수학 문제 위에 비디오 게임이라는 얇은 레이어를 씌워 위장한들 아이들이 좋아할 리가 없다. 소위 교육용 게임이라 불리는 상당수의 게임은 진정으로 교육적이지 않거나 재미있지 않다는 문제점이 있다.

17.2.1 매력적인 교육용 게임 만들기

재미있는 교육용 게임을 만들려면 UX 프레임워크 사용이 상용 게임 못지않게 중요하다고 생각한다.[7] 다른 상호작용 제품과 마찬가지로 교육용 게임도 매력적인 학습 경험을 제공하기 위해 사용성 및 인게이지 어빌리티를 다듬어야 한다. 그렇지 않으면 너무 좌절감을 주거나 지루한 게임이 돼버릴 수 있다. 예를 들어 동기는 게임에 참여하게 만들기 위해 파고들어야 할 특히 중요한 주요 구조부다(6장과 12장 참조). 대개 많은 아이들이 전통적인 방식으로 전달되는 학교 교육과정에 관심을 덜 가질 수도 있기 때문에 교육에는 비디오 게임의 힘이 필요하다. 따라서 교육자의 바람대로 아이들은 그들이 의미를 찾을 수 있는 방식으로 비슷한 교육과정을 가르칠 수 있는 게임에 동기부여 돼야 한다. 교육을 위한 또 다른 중요한 주요 구조부는 게임플로다(12장 참조). 게임이 너무 쉽지도 어렵지도 않은 몰입 존 안에 플레이어가 머물도록 하는 개념은 발달 심리학에서 잘 알려진 근접 발달 지대ZPD, zone of proximal development 개념과 매우 비슷하다. 이는 심리학자 레프 비고츠키Lev Vygotsky8가 도입한 개념으로, 그는 ZPD를 아이가 교사처럼 경험이 많은 사람의 도움 없이도 이미 할 수 있는 영역(너무 쉬운 경우)과 도움 없이는 할 수 없는 영역(너무 어려운 경우) 사이에 있는 지대라고 설명했다. 아이들이 이 지대 안에 있도록 구조화된 경우, 성인 또는 더 앞선 학습자의 도움을 받아 새로운 능력을 개발할 수 있으리라 짐작된다. 비고츠키에 따르면 놀이는 ZPD를 확장하기 위한 수단이 된다. 우리는 플레이어가 적절한 수준의 도전이 일어나는 몰입 존에 있도록 유지하는 것이 그들이 새로운 스킬을 배우는 동안 어려움을 극복하는 데 몰두하는 가장 좋은 방법이라 말할 수 있다. 따라서 인게이지 어빌리티를 게임플로에 관련된 질문지 같은 것으로 측정하려면 교육용 게임이 참여를 이끄는지, 즐거운 학습 경험을 제공하는지 여부를 나타내는 어떤 지표를 제공해야만 한다.[9] 게다가 게임플로 주요 구조부는 게임 안에서 배운 것이 맥락과 의미 모두를 갖고 시간에 따라 분산될 수 있도록 학습 곡선을 고려한다. 이런 점에서 게임 UX는 교육자에게 이미 잘 알려진 학습 원리(예: 행동심리학, 구성주의 심리학 원칙, 8장 참조)를 사용한다.

17.2.2 참으로 교육적인 게임 기반 학습 만들기

소위 교육용 게임이라 불리는 많은 게임은 퀴즈에 귀여운 애니메이션을 넣었을 뿐, 아이들에게 진정 교육적인 내용을 거의 가르치지 않는다. 교육적 가치가 있는 게임일지라도 플레이어가 배울 내용이 반드시 새로운 상황으로 전환되지는 않는다.[10] 하지만 하나의 맥락에서 배웠던 내용이 새로운 것으로 확장되는 학습의 전환이 교육자에게는 궁극적인 목표다. 교육자는 아이들이 배운 내용을 다른(그리고 실제) 여러 상황에 적용할 수 있기를 바라기 때문이다. 〈ST Math〉[11] 같은 진정한 교육적 가치를 지닌 게임을 생각해 보자. 이 게임은 MIND 리서치에서 개발한 것으로, 게임에서의 성과가 미국의 각 주에서 주최하는 수학 시험에서 성적 향상에 도움이 된다고 주장하기 때문에 의미가 있다. 표준화된 학력 시험이 아이들이 배우는 데 중요한 내용을 측정한다고 받아들일 경우에 말이다.

또 다른 접근법은 플레이어가 의미 있는 목표를 달성하기 위해 적극적으로 학교 교육과정을 사용해야 하게끔 게임을 디자인하는 방법이다. 수학자이자 교육자인 세이무어 페퍼트Seymour Papert가 일찍이 1960년대에 이러한 접근법을 사용했다. 장 삐아제의 구성주의 이론에서 영감을 받은 페퍼트는 8장에서 봤듯이, 커리큘럼이 맥락에 따라 의미 있는 상황에서 조작될 때 학습이 더 효율적으로 이뤄진다는 구성주의적 접근법을 사용했다. 페퍼트는 컴퓨터가 아이를 제어하는 대신 아이가 컴퓨터를 프로그래밍하기를 바랐다.[12] 페퍼트는 자신이 MIT에서 개발했던 로고 컴퓨터 언어로 기하학 규칙을 전통적인 교수법에 상호작용 레이어를 추가함으로써 재미있게 만들려 하지 않았다. 그 대신 아이들이 스스로 결정하고 각자에게 의미 있는 목표를 달성하려고 시도하면서 발생하는 시행착오를 반복하는 과정에서 스스로 이러한 규칙을 발견할 수 있게 했다. 페퍼트의 재미난 경험의 상황에서 전략을 개발한 다양한 연령대의 학생들은 아나나 다를까 이러한 전략을 다른 상황으로 전환할 수 있었다.[13]

점점 더 많은 연구자와 교육자가 비디오 게임이 가진 잠재력, 즉 아이들이 게임의 피드백에 따라 자신의 액션을 조정하면서 자신만의 페이스로 목표를 달성해 가는 의미 있는 경험을 제공할 수 있음에 눈뜨고 있다. 게임은 아이들과 어른이 실생활에는 할 수 없는 요소나 개념을 조작할 수 있게 한다. 예를 들어 조나단 블로우^{Jonathan Blow}의 〈브레이드^{Braid}〉는 복잡한 퍼즐을 풀기 위해 시간을 조작해야 하고, 밸브의 〈포탈〉은 3차원 환경에서 공간 퍼즐을 풀어야 한다. 하지만 비디오 게임이 가진 진정한 교육적 잠재력이 발휘되려면 넘어야 할 산이 아주 많으며, 우리는 이제 겨우 수박의 겉을 맛보는 중이다. 이러한 어려움을 극복하려면 UX를 더 잘 이해하고, UX 프레임워크를 교육용 게임에 적용하고, 학습의 전환을 고려해야 더 쉽게 이룰 수 있을 것이다.

17.3 기능성 게임 및 게이미피케이션

나는 대부분의 기능성 게임이 엉성하거나 실패한 재미난 학습 경험이라 생각한다. 그 이름에서 알 수 있듯이 이런 게임은 재미와 참여를 빼기 때문이다. 내 관점이 너무 극단적일 수 있음을 인정하긴 하지만 말이다. 놀면서 무언가를 배워야 하는 게임은 '진지한' 사업이다! 이런 이유로 나는 '기능성 게임'이라는 용어를 전혀 사용하고 싶지 않다. 기능성 게임은 수학을 가르치든, 운동을 독려하든, 공감을 활성화하든, 플레이어 안에 변화를 불러일으킬 목적으로 만들어지는 게임이다. 그러나 어떤 경우든지 간에 지각, 인지 및 행동의 변화가 요구될 때 우리는 학습에 대해 말한다. 따라서 기능성 게임은 그들이 제공하는 재미난 학습 경험을 언제나 고려해야만 한다. '기능성 게임'이라고 부르는 것은 모순일 뿐만 아니라 이러한 게임 개발자가 게임의 참여와 교육적 가치에 도전하도록 권하는 것도 아니다.

게이미피케이션^{Gamification}은 내가 특히 좋아하지 않는 또 다른 용어다. 내게 있어 이 용어는 주로 사람들이 완수하려는 동기를 늘리기 위해 외재적 보상과 기본적인 게임 진행 메타포를 지루한 활동에 적용한 것을 가리킨다. 이것은 사람들이 과제를 수행함에 따라 포인트, 배지 성취감을 주는 것이 거의 전부다. 내가 생각하는 게이미피케이션의 문제는 어떻게 하면 어떤 활동이 더 의미 있어질 수 있는지, 또는 학습 경험이 재미날 수 있는지에 대한 고려의 노력이 전혀 보이지 않고, 그 대신 단기적인 행동 변화에 집중한다는 점이다. 당근과 채찍은 6장에서 봤듯이 특정 상황에서 행동을 변화시키는 데 확실히 효과가 있다. 하지만 이 접근법을 사용해 다양한 상황으로 스킬을 전환하는 데는 특히나 약하다. 어쩌면 당신이 자신을 운동하게 하려고 게이미피케이션을 적용한 새로운 앱을 사용하는 동안에는 운동을 할지 모르겠지만, 이 앱의 사용을 멈추는 순간 그 어떤 학습이나 행동 변화를 이 앱이 없는 삶이라는 다른 상황으로 전환하지 못한다. 이것이 몇몇 외재적 보상의 문제점이다. 보상이 끊기는 순간 어떤 행동을 계속하려는 동기가 보상과 함께 사라질 수 있다. 물론 상황에 따르기는 하지만 말이다. 게이미피케이션의 주요 이점은 게임 및 실생활에서 성과와 진행에 대한 즉각적인 피드백을 제공할 수 있다는 점이다. 예를 들어 동기부여가 얼마나 중요한지 알기 때문이다(6장과 13장 참조). 단지 그 한계를 알고 있을 필요가 있다.

목표가 진정으로 교육적이거나 사람들 안에 오래도록 남는 변화를 일으키는 것이라면, 개인적으로는 재미나고 의미 있게 참여하게 된다는 것은 모든 사항을 '게임화'하려는 시도 대신 놀이 정신을 가지려 하는 쪽을 중요한 요소로 여겨야 한다는 생각을 한다. '블랙어톤 꿀벌 프로젝트Blackawton Bees project'라는 예를 들어 보겠다. 이 프로젝트가 진행되는 동안 아이들은 호박벌의 시공간 인지능력에 대한 공동 과학적 연구를 실시했다. 놀이와 과학적 방법을 사용한 실제 실험을 통해 아이들은 직접 그들이 생각하는 것보다 훨씬 더 의미 있는 활동을 하면서 과학에 대해 배웠다. 심지어 과학 저널에 그들의 연구 결과를 발표하기까지 했다.[14] 게임은 새로운 환경에 플레이어를 몰입시키고 실제로 해볼 수 있게 하는 놀라운 도구다. 게임은 플레이어의 호기심과 배움의 즐거움을 유지하는 의미 있는 상황으로 만들어질 수 있지만, 우리가 그저 수박 겉핥기식으로만 다루지 않고 사용자 경험을 고려함으로써 게임이 가진 진정한 힘과 마법을 활용할 수 있는 경우에만 가능하다.

17.4 게임 UX에 관심 있는 학생을 위한 팁

게임 UX 전문가가 되려면 무엇을 해야 하는지를 묻는 학생들이 많다. 이에 대한 몇 가지 제안을 여기에 적겠다. 게임 사용자 리서치에 관심이 있다면 인간 요인, 인간-컴퓨터 상호작용, 인지심리학에 대한 해박한 지식이 필요하다. 따라서 이러한 분야에 들어오려는 학생은 사용자 리서치의 인턴십이나 주로 UX 테스트를 관찰하고 담당 UX 리서치를 보조해 관찰을 수집하는 업무로 구성된 입문 단계의 작업을 찾는 편이 더 나을 수 있다. 과학적 방법을 이해하고 적용할 수 있도록 학문적 배경을 든든하게 할 필요도 있다. 마지막으로 적어도 기본적인 통계에 대한 이해를 갖추는 준비 역시 중요하다. 데이터 과학에 대한 공부를 한 경험이 있다면 사용자 리서치 또는 분석 분야를 통해 게임 산업에 분명 진출할 수 있다. 어떤 경우든지 간에 학생이라면 좋은 게임 문화, 즉 여러 플랫폼에서 다양한 타입의 게임을 정기적으로 해봐야 한다. 여기서 팁 하나를 주자면, 이력서에 가장 많이 플레이하는 게임 타입을 적어라. 게임 디자인에 대해 배울 준비가 돼 있어야 함은 물론이다. 그저 게임을 많이 해봤다는 이유로 게임에 대해 아는 척하지 않으려면 말이다. 이런 사고방식은 대개 들통나 눈살을 찌푸리게 되는데, 먹는 걸 좋아한다고 해서 요리할 수 있다고 말하는 상황과 같기 때문이다. 물론 게임에 대한 자신의 열정을 드러내야겠지만, 게임을 만드는 방법에 대해 정말 배우고 싶어한다는 간절한 마음을 보여라. UX 연구원의 역할은 주관적인 의견을 내거나 게임 팀 대신 디자인하는 것이 아니라 돕기 위해 있다는 점을 기억하라.

UX 디자인에 더 관심을 갖고 있다면, 디자인에 대한 배경과 인간-컴퓨터 상호작용 원리를 잘 이해하고 있어야 한다. 게임 산업에서 일자리를 구하려면 자신의 기술을 보여주는 포트폴리오를 개발해야 할 것이다. 가급적이면 다양한 플랫폼에서 실행한 여러 타입의 프로젝트가 좋고, 게임과 관련된 프로젝트라면 더할 나위 없이 좋다. 자신의 디자인 사고와 프로세스를 볼 수 있는 포트폴리오가 대개 높이 평가받는다. 스케치, 종이 프로토타입, 상호작용 프로토 타입을 보여주고, 최종 결과물을 보여주는 데 그치지 말고 만들기로 결정한 이유 등을 설명하라. UX 디자인에 취업 신청할 경우 일반적으로는, 즉 어떤 기능에 대한 대략적인 상호작용 프로토타입과 디자인 프로세스를 완성해 제출하는 테스트를 받게 된다. 테스트를 잘 마치고 면접을 본다면 자신이 내린 디자인 결정에 대한 타당한 이유를 분명히 밝힐 수 있으면서도 자신의 디자인에 대한 장점 및 한계를 인식하고, 다른 사람들의 관점에 귀 기울일 수 있는 열린 자세를 갖춰야만 한다. 디자인은 트레이드오프를 하는 것이므로, 플레이어의 경험을 고려해 왜 그런 트레이드오프를 선택했는지 명확하게 전달할 수 있어야 한다.

어떤 경우에도 이력서를 특화시켜야 하는 것을 기억하길 바란다. 게임 제작사를 대상으로 한 이력서가 소셜미디어 회사를 겨냥한 이력서와 같아서는 안 된다. 게임 산업에서의 UX에 관한 한 다음과 같은 사항을 주로 신경 쓴다. UX 전문 분야에 따라 더 많을 수도 적을 수도 있다.

- 인간 요인, 인간-컴퓨터 상호작용, 인지심리학에 대한 이해
- 학술적 연구에 대한 전문성(과학적 방법)
- 데이터 과학에 대한 이해
- UX 디자이너용 디자인 전문 지식 및 디자인 프로세스
- 비디오 게임에 대한 지식 및 열의 수준. 이 항목은 모든 UX 직업에 유효하며 이력서에서 자주 누락되는 정보다. 게임 산업을 포함한 모든 타입의 산업에 보내려 만들어진 이력서이기 때문인 듯 하지만, 좋은 전략이 아니다.

전문적으로 보이려고 이력서 여기저기에 UX 키워드를 남발하지 말아라. 당신이 진짜 체득한 UX 지식, 테크닉 및 도구만을 언급하라. 전문적인 경험이 있다면 무엇을 했는지 언급하되, 사람들은 대개 장문을 꺼리므로 간결하게 쓸 수 있도록 노력하라. UX 직무를 찾는 사람이라면 확실하게 좋은 경험을 제공하는 이력서여야 한다. 너저분하고 명확하지 않은 이력서는 당신이 복도를 걸으며 간결하게 중요한 부분만 얘기할 수 있는 사람이 아님을 나타낼 것이다. UX는 철학이며, 이 점이 당신의 이력서에도 표현돼 있어야 한다.

마지막으로 UX 실무자와 컨퍼런스 및 컨벤션에서 만나고, 그들과 소셜미디어로 연결하고, 블로그를 시작하고 소통해야 한다. 게임 UX 커뮤니티는 여전히 작으니 사람들에게 다가가라.

17.5 작별 인사

이 책에 관심을 기울이고 마지막까지 읽어준 당신께 진심으로 감사하다는 말을 전하고 싶다. 읽기 전에 가졌던 기대에 부응하고, 계속 몰두할 만한 도전적인 내용이 있는 즐거운 경험이었기를 바란다. 과학, 비디오 게임 그리고 사용자 경험에 대한 나의 사랑을 여기서 당신에게 표현할 수 있어 정말 영광이었다. 함께, 계속해서 사용자를 위해 싸워 나가자!

마치면서

이 책을 쓰는 길은 내게 대단한 여정이었고, 감사해야 할 사람이 너무나 많다. 그들에게 제대로 감사를 표현할 수 있는 다른 기회가 있을지 몰라서 이 글이 좀 길어질지도 모르겠다. 먼저 게임 산업에 뛰어든 나를 반갑게 맞아 주셨던 분들부터 말씀드리겠다. 유비소프트 본사의 캐롤라인 장테르Caroline Jeanteur와 폴린 자키Pauline Jacquey 덕분에 목소리를 처음으로 낼 수 있었다. 나는 캐롤라인이 이끄는 열정적이고 호기심 가득한 놀라운 여성(당시 함께했던 이사벨Isabelle, 리드와인Lidwine 그리고 라우라Laura)이 가득한 스트래티직 이노베이션 랩Strategic Innovation Lab에서 경력을 쌓기 시작했다. 이곳은 내가 이 산업에서 나의 방향을 찾아 날아갈 수 있게 했던 훌륭한 보호막이었다. 그리고 뇌와 심리학에 대한 재미있는 비디오로 창의력을 표현할 수 있게 해줬던 프랑수아Francois 씨에게 감사를! 두뇌 자극과 재미를 줬던 함께한 여성분들께도 감사한다. 다이어트 코카콜라 속 멘토스 곡예를 항상 기억할 것이다. 유비소프트의 CEO인 이브 기예모Yves Guillemot에게도 언제나 감사를 전하고 싶었다. 싱크탱크를 갖고자 했던 그의 열망 덕분에 연구소가 탄생할 수 있었다고 믿기 때문이다. 심리학에 대한 그의 관심이 편한 느낌을 줬다. 유비소프트에서 처음 작업한 게임은 폴린Pauline이 이끄는 '모두를 위한 게임Games for Everyone' 부서에서였다. 그녀의 열정과 결단력은 확실히 전염성이 있었다. 재미있는 대화가 너무도 많이 오가는 그녀의 팀과 함께 하는 작업이 정말 좋았다. 특히 세바스티앙 도레Sébastien Doré와 에밀 리앙Emile Liang은 함께 작업하던 게임의 교육적 가치를 높이려 공모한 열정적이고 재미있는 파트너였다(근데 세브, 네가 점심 살 차례야!). 유비소프트의 편집 팀은 내 인생에 재미있는 광기를 가져다 줬으며, 모두와 함께 했던 일은 정말 흥미진진한 학습 경험이었다. 특히 '디자인 아카데미'에 참여했던 모든 분들, 함께 내용을 만들었던 분들, 이를 가르쳤던 분들, 이 교육을 꾸리고 우선시했던 분들(안녕, 마테오!) 그리고 교육 시간에 참여한 모든 개발자에게 감사의 마음을 전하고 싶다. 뇌에 대해 얘기할 수 있는 기회를 주셔서 감사하다. 그리고 몇몇 바보 같은 내 농담이 담긴 슬라이드를 보며 웃어줘서 고맙다. 유비소프트 몬트리올 지사로 옮겨 갔을 때 내 시야를 바꿨던, 말도 안 되게 똑똑한 사람들을 만났는데, 그중 크리스토프 드렌즈Christophe Derennes와 야니스 맬럿Yannis Mallat은 믿을 수 없을 정도로 날카롭고 파티를 열 줄 아는 멋진 분들이다. 물론 사용자 리서치 연구소 레인보우 식스 프로드Rainbow Six prod에서 만난 모든 분들, 특히 내가 합류한 당시 나를 믿고 자율성을 주신 연구소 마리피에르 디요테MariePierre Dyotte 소장님께 감사드린다. 유비소프트에서 만난 모든 분들, 특히 뇌에 대한 나의 장황하고 두서없는 소란 후 나의 사고 과정에 기여하고 함께한 분들께 많은 빚을 지고 있다. 여기에 언급할 사람이 너무 많아서 다 적지 못한 한 분 한 분 모두 이해해 주길 바란다.

유비소프트에는 특히 내가 큰 빚을 지고 있는 분이 있다. 바로 유비소프트의 최고 크리에이티브 책임자인 서지 헤스콧이다. 말하자면 유비소프트 디자인의 심장이자 영혼과도 같은 분으로, 자신의 생각에 도전할 수 있는 기회를 통해 진정한 겸손함과 영감을 얻게 줬던 정말 놀라운 멘토셨다. 디자인에 대한, 세상에 대한 그의 깊은 사랑은 과학에 대한 그의 열정과 결합돼 언제나 내 넋을 빼놓는 등대와도 같은 존재였다. 서지! 당신의 공감, 관대함, 호기심, 장난스러움, 게임뿐만 아니라 그걸 만드는 사람들에 대한 속 깊은 보살핌, 그리고 빼놓을 수 없는 와인에 대한 사랑에 감사드린다. 당신은 언제나 제가 따라가야 할 모범이었으며, 당신의 천재성을 목격할 수 있던 일은 정말 행운이라 느낀다. 난 아직 돌고래 울음소리를 당신보다 더 잘 흉내 낼 수 있으니 아직 쓸모 있는 거겠죠?

루카스아츠LucasArts로의 짧지만 사랑스런 경험으로 옮겨가면서(제작사가 문을 닫는 바람에 불쑥 끼어들었다) 나는 내 UX 사고에 영양분을 주는 동시에 내 구구절절한 얘기를 들어주며 응석을 받아주기도 했던, 또 다른 열정적이고 엄청난 스타워즈 광팬을 만났다. 거기서 '살사 댄스'를 좋아하고 언제나 '임마!'라 말하며 '바이너리 미팅'을 예약하던, 내게 영향을 준 사람들을 만났다. 내가 처음으로 퍼블리싱 부서와 제대로 소통했던 때이기도 했고, 메리 비히Mary Bihr가 용기를 준 덕에 UX 전략의 시작에 더 정성을 기울이기 시작한 때였다. 메리! 당시에는 당신이 해내기 힘들었던 〈어쌔신 크리드〉 역을 내가 연기하게 만든 대가였다고 추측했지만, 이제는 그때 내게 베풀었던 일을 이해한다. 당시 나의 UX 전략의 핵심 요소 중 하나는 맥주로 페차 쿠차Pecha Kucha 형식을 사용한 시간을 갖는 것이었다. 나는 아직 이런 조치가 좋은 생각이었다고 믿고 있으며, 이 세션에 참여한 모든 분(그리고 다시 하자고 조르는 분들, 누군지는 말 안 해도 각자 아실 테고)께 감사드리고 싶다. 수년간 나의 노력을 적극적으로 지지해 준 프레드 마커스Fred Markus에게도 심심한 감사의 말을 전하고 싶다. 우리가 처음 만난 건 유비소프트였고 그는 프로토타이핑의 책임자였다. 그후 그는 루카스아츠에서, 더 나중에는 에픽게임즈에서도 나를 고용한 사람이었으며, 내게 전권을 위임해 주기도 했다. 프레드가 나와 상호작용하는 것을 좋아하는 이유는 그의 닌텐도 토끼 이야기를 흥미롭게 듣고 있었던 점과 그의 농담에 웃었기 때문이 아닐까 싶다(근데 프레드, 가끔 농담이 엉망인 건 알고 있죠?). 프레드는 인지심리학과 UX에 대한 끊임없는 질문을 통해 사물이나 일이 어떻게 만들어지는지 이해하려는 열정을 갖고 있어 내 사고의 경계를 허물고 다시 다듬을 수 있게 도와줬다. 그러니 프레드, 당신에게 와인 한 병을 빚진 것 같다. 아니 두 병쯤? 내 덕에 스피널 탭Spinal Tap을 알게 됐으니 비긴 걸로 해도 될까?

에픽게임즈에서 일하는 동안, 나는 가장 강경하고 열정적인 개발자들을 만났다. 에픽에 있는 사람들은 대부분 그들의 작품을 위해 사는 사람들이 많다. 이런 모습은 때로는 약간 위협적이기는 하지만, 사람을 겸허하게 만든다는 점을 인정하지 않을 수 없다. 에픽의 경영진은 내가 정말 잘 짜인 UX 연구소를 구축하고 팀을 꾸려 시작할 수 있게 해줬다(특히 프란츠Farnz, 지속적인 지원에 감사드린다). 이 팀을 꾸릴 수 있게 도와준 모든 멋진 분들께, 그리고 첫 번째 SUX('Super UX') 피플이었던 렉스Rex, 라우라Laura, '미스터 타일러'로 알려진 톰Tom 그리고 스테파니Stephanie에게 감사하고 싶다. 덕분에 대단한 모험을 할 수 있었다. 그 후 팀이 커지면서(SUX를 거쳐간 브라이언Brian, 매트Matt, 모리타Maurita, 제시카Jessica, 에드Ed, 윌Will, 줄리Julie와 그 외 많은 분께 고맙다) 이제는 업계에서 가장 거친 UX 담당자들로 구성돼 있어 편견을 가지려 해도 가질 수 없다. 아마도 외모순으로 소개하면, 알렉스 트로브리지Alex Trowbridge, 폴 히쓰Paul Heath, 벤 루이스-에반스Ben Lewis-Evans, 짐 브라운Jim Brown 그리고 현재 우리 연구소 및 데이터 분석가 브랜든 뉴베리Brandon Newberry, 빌 하딘Bill Hardin, 조나단 발디비에소Jonathan Valdivieso. 이토록 강력한 팀을 모을 수 있었던 것을 보면 나는 정말 행운아다. 이들은 자신의 일에 최고일 뿐만 아니라 정말 감탄할 수밖에 없는 사람들이다. 게다가 날마다 재치로 나에게 영감을 준다. 물론 그들의 영특함과 괴짜 조준 기술은 말할 것도 없다. 나를 믿고 팀에 합류해 줘서 정말 고맙다. UX 즐거움에 처음 뛰어들었던 때부터 지금까지 여전히 최고의 파트너라 소개할 수 있는 〈포트나이트〉 팀에게 감사의 마음을 전한다. 〈포트나이트〉 팀은 우리와 함께 일하고 우리의 지적을 받아들여 다시 우리에게 도전했으며, 함께 일하면서 정말 즐거웠다. 특히 UX 프로세스를 구현하는 데 도움을 준 헤더 챈들러Heather Chandler와 대런 서그Darren Sugg, 핏 엘리스Pete Ellis, 그리고 테스트가 있을 때마다 UX 연구소에 들러준 잭 펠프스Zak Phelps에게 감사드린다. 팀 안에 UX 사랑을 전파해준 에픽 UX 디자이너들에게도 감사한다. 특히 로라 티플Laura Teeples, 로비 클라프카Robbie Klapka, 데릭 디아즈Derek Diaz, 매트 '트윈-블래스트' 셔틀러Matt "Twin-Blast"

Shetler, 그리고 가장 많이 소통하며 지냈던 필립 해리스Phillip Harris에게 감사의 마음을 전하고 싶다. 에픽에는 감사해야 할 사람이 너무 많지만, 우리 스피크이지 단골 손님들을 부르고 싶다(암호를 잊지 말길!). 마지막으로 정말 우아하게 나의 조급함에 대처했던 도널드 머스터드Donald Mustard와 나를 지지해주고 영감(오픈 플랫폼을 보호하고 그 메타버스Metaverse를 염두에 둬야 해!)을 준 에픽 CEO인 팀 스위니Tim Sweeney에게 감사드리고 싶다. 카롤리나 그로초프카Karolina Grochowska와 조엘 크랩베Joel Crabbe, 일터와 인생 모두에서 빛나는 분들이자, 〈포트나이트〉를 개발하는 중에 너무나 빨리 우리 곁을 떠난 조엘, 두 분에 대한 추억을 오래도록 간직할 것이다(지나Gina에게 포옹을!).

이 책에 대한 피드백을 주신 모든 분들, 특히 다른 누구보다 더 많은 노력을 기울여 준 벤 루이스-에반스 뿐만 아니라 프레드 마커스, 채드 레인Chad Lane, 짐 브라운, 앤드류 프시빌스키Andrew Przybylski, 앤 맥라린Anne McLaughlin, 대런 클레이Darren Clary, 대런 서그, 그리고 프랜 블룸버그Fran Blumberg에게 감사의 마음을 전한다(프랜, 끊임없는 지지와 팍 꽂히는 피드백에 감사!). 그리고 이 책에 당신의 글을 올릴 수 있게 동의해 주신 서지 헤스콧, 대런 서그, 아눅 벤-차프차바제, 쟝 귀동Jean Guesdon, 벤 루이스-에반스, 존 발렌타인John Ballantyne, 톰 바이블Tom Bible, 이안 해밀톤Ian Hamilton, 프레드 마커스, 마리 드 레유르크Marie de Léséleuc, 앤드류 프시빌스키, 그리고 용감무쌍한 천재 킴 리브레리Kim Libreri(아카데미 수상자!)에게 감사를 전한다. 이 책에 실린 멋진 일러스트를 만들어 준 델핀 셀레티Delphine Seletti(Create and Enjoy)에게도 감사를 전한다. 이런 기회(와 한 잔!)를 주신 션 코넬리Sean Connelly께도 물론 감사드린다.

내가 하는 일을 정확히 알지 못하지만 언제나 나를 지지해준 친구와 가족에게 감사와 사랑을 전한다. 특히 마그나복스 오디세이2Magnavox Odyssey[2] 및 필립스 비디오팩Philips Videopac을 통해 처음 게임을 접할 수 있게 해준 장난스럽고 오타쿠 기질이 있는 부모님께 감사드리고 싶다. 내가 하는 일을 잘 알고 있고, 그 길을 독려해주는 개발자 친구들에게도 감사한다.

마지막으로 지금까지 일터에서, 일이 끝난 후에, 컨퍼런스에서 아니면 온라인에서든 만난 모든 분들께 감사를 표하고 싶다. 나를 초대해 연설이나 그 외 방법으로 내 목소리를 낼 수 있게 한, 게임 UX 서밋을 준비하고 운영할 수 있게 도와준(특히 엘렌Ellen, 레이첼Rachel, 다나Dana 그리고 다니엘Daniel, 이 이벤트에서 연설을 하기로 동의한(특히 도널드 노먼과 댄 애리얼리), 그리고 나와 편하게 잡담하는 데 시간을 들였던 분들이다. UX가 GDC에서 서밋으로 선정되도록 애쓴 UBM 및 GDC 직원 여러분과(특히 메건 스카비오Meggan Scavio와 빅토리아 피터슨Victoria Petersen), 조언을 아끼지 않았던 아눅Anouk과 UX 서밋의 연설자와 청중께 감사드린다. 여러분 모두가 어떤 식으로든 이 책에 공헌을 했다. 부디 마음에 들길 바란다.

감사합니다.

참고 문헌

1장

1   Gustav Kuhn, Luis M. Martinez, "Misdirection: Past, present, and the future", 「Frontiers in Human Neuroscience」(http://dx.doi.org/10.3389/fnhum.2011.00172), 5, p. 172, 2012

2   D. Ariely, 「Predictably Irrational: The Hidden Forces that Shape Our Decisions」, Harper Collins, 2008 / D. Kahneman, 「Thinking, Fast and Slow」, Farrar, Straus and Giroux, 2011

2장

1   Scott O. Lilienfeld, Steven Jay Lynn, John Ruscio, Barry L. Beyerstein, 「50 Great Myths of Popular Psychology: Shattering Widespread Misconceptions about Human Behavior」, Wiley–Blackwell, 2010

2   H. Pashler, M. McDaniel, D. Rohrer, R. Bjork, "Learning styles: Concepts and evidence", 「Psychological Science in the Public Interest」 9, pp. 105–119, 2008

3   Marc Prensky, "Digital Natives, Digital Immigrants: Do they really think different?", 「On the Horizon」 (http://www.marcprensky.com/writing/Prensky%20–%20Digital%20 Natives,%20Digital%20Immigrants%20–%20Part1.pdf), 9, pp. 1 – 6, 2001

4   Laura L. Bowman, Laura E. Levine, Bradley M. Waite, Michael Gendron, "Can students really multitask? An experimental study of instant messaging while reading", 「Computers & Education」 54, pp. 927 – 931, 2010

5   A. Tversky, D. Kahneman, "Judgment under uncertainty: Heuristics and biases", 「Science」185, pp. 1124–1130, 1974 / D. Kahneman, 「Thinking, Fast and Slow」, Farrar, Straus and Giroux, 2011

6   B. Benson, "Cognitive Bias Cheat Sheet", 「Better Humans」(https://betterhumans.coach. me/cognitive-bias-cheat-sheet-55a472476b18#.52t8xb9ut), 2016

3장

1   B. L. Whorf, 「Language, Thought and Reality」, MIT, 1956 / C. Hodent, P. Bryant, O. Houdé, "Language-specific effects on number computation in toddlers", 「Developmental Science」, 8, pp. 373–392, 2005

2   S. M McClure, J. Li, D. Tomlin, K. S. Cypert, L. M. Montague, P. R. Montague, P. R, "Neural correlates of behavioral preference for culturally familiar drinks", 「Neuron」, 44, pp. 379–387, 2004

3   S. M. Anstis, "Letter: A chart demonstrating variations in acuity with retinal position", 「Vision Research」, 14, pp. 589–592, 1974

4   독일어 원서: M. Wertheimer," Untersuchungen zur Lehre der Gestalt II", 「Psychol Forsch」, 4, pp. 301–350, 1923 / 영어 번역서: 「Laws of Organization in Perceptual Forms, In Ellis WA Source Book of Gestalt Psychology」, pp. 71–88, Routledge, 1938

5   M. A. Goodale, A. D. Milner, "Separate visual pathways for perception and action", 「Trends in Neuroscience」, 15, pp. 20–25, 1992

6   R. N. Shepard, J. Metzler, "Mental rotation of three-dimensional objects", 「Science」, 171, pp. 701–703, 1971

7   G. T Fechner, 「Elements of psychophysics(Vol. 1)」, Holt, Rinehart & Winston, 1966

8   S. Swink, 「Game Feel: A Game Designer's Guide to Virtual Sensation」, Morgan Kaufmann, 2008

4장

1   R. C. Atkinson, R. M. Shiffrin, "Human memory: A proposed system and its control processes", 「The Psychology of Learning and Motivation」, Vol. 2, Academic Press, pp. 89–195, 1968

2   R. A. Rensink, J. K. O'Regan, J. J. Clark, "To see or not to see? The need for attention to perceive changes in scenes", 「Psychological Science」, 8, pp. 368–373, 1997

3   D. J Simons, D. T. Levin, "Failure to detect changes to people in a real-world interaction", 「Psychonomic Bulletin and Review」, 5, pp. 644–649, 1998

4   G. A. Miller, "The magical number seven, plus or minus two: Some limits on our capacity for processing information", 「Psychological Review」, 63, pp. 81–97, 1956

5   A. D. Baddeley, G. Hitch, "Working memory", 「The Psychology of Learning and Motivation: Advances in Research and Theory」, Vol. 8, Academic Press, pp. 47–89, 1974

6   M. Daneman, P. A. Carpenter, "Individual differences in working memory and reading", 「Journal of Verbal Learning and Verbal Behavior」, 19, pp. 450–466, 1980

7   M. W. Eysenck, N. Derakshan, R. Santos, M. G. Calvo, "Anxiety and cognitive performance: Attentional control theory", 「Emotion」, 7, pp. 336–353, 2007

8   F. I. M. Craik, R. S. Lockhart, "Levels of processing: A framework for memory research", 「Journal of Verbal Learning and Verbal Behavior」, 11, pp. 671–684, 1972

9   F. I. M. Craik, E. Tulving, "Depth of processing and the retention of words in episodic memory", 「Journal of Experimental Psychology: General」, 104, pp. 268–294, 1975

10 A. S. Reber, "Implicit learning and tacit knowledge", 「Journal of Experimental Psychology: General」, 118, pp. 219–235, 1989

11 Ebbinghaus, 「Memory: A Contribution to Experimental Psychology」. Columbia University, 1913(독일어 원서는 1885년에 출간됨)

12 E. F. Loftus, J. C. Palmer, "Reconstruction of automobile destruction: An example of the interaction between language and memory", 「Journal of Verbal Learning and Verbal Behavior」, 13, pp. 585–589, 1974

13 K. L. Pickel, "Eyewitness memory", 「The Handbook of Attention」, MIT Press, pp. 485–502, 2015

14 T. Lindholm, S. A. Christianson, "Gender effects in eyewitness accounts of a violent crime", 「Psychology, Crime and Law」, 4, pp. 323–339, 1998

15 A. Paivio, "Spacing of repetitions in the incidental and intentional free recall of pictures and words", 「Journal of Verbal Learning and Verbal Behavior」, 13, pp. 497–511, 1974 / T. C. Toppino, J. E. Kasserman, W. A. Mracek, "The effect of spacing repetitions on the recognition memory of young children and adults", 「Journal of Experimental Child Psychology」, 51, pp. 123–138, 1991 / R. L. Greene, "Repetition and spacing effects", 「Learning and Memory: A Comprehensive Reference」, Vol. 2, pp. 65–78, Elsevier, 2008

5장

1 E. C. Cherry, "Some experiments on the recognition of speech, with one and two ears", 「Journal of the Acoustical Society of America」, 25, pp. 975–979, 1953

2 J. Marozeau, H. Innes-Brown, D. B. Grayden, A. N. Burkitt, P. J. Blamey, "The effect of visual cues on auditory stream segregation in musicians and non-musicians", 「PLoS One」, 5(6), e11297, 2010

3 N. Lavie, "Distracted and confused? Selective attention under load", 「Trends in Cognitive Sciences」, 9, pp. 75–82, 2005

4 J. Sweller, "Cognitive load theory, learning difficulty and instructional design", 「Learning and Instruction」, 4, pp. 295–312, 1994

5 M. A. Just, P. A. Carpenter, T. A. Keller, L. Emery, H. Zajac, K. R. Thulborn, "Interdependence of non-overlapping cortical systems in dual cognitive tasks", 「NeuroImage」, 14, pp. 417–426, 2001

6 O. Houdé, G. Borst, "Evidence for an inhibitory-control theory of the reasoning brain", 「Frontiers in Human Neuroscience」, 9, p. 148, 2015

7 D. J. Simons, C. F. Chabris, "Gorillas in our midst: Sustained inattentional blindness for dynamic events", 「Perception」, 28, pp. 1059 – 1074, 1999

8 A. D. Castel, M. Nazarian, A. B. Blake, "Attention and incidental memory in everyday settings", 「The Handbook of Attention」, MIT Press, pp. 463 – 483, 2015

9 C. S Green, D. Bavelier, "Action video game modifies visual selective attention", 「Nature」, 423, pp. 534 – 537, 2003

6장

1 R. D. Palmiter, "Dopamine signaling in the dorsal striatum is essential for motivated behaviors: Lessons from dopamine-deficient mice", 「Annals of the New York Academy of Science」, 1129, pp. 35 – 46, 2008

2 R. F. Baumeister, "Toward a general theory of motivation: Problems, challenges, opportunities, and the big picture", 「Motivation and Emotion」, 40, pp. 1 – 10, 2016

3 Alain Lieury, 「Psychologie Cognitive(4th edition)」, Dunod, 2015

4 A. H. Maslow, "A theory of human motivation", 「Psychological Review」, 50, pp. 370 – 396, 1943

5 M. A. Wahba, L. G. Bridwell, "Maslow reconsidered: A review of research on the need hierarchy theory", 「Motivation and Work Behavior」, McGraw-Hill, pp. 34 – 41, 1983

6 O. C. Schultheiss, "Implicit motives", 「Handbook of Personality: Theory and Research(3rd editon)」, Guilford, pp. 603 – 633, 2008

7 C. L. Hull, 「Principles of Behavior」, Appleton, 1943

8 J. van Honk, Geert-Jan Will, D. Terburg, W. Raub, C. Eisenegger, V. Buskens, "Effects of testosterone administration on strategic gambling in poker play", 「Scientific Reports」, 6, 18096, 2016

9　V. H. Vroom, 「Work and Motivation」, Jossey–Bass, 1964

10　G. D. Jenkins, Jr. A. Mitra, N. Gupta, J. D. Shaw, "Are financial incentives related to performance? A meta–analytic review of empirical research", 「Journal of Applied Psychology」, 83, pp. 777 – 787, 1998

11　J. Heyman, D. Ariely, "Effort for payment. A tale of two markets", 「Psychological Science」, 15, pp. 787 – 793, 2004

12　P. Kirsch, A. Schienle, R. Stark, G. Sammer, C. Blecker, B. Walter, U. Ott, J. Burkhart, D. Vaitl, "Anticipation of reward in a nonaversive differential conditioning paradigm and the brain reward system: An eventrelated fMRI study", 「Neuroimage」, 20, pp. 1086 – 1095, 2003

13　W. Schultz, "Dopamine Neurons: Reward and Uncertainty", 「Encyclopedia of Neuroscience」, Academic press, pp. 571 – 577, 2009

14　N. D. Schüll, 「Addiction by Design: Machine Gambling in Las Vegas」, Princeton University Press, 2012

15　D. Ariely, "Predictably Irrational: The Hidden Forces that Shape Our Decisions", 「Harper Collins」, 2008

16　C. P. Cerasoli, J. M. Nicklin, M. T. Ford, "Intrinsic motivation and extrinsic incentives jointly predict performance: A 40–year meta–analysis", 「Psychological Bulletin」, 140, pp. 980 – 1008, 2014

17　M. Lepper, D. Greene, R. Nisbett, "Undermining children's intrinsic interest with extrinsic rewards: A test of the 'overjustification' hypothesis", 「Journal of Personality and Social Psychology」, 28, pp. 129 – 137, 1973

18　E. L. Deci, 「Intrinsic Motivation」, Plenum, 1975

19　T. M. Amabile, 「Creativity in Context: Update to the Social Psychology of Creativity」, Westview Press, 1996

20　B. A. Hennessey, T. M. Amabile, "Creativity", 「Annual Review of Psychology」, 61, pp. 569 – 598, 2010

21 E. L. Deci, R. M. Ryan, 「Intrinsic Motivation and Self-Determination in Human Behavior」, Plenum, 1985 / R. M. Ryan, E. L. Deci, "Self-determination theory and the facilitation of intrinsic motivation, social development, and well-being", 「American Psychologist」, 55, pp. 68 – 78, 2000

22 B. Gerhart, M. Fang, "Pay, intrinsic motivation, extrinsic motivation, performance, and creativity in the workplace: Revisiting long-held beliefs", 「Annual Review of Organizational Psychology and Organizational Behavior」, 2, pp. 489 – 521, 2015

23 미하이 칙센트미하이, 「몰입, Flow(Flow: the psychology of optimal experience)」, 최인수 옮김, 한울림, 2004

24 C. S. Dweck, E. L. Leggett, "A social-cognitive approach to motivation and personality", 「Psychological Review」, 95(2), pp. 256 – 273, 1988

25 N. Yee, "Gaming Motivations Align with Personality Traits"(http://quanticfoundry. com/2016/01/05/personality-correlates/), 2016

26 레온 페스팅거, 「인지부조화 이론(A Theory of Cognitive Dissonance)」, 김창대 옮김, 나남, 2016

27 케이티 샐런, 에릭 짐머만, 「게임 디자인 원론 1(Rules of Play: Game Design Fundamentals Vol. 1)」, 윤형섭, 권용만 옮김, 지코사이언스, 2010

28 D. Ariely, 「Payoff: The Hidden Logic that Shapes Our Motivations」, Simon & Schuster(TED books series), 2016

7장

1 S. Schachter, J. E. Singer, "Cognitive, social, and physiological determinants of emotional state", 「Psychological Review」, 69, pp. 379 – 399, 1962

2 조셉 르두, 「느끼는 뇌(The Emotional Brain: The Mysterious Underpinnings of Emotional Life)」, 최준식 옮김, 학지사, 2006

3 J. A. Easterbrook, "The effect of emotion on cue utilization and the organization of behavior", 「Psychological Review」, 66, pp. 183 – 201, 1959

4 C. E. Izard, B. P. Ackerman, "Motivational, organizational, and regulatory functions of discrete emotions", 「Handbook of Emotions」, pp. 253 – 264, The Guilford Press, 2000

5 R. S. Lazarus, 「Emotion and Adaptation」, Oxford University Press, 1991

6 Paul Ekman, "Facial expressions", 「The Handbook of Cognition and Emotion」, pp. 301 – 320, Wiley, 1999

7 R. F. Baumeister, "Toward a general theory of motivation: Problems, challenges, opportunities, and the big picture", 「Motivation and Emotion」, 40, pp. 1 – 10, 2016

8 안토니오 다마지오, 「데카르트의 오류(Descartes' Error: Emotion, Reason, and the Human Brain)」, 김린 옮김, 중앙문화사, 1999

9 K. N. Ochsner, R. R. Ray, B. Hughes, K. McRae, J. C. Cooper, J. Weber, J. D. E. Gabrieli, J. J. Gross, "Bottom–up and top–down processes in emotion generation", 「The Association for Psychological Science」, 20, pp. 1322 – 1331, 2009

10 D. G. Dutton, A. P. Aaron, "Some evidence for heightened sexual attraction under conditions of high anxiety", 「Journal of Personality and Social Psychology」, 30, pp. 510 – 517, 1974

11 S. Valins, "Cognitive effects of false heart–rate feedback", 「Journal of Personality and Social Psychology」, 4, pp. 400 – 408, 1966

12 댄 애리얼리, 「상식 밖의 경제학(Predictably Irrational: The Hidden Forces that Shape Our Decisions)」, 장석훈 옮김, 청림출판, 2008

13 D. Kahneman, A. Tversky, "Choices, values, and frames", 「American Psychologist」, 39, pp. 341 – 350, 1984

14 대니얼 카너먼, 「생각에 관한 생각(Thinking, Fast and Slow)」, 이창신 옮김, 김영사, 2018

15 H. Oosterbeek, R. Sloof, G. V. D. Kuilen, "Cultural differences in ultimatum game experiments: Evidence from a meta–analysis", 「Experimental Economics」, 7, pp. 171 – 188, 2004

16 B. Lewis-Evans, "Dopamine and games—Liking, learning, or wanting to play?", 「Gamasutra」(http://www.gamasutra.com/blogs/BenLewisEvans/20130827/198975/Dopamine_and_games__Liking_learning_or_wanting_to_play.php), 2013

17 J. J. Gross, 「Handbook of Emotion Regulation」, Guilford Press, 2007

8장

1 Edward L. Thorndike, 「Educational Psychology: The Psychology of Learning(Vol. 2)」, Teachers College Press, 1913 / Ivan P. Pavlov, 「Conditioned Reflexes」, Clarendo Press, 1927 / B. F. 스키너, 「스키너의 행동심리학(About Behaviorism)」, 이신영 옮김, 교양인, 2017

2 S. M. Alessi, S. R. Trollip, 「Multimedia for Learning: Methods and Development」, Allyn and Bacon, 2001

3 J. M. Galea, E. Mallia, J. Rothwell, J. Diedrichsen, "The dissociable effects of punishment and reward on motor learning". 「Nature Neuroscience」, 18, pp. 597–602, 2015 / S. Vogel, L. Schwabe, "Learning and memory under stress: Implications for the classroom", 「Science of Learning」, Vol. 1, Article number 16011, 2016

4 F. C. Blumberg, 「Learning by Playing: Video Gaming in Education」, Oxford University Press, 2014

5 Jean Piaget, 「La construction du reel chez l'enfant」, Delachaux & Niestlé, 1937

6 R. Baillargeon, E. Spelke, S. Wasserman, "Object permanence in fivemonth-old", 「Cognition」, 20, pp. 191–208, 1985 / K. Wynn, "Addition and subtraction by human infants", 「Nature」, 358, pp. 749–750, 1992

7 S. C. Levine, N. C. Jordan, J. Huttenlocher, "Development of calculation abilities in young children", 「Journal of Experimental Child Psychology」, 53, pp. 72–103, 1992

8 F. I. M. Craik, R. S. Lockhart, "Levels of processing: A framework for memory research", 「Journal of Verbal Learning and Verbal Behavior」, 11, pp. 671–684, 1972

9 S. Papert, 「Mindstorms. Children, Computers, and Powerful Ideas」, Basic Books, 1980

10 D. Kelley, "Design as an Iterative Process"(http://ecorner.stanford.edu/authorMaterialInfo.html?mid=686), 2001

9장

1 S. Pinker, 『How the Mind Works』, Norton & Company, 1997

10장

1 D. A. Norman, J. Miller, A. Henderson, "What You See, Some of What's in the Future, And How We Go About Doing It: HI at Apple Computer", Proceedings of CHI 1995, Denver, CO., 1995

2 P. M. Fitts, R. E. Jones, "Analysis of factors contributing to 460 'pilot error' experiences in operating aircraft controls(Report No. TSEAA-694-12)", Aero Medical Laboratory, Air Materiel Command, U.S. Air Force, 1947

3 I. S. MacKenzie, 『Human-Computer Interaction: An Empirical Research Perspective』, Morgan Kaufmann, 2013

4 P. M. Fitts, "The information capacity of the human motor system in controlling the amplitude of movement", 『Journal of Experimental Psychology』, 47, pp. 381 – 391, 1954

5 도널드 노먼, 『디자인과 인간 심리(개정증보판)』, 박창호 옮김, 학지사, 2016

6 C. Hodent, "5 Misconceptions about UX (User Experience) in video games", 『Gamasutra』(http://www.gamasutra.com/blogs/CeliaHodent/20150406/240476/5_Misconceptions_about_UX_User_Experience_in_Video_Games.php), 2015

7 R. Bartle, "Understand the limits of theory", 『Beyond Game Design: Nine Steps to Creating Better Videogames』, Charles River Media, pp. 117 – 133, 2009

8   W. Lidwell, K. Holden, J. Butler, K. Elam, 「Universal Principles of Design: 125 Ways to Enhance Usability, Influence Perception, Increase Appeal, Make Better Design Decisions, and Teach through Design」, Rockport Publishers, 2010

9   N. Lazzaro, "The four fun keys", 「Game Usability」, Elsevier, pp. 315 – 344, 2008

10   K. Isbister, N. Schaffer, "What is usability and why should I care?; Introduction", 「Game Usability」, pp. 3 – 5, Elsevier, 2008

11   R. Bernhaupt, 「Evaluating User Experience in Games」, Springer–Verlag, 2010

12   R. Hartson, P. Pyla, 「The UX Book: Process and Guidelines for Ensuring a Quality User Experience」, Morgan Kaufmann/Elsevier, 2012

11장

1   J. Nielsen, "Heuristic evaluation", 「Usability Inspection Methods」, pp. 25 – 62, Wiley, 1994

2   J. Nielsen, R. Molich, "Heuristic Evaluation of User Interfaces", Proceedings of the ACM CHI 1990 Conference(pp. 249 – 256), Seattle, 1 – 5, April, 1990

3   T. W. Malone, "What Makes Things Fun to Learn? Heuristics for Designing Instructional Computer Games", Proceedings of the 3rd ACM SIGSMALL Symposium(pp. 162 – 169), Palo Alto, 1980

4   M. A. Federoff, "Heuristics and usability guidelines for the creation and evaluation of fun in videogames", Master's thesis, Department of Telecommunications, Indiana University, 2002 / H. Desurvire, M. Caplan, J. A. Toth, "Using Heuristics to Evaluate the Playability of Games", Extended Abstracts CHI 2004, pp. 1509 – 1512, 2004 / N. Schaffer, "Heuristics for Usability in Games", Rensselaer Polytechnic Institute, White Paper(https://pdfs.semanticscholar.org/a837/d36a0dda35e10f7dfce77818924f4514 fa51.pdf), 2007 / S. Laitinen, S, "Usability and playability expert evaluation", 「Game Usability」, pp. 91 – 111, Elsevier, 2008

5 A. McLaughlin, "Beyond Surveys & Observation: Human Factors Psychology Tools for Game Studies", Game UX Summit(http://www.gamasutra.com/blogs/CeliaHodent/20160722/277651/Game_UX_Summit_2016__All_Sessions_Summary.php-1-Anne McLaughlin), 2016

6 J. H. McDermott, "The cocktail party problem", 「Current Biology」, 19, R1024 – R1027, 2009

7 도널드 노먼, 「디자인과 인간 심리(개정증보판)」, 박창호 옮김, 학지사, 2016

8 W. Lidwell, K. Holden, J. Butler, K. Elam, 「Universal Principles of Design: 125 Ways to Enhance Usability, Influence Perception, Increase Appeal, Make Better Design Decisions, and Teach through Design」, Rockport Publishers, 2010

9 J. Sweller, "Cognitive load theory, learning difficulty and instructional design", 「Learning and Instruction」, 4, pp. 295 – 312, 1994

12장

1 T. Fullerton, 「Game Design Workshop: A Playcentric Approach to Creating Innovative Games(3rd edition)」, CRC press, 2014

2 K. Salen, E. Zimmerman, 「게임디자인 원론 1」, 윤형섭, 권용만 옮김, 지코사이언스, 2010

3 제시 셸, 「The Art of Game Design」, 전유택, 이형민 옮김, 에이콘출판사, 2010

4 라프 코스터, 「라프 코스터의 재미이론(Theory of Fun for Game Design)」, 유창석, 전유택 옮김, 길벗, 2017

5 R. Dillon, 「On the Way to Fun: An Emotion-Based Approach to Successful Game Design」, A K Peters, Ltd., 2010

6 S. Rogers, 「Level Up! The Guide to Great Video Game Design(2nd edition)」, Wiley, 2014

7 P. Sweetser, P. Wyeth, "GameFlow: A model for evaluating player enjoyment in games" 「ACM Computers in Entertainment」, 3, pp. 1 – 24, 2005

8   J. Chen, "Flow in games (and everything else)", 「Communication of the ACM」, 50, pp. 31–34, 2007

9   A. K. Przybylski, C. S. Rigby, R. M. Ryan, "A motivational model of video game engagement", 「Review of General Psychology」, 14, pp. 154–166, 2010

10   A. K. Przybylski, E. L. Deci, C. S., Rigby, R. M. Ryan, "Competenceimpeding electronic games and players' aggressive feelings, thoughts, and behaviors", 「Journal of Personality and Social Psychology」, 106, pp. 441–457, 2014

11   M. I. Norton, D. Mochon, D. Ariely, "The IKEA effect: When labor leads to love", 「Journal of Consumer Psychology」, 22, pp. 453–460, 2012

12   R. Selten, R. Stoecker, "End behavior in sequences of finite prisoner's dilemma supergames a learning theory approach", 「Journal of Economic Behavior & Organization」, 7, pp. 47–70, 1986

13   D. Ariely, "Free Beer: And Other Triggers that Tempt us to Misbehave", Game UX Summit(www.gamasutra.com/blogs/CeliaHodent/20160722/277651/Game_UX_Summit_2016__All_Sessions_Summary.php–11–Dan Ariely), 2016.

14   D. Ariely, 「Payoff: The Hidden Logic that Shapes Our Motivations」, Simon & Schuster(TED books series), 2016

15   M. Lepper, D. Greene, R. Nisbett, "Undermining children's intrinsic interest with extrinsic rewards: A test of the "overjustification" hypothesis, 「Journal of Personality and Social Psychology」, 28, pp. 129–137, 1973

16   B. Gerhart, M. Fang, "Pay, intrinsic motivation, extrinsic motivation, performance, and creativity in the workplace: Revisiting long–held beliefs", 「Annual Review of Organizational Psychology and Organizational Behavior」, 2, pp. 489–521, 2015

17   N. Yee, "Gaming Motivations Align with Personality Traits"(http://quanticfoundry.com/2016/01/05/personality–correlates/), 2016

18   R. Bartle, "Hearts, Clubs, Diamonds, Spades: Players Who Suit MUDs"(http://mud.co.uk/richard/hcds.htm), 1996

19 도널드 노먼, 『감성 디자인(Emotional Design: Why We Love (or Hate) Everyday Things)』, 박경욱 외 2인 옮김, 학지사, 2005

20 S. Swink, 『Game Feel: A Game Designer's Guide to Virtual Sensation』, Morgan Kaufmann, 2009

21 K. Horvath, M. Lombard, "Social and Spatial Presence: An Application to Optimize Human-Computer Interaction", Paper presented at the 12th Annual International Workshop on Presence, 11 – 13 November, Los Angeles, CA / J. Takatalo, J. Häkkinen, J. Kaistinen, G. Nyman, "Presence, involvement, and flow in digital games", 『Evaluating User Experience in Games』, pp. 23 – 46, Springer-Verlag, 2010 / D. M. Shafer, C. P. Carbonara, L. Popova, "Spatial presence and perceived reality as predictors of motion-based video game enjoyment", 『Presence』, 20, pp. 591 – 619, 2011

22 M. Lombard, T. B. Ditton, L. Weinstein, "Measuring Presence: The Temple Presence Inventory(TPI)", In Proceedings of the 12th Annual International Workshop on Presence(https://pdfs.semanticscholar.org/308b/16bec9f17784fed039ddf4f86a856b36a768.pdf), 2009

23 A. K. Przybylski, C. S. Rigby, R. M. Ryan, "A motivational model of video game engagement", 『Review of General Psychology』, 14, pp. 154 – 166, 2010

24 K. Isbister, 『How Games Move Us: Emotion by Design』, The MIT Press, 2016

25 S. Koelsch, "Brain correlates of music-evoked emotions", 『Nature Reviews Neuroscience』, 15, pp. 170 – 180, 2016

26 O. Sacks, 『Musicophilia: Tales of Music and the Brain』, Picador, 2007

27 R. Baillargeon, "Infants' physical world", 『Current Directions in Psychological Science』, 13, pp. 89 – 94, 2004

28 M. Cabanac, "Pleasure: The common currency", 『Journal of Theoretical Biology』, 155, pp. 173 – 200, 1992 / P. Anselme, "The uncertainty processing theory of motivation", 『Behavioural Brain Research』, 208, pp. 291 – 310, 2010

29 미하이 칙센트미하이, 『몰입, Flow(Flow: the psychology of optimal experience)』, 최인수 옮김, 한울림, 2004

30 J. Chen, "Flow in games (and everything else)", 「Communication of the ACM」, 50, pp. 31 – 34, 2007

31 S. Rogers, 「Level Up! The Guide to Great Video Game Design(2nd edition)」, Wiley, 2014

13장

1 T. Fullerton, 「Game Design Workshop: A Playcentric Approach to Creating Innovative Games(3rd edition)」, CRC press, 2014

2 R. Hartson, P. Pyla, 「The UX Book: Process and Guidelines for Ensuring a Quality User Experience」, Morgan Kaufmann/Elsevier, 2012

3 D. Takahashi, "With just 3 games, Supercell made $924M in profits on $2.3B in revenue in 2015", 「VentureBeat」(https://venturebeat.com/2016/03/09/with–just–3–games–supercell–made–924m–in–profits–on–2–3b–in–revenue–in–2015/), 2016

4 D. Kelley, "Design as an Iterative Process"(http://ecorner.stanford.edu/authorMaterialInfo.html?mid=686), 2001

5 댄 애리얼리, 「상식 밖의 경제학(Predictably Irrational)」, 장석훈 옮김, 청림출판, 2008

6 R. Hartson, "Cognitive, physical, sensory, and functional affordances in interaction design", 「Interaction Design」, 22, pp. 315 – 338, 2003

14장

1 A. K. Przybylski, "How We'll Know When Science Is Ready to Inform Game Development and Policy", 「Game UX Summit(http://www.gamasutra.com/blogs/CeliaHodent/20160722/277651/Game_%20UX_Summit_2016__All_Sessions_Summary.php–3–Andrew%20Przybylski#3– Andrew Przybylski)」, 2016

2   Y. Saloojee, E. Dagli, "Tobacco industry tactics for resisting public policy on health", 「Bulletin of World Health Organization」, 78, pp. 902 – 910, 2000

3   I. Livingston, "Working within Research Constraints in Video Game Development", Game UX Summit(http://www.gamasutra.com/blogs/CeliaHodent/20160722/277651/Game_UX_Summit_2016__All_Sessions_Summary.php–4–Ian Livingston), 2016

4   로버트 로젠탈, 레노어 제이콥슨, 「피그말리온 효과(Pygmalion in the Classroom)」, 심재관 옮김, 이끌리오, 2003

5   B. Lewis-Evans, "Finding out what they think: A rough primer to user research, Part 1", 「Gamasutra」(http://www.gamasutra.com/view/feature/169069/finding_out_what_they_think_a_.php), 2012

6   T. Fullerton, 「Game Design Workshop: A Playcentric Approach to Creating Innovative Games(3rd edition)」, CRC press, 2014

7   V. V. Abeele,L. E. Nacke, E. D., Mekler, D. Johnson, "Design and Preliminary Validation of the Player Experience Inventory" In ACM CHI Play '16 Proceedings of the 2016 Annual Symposium on Computer-Human Interaction in Play, pp. 335 – 341, 2016

8   C. Jennett, A. L. Cox, P. Cairns, S. Dhoparee, A. Epps, T. Tijs, A. & Walton, "Measuring and defining the experience of immersion in games", 「International Journal of Human-Computer Studies」, 66, pp. 641 – 661, 2008

9   A. K. Przybylski, C. S. Rigby, R. M. Ryan, :A motivational model of video game engagement", 「Review of General Psychology」, 14, pp. 154 – 166, 2010

10 A. Denisova, I. A. Nordin, P. Cairns, "The Convergence of Player Experience Questionnaires", In ACM CHI Play '16 Proceedings of the 2016 Annual Symposium on Computer-Human Interaction in Play, pp. 33 – 37, 2016

11 M. C. Medlock, D. Wixon, M. Terrano, R. Romero, B. Fulton, "Using the RITE method to improve products: A definition and a case study", Presented at the Usability Professionals Association, 2002

12 G. Amaya, J. P. Davis, D. V. Gunn, C. Harrison, R. J. Pagulayan, B. Phillips, D. Wixon, "Games User Research (GUR): Our experience with and evolution of four methods", 「Game Usability」, Morgan Kaufmann Publishers, pp. 35 – 64, 2008 / S. Laitinen, "Usability and playability expert evaluation", 「Game Usability」, pp. 91 – 111, Elsevier, 2008 / N. Shaffer, "Heuristic evaluation of games", 「Game Usability」, pp. 79 – 89, Elsevier, 2008 / R. Bernhaupt, 「Evaluating User Experience in Games」, Springer-Verlag, 2010

15장

1 A. Drachen, M. Seif El-Nasr, A. Canossa, "Game analytics—The basics", 「Game Analytics—Maximizing the Value of Player Data」, Springer, pp. 13 – 40, 2013

2 A. Lambrecht, C. E. Tucker, "The Limits of Big Data's Competitive Edge", 「MIT IDE Research Brief」(http://ide.mit.edu/sites/default/files/publications/IDE-researchbrief-v03.pdf」, 2016

3 댄 애리얼리, 「상식 밖의 경제학(Predictably Irrational)」, 장석훈 옮김, 청림출판, 2008

4 J. Dankoff, "Game telemetry with DNA tracking on Assassin's Creed", 「Gamasutra」 (http://www.gamasutra.com/blogs/JonathanDankoff/20140320/213624/Game_Telemetry_with_DNA_Tracking_on_Assassins_Creed.php), 2014

5 E. Hazan, "Contextualizing data", 「Game Analytics—Maximizing the Value of Player Data」, Springer, pp. 477 – 496, 2013 / J. Lynn, "Combining back-end telemetry data with established user testing protocols: A love story", 「Game Analytics—Maximizing the Value of Player Data」, Springer, pp. 497 – 514, 2013

6 S. Mack, "Insights Hybrids at Riot: Blending Research at Analytics to Empower Player-Focused Design", Game UX Summit(http://www.gamasutra.com/blogs/CeliaHodent/20160722/277651/Game_UX_Summit_2016__All_Sessions_Summary.php-8-Steve Mack), 2016

7 T. V. Fields, "Game industry metrics terminology and analytics case", 「Game Analytics—Maximizing the Value of Player Data」, Springer, pp. 53 – 71, 2013

16장

1   R. Hartson, P. Pyla, 『The UX Book: Process and Guidelines for Ensuring a Quality User Experience』, Morgan Kaufmann/Elsevier, 2012

2   D. Lightbown, 『Designing the User Experience of Game Development Tools』, CRC Press, 2015

3   J. Nielsen, "Corporate UX Maturity: Stages 5 – 8. Nielsen Norman Group"(https://www.nngroup.com/articles/usability– maturitystages–5–8/), 2006

4   J. M. Carraro, "How Mature Is Your Organization when It Comes to UX?", UX Magazine(http://uxmag.com/articles/how–mature–isyour–organization–when–it–comes–to–ux), 2014

5   S. Sinek, 『Start with Why: How Great Leaders Inspire Everyone to Take Action』, Penguin Publishers, 2009

6   에드 캣멀, 에이미 월러스, 『창의성을 지휘하라(Creativity, Inc.)』, 윤태경 옮김, 와이즈베리, 2014

17장

1   데이비드 셰이퍼, 『게임이 학교다』, 남청수, 권경우 옮김, 비즈앤비즈, 2010 / 제인 맥고니걸, 『누구나 게임을 한다』, 김고명 옮김, 랜덤하우스코리아, 2012 / F. C. Blumberg, 『Learning by Playing: Video Gaming in Education』, Oxford University Press, 2014 / R. E. Mayer, 『Computer Games for Learning: An Evidence–Based Approach』, MIT Press, 2014 / L. Guernsey, M. Levine, 『Tap, Click, Read: Growing Readers in a World of Screens』, Jossey–Bass, 2015 / A. Burak, L. Parker, 『Power Play: How Video Games Can Save the World』, St. Martin's Press/MacMillan, 2017

2   스튜어트 브라운, 크리스토퍼 본, 『플레이, 즐거움의 발견』, 윤미나 옮김, 흐름출판, 2010

3   A. D. Pellegrini, D. Dupuis, P. K. Smith, "Play in evolution and development", 『Developmental Review』, 27, pp. 261 – 276, 2007

4 장 삐아제, 바르벨 인헬델, 『아동 심리학(The Psychology of the Child)』, 성옥련 옮김, 탐구당, 1996

5 L. S. Vygotsky, "Play and its role in the mental development of the child", 「Soviet Psychology」, 5, pp. 6 – 18, 1967

6 요한 하위징아, 『호모 루덴스: 놀이하는 인간(개정판)』, 이종인 옮김, 연암서가, 2018

7 C. Hodent, "Toward a playful and usable education", 「Learning by Playing: Video Gaming in Education」, pp. 69 – 86. Oxford University Press, 2014

8 L. S. Vygotsky, "Interaction between learning and development", 「Mind in Society: The Development of Higher Psychological Processes」, Harvard University Press, pp. 79 – 91, 1978

9 F. L. Fu, R. C. Su, S. C. Yu, "EGameFlow: A scale to measure learners' enjoyment of e-learning games", 「Computers and Education」, 52, pp. 101 – 112, 2009

10 F. C. Blumberg, S. M. Fisch, "Introduction: Digital games as a context for cognitive development, learning, and developmental research", 「New Directions for Child and Adolescent Development」, 139, pp. 1 – 9, 2013 / C. Hodent, "The elusive power of video games for education", 「Gamasutra」(http://www.gamasutra.com/blogs/CeliaHodent/ 20160801/278244/The_Elusive_Power_of_Video_Games_for_Education.php#comments), 2016

11 M. Peterson, "Preschool Math: Education's Secret Weapon", 「Huffington Post」(http://www.huffingtonpost.com/matthew-peterson/post_5235_b_3652895.html), 2013

12 S. Papert, 「Mindstorms: Children, Computers, and Powerful Ideas」, Basic Books, 1980

13 D. Klahr, S. M. Carver, "Cognitive objectives in a LOGO debugging curriculum: Instruction, learning, and transfer", 「Cognitive Psychology」, 20, pp. 362 – 404

14 P. S. Blackawton, S. Airzee, A. Allen, S. Baker, A. Berrow, C. Blair, M. Churchill, "Blackawton bees", 「Biology Letters」, 7, pp. 168 – 172, 2011

찾아보기

ㄱ

가설 354

간헐 보상 118

감각 기억 74, 75

감각 양상 108

감각적 어포던스 308

개인적 욕구 127, 262

게슈탈트 법칙 60

게슈탈트 원리 207

게이미피케이션 157, 387

게임 UX 186

게임 기반 학습 383

게임 분석 341, 354

게임 사용성 380

게임 사용자 리서치 317, 389

게임에의 적용 106, 130, 158

게임플레이 가설 352

게임플로 188, 279, 307, 382

게임플로 모델 234

게임 필 243, 265

경험 법칙 195

경험 포인트 71

고전적 조건 형성 152

과잉정당화 효과 123, 259

과제 기반의 보상 125

과학에 대한 불신 320

과학적 방법 318

관계 124

관련성 248

교육용 게임 384

구글 글래스 105

구글 맵 68

구상 362

구성주의 원리 156

권력 동기 114

권유용 사인 202

근육 기억 219

근접 60, 64

근접 발달 지대 385

기능성 게임 157, 387

기능에 따르는 형태 381

기능적 어포던스 309

기능적 자기 공명 영상 53

기억 21, 73, 166

ㄴ

난이도 곡선 127, 168, 280, 281, 292

내재적 동기 115, 121, 238

내집단 249

내집단 편향   249
너티 독   161, 219, 229
넘버 원   228
노 맨즈 스카이   222
노비 보이   133
놀이 학습   383
뇌 보상 회로   117, 123
닌텐도   160, 202, 226, 242

ㄷ

다니엘 카너먼   38
다섯 가지 요인   128, 262
다안정성   60, 61
다이어제틱 인터페이스   193
다중기억 모델   74
다크 소울   178, 179
단기 기억   74, 77
달성 동기   114
대뇌변연계의 영향   139
대칭   60, 63
댄 애리얼리   38
댓게임컴퍼니   234
데드 스페이스   193
데스티니   222
도구적 조건 형성   158
도구적 학습   116, 153
도널드 노먼   174
도파민 주사   147
동기   111, 167, 236, 382
동기부여론   112
디아블로 III   206
디자인 사고   297
디지털 원주민   36

ㄹ

라이브   366
라이언헤드 스튜디오   247
라이엇   228
레온 페스팅거   131
레지던트 이블   178
레프트 4 데드   284
로보 리콜   212
로젠탈 효과   324
리그 오브 레전드   228
리처드 바틀   182

ㅁ

마리오 갤럭시   160, 226
마스 이펙트   247
마스터 치프   300
마인드 신화   31
마인크래프트   123, 192, 238, 383
메타포   216, 388
메탈 기어 솔리드   153
메탈 기어 솔리드 V: 팬텀 페인   247
메트릭스   355
멘탈 모델   36, 42
명료성   205, 381
명시적 기억   83
모노리스   277
몰입   125
무심   368
문명   383
물리적 어포던스   308
물리적 현실과 살아있는 가상 세계   274
미끼 효과   349

미들 어스: 섀도우 오브 모르도르 277

미신 37

미하이 칙센트미하이 126

ㅂ

바이오메트릭스 332

반다이 남코 203

반복 사이클 301

방법론과 도구 321

밸브 215, 284, 387

번지 222

베버-페히너 편향 70

베타 366

변연계 114

보상 258

복구 225

부주의맹 104

분산 370

분산 학습 160

분석 338

브레드크럼 트레일 198

브레이드 228, 387

브레인트러스트 373

브렌다 브래쓰웨이트 로메로 272

블랙 앤 화이트 247

블러드 드래곤 159

블리자드 119, 161

비서럴 게임즈 193

비즈니스 가설 353

빅 파이브 성격 특성 128

ㅅ

사랑 호르몬 147

사용성 174, 188, 191, 244

사용성 휴리스틱 196

사용자 경험 173, 211, 306

사용자 리서치 187, 339

사운드 디자인 211

사인 201

사인 및 피드백 380

사전제작 363

사후 과잉 확신 편향 184

생리적 각성 135

생물학적 추동 113

섀도우 오브 모르도르 278, 283

서술 기억 88

서커펀치 247

선택적 주의 100

설문조사 334

섬광 기억 140

성격 127

세 가지 E 254

소매틱 마커 이론 140

손다이크 153

손실회피성 144

슈퍼 마리오 브라더스 238

슈퍼셀 119

스카이림 246

스케이트 220

스트룹 효과 103

스티브 크룩 224

스티븐 핑커 164

습관화 276

시드 마이어의 문명 246

시모어 페퍼트　156

신속한 반복 테스트와 평가　337

심시티　246, 383

ㅇ

아모스 트버스키　38

아브라함 매슬로우　112

알파　366

암묵 기억　83, 219

암묵적 동기　113, 262

어쌔신 크리드　223, 261, 350

어쌔신 크리드 2　153

어쌔신 크리드 신디케이트　96

어포던스　67, 214, 307

언리얼 토너먼트 3　208

언차티드 2　161

언차티드 3　219

언차티드 4　229

언캐니 밸리 효과　212

에픽게임즈　26, 96, 181, 208, 212, 244, 254, 275, 285, 330

연속 보상　118

연합 학습　152

오기억　88

오류 방지　225

오류 방지 및 복구　381

오류 복구　228

오버워치　140, 149, 250, 252

오픈 브로드캐스터 소프트웨어　331

옥시토신　23, 116, 147

온보딩　288

온보딩 계획　310

외재적 동기　115, 258

외재적 보상　121

외재적 인센티브의 영향을 줄이는 방법　122

외현 기억　83

요인 분석　128

월드 오브 워크래프트　119, 161, 226, 230, 241, 283

윌 라이트　246

유능성　124, 238

유비소프트　221

유사성　60, 63

유연성　228, 381

의미　132, 257

이브 온라인　132

이케아 효과　246

인간 중심의 디자인　297

인간-컴퓨터 상호작용　176

인게이지 어빌리티　17, 188, 233, 382

인지　21

인지부조화　131

인지 부하　69, 223, 291, 310, 312

인지 부하 이론　101

인지심리학 원리　155

인지적 어포던스　308

인지적 욕구　121, 167

인지적 편향　37, 184, 346

인터랙티브 오디오　214

인퍼머스　247

일관성　218, 381

일렉트로닉 아츠　220

ㅈ

자기결정 이론　124, 238

자기 귀인적 동기　113

자기 지시적   369

자기 충족 예언   346

자동적으로 처리되는 과정   103

자율성   124, 245

작업 기억   74, 79

잘못된 귀인   123

장기 기억   74, 83

장 삐아제   156

저니   234

저스트 댄스   221

전경/배경   60

전기 피부 반응   332

전문적   369

접근성   231

정보 제공용 사인   201

정서   112, 135, 165, 168, 265, 382

정서가 우리를 속일 때   142

정서가 인지를 인도할 때   138

정서적 트리거   145

제작   365

제작사 레벨에서의 UX   367

제작 파이프라인에서의 UX   361

젤다의 전설: 몽환의 모래시계   242

젤다의 전설: 신들의 트라이포스   202, 242

조건 반응   152

조건 형성   116, 152

조나단 블로우   387

조작적 조건 형성   118, 153, 158

주의   21, 76, 167

주의 리소스   41

주의 반응   100

주의 수준   46

주의의 한계   101

줄리앙 티에노   258

중앙 집중   369

지각   21, 165

집중 학습   160

ㅊ

철권   203

최소한의 작업 부하   221, 381

추동   111

충동   114

친화 동기   114

ㅋ

카메라   266

칵테일 파티 효과   100

캐릭터   266

캡콤   178

컨트롤   266

케이켄도 성숙도 모델   367

코나미   153

쿠키 클리커   258

크립츠 앤 크립스   286

클래시 로얄   299

클래시 오브 클랜   119, 276

ㅌ

타인 중심   67

탈습관화   277

터널 시야   136

텔레메트리   322, 341, 342

통계 오류   343

투사 검사 143

트레인 272

팀 레벨에서의 UX 360

팀 포트리스 2 215

ㅍ

파라곤 244

파레토 원칙 230

파 크라이 4 206, 207

페르소나 337

평가 이론 136

폐쇄성 60, 62

포 아너 133

포켓몬고 133

포탈 387

포트나이트 96, 107, 160, 275, 277, 312, 332

프롬소프트웨어 178

프린스 오브 페르시아 267

플라워 234

플레이어빌리티 174

플레이어 중심의 접근법 42

플레이어 타입 263

플로 234

플리커 75

플릭잇 220

피그말리온 효과 324

피드백 201, 203

피츠의 법칙 176

픽사 373

ㅎ

하모닉스 221

하위 부가성 102

학습 곡선 244, 258, 280, 288

학습된 욕구 258

학습된 추동 115

학습 원리 151, 169

행동 111

행동주의 학습 116

행동 학습 원리 253

헤드업 디스플레이 76

헬로 게임즈 222

현장감 270

호르몬 113

확증 편향 347, 348

환경적으로 형성된 동기 115

회상 139

휴리스틱 195

휴리스틱 평가 336

힉-하이먼 법칙 176

A

Abraham Maslow 112

achievement motive 114

affiliation motive 114

A Link to the Past 202

allocentric 67

Amos Tversky 38

appraisal theory 136

Assassin's Creed Syndicate 96

associative learning 152

attention 21, 76

attentional resource 41

attentional response 100

automatic processing 103

autonomy   124, 245

B

behavior   111

behavioral learning   116

Big Five   128

biometrics   332

Black & White   247

Blizzard   119

Blood Dragon   159

brain-reward circuitry   117

Braintrust   373

breadcrumb trail   198

Brenda Brathwaite Romero   272

Bungie   222

C

Camera   266

Capcom   178

Character   266

Civilization   383

Clash of Clans   119

Clash Royale   299

closure   60

Cocktail party effect   100

cognition   21

Cognitive bias   37

cognitive dissonance   131

cognitive load   69

cognitive load theory   101

competence   124, 238

conditioned response   152

conditioning   116, 152

confirmation bias   347

Constructivist principles   159

Control   266

Cookie Clicker   258

Crypts & Creeps   286

D

Dan Ariely   38

Daniel Kahneman   38

Dark Souls   178

Dead Space   193

declarative memory   88

decoy effect   349

Design   348

Destiny   222

Diablo 3   206

diegetic   193

digital native   36

dishabituation   277

distributed learning   160

dopamine shot   147

drive   111

E

Electronic Arts   220

emotion   112

emotional trigger   145

engage ability   17

Entertainment   348

Even Online   132

explicit memory 83

extrinsic rewards 121

F

factor analysis 128

false memory 88

Far Cry 4 206

figure/ground 60

Fitts's law 176

flashbulb memory 140

flicker 75

Flickit 220

flow 125

Flow 234

Flower 234

fMRI 53

For Honor 133

Fortnite 96

FromSoftware 178

G

game feel 243

game flow 188, 234

GameFlow 279

gamification 157

Gestalt 60

Google Glass 105

Google Map 68

GSR, galvanic skin response 332

H

habituation 276

Harmonix 221

HCD 297

HCI, human-computer interaction 176

Hello Games 222

Hick-Hyman law 176

hindsight bias 184

HUD 64, 76

Huitar Hero 221

I

IKEA effect 246

implicit memory 83

impulse 114

inattentional blindness 104

Infamous 247

ingroup 249

ingroup bias 249

instrumental conditioning 159

instrumental learning 116, 153

interactive audio 214

intrinsic motivation 115, 121

J

Jean Piaget 156

Jonathan Blow 387

Journey 234

Julien Thiennot 258

Just Dance 221

K

Keikendo Maturity Model   367

Konami   153

L

League of Legends   228

Left 4 Dead   284

Leon Festinger   131

level of attention   46

limbic system   114

Limbic System   139

Lionhead Studios   247

long-term store   74

loss aversion   144

Love hormone   147

M

Mario Galaxy   160

Mars Effect   247

Maser Chief   300

massed learning   160

memory   21

Metal Gear Solid   153

Metal Gear Solid V: The Phantom Pain   247

metal model   36

Middle-earth: Shadow of Mordor   277

Mihaly Csikszentmihalyi   126

misattribute   123

Monolith   277

Motivation Theory   112

multistability   60

multistore model   74

N

Naughty Dog   161

Noby Boy   133

No Man's Sky   222

Number One   228

O

OBS, Open Broadcaster Software   331

OCEAN   128, 129, 168, 262

operant conditioning   118

overjustification effect   123

Overwatch   140

oxytocin   23

P

Paragon   244

Pareto principle   230

perception   21

physiological arousal   135

Pixar   373

playability   174

power motive   114

presence   270

Prince of Persia   267

projective test   143

proximity   60

Pygmalion effect   324

R

recollection   139

relatedness   124, 248

Resident Evil   178

Richard Bartle   182

Riot   228

RITE, rapid iterative testing and evaluation   337

Robo Recall   212

Rosenthal effect   324

S

SA, self-attributed motive   113

selected attention   100

self-fulfilling prophecy   346

sensory modality   108

sensory store   74

serious game   157

Seymour Papert   156

short-term store   74

Sid Meier's Civilization   246

SimCity   246

similarity   60

Skate   220

Skyrim   246

Steve Krug   224

Steven Pinker   164

ST Math   386

Stroop effect   103

Sucker Punch   247

Supercell   119

symmetry   60

T

Team Fortress 2   215

Technology   348

TED   348

Tekken   203

telemetry   322

Thatgamecompany   234

The Legend of Zelda: Phantom Hourglass   242

The Somatic Markers Theory   140

Thorndike   153

Train   272

tunnel vision   136

U

uncanny valley effect   212

Uncharted 2   161

Uncharted 3   219

underadditivity   102

Unreal Tournament 3   208

usability   188

UX   173

UX 분석   181

UX와 분석   350

UX 전략   359

UX 테스트   325, 339

UX 프레임워크   380

V

Valve   215

Visceral Games   193

W

Weber-Fechner bias   70

Will Wright   246

WM, working memory   74

World of Warcraft   119, 161

Z

ZPD, zone of proximal development   385

숫자

3C   266

6가지 기본 정서   137

80/20 규칙   230

에이콘출판의 기틀을 마련하신 故 정완재 선생님 (1935-2004)

게이머의 뇌 그 메커니즘과 실상

발　행 | 2019년 4월 30일

지은이 | 셀리아 호든트
옮긴이 | 송 지 연

펴낸이 | 권 성 준
편집장 | 황 영 주
편　집 | 배 혜 진
　　　　양 아 영
디자인 | 박 주 란

에이콘출판주식회사
서울특별시 양천구 국회대로 287 (목동)
전화 02-2653-7600, 팩스 02-2653-0433
www.acornpub.co.kr / editor@acornpub.co.kr

이 도서의 국립중앙도서관 출판시도서목록(CIP)은 서지정보유통지원시스템 홈페이지(http://seoji.nl.go.kr)와
국가자료공동목록시스템(http://www.nl.go.kr/kolisnet)에서 이용하실 수 있습니다.(CIP제어번호: CIP2019015931)

책값은 뒤표지에 있습니다.